W0184642

Großer Lernwortschatz Italienisch

15 000 Wörter zu 150 Themen

Stefano Albertini

Anna Sgobbi

Max Hueber Verlag

Für die wertvolle Hilfe bei der Bearbeitung der Lautschrift und der Erstellung des Registers gilt unser besonderer Dank Herrn Giuseppe Foselli.

Ⓡ Dieses Werk folgt der seit dem 1. August 1998 gültigen Rechtschreibreform.

4. 3. 2. | Die letzten Ziffern bezeichnen Zahl und Jahr
2003 02 01 00 1999 | des Druckes.
Alle Drucke dieser Auflage können, da unverändert, nebeneinander benutzt werden.
1. Auflage

Verlagsredaktion: Lektorat Projekte, Gaby Bauer-Negenborn M.A., Starnberg
Umschlaggestaltung: Braun & Voigt, Heidelberg
Zeichnungen: Katja Lechthaler, München
Layout: Markus Dockhorn, München
Satz: Fuzzy Design F. Geithner, München
Druck und Bindung: Ludwig Auer, Donauwörth
Printed in Germany
ISBN 3-19-006366-4

Vorwort

Mit dem *Großen Lernwortschatz Italienisch* steht Ihnen ein neuartiges Lern- und Nachschlagewerk zur Verfügung, das in mehrjähriger Arbeit entwickelt wurde.

Ob Italienisch für Sie Hobby oder berufliche Notwendigkeit ist, ob Sie die Sprache im Grund- oder Leistungskurs der Oberstufe, an der Sprachenschule oder Universität studieren – immer wird sich dieses Standardwerk als umfassendes, informatives, aktuelles und dabei unterhaltsames Hilfsmittel bewähren.

- Sie behandeln in der Schule die Sozialordnung, das politische System oder die Parteienlandschaft Italiens? Kapitel 6 liefert Ihnen die sprachlichen Mittel dazu.
- Sie wollen einen Aufsatz über soziale Probleme wie Arbeitslosigkeit, Armut oder Kriminalität schreiben? In Kapitel 7 finden Sie den Wortschatz dafür.
- Sie interessieren sich für Mode und möchten über die *moda made in Italy* mitreden? Kapitel 3.6 hilft Ihnen mit dem einschlägigen Vokabular und informiert Sie über die Stilmerkmale der wichtigsten Designer.
- Sie möchten gerne endlich selbstständig in Italien einkaufen und mit dem Lebensmittelhändler über die Qualität seiner Produkte sprechen können? Kapitel 3.1 bietet Ihnen neben den Fachbegriffen alles Wissenswerte über Pasta, Pizza, Polenta & Co.
- Sie unterhalten sich bei einem Glas *Rosso di Montalcino* und einer Scheibe *grana* gerne über Literatur oder Kunst, Film oder Musik? Kapitel 11 hilft Ihnen mit dem erforderlichen themenbezogenen Vokabular weiter.
- Auch Dolmetscher(innen) und Übersetzer(innen) setzt der *Große Lernwortschatz Italienisch* rasch ins sprachliche Bild: Unschwer arbeiten Sie sich in eine Vielzahl von Themen ein, von Medizin und Gesundheitswesen bis zu Gesellschaftlichem Umgang, Sportarten und Öffentlichem Nahverkehr.
- Nicht zuletzt Computeranwender(innen) mit beruflichem oder privatem Kontakt zu Italien werden ihre Freude haben: Sie finden in Kapitel 18 die Fachbegriffe, die ihnen für eine Vielzahl von Problemen am Telefon oder vor dem Bildschirm Beschreibungs- und Lösungsmöglichkeiten zeigen.

Da unter anderem neueste Presse- und Werbetexte berücksichtigt wurden, finden sich auch zahlreiche Wörter aus der aktuellen Diskussion, die Sie in anderen Nachschlagewerken vergeblich suchen werden, so etwa italienische Ausdrücke wie *apparentamento, barriere architettoniche, inciucio, pattinaggio in linea, patto di desistenza, viacard, vu' cumprà*, und deutsche Begriffe wie *Chancengleichheit, Solidaritätszuschlag, Pflegeversicherung, Tabellenkalkulationsprogramm* und *Währungsunion.*

Der *Große Lernwortschatz Italienisch* bietet Ihnen jedoch noch viel mehr als eine unübertroffene Anzahl von Begriffen mit Ausspracheangabe und Übersetzung. So werden Ihnen die meisten Wörter in Anwendungsbeispielen oder kleinen Phrasen geboten, die Ihnen aufzeigen, mit welchen Präpositionen oder anderen Wörtern sie „kollokieren", das heißt typischerweise zusammen gebraucht werden.

Sie finden aber auch rund 300 „Extras" – das sind eingerahmte Hinweise zum Sprachgebrauch, d.h. zu Idiomatik und Umgangssprache, zu speziellen Wortfamilien und Begriffsfeldern (gepunktet), zu Grammatik und sprachlichen Besonderheiten (gestrichelt) sowie zur Landeskunde, d.h. zur Struktur, Kultur und Lebensart Italiens (gezackt).

Schließlich wird jedes Unterkapitel mit einem treffenden, witzigen oder herausfordernden, in jedem Falle zum Nachdenken anregenden Zitat oder Sprichwort eingeleitet. An diesen Aphorismen oder (Volks-)Weisheiten werden Sie oft Ihre Freude haben. Für den Schulgebrauch ist darin so manches schöne Aufsatz- oder Diskussionsthema enthalten.

Die Benutzungsmöglichkeiten dieses faszinierenden sprachlichen Werkzeugs sind vielfältig: Zunächst einmal können Sie das gewünschte Sachkapitel über das Inhaltsverzeichnis aufsuchen, zum Beispiel Oberkapitel „Freizeit und Erholung" (Kapitel 12) und Unterkapitel „Einkaufen"; von dort aus können Sie Ihre Kenntnisse über die Querverweise zu Kapitelbeginn vervollständigen, die auf zusätzliche Einträge in anderen Kapiteln verweisen. Sie können aber auch den Weg über das Register einschlagen, in das sämtliche fett gedruckten Oberbegriffe (zu den darunter aufgeführten sachverwandten Begriffen und Phrasen) sowie alle relevanten Einträge der rund 300 „Extras" Eingang gefunden haben.

Wie ist dieser Wortschatz entstanden? Durch Auswertung eines riesigen, unzählige italienische Wörter umfassenden italienischen Textkorpus mit Datenbank, das die Verfasser infolge ihrer täglichen Aufgaben erarbeitet haben und ständig erneuern. Das ist die modernste, effizienteste Art, ein Lexikon zu erstellen.

Wir hoffen, dass auch für Sie der *Große Lernwortschatz Italienisch* zu einem ebenso unentbehrlichen wie unterhaltsamen Begleiter wird.

Verfasser und Verlag

Inhaltsverzeichnis

L'uomo
Der Mensch

1

1

1

Dati personali
Angaben zur Person

Le apparenze che sono il supporto della rappresentazione esterna, ci stanno a cuore più d'ogni interpretazione complessiva del mondo: infatti sono tutto ciò che abbiamo per orientarci nello spazio. (*Gianni Celati, scrittore, *1937*)

nome (m) ['no:me]	Name; Vorname
Il suo nome da ragazza è Guerrini.	Ihr Mädchenname ist Guerrini.
secondo nome	mittlerer Name; zweiter Vorname
a / in nome di ...	im Namen
soprannome	Rufname; Spitzname
nomignolo [no'mi:ɲolo]	Spitzname
nome d'arte	Künstlername
cognome (m) [ko'ɲo:me]	Familienname; Nachname; Zuname
chiamarsi [kja'marsi]	heißen
Come ti chiami?	Wie heißt du?
data di **nascita** ['na:ʃita]	Geburtsdatum
luogo di nascita	Geburtsort
(Lei) è nata l'11 febbraio 1966.	Sie ist am 11. Februar 1966 geboren.
Sara Guerrini, nata Gavazzi.	Sara Guerrini, geb. Gavazzi.
Marisa Salvarani in Albertini.	Marisa Salvarani, verheiratete Albertini.
compleanno [komple'anno]	Geburtstag
Quando è il tuo compleanno / quando compi gli anni?	Wann hast du Geburtstag?
Oggi è il suo compleanno / compie gli anni.	Er hat heute Geburtstag.
Lei compie gli anni lunedì prossimo.	Sie hat nächsten Montag Geburtstag.
età (f) [e'ta]	Alter
portare bene la propria età	gut aussehen für sein Alter

Substantive, die auf dem letzten Vokal einen Akzent haben, sind bei der Pluralbildung unveränderlich, nur der Artikel ändert sich: *il caffè – i caffè, la società – le società* usw.

Quanti anni ha?	Wie alt sind Sie?
luogo di residenza / domicilio [lu'ɔ:go di resi'dɛntsa / domi'tʃi:ljo]	Wohnort
nazionalità [natsjonali'ta]	Nationalität
(Lei) di che nazionalità è?	Was für eine Nationalität haben Sie?
cittadinanza [tʃittadi'nantsa]	Staatsangehörigkeit
stato civile ['sta:to tʃi'vi:le]	Familienstand
coniugato [konju'ga:to]	verheiratet
celibe (= *solo per uomini*) ['tʃɛ:libe]	ledig
nubile (= *solo per donne*) ['nu:bile]	ledig
divorziato	geschieden
sesso ['sɛsso]	Geschlecht; Sex

sesso maschile / femminile ['maski:le / fem'mini:le]	männliches / weibliches Geschlecht
statura [sta'tu:ra]	Größe
statura al di sopra / sotto della media	überdurchschnittliche / unterdurchschnittliche Größe
Quanto è alto(-a)?	Wie groß sind Sie?
peso ['pe:so]	Gewicht
Quanto pesa?	Was wiegen Sie?
religione (f) [reli'dʒo:ne]	Religion; Konfession
Qual è la Sua religione?	Was ist Ihre Religion(szugehörigkeit)?
appartenenza di culto [apparte'nɛntsa di 'kulto]	Religionszugehörigkeit
indirizzo ['indi'rittso]	Adresse
(Lui) è raggiungibile presso questo indirizzo.	Er ist unter dieser Adresse zu erreichen.
recapito [re'ka:pito]	Anschrift
non avere recapito fisso	keinen festen Wohnsitz haben
numero di telefono ['nu:mero di te'le:fono]	Telefonnummer
Qual è il Suo numero di telefono?	Wie lautet Ihre Telefonnummer?
casella postale [ka'zɛlla po'sta:le]	Postfach
codice (m) **di avviamento postale** ['kɔ:ditʃe di avvia'mento]	Postleitzahl
mittente (m) – **destinatario** [mit'tɛnte – destina'ta:rjo]	Absender – Empfänger

"Alla Sua età io sembravo molto più giovane!"

1

2

Parti del corpo
Körperteile

L'uso sociale del nostro corpo è necessariamente il risultato di una cultura. Esso è stato acculturato e colonizzato. Conosce solo gli usi e le prospettive per i quali è stato educato. Per trovarne altri deve distaccarsi dai suoi modelli. E questo passaggio fa scoprire al soggetto la propria vita, la propria indipendenza e la propria eloquenza fisica. (*Eugenio Barba, regista teatrale, *1936*)

testa ['tɛsta]	Kopf
dalla testa ai piedi	von Kopf bis Fuß
cranio ['kra:njo]	Schädel
cervello [tʃer'vɛllo]	Gehirn
(Lui) ha agito senza cervello.	Er hat unüberlegt gehandelt.
L'amore gli ha sconvolto il cervello.	Die Liebe hat ihm den Verstand geraubt.
avere un cervello di gallina	ein Spatzenhirn haben
capello – capelli [ka'pello]	Haar(e)
Mi feci tagliare i capelli.	Ich ließ mir die Haare schneiden.
Mi si rizzano i capelli in testa.	Mir stehen die Haare zu Berge.
Ho un diavolo per capello.	Ich habe schlechte Laune.
Marco ha già i capelli bianchi.	Marco hat schon weißes Haar.
viso ['vi:zo]	Antlitz
faccia ['fattʃa]	Gesicht
avere una faccia tosta	unverfroren sein
Alla faccia!	Donnerwetter!; Na sowas!
occhio ['ɔkkjo]	Auge
Lei è cieca da un occhio.	Sie ist auf einem Auge blind.
naso ['na:zo]	Nase
Gli cola il naso.	Ihm läuft die Nase.
Mi esce il sangue dal naso.	Ich habe Nasenbluten.
Soffiati il naso!	Putz dir die Nase!
naso adunco	Hakennase
naso all'insù / alla francese	Stupsnase
(Lui) ha buon naso per gli affari.	Er hat einen Riecher für Geschäfte.
bocca ['bokka]	Mund
Acqua in bocca!	Still!; Kein Wort darüber zu anderen!
essere di bocca buona	nicht wählerisch sein
(Lei) non ha aperto bocca tutta la sera.	Sie hat den ganzen Abend kein Wort gesagt.
In bocca al lupo!	Hals und Beinbruch!
muso ['mu:zo]	Schnauze; Maul
Dai, non fare quel muso!	Mach doch nicht so ein Gesicht!
dente (m) ['dɛnte]	Zahn
dente canino / incisivo / molare	Eck- / Schneide- / Backenzahn
Le battevano i denti per la paura.	Ihr klapperten die Zähne vor lauter Angst.
(Lui) ha mal di denti.	Er hat Zahnschmerzen.
lingua ['lingua]	Zunge

malalingua	Schandmaul („böse Zunge“)
La lingua batte dove il dente duole.	Wem das Herz voll ist, dem geht der Mund über.
Ne uccide più la lingua che la spada.	Scharfe Schwerter schneiden sehr, scharfe Zungen noch viel mehr.
labbro (m) – le **labbra** (fpl) ['labbro]	Lippe(n)
labbro superiore / inferiore	Ober- / Unterlippe
Lui la baciò sulle labbra.	Er küsste sie auf die Lippen.
labbra carnose	volle Lippen
orecchio – le **orecchie** / gli **orecchi** [o'rekkjo]	Ohr(en)
orecchi a sventola	abstehende Ohren
(Lui) è duro d'orecchi.	Er ist schwerhörig / hört schlecht.
collo ['kɔllo]	Hals (*von außen gesehen*)
Si è rotto l'osso del collo.	Er brach sich das Genick.
gola ['go:la]	Kehle; Hals (*von innen gesehen*)
Ho mal di gola.	Ich habe Halsschmerzen.
spalla ['spalla]	Schulter
Scrollò solo le spalle.	Er zuckte nur mit den Achseln.
il braccio (m) – **le braccia** (fpl) ['brattʃo]	Arm(e)
Si è rotta il braccio.	Sie hat sich den Arm gebrochen.
gomito ['go:mito]	Ell(en)bogen
mano (f) ['ma:no]	Hand
Si ferì alla mano.	Er verletzte sich an der Hand.
dito (m) – **le dita** (fpl) ['di:to]	Finger
dito del piede	Zehe
(Lei) tocca il cielo con un dito.	Sie ist außer sich vor Freude.
unghia ['ungja]	(Finger-)Nagel
smalto per unghie	Nagellack
tagliarsi le unghie	sich die Nägel schneiden
gamba ['gamba]	Bein
Devo sgranchirmi un po' le gambe.	Ich muss mir ein bisschen die Beine vertreten.
(Lui) se l'è data a gambe.	Er hat sich aus dem Staub gemacht.
(Lui) è molto in gamba.	Er ist sehr tüchtig.
ginocchio (m) – **le ginocchia** (fpl) [dʒi'nɔkkjo]	Knie
avere il latte alle ginocchia	weiche Knie haben
piede (m) ['pjɛ:de]	Fuß
Siamo andati a piedi fino al castello.	Wir sind zu Fuß bis zum Schloss gegangen.
Non mi reggo in piedi dalla stanchezza.	Ich kann vor Müdigkeit kaum stehen.

Einige maskuline Nomina, die im Singular auf *-o* enden (besonders bei den Körperteilen), weisen zwei Pluralformen auf, die verschiedene Bedeutungen haben – eine maskuline Pluralform auf *-i*, und eine feminine Pluralform auf *-a*:
il braccio (= der Arm) – *i bracci* (= die Arme [übertragen]) – *le braccia* (= die Arme [eines Menschen])

il cervello (= das Hirn) – *i cervelli* (= die Hirne [übertragen]) – *le cervella* (= die Hirnmasse)
il dito (= der Finger) – *i diti* (= die Finger / Zehen [einzeln]) – *le dita* (= die Finger / Zehen [insgesamt])
il labbro (= die Lippe) – *i labbri* (= die Ränder [z.B. einer Wunde]) – *le labbra* (= die Lippen)
l'osso (= der Knochen) – *gli ossi* (= die [Tier-]Knochen) – *le ossa* (= die Knochen / Knochengerüst)
il ginocchio (= das Knie) – *i ginocchi* (= die Knie [einzeln]) – *le ginocchia* (= die Knie [insgesamt])

Modi di dire inerenti al corpo
Gli ospiti sono stati accolti a ***braccia*** *aperte.* (= Die Gäste wurden mit offenen Armen empfangen.)
Occhio *per occhio,* ***dente*** *per dente.* (= Auge um Auge, Zahn um Zahn.)
Lei è arrivata di nuovo in ritardo ed il direttore le ha fatto una lavata di ***capo***. (= Jemandem den Kopf waschen.)
È un tipo che non sopporto, mi sta sullo ***stomaco***. (= Jemanden nicht leiden können.)
Ne ho fin sopra i ***capelli*** *delle vostre lamentele.* (= Etwas satt haben.)
Lui non muoverebbe un ***dito*** *per aiutarci.* (= Er würde keinen Finger krumm machen, um uns zu helfen.)
Pioveva così forte che ci siamo bagnati fino alle ***ossa***. (= Bis auf die Haut durchnässt sein.)
È un'impresa rischiosa, meglio procedere con i ***piedi*** *di piombo!* (= Umsichtig vorgehen.)
*Tutto è accaduto in un batter d'****occhio***. (= Im Handumdrehen.)
Non fare come Ponzio Pilato che te ne lavi le ***mani***. (= Damit nichts zu tun haben wollen.)
Lei mi dà ai ***nervi***. (= Sie geht mir schwer auf den Wecker.)
Il tappeto persiano ci è costato un ***occhio*** *della* ***testa***. (= Wir haben ein Vermögen dafür bezahlt.)
Lontan dagli ***occhi****, lontan dal* ***cuore***. (= Aus den Augen, aus dem Sinn.)
Quella parola ce l'ho sulla punta della ***lingua***. (= Es liegt mir auf der Zunge.)
Se avete bisogno di una ***mano****, chiamateci pure.* (= Falls ihr Hilfe braucht.)

petto ['pɛtto]	Brust(korb)
petto – seno	Brust – Brüste
torace (m) [to'ra:tʃe]	Brustkorb
costola ['kɔstola]	Rippe
cuore (m) [ku'ɔ:re]	Herz
È malato di cuore da anni.	Er ist seit Jahren herzkrank.
Mi batte il cuore per la gioia.	Mein Herz schlägt höher vor Freude.
polmone (m) [pol'mo:ne]	Lungenflügel; Lunge
fegato ['fe:gato]	Leber
rene (m) ['re:ne]	Niere
effettuare un trapianto di reni	eine Nierentransplantation durchführen
stomaco ['stɔ:mako]	Magen; Bauch

a stomaco vuoto	auf nüchternen Magen
Certi discorsi mi fanno rivoltare lo stomaco.	Gewisse Gespräche widern mich an.
addome (m) [ad'dɔ:me]	Unterleib
intestino [intes'ti:no]	Darm
defecazione (f) [defeka'tsjo:ne]	Ausscheidung
le feci (fpl) ['fe:tʃi]	Stuhl; Kot
sedere (m) [se'de:re]	Gesäß; Hintern; Hinterteil
una pacca sul sedere	ein Schlag / Klaps auf den Po
ano ['a:no]	After; Anus
vescica [ve'ʃi:ka]	Blase
urina – orinare [u'ri:na – ori'na:re]	Urin; Harn – urinieren
genitali (mpl) [dʒeni'ta:li]	Genitalien; Geschlechtsteile
i genitali maschili / femminili	die männlichen / weiblichen Genitalien
vagina [va'dʒi:na]	Vagina; Scheide
ovaia [o'va:ja]	Eierstock
utero ['u:tero]	Gebärmutter / Uterus
pene (m) ['pe:ne]	Penis
prostata ['prɔstata]	Prostata; Vorsteherdrüse
sangue (m) ['sangue]	Blut
Ho problemi di circolazione del sangue.	Ich habe Probleme mit dem Kreislauf.
prelievo del sangue	Blutprobe / -abnahme
donatore(-trice) di sangue	Blutspender(in)

Sehr häufig unterscheiden sich die Bezeichnungen für eine weibliche oder männliche Person durch Suffixe (= Schlusssilben): *l'att**ore*** / *l'att**rice*** (= der Schauspieler / die Schauspielerin), *lo scritt**ore*** / *la scritt**rice*** (= der Schriftsteller / die Schriftstellerin).

vena ['ve:na]	Vene
arteria [ar'tɛ:rja]	Arterie
scheletro ['ske:letro]	Skelett
l'osso (m) – **le ossa** (fpl) ['ɔsso]	Knochen
articolazione (f) [artikolatsj'o:ne]	Gelenk
dolori / gonfiori articolari	schmerzende / geschwollene Gelenke
pelle (f) ['pɛlle]	Haut
avere la pelle vellutata come una pesca	eine Pfirsichhaut haben
Ho la pelle d'oca.	Ich habe eine Gänsehaut.
muscolo ['muskolo]	Muskel
dolori muscolari	Muskelkater
ghiandola ['gjandola]	Drüse
nervo ['nɛrvo]	Nerv
(Lei) ha i nervi saldi / deboli.	Sie hat gute / schlechte Nerven.
(Lui) ha avuto una crisi di nervi.	Er erlitt einen Nervenzusammenbruch.
nervoso	Nerven-
il sistema nervoso	das Nervensystem
metabolismo [metabo'lizmo]	Stoffwechsel

Aspetto esteriore
Äußere Erscheinung

Il corpo opulento che nell'età preindustriale era segnale di salute, di prosperità, di floridezza, di serenità gioiosa (e il ventre prominente maschile, di autorevolezza e di rispettabilità), appare come un residuo folclorico, una pesante eredità della cultura popolare non riciclabile e inutilmente ingombrante. (*Piero Camporesi, saggista e antropologo, *1926*)

alto – basso ['alto – 'basso]	groß – klein (gewachsen)
Lui era alto, lei era bassa.	Er war groß, sie war klein.
grosso ['grɔsso]	groß; dick
snello ['znɛllo]	schlank
una donna snella	eine schlanke Frau
smilzo ['zmiltso]	dünn
Un uomo smilzo con la presenza solida di un soldato di carriera.	Ein dünner Mann mit der aufrechten / geraden Haltung des Berufssoldaten.
mingherlino [minger'li:no]	schmächtig
Da ragazzo era mingherlino, poi s'è fatto un uomo robusto.	Als junger Mann war er schmächtig, doch dann wurde er ein gestandener Mann.
muscoloso [musko'lo:so]	muskulös
il fisico muscoloso di un decatleta	die muskulöse Figur eines Zehnkämpfers
magro ['ma:gro]	mager; dünn
(Lui) è alto e magro.	Er ist groß und dünn.
secco ['sekko]	mager; hager
È un tipo secco senza neanche un filo di grasso.	Er ist ein hagerer Typ ohne ein Gramm Fett am Leib.
scarno ['skarno]	ausgemergelt
Aveva le mani scarne e sciupate.	Er hatte ausgemergelte, abgearbeitete Hände.
emaciato [ema'tʃa:to]	abgezehrt; ausgemergelt
Dopo la lunga malattia il suo corpo era emaciato.	Nach der langen Krankheit war sein Körper völlig abgezehrt.
disfatto [dis'fatto]	ausgezehrt; abgehärmt; abgespannt
Il suo viso era disfatto dal dolore.	Der Schmerz hatte ihr Gesicht entstellt.
peso ['pe:so]	Gewicht
peso insufficiente / insufficienza di peso	Untergewicht
essere sottopeso	untergewichtig sein
obeso [o'be:zo]	übergewichtig; beleibt
robusto [ro'busto]	kräftig
un uomo robusto	ein kräftiger Mann
grassoccio [gras'sɔttʃo]	mollig; pummelig
(Lei) è piccola / bassa e grassoccia.	Sie ist klein und pummelig.
corpulento [korpu'lɛnto]	korpulent; beleibt; füllig

una donna matronale, un po' corpulenta	eine matronenhafte, etwas füllige Frau
l'aspetto corpulento dell'oste	das beleibte Äußere des Wirts
largo di spalle – dalle spalle larghe ['largo di 'spalle – 'dalle 'spalle 'large]	breit(schultrig)
ben messo ['ben 'messo]	kräftig (gebaut)
un poliziotto ben messo	ein kräftiger Polizist
tarchiato [tar'kja:to]	stämmig; gedrungen
spigliato – elegante – energico [spi'ʎa:to – ele'gante – e'nɛrdʒiko]	flott; schneidig – elegant – energisch
un giovane, elegante ufficiale	ein flotter junger Offizier
vigoroso [vigo'ro:so]	stramm
un giovane vigoroso	ein strammer junger Bursche
curvato – curvo [kur'va:to – 'kurvo]	gebeugt
La vecchiaia lo aveva curvato.	Er war vom Alter gebeugt.

***Attrattiva* (= Attraktivität)**

grazioso: *un bambino grazioso* (= ein niedliches Kind)
carino / grazioso: *una ragazzina carina / graziosa* (= ein reizendes kleines Mädchen)
attraente: *Lei è snella e attraente.* (= Sie ist schlank und attraktiv.)
di bell'aspetto: *una donna anziana di bell'aspetto* (= eine gut aussehende alte Frau)
di bella presenza: *un giovanotto di bella presenza* (= ein gut aussehender junger Mann)
ben fatto / proporzionato: *Lei ha gambe ben fatte.* (= Sie hat wohl geformte Beine.)
elegante: *un uomo elegante e slanciato* (= ein schicker Mann von schlankem Wuchs)
carino: *una ragazza giovane e carina* (= ein hübsches junges Mädchen)
bello: *(Lei) ha bellissimi occhi azzurri.* (= Sie hat wunderschöne blaue Augen.)

***Mancanza di attrattiva* (= mangelnde Attraktivität)**

poco attraente: *un signore grassoccio e poco attraente* (= ein rundlicher, wenig attraktiver Herr)
scialbo: *Lei era scialba, quasi brutta.* (= Sie war unansehnlich, beinahe hässlich.)
non attraente: *una donna dura, non attraente* (= eine harte, unattraktive Frau)
antipatico: *un uomo dall'aria antipatica* (= ein unangenehm wirkender Mann)
brutto: *un uomo grasso e brutto* (= ein fetter, hässlicher Mann)

viso ['vi:zo]	Gesicht
un viso ovale / rotondo	ein ovales / rundes Gesicht
un viso gonfio	ein aufgedunsenes Gesicht
occhio ['ɔkkjo]	Auge
occhi scuri – occhi ridenti	dunkle Augen – strahlende Augen
(Lui) era pallido, dagli occhi incavati.	Er war bleich und hohläugig.

colorito [kolo'ri:to]	Gesichtsfarbe
un colorito **roseo / pallido** ['rɔ:zeo / 'pallido]	eine rosige / bleiche Gesichtsfarbe
raggiante [rad'dʒante]	strahlend; leuchtend
(Lei) era raggiante di gioia.	Sie strahlte vor Freude.
ruga ['ru:ga]	Falte
il volto rugoso della vecchia donna	das runzlige Gesicht der alten Frau

Zur Beschreibung des Haares

un taglio / un'acconciatura alla moda (= eine aktuelle Frisur)
i suoi splendidi riccioli biondi (= ihre prächtigen blonden Locken)
i suoi bei capelli biondi (= sein schönes blondes Haar)
brune, bionde, rosse (= Brünette, Blondinen und Rothaarige)
una donna dai capelli scuri / bianchi (= eine dunkelhaarige / weißhaarige Frau)
Lei porta i capelli a coda di cavallo. (= Sie trägt einen Pferdeschwanz.)
un'adolescente con le treccine (= ein Teenager mit niedlichen Zöpfen)
capelli lisci, ricci, crespi (= glattes, lockiges und krauses Haar)
un taglio a spazzola (= ein Bürstenschnitt)
Gli stanno cadendo i capelli. (= Sein Haar lichtet sich.)
Lui porta la parrucca. (= Er trägt ein Toupet.)
Ha passato la cinquantina ed i capelli gli diventano bianchi. (= Er ist in den Fünfzigern und wird grau.)
Sta diventando calvo. (= Er bekommt langsam eine Glatze.)
È calvo. (= Er hat eine Glatze.)

vestito [ves'ti:to]	Kleidung – gekleidet
essere vestito elegante / alla moda	elegant / modisch gekleidet sein
Lui è sempre vestito in modo elegante.	Er ist immer schick / flott gekleidet.
indossare [indos'sa:re]	tragen *(Kleidung)*
(Lei) indossava una camicetta e una gonna.	Sie trug eine Bluse und einen Rock.
curato – trascurato [ku'ra:to – trasku'ra:to]	gepflegt – ungepflegt
trasandato [trazan'da:to]	ramponiert; ungepflegt
il suo aspetto trasandato / trascurato	seine ungepflegte Erscheinung
sporco – sudicio ['spɔrko – 'su:ditʃo]	schmutzig – schmuddelig
cencioso [tʃent'ʃo:so]	schäbig; vergammelt
spiegazzato – sgualcito [spiegat'tsa:to – zgual'tʃi:to]	zerknittert; verwuschelt; zerzaust
Lui indossava un abito sgualcito.	Er trug einen zerknitterten Anzug.

Infanzia e giovinezza
Kindheit und Jugend

→ 2.3 Genitori e figli

Quant'è bella la giovinezza, / che si fugge tuttavia! / Chi vuol esser lieto, sia: / di doman non c'è certezza. (*Lorenzo de' Medici, scrittore e politico, 1449–1492)*

bambino [bam'bi:no]	Kind
abbigliamento per bambini	Kinderbekleidung
bambino piccolo	Kleinkind
bambini piccoli	kleine Kinder
Marco è un bambino prodigio.	Markus ist ein Wunderkind.
Gesù Bambino	Christkind
una sposa bambina	eine sehr junge Braut
Smettila di fare il bambino!	Hör auf, dich wie ein Kind zu benehmen!
un progetto ancora bambino	ein noch in den Kinderschuhen steckendes Projekt
figli ['fi:ʎi]	Kinder
È figlia unica.	Sie ist ein Einzelkind.
Hanno due figli.	Sie haben zwei Kinder.
neonato [neo'na:to]	Baby; Neugeborenes
balia / nanny ['ba:lja / 'nanni]	Amme
bambinaia [bambi'na:ja]	Tagesmutter; Kindermädchen
baby-sitter ['bɛbi-'sitter]	Babysitter
infanzia [in'fantsja]	frühe Kindheit; Kindesalter
ricordi d'infanzia	Erinnerungen aus der Kindheit
culla ['kulla]	Wiege
dalla culla alla bara	von der Wiege bis zur Bahre
lettino [let'ti:no]	Kinderbett
carrozzina [karrot'tsi:na]	Kinderwagen
passeggino [passed'dʒi:no]	Buggy
succhietto / ciuccio [suk'kjetto / 'tʃuttʃo]	Schnuller
giocattolo [dʒo'kattolo]	Spielzeug
Ogni bambino ha bisogno di giocattoli.	Jedes Kind braucht Spielzeug.
macchinina – trenino	Spielzeugauto – Spielzeugeisenbahn

Dinge, mit denen sich Kinder beschäftigen
giocare a palla (= Ball spielen) • *giocare a carte* (= Karten spielen) • *giocare a guardia e ladri* (= Räuber und Gendarm spielen) • *giocare a mamma e papà* (= Mutter und Vater spielen) • *bambola* (= Puppe) • *carrozzina della bambola* (= Puppenwagen) • *casetta delle bambole* (= Puppenstube) • *animali di stoffa* (= Stofftiere) • *burattino / marionetta* (= Handpuppe) • *cavallo a dondolo* (= Schaukelpferd) • *cubetti per le costruzioni* (= Bauklötze) • *biglie* (= Murmeln) • *ferrovia in miniatura / trenino* (= Modelleisenbahn) • *aeromodello* (= Modellflugzeug) • *fumetti* (= Comic-Hefte) • *libri illustrati* (= Bilderbücher) • *favole* (= Märchen) • *libro da colorare* (= Malbuch) •

scatola dei colori (= Mal- / Tuschkasten) • *pennarelli* (= Filzstifte) • *matite colorate* (= Buntstifte) • *matite a cera* (= Wachsmalstifte) • *colori* (= Farben) • *gioco da tavolo* (= Brettspiel) • *indovinello* (= Rätsel / Denksportaufgabe) • *puzzle* (= Puzzle / Puzzlespiel) • *giocare con l'aquilone* (= einen Drachen steigen lassen) • *„recinto con la sabbia"* (= Sandkasten) • *paletta e secchiello* (= Eimerchen und Schaufel) • *altalena* (= Wippe, Schaukel) • *pattini a rotelle* (= Rollschuhe) • *pattini (per ghiaccio)* (= Schlittschuhe) • *skateboard* (= Skateboard / Rollbrett) • *bicicletta / bici* (= Fahrrad / Rad) • *triciclo* (= Dreirad) • *slitta* (= Schlitten)

giovane ['dʒoːvane]	jung; Jugendliche(r)
giovani	junge Leute; Jugendliche
per i giovani	für die Jugend; für junge Leute

Männliche Jugendliche sind *ragazzi, giovanotti, giovani.*
Weibliche Jugendliche sind *ragazze, giovani donne.*

giovanile [dʒova'niːle]	jugendlich; Jugend-
acne (f) giovanile	pubertäre Akne
entusiasmo giovanile	jugendliche Begeisterung
Nelle sue opere giovanili si intravedeva già la sua grandezza futura.	Bereits in seinen Jugendwerken war seine künftige Größe zu erkennen.
giovinezza [dʒovi'nettsa]	Jugend(zeit)
ostello della gioventù [os'tɛllo 'della dʒoven'tu]	Jugendherberge

Entsprechungen für „Jugend"
Jugend = Jugendzeit:
Ho passato la mia gioventù a Roma. (= Ich habe meine Jugend in Rom verbracht.)
Jugend = junge Menschen *(gioventù = la gente giovane)*:
La gioventù d'oggi ha i propri problemi. (= Die heutige Jugend hat ihre eigenen Probleme.)
Il partito non ha mai avuto la fiducia dei giovani. (= Die Partei besaß nie das Vertrauen der Jugend.)

monello [mo'nɛllo]	Balg; Gör(e); Flegel
viziato [vi'tsjaːto]	verwöhnt
(Lei) è una ragazzina viziata.	Sie ist ein verwöhntes Balg.
scolaro [sko'laːro]	Schüler
adolescenza [adole'ʃɛntsa]	die Zeit des Heranwachsens
i ricordi dell'adolescenza	die Erinnerungen aus der Jugendzeit
adolescente	jung; junger Mann / junge Frau
gli adolescenti	Heranwachsende
Molti adolescenti fanno uso della droga.	Viele Teenager nehmen Drogen.
crisi adolescenziali	jugendlicher Weltschmerz
pubertà [puber'ta]	Pubertät
minorenne (m+f) [mino'rɛnne]	Minderjährige(r)
abuso di minorenni	Kindesmisshandlung

delinquente minorenne	jugendliche(r) Straftäter(in)
diventare **maggiorenne** [maddʒo'rɛnne]	volljährig werden

Ein paar ungute Dinge, die Kinder und Jugendliche tun

Insultano / Terrorizzano altri bambini. (= Sie schikanieren / tyrannisieren andere Kinder.)
Marinano la scuola. (= Sie schwänzen die Schule.)
Smettono di frequentare la scuola. (= Sie brechen die Schule ab.)
Scappano di casa. (= Sie laufen von zu Hause weg.)
Fanno gite spericolate con macchine rubate. (= Sie machen waghalsige Spritztouren mit gestohlenen Autos.)
Si drogano. (= Sie nehmen Drogen.)
Hanno problemi con la legge. (= Sie kriegen Ärger mit der Polizei.)

minore / minorile [mi'no:re / mino'ri:le]	Jugend-
tribunale dei minori	Jugendgericht
lavoro minorile	Kinderarbeit
casa di rieducazione / riformatorio ['ka:sa di rieduka'tsjo:ne]	Jugendstrafanstalt

***Violenza* (= Gewaltanwendung)**

Perché mi hai dato un calcio? (= Warum hast du mich getreten?)
Papà, il Piero mi dà sempre le botte / mi picchia sempre! (= Papi! Der Peter haut mich immer!)
Lui la colpì allo stomaco. (= Er schlug sie in den Magen.)
In alcuni paesi la punizione corporale dei bambini è illecita. (= Die körperliche Züchtigung von Kindern ist in manchen Ländern rechtswidrig.)
Una volta i bambini venivano picchiati spesso. (= Die Kinder bekamen früher oft Schläge.)
Non mi piace picchiare mio figlio. (= Ich haue mein Kind nicht gern.)
Se non la smetti, ti prendi un sacco di botte! (= Wenn du nicht aufhörst, kriegst du 'ne Tracht Prügel.)

adulto [a'dulto]	erwachsen; Erwachsene(r)
una persona adulta	ein erwachsener Mensch
grande ['grande]	erwachsen
Hanno due figli grandi.	Sie haben zwei erwachsene Söhne.
maturo [ma'tu:ro]	reif; erwachsen
Così giovane e già così maturo!	Noch so jung und schon so erwachsen!
È molto maturo per la sua età.	Er ist sehr reif für sein Alter.
Gli anni e gli studi lo hanno reso maturo.	Über die Jahre und das Studium ist er reif geworden.
prematuro [prema'tu:ro]	frühreif

Età media e vecchiaia
Mittlere Jahre und Alter

Il tempo della terza età: Vecchi che facciano di professione il vecchio non ne conosco nessuno. Io sono vecchio ma non saprei dire da quando lo sono perché non ho mai avuto la sensazione di passare un limite così da dire: "Adesso faccio il vecchio". (*Ignazio Silone, scrittore italiano, 1900–1978*)

l'età [e'ta]	das Alter
l'età matura	das mittlere Lebensalter (ca. 40–65)
Lei è nel fiore dell'età.	Sie ist in den besten Jahren.
la terza età	Senioren (bezeichnet ältere Menschen, die aus dem Arbeitsleben ausgeschieden sind)
in età avanzata	in vorgerücktem Alter
Lei raggiunse un'età molto avanzata.	Sie erreichte ein hohes Alter.
crisi (f) di mezz'età	Krise in der Lebensmitte (um die 40)
essere in età da marito	im heiratsfähigen Alter sein
Mi chiesero il nome e l'età.	Sie fragten mich nach meinem Namen und meinem Alter.
Ma questi ragazzi sono molto vivaci! Che ci vuoi fare, è l'età.	Diese Jungs sind aber wirklich lebhaft! Da kann man nichts machen, das ist eben das Alter.
speranza di vita [spe'rantsa di 'vi:ta]	Lebenserwartung
l'invecchiamento [invekkja'mento]	das Altern
menopausa / età critica [meno'pauza / e'ta 'kri:tika]	(die) Wechseljahre
il subentrare della menopausa	das Einsetzen der Wechseljahre
invecchiare [invek'kja:re]	alt werden
Lifting e trapianto di capelli non sono la soluzione per non invecchiare.	Gesichtshautstraffung und Haartransplantation verhindern nicht, dass man älter wird.
Stiamo diventando vecchi.	Wir werden langsam älter.
Hai visto Lisa come è invecchiata?	Hast du Lisa gesehen, wie alt sie geworden ist?
Questa pettinatura ti invecchia.	Diese Frisur macht dich alt.
anziano [an'tsja:no]	betagt; älter
la povertà tra la gente anziana	Armut unter älteren Menschen
la gente anziana – gli anziani	die alten Leute

Die Begriffe *vecchi* und *anziani* haben nicht die gleiche Bedeutung.
Vecchi bezeichnet Menschen, die (absolut) alt sind: *vecchi* (= ältere / alte Leute / Menschen).
Anziani dagegen sind relativ älter als andere, aber nicht notwendigerweise alt: *gli anziani hanno più esperienza* (= ältere Menschen haben mehr Erfahrung).

casa di riposo / ospizio / gerontocomio ['ka:sa di ri'pɔ:so / o'spi:tsjo / dʒe:ronto'kɔ:mjo]	Altenheim; Altersheim
veterano [vete'ra:no]	(*auch:* Kriegs-)Veteran(in)
un veterano dell'insegnamento / del foro	ein altgedienter Lehrer / Rechtsanwalt
È un veterano nel suo mestiere.	Er ist ein Veteran in seinem Handwerk.
pensionato(-a) [pensjo'na:to]	Rentner(in)
un funzionario pensionato	ein pensionierter Beamter
professione: pensionato(-a)	Beruf: Rentner(in)
andare in pensione	in den Ruhestand treten
pensionamento	Ausscheiden aus dem Arbeitsleben
quando lei avrà raggiunto l'età del pensionamento	wenn sie das Rentenalter erreicht hat
in età da pensione	im Renten- / Pensionsalter
la vecchiaia [vek'kja:ja]	das Alter
l'avvicinarsi della vecchiaia	das Herannahen des Alters
gli acciacchi della vecchiaia	die Alterszipperlein
I figli sono il bastone della vecchiaia.	Kinder sind die Stütze des Alters.
vecchio	alt
un uomo vecchio	ein alter Mann
È giovane di età ma vecchio di spirito.	Er ist jung an Jahren, aber alt im Kopf.
I nostri vecchi avevano ragione.	Unsere Eltern hatten Recht.
antico [an'ti:ko]	uralt; antik
longevità [londʒevi'ta]	Langlebigkeit
declino / deperimento [de'kli:no / deperi'mento]	Verfall
diminuzione delle energie fisiche [diminu'tsjo:ne 'delle ener'dʒi:e 'fi:zike]	Nachlassen der körperlichen Kräfte
gli ultimi anni di vita [ʎi 'ultimi 'anni di 'vi:ta]	die letzten Lebensjahre
decrepito [de'kre:pito]	altersschwach
un vecchio decrepito / fragile	ein hinfälliger / schwacher alter Mann

Weitere Adjektive, die Schwäche (= *fragilità*) bzw. Gebrechlichkeit (= *infermità*) ausdrücken:
debole (= schwach) • *fiacco* (= matt / schwach) • *fragile* (= schwach / gebrechlich / zart) • *infermo* (= gebrechlich / hinfällig)

senile – senilità [se'ni:le – senili'ta]	senil – Senilität
senior ['sɛnjor]	Senior
il morbo di Alzheimer ['mɔrbo di 'altsaimer]	(Gehirnkrankheit, die zu geistigem Verfall führt)
soffrire del morbo di Alzheimer	an der Alzheimer-Krankheit leiden

Unfreundliche, diskriminierende Ausdrücke, die auf ältere Menschen angewandt werden:
rimbambito (= verkalkt / senil) • *decrepito* (= verknöchert / verkalkt) • *tremante / rimbecillito* (= tatterig / vertrottelt) • *arteriosclerotico* (= verkalkt) • *incartapecorito* (= verschrumpelt)

in cattivo stato di salute [in kat'ti:vo 'sta:to di sa'lu:te]	bei schlechter Gesundheit
pranzo a domicilio ['prandzo a domi'tʃi:ljo]	Essen auf Rädern
casa di ricovero ['ka:sa di ri'kɔ:vero]	Pflegeheim
Lei è stata accettata da una casa di ricovero.	Sie wurde in ein Pflegeheim aufgenommen.
ottuagenario(-a) [ottuadʒe'na:rjo]	Achtzigjährige(r)
settuagenario(-a)	Siebzigjährige(r)

"Figli miei, voi siete i bastoni della mia vecchiaia!"

Personalità e comportamento
Persönlichkeit und Verhalten

Ma un uomo tranquillo è un uomo tranquillo? / Oppure è un uomo vestito da santo / oppure è un pazzo vestito da uomo / o è uno sciocco, un incosciente / oppure è un vile riflesso che suona / la tromba col fiato degli altri?
*(Alcide Paolini, poeta e critico letterario, *1928)*

comportamento [komporta'mento]	Benehmen
un comportamento ingiustificabile	unzulässiges Benehmen
comportarsi bene / male	sich gut / schlecht benehmen / verhalten
Non si è comportato bene verso di me.	Er hat sich mir gegenüber schlecht benommen.
Gigi si è comportato da vigliacco.	Gigi hat sich wie ein Feigling benommen.
Con lui non so come comportarmi.	Ich weiß nicht, wie ich mich ihm gegenüber verhalten soll.
condotta [kon'dotta]	Benehmen; Betragen
Lui ha sempre avuto una chiara linea di condotta.	Er hat immer eine klare Linie verfolgt / gehabt.
voto di condotta	Betragensnote
personalità [personali'ta]	Persönlichkeit
(Lui) ha una spiccata personalità.	Er hat eine ausgeprägte Persönlichkeit.
(Lui) è una personalità del mondo della musica.	Er ist eine Persönlichkeit in der Welt der Musik.
personalità giuridica	Rechtspersönlichkeit
carattere (m) [ka'rattere]	Wesen; Naturell
mancanza di carattere	Charakterlosigkeit
(Lei) ha un carattere simpatico.	Sie besitzt ein sympathisches Wesen.
una donna di carattere	eine Frau von Charakter
Quella ragazza ha un bel caratterino.	Dieses Mädchen ist ziemlich zickig / schwierig.
indole (f) ['indole]	Wesen; Naturell
comportarsi secondo la propria indole	sich gemäß seinem Naturell verhalten
Per indole è una persona mite.	Von seinem Wesen her ist er ein ruhiger Mensch.
temperamento [tempera'mento]	Temperament; Naturell
(Lei) ha un temperamento impetuoso.	Sie hat ein heftiges Naturell.
(Lui) è rissoso per temperamento.	Er ist streitsüchtig veranlagt.
controllo [kon'trɔllo]	Beherrschung
(Lei) perse il controllo di sé.	Sie verlor die Selbstbeherrschung.

Adjektive, die menschliche Eigenschaften ausdrücken, mit ihrem Gegenteil
Die Antonyme (= Gegensatzwörter) werden hier meistens durch Vorsetzen von *anti-, dis-, im, in-* oder *sc-* gebildet.

affidabile (= zuverlässig / verlässlich) – *inaffidabile* (= unzuverlässig)
colto (= kultiviert / gebildet) – *incolto* (= unkultiviert / ungebildet)
efficiente (= fähig) – *inefficiente* (= unfähig)
comprensivo (= einfühlsam / mitfühlend / verständig) – *incomprensivo* (= wenig mitfühlend / unverständig)
esperto (= erfahren) – *inesperto* (= unerfahren)
flessibile (= flexibel) – *inflessibile* (= unflexibel / starr)
giusto (= fair / gerecht) – *ingiusto* (= unfair / ungerecht)
tollerante (= duldsam) – *intollerante* (= unduldsam)
decente (= anständig) – *indecente* (= unanständig)
maturo (= reif) – *immaturo* (= unreif)
paziente (= geduldig) – *impaziente* (= ungeduldig)
responsabile (= verantwortungsbewusst / verantwortlich) – *irresponsabile* (= verantwortungslos)
contento (= zufrieden) – *scontento* (= unzufrieden)
cortese (= höflich) – *scortese* (= unhöflich)
inibito (= gehemmt) – *disinibito* (= ungehemmt)
onesto (= ehrlich) – *disonesto* (= unehrlich)
egoista (= selbstsüchtig) – *altruista* (= selbstlos)
esigente (= anspruchsvoll) – *senza pretese* (= anspruchslos)
riguardoso (= rücksichtsvoll) – *senza riguardo / sconsiderato* (= rücksichtslos)
simpatico (= sympathisch) – *antipatico* (= unsympathisch)
sincero (= aufrichtig) – *falso / bugiardo* (= unaufrichtig)

Beachten Sie, dass – anders als im Deutschen – die negativen Vorsilben *anti-, dis-, im-, in-* etc. im Italienischen nicht betont werden.
Deutsch: Sie ist ja so 'unfair / 'unduldsam / 'unzufrieden.
Italienisch: Lei è così in'giusta / intolle'rante / scon'tenta.

bene – male ['bɛːne – 'maːle]	gut – schlecht (*Adverb*)
Gli voglio molto bene.	Ich habe ihn sehr gerne.
una persona per bene (o perbene)	ein anständiger Mensch
buono – cattivo [bu'ɔːno – kat'tiːvo]	gut – schlecht / böse (*Adjektiv*)
avere cattive intenzioni	schlechte / böse Absichten haben
fare una buona azione	eine gute Tat vollbringen
benevolo – malevolo [be'nɛːvolo – ma'lɛːvolo]	gütig – boshaft
un padrone / Dio / sovrano benevolo	ein gütiger Herr / Gott / Herrscher
uno sguardo / un vicino malevolo	ein boshafter Blick / Nachbar
compassionevole – spietato [kompassjo'neːvole – spie'taːto]	mitfühlend – mitleidlos
animo compassionevole	mitleidsvolles Gemüt
sorte spietata	unerbittliches Schicksal
fare una corte spietata ad una ragazza	einem Mädchen hartnäckig den Hof machen
onesto – corrotto [o'nɛsto – kor'rotto]	ehrlich – korrupt / bestechlich
un uomo semplice e onesto	ein schlichter und ehrlicher Mensch
condurre una vita onesta	ein sittsames Leben führen
un politico corrotto	ein korrupter Politiker

costumi corrotti	verkommene Sitten
un funzionario corrotto	ein bestochener Beamter

Viele der hier aufgeführten Adjektive werden durch Anhängen von *-mente* zu häufig gebrauchten Adverbien:
Lui ha agito stoltamente / irresponsabilmente / scortesemente. (= Er handelte töricht / verantwortungslos / unhöflich.)

diligente – pigro [dili'dʒɛnte – 'pi:gro]	fleißig – faul / träge
uno studente diligente	ein fleißiger Student
È così pigro che la mattina non si alzerebbe mai.	Er ist so faul, dass er früh morgens nie aufstehen würde.
cortese – scortese [kor'te:ze – skor'te:ze]	höflich – unhöflich
parole cortesi	verbindliche Worte
Non c'è bisogno di diventare scortesi.	Warum denn gleich grob werden?
astuto – stupido [as'tu:to – 'stu:pido]	klug – dumm
una risposta astuta	eine schlaue Antwort
una battuta stupida	eine dumme Bemerkung
assennato – stolto [assen'na:to – 'stɔlto]	vernünftig – töricht
una ragazza assennata	ein kluges / vernünftiges Mädchen
stolto orgoglio	unsinniger Stolz
È così stolto da credergli.	Er ist so albern, ihm zu glauben.
irritabile – equilibrato [irri'ta:bile – ekuilib'ra:to]	leicht erregbar – ausgeglichen
temperamento irritabile	leicht erregbares Temperament
una cute irritabile	eine empfindliche Haut
una persona equilibrata	ein ausgeglichener Mensch
una dieta equilibrata	eine ausgewogene Diät
conservatore – progressivo [konserva'to:re – progres'si:vo]	konservativ – progressiv
idee conservatrici	konservative Ideen
Le forze progressive del partito chiedono nuove riforme.	Die progressiven Kräfte in der Partei fordern weitere Reformen.
tollerante – di idee ristrette / gretto [tolle'rante – di i'dɛ:e ris'trette / 'gretto]	tolerant – engstirnig
tollerante nei confronti degli stranieri	tolerant gegenüber Ausländern
generoso – avaro / taccagno [dʒene'ro:so – a'va:ro / tak'kaɲo]	großzügig – geizig / knauserig
È un uomo dal cuore molto generoso.	Er ist ein sehr großzügiger Mensch.
una persona avara di parole	eine wortkarge Person
trascurato / negligente – pedante [trasku'ra:to / neʎi'dʒɛnte – pe'dante]	lax / lässig – pingelig

Das vollkommene Fehlen einer Eigenschaft kann durch *senza / privo di* ausgedrückt werden:
Lei è completamente priva di ambizioni / di coraggio / del senso

dell'umorismo / di compassione / di talento. (= Es mangelt ihr vollkommen an Ehrgeiz / Mut / Humor / Mitleid / Talent.)

affascinante / avvenente – privo di / senza fascino [affaʃi'nante / avve'nɛnte – 'pri:vo di / 'sɛntsa 'faʃino]	charmant – ohne Charme
Lei è del tutto priva di fascino.	Sie besitzt keinerlei Charme.
ottimistico – pessimistico [otti'mistiko – pessi'mistiko]	optimistisch – pessimistisch
Gigi ha un carattere ottimistico.	Gigi hat einen optimistischen Charakter.
comunicativo – riservato [komunika'ti:vo – riser'va:to]	kontaktfreudig – zurückhaltend
Bice è una persona molto comunicativa.	Bice ist ein sehr kontaktfreudiger Mensch.
Luca è molto riservato nel parlare.	Luca spricht nicht mit jedem über alles.
di buon umore – malinconico / abbattuto [di bu'ɔ:n u'more – malin'kɔ:niko / abbat'tu:to]	gutgelaunt – trübsinnig / niedergeschlagen
Luca sembrava piuttosto abbattuto.	Luca schaute recht bedrückt drein.
interessante – noioso [interes'sante – no'jo:so]	interessant – langweilig

Piuttosto, alquanto, abbastanza, parecchio **als Entsprechungen für „ziemlich"**

Lui si distrae piuttosto facilmente. (= Er lässt sich ziemlich leicht ablenken.)
La zia è alquanto invecchiata dall'ultima volta che l'ho vista. (= Die Tante ist ziemlich alt geworden, seit ich sie das letzte Mal sah.)
La situazione è abbastanza critica. (= Die Lage ist ziemlich kritisch.)
Avevamo parecchia paura. (= Wir hatten mächtig Angst.)

forte – debole ['fɔrte – 'de:bole]	stark – schwach
essere forte / debole d'animo, di carattere	einen starken / schwachen Charakter haben
duro – remissivo ['du:ro – remis'si:vo]	(knall)hart / cool – gefügig
un tipo duro	ein knallharter Bursche
coraggioso – vigliacco [korad'dʒo:so – vi'ʎakko]	mutig – feige
un soldato coraggioso / valoroso	ein tapferer Soldat
un attentato vigliacco / vile	ein feiger Anschlag
rilassato – teso [rilas'sa:to – 'te:so]	entspannt – angespannt
Dopo la vacanza si sentiva rilassato e carico di nuove energie.	Nach dem Urlaub fühlte er sich entspannt und voller Tatendrang.
Prima dell'esame aveva i nervi molto tesi.	Vor der Prüfung flatterten ihm die Nerven.
muscoli tesi	gespannte Muskeln
volto teso	angespanntes Gesicht
calmo – agitato ['kalmo – adʒi'ta:to]	ruhig – aufgeregt

(Lui) era molto calmo prima dell'operazione.	Er war vor der Operation sehr ruhig.
rispettoso – sfacciato [rispet'to:so – sfat'tʃa:to]	respektvoll – frech / unverschämt
Non essere così sfacciato verso i tuoi genitori!	Sei nicht so frech zu deinen Eltern!
sensibile [sen'si:bile]	sensibel; empfindlich
Bice è molto sensibile ai rimproveri.	Bice reagiert sehr empfindlich auf Vorwürfe.
Luca è sensibile al fascino femminile.	Luca ist empfänglich für weibliche Reize.
Gli anziani sono alquanto sensibili ai cambiamenti del tempo.	Ältere Leute sind sehr wetterfühlig.

Sensibile kann in einem anderen Zusammenhang auch „erheblich" bedeuten: *un sensibile aumento* (= ein erheblicher Anstieg).

umile / modesto – presuntuoso ['u:mile / mo'dɛsto – prezuntu'o:so]	demütig / bescheiden – eingebildet / anmaßend
Mi guardò con quel suo sguardo umile.	Er blickte mich mit seinem Hundeblick an.
un ragazzo geniale e modesto	ein genialer und bescheidener junger Mann
un giovane sciocco e presuntuoso	ein dummdreister junger Mann

Für die Beschreibung von Menschen gibt es eine Reihe von Redewendungen (*modi di dire*) mit *come* (= so … wie):
Lui è buono ***come il pane***. (= herzensgut)
Fu coraggioso ***come un leone***. (= tapfer / mutig wie ein Löwe)
È un omino operoso ***come un'ape***. (= emsig wie eine Biene / bienenfleißig)
Ho cercato di parlarle ma era fredda ***come il ghiaccio***. (= kalt wie die Wohlfahrt / wie eine Hundeschnauze)
Quando ha sentito la notizia era contento ***come una Pasqua***. (= quietschvergnügt sein / sich wie ein Schneekönig freuen)
Non fidarti molto di lui, è furbo ***come una volpe***. (= schlau wie ein Fuchs)
Non vedo l'ora di mangiare qualcosa, sono affamato ***come un lupo***. (= hungrig wie ein Wolf)
Lui è una persona mansueta ***come un agnello***. (= sanft wie ein Lamm / lammfromm)
È inutile cercare di persuaderlo, tanto è testardo ***come un mulo***. (= störrisch wie ein Maultier / ein sturer Bock)
Non so come lei faccia a sopportarlo, deve avere una pazienza ***come Giobbe***. (= geduldig wie Hiob / eine Engelsgeduld haben)
Non c'è niente da fare, ha un cervello ***come una formica***. (= „dumm wie Bohnenstroh" / ein Spatzenhirn haben)
È timida ***come un coniglio****, scappa ogni volta che le si fa un complimento.* (= scheu wie ein Reh)

Sensi e sensazioni
Sinne und Sinneseindrücke

Il gusto non è solo uno dei cinque sensi, ma anche l'inclinazione personale e inconsapevole o un muto suggerimento dell'organismo che decide le preferenze. (*"L'Espresso", 1983*)

senso ['sɛnso]	Sinn
avere un sesto senso per qualcosa	einen sechsten Sinn für etwas haben
avere senso critico	kritisches Urteilsvermögen haben
i cinque sensi	die fünf Sinne
la vista ['vista]	der Gesichtssinn
l'udito [u'di:to]	der Gehörsinn
l'olfatto [ol'fatto]	der Geruchssinn
il gusto ['gusto]	der Geschmackssinn
il tatto ['tatto]	der Tastsinn
sensazione (f) [sensa'tsjo:ne]	Gefühl; Empfindung; Sinneseindruck
sensazioni come il dolore e la sete	Empfindungen wie Schmerz und Durst
Ho la sensazione che perderemo il treno.	Ich habe das Gefühl, wir werden den Zug verpassen.
occhio ['ɔkkjo]	Auge
(Lui) non ci vede da un occhio.	Er ist auf einem Augen blind.
vedere [ve'de:re]	sehen
(Lei) guardò che nessuno la vedesse.	Sie sah, dass niemand hinschaute.
guardare [guar'da:re]	sehen; schauen
Hai guardato in cucina?	Hast du in der Küche nachgesehen?
Non guardo la televisione.	Ich schaue kein Fernsehen.
Guardati questo / dà un'occhiata a questo.	Schau dir doch mal dies hier an.
(Lei) guardava il cane che mangiava.	Sie sah zu, wie der Hund fraß.
Ci siamo guardati un bel film.	Wir sahen uns einen schönen Film an.
percepire – percezione (f) [pertʃe'pi:re – pertʃe'tsjo:ne]	wahrnehmen – Wahrnehmung
Tutti gli animali hanno la capacità di percepire la luce?	Können alle Tiere Licht wahrnehmen?
notare [no'ta:re]	bemerken; wahrnehmen
Nessuno ha notato il furto.	Niemand bemerkte den Diebstahl.
Lei non prese nota di loro.	Sie nahm keine Notiz von ihnen.
notevole [no'te:vole]	erkennbar; deutlich
un notevole incremento	eine deutliche Zunahme
osservare [os'serva:re]	beobachten; bemerken; wahrnehmen
La cometa fu osservata nel 1986.	Der Komet wurde 1986 beobachtet.
sentirsi osservati	sich beobachtet fühlen
vista ['vista]	Sehvermögen; Sicht; Aussicht
Fu amore a prima vista.	Es war Liebe auf den ersten Blick.
Lo si può vedere a prima vista.	Man sieht es auf einen Blick.

una bella vista sulla città	ein schöner (Aus-)Blick auf die Stadt
miopia – miope [mio'pi:a –'mi:ope]	Kurzsichtigkeit – kurzsichtig
Il partito al governo sta svolgendo una politica miope.	Die Regierungspartei betreibt gerade eine kurzsichtige Politik.
presbiopia – presbite [prɛzbio'pi:a – 'prɛzbite]	Altersweitsichtigkeit – weitsichtig
Lui è presbite.	Er ist weitsichtig.
visibile – invisibile [vi'zi:bile – invi'zi:bile]	sichtbar – unsichtbar
Il faro era chiaramente visibile.	Der Leuchtturm war deutlich sichtbar.
invisibile ad occhio nudo	mit bloßem Auge nicht erkennbar
video ['vi:deo]	Video(-)
sguardo [zgu'ardo]	(kurzer) Blick
Il suo sguardo era pieno d'odio.	Sein / Ihr Blick war hasserfüllt.
occhiata [ok'kja:ta]	Blick
Ho dato un'occhiata alle offerte di lavoro.	Ich habe einen Blick auf die Stellenangebote geworfen.
scorsa ['skorsa]	Durchsicht; Überfliegen
Ho dato solo una scorsa al giornale di oggi.	Ich habe die Zeitung von heute nur überflogen.
vedere di **sfuggita** [sfud'dʒi:ta]	(kurz) sehen
Lo vedemmo solo di sfuggita.	Wir bekamen ihn nur kurz zu Gesicht.
orecchio – gli orecchi / le orecchie [o'rekkjo – o'rekki]	Ohr(en)
Terrò le orecchie aperte.	Ich werde die Ohren offen halten.
sentire [sen'ti:re]	hören
Hai sentito quel rumore?	Hast du dieses Geräusch gehört?
apparecchio acustico [appa'rekkjo a'kustiko]	Hörhilfe; Hörgerät
sordo ['sordo]	taub
un(-a) sordomuto(-a)	ein(e) Taubstumme(r)
scuola per sordomuti	Taubstummenschule
linguaggio dei sordomuti	Taubstummensprache

Bestimmte Adjektive können durch vorangestelltes *per* (zur Angabe des Ziels und des Zwecks) zu Pluralsubstantiven gemacht werden:
cani guida per ciechi (= Führerhunde für Blinde / Blindenhunde)
una scuola per sordi (= eine Schule für Taube / taube Menschen)
aiuto per deboli d'udito (= Hilfe für Schwerhörige)

ascoltare [askol'ta:re]	(zu)hören
Mi sforzai ad ascoltare ma non sentii nulla.	Ich lauschte angestrengt, konnte aber nichts hören.
ascoltare la radio	Radio hören
rumore (m) / **suono – suonare** [ru'mo:re / su'ɔ:no – suo'na:re]	Geräusch / Laut / Klang – klingen
il rumore di un'automobile in arrivo	das Geräusch eines nahenden Autos
Cos'era quel rumore?	Was war das für ein Geräusch?
Non sopporto il rumore.	Ich ertrage keinen Lärm.

Il condizionatore dell'aria fa troppo rumore.	Die Klimaanlage ist zu laut.
vie rumorose	laute / geräuschvolle Straßen
tono ['tɔno]	Ton
Non mi piace il tuo tono.	Dein Ton gefällt mir nicht.
Non usare quel tono con me!	Ich verbitte mir diesen Ton, wenn du mit mir sprichst!
alto / forte / ad alta voce ['alto / 'fɔrte / 'ad 'alta 'vo:tʃe]	laut
Cos'era quel rumore forte?	Was war das für ein lautes Geräusch?
Cerchi di parlare più forte / ad alta voce.	Versuchen Sie lauter zu sprechen.
volume (m) [vo'lu:me]	Lautstärke
alzare / abbassare il volume	das Gerät lauter / leiser stellen
udibile – inaudibile [u'di:bile – inau'di:bile]	hörbar – unhörbar
un suono appena udibile / percepibile	ein kaum wahrnehmbarer Laut
audio ['audjo]	Audio-; Ton-
lettore CD ed altri apparecchi audio	CD-Spieler und andere Phonogeräte
chiasso ['kjasso]	Geschrei; Lärm
I ragazzi fanno chiasso in cortile.	Die Kinder lärmen im Hof.
fragore (m) [fra'go:re]	Getöse
il fragore della risacca	das Getöse der Brandung
il fragore del tuono	das Rollen des Donners

Entsprechungen für „ruhig"

*Viviamo in un quartiere **tranquillo**.* (= Wir leben in einer ruhigen Gegend.)
*Attualmente l'andamento degli affari è **calmo**.* (= Das Geschäft ist zurzeit ruhig.)
*Lei è sempre **taciturna**, come se non avesse niente da dire.* (= Sie ist immer so ruhig, als ob sie nichts zu sagen hätte.)
*Il mare era **calmissimo**.* (= Das Meer war vollkommen ruhig.)
*Lei non riesce a stare seduta **ferma.*** (= Es fällt ihr schwer, ruhig zu sitzen.)
*Finalmente una serata **in pace** a casa.* (= Endlich ein ruhiger Abend zu Hause.)
*È un uomo **pacifico**, che non farebbe male a una mosca.* (= Er ist ein friedlicher Mensch, der keiner Fliege etwas zuleide tun könnte.)

naso ['na:zo]	Nase
avere un buon naso / fiuto per buoni affari	einen Riecher für einträgliche Geschäfte haben
odorare – odore (m) [odo'ra:re – o'do:re]	riechen – Geruch
Non senti odore di gas?	Riechst du etwa kein Gas?
La minestra ha un odore squisito.	Die Suppe riecht köstlich.
Le lenzuola odorano di fresco.	Die Betttücher riechen frisch.
puzzare – puzzo / fetore (m) [put'tsa:re – 'puttso / fe'to:re]	stinken – Geruch / Gestank
Gli puzza l'alito di aglio.	Er stinkt aus dem Mund nach Knoblauch.

avere il puzzo sotto il naso	die Nase hoch tragen; eingebildet sein
fragranza [fra'grantsa]	(Wohl-)Geruch; Duft
la particolare fragranza di queste rose	der besondere Duft dieser Rosen
olezzo [o'lettso]	(Wohl-)Geruch; Duft
Gli piace l'olezzo degli oleandri in fiore.	Ihm gefällt der Duft blühender Oleander.
profumo [pro'fu:mo]	Duft; Geruch; Parfüm
il profumo di limoni	der Duft von Zitronen
aroma (m) [a'ro:ma]	Aroma; Duft
l'aroma del caffè appena macinato	der Duft frisch gemahlenen Kaffees
sapore (m) – **assaporare** [sa'po:re – assapo'ra:re]	Geschmack – kosten
Ha un sapore amaro.	Es hat einen bitteren Geschmack.
Ha un sapore dolce / salato / agro.	Es schmeckt süß / salzig / (zitronen)sauer.
gusto ['gusto]	Geschmack
senza gusto / insipido	ohne Geschmack; geschmacklos; fad
gustare	schmecken
Il raffredore impedisce di gustare qualsiasi cosa.	Mit einem Schnupfen schmeckt man gar nichts mehr.
appetito [appe'ti:to]	Appetit
Buon appetito!	Guten Appetit!
(Lui) mi ha guastato l'appetito.	Er hat mir den Appetit verdorben.
nausea ['na:uzea]	Übelkeit
Mi viene la nausea.	Mir wird übel.
tatto ['tatto]	Berührung; Tastsinn; Takt
La stoffa è morbida al tatto.	Der Stoff fühlt sich sehr weich an.
È un uomo che non ha tatto.	Er ist ein taktloser Mensch.
toccare	berühren
Si prega di non toccare.	Bitte nicht berühren.
toccare con le mani	anfassen; berühren
È proibito toccare la merce.	Die Waren bitte nicht berühren.
sentire [sen'ti:re]	fühlen

Das Verb *sentire* hat verschiedene Bedeutungen: empfinden / fühlen / riechen / schmecken / kosten / spüren.

(Lui) sentiva freddo.	Ihm war kalt.
(Lei) sentiva affetto per quell'uomo.	Sie fühlte / empfand Zuneigung für jenen Mann.
Sentivo l'odore dei fiori.	Ich roch den Duft der Blumen.
Fammi sentire un po' di questo vino!	Lass mich etwas von diesem Wein kosten.
(Lei) non sentiva il dolore.	Sie spürte den Schmerz nicht.

Sentimenti e atteggiamenti
Gefühle und Einstellungen

Tutte le passioni passano e si spengono tranne le più antiche, quelle dell'infanzia. (*Cesare Pavese, scrittore, 1908–1950*)

atteggiamento [atteddʒa'mento]	Einstellung; Haltung
il suo atteggiamento verso gli stranieri	ihre / seine Einstellung gegenüber Ausländern
sentimento [senti'mento]	Gefühl
Non intendevo offendere i tuoi sentimenti.	Ich wollte deine Gefühle nicht verletzen.
sentire [sen'ti:re]	fühlen
Si sentiva stanca e depressa.	Sie fühlte sich müde und deprimiert.
Sento il bisogno di bere qualcosa di forte.	Mir ist nach einem Drink zumute.
emozione (f) [emo'tsjo:ne]	Gefühl; Erregung
arrossire per l'emozione	vor Erregung erröten
La forte emozione gli procurò un malore.	Er war so erregt, dass er sich unwohl fühlte.
andare in cerca di emozioni	den Kick suchen
emozionale [emotsjo'na:le]	emotionell; emotional; Erregungs-
stato emozionale	Gemütszustand
persone emozionalmente distrutte	Menschen, die seelisch gestört sind
emotivo [emo'ti:vo]	emotional; gefühlsbetont
È una donna molto emotiva.	Sie ist eine sehr gefühlsbetonte Frau.
emozionante [emotsjo'nante]	spannend; aufregend
un momento veramente emozionante	ein sehr bewegender Augenblick
un film / un racconto emozionante	ein spannender Film / eine spannende Erzählung
stato d'animo ['sta:to 'da:nimo]	Stimmung
umore (m) [u'mo:re]	Laune
(Lui) era di buon / cattivo umore	Er hatte gute / schlechte Laune.
bisogno [bi'zo:ɲo]	Bedürfnis; Drang
Lui sentiva il bisogno di pregare.	Er fühlte den Drang zu beten.
piacere [pja'tʃe:re]	mögen; gern haben; Freude; Genuss
Il vino non mi piace.	Ich mag keinen Wein.
Mi piace viaggiare in treno.	Ich reise gern mit dem Zug.
Mi piacerebbe rimanere / fermarmi ancora.	Ich würde gern noch etwas bleiben.
piaceri e dispiaceri (mpl)	Freud und Leid
godere [go'de:re]	genießen
Godo molto della tua compagnia.	Ich bin sehr gern mit dir zusammen.
affascinare [affaʃi'nante]	gern haben (wollen); faszinieren
Lo affascinano le auto veloci.	Schnelle Autos haben es ihm angetan.
affezionarsi [affetsjo'narsi]	gern haben; lieben lernen
Credo che lei si sia veramente affezionata a noi.	Ich glaube, sie ist uns wirklich zugetan.

È molto affezionata al suo cane.	Sie hat ihren Hund sehr gern.
adorare [ado'ra:re]	anbeten
Lei adora Verdi.	Sie schwärmt für Verdi.

Wie man Liebe, Zuneigung, Gernhaben ausdrückt
Lei ci fu subito simpatica. (= Sie war uns sofort sympathisch.)
Sono un amante del vino. (= Ich trinke sehr gern Wein.)
Non vado pazzo per il pesce. (= Auf Fisch bin ich nicht so versessen.)
Lei si è affezionata all'idea. (= Der Gedanke hat es ihr angetan.)
Lui gode della simpatia di tutti. (= Er genießt die Zuneigung aller.)
Questo compito mi interesserebbe. (= Diese Aufgabe würde mich reizen.)
Mi affascinano i vecchi libri. (= Alte Bücher faszinieren mich.)
Ho un debole per le auto sportive. (= Ich habe eine Schwäche für Sportwagen.)

desiderio – desiderare [dezi'dɛ:rjo – dezide'ra:re]	Wunsch / Begehren – begehren
il desiderio di pace / d'amore	das Verlangen nach Frieden / Liebe
l'effetto desiderato	die gewünschte Wirkung
nostalgia [nostal'dʒi:a]	Sehnsucht; Heimweh
Sento nostalgia del mio paese.	Ich habe Heimweh nach meinem Land.
Abbiamo nostalgia dei bei vecchi tempi.	Wir sehnen uns nach der guten alten Zeit.
desiderare – bramare [dezide'ra:re – bra'ma:re]	sich sehnen nach – gieren nach
(Lei) bramava il riconoscimento dei suoi superiori.	Sie gierte nach der Anerkennung ihrer Vorgesetzten.
interesse (m) – **interessante** [inte'rɛsse – interes'sante]	Interesse – interessant
(Lui) lo lesse con grande interesse.	Er las es mit großem Interesse.
È molto interessante.	Das ist sehr interessant.

Verwechseln Sie nicht *interessato* (= interessiert / betroffen) mit *interessante* (= interessant)! Und beachten Sie, dass *Ich interessiere mich für …* auf Italienisch mit *mi interesso di / a …* ausgedrückt wird:
Mi interesso di storia. (= Ich interessiere mich für Geschichte.)

preferire [prefe'ri:re]	(es) vorziehen
Preferisco i CD-ROM ai libri.	Ich ziehe CD-ROMs Büchern vor.
Preferisco viaggiare in treno.	Ich reise lieber mit dem Zug.
Preferirei andare in aereo.	Ich würde lieber fliegen.
sopportare [soppor'ta:re]	ertragen; leiden können
Non lo sopporto	Ich kann ihn nicht leiden / ausstehen.
Non sopporta le critiche.	Er verträgt es nicht, kritisiert zu werden.
non **poter soffrire** [po'te:r soff'ri:re]	nicht ertragen / ausstehen können
Non lo posso soffrire.	Ich kann ihn nicht ausstehen.
tollerare [tolle'ra:re]	tolerieren; dulden

Non si dovrebbero tollerare commenti razzisti.	Rassistische Bemerkungen sollte man nicht hinnehmen.
accettare – tollerare [attʃet'ta:re – tolle'ra:re]	sich abfinden mit – sich gefallen lassen
Non tollero certe cose.	Gewisse Dinge lasse ich mir nicht bieten.
provare avversione / antipatia [pro'va:re avver'sjo:ne / antipa'ti:a]	nicht mögen; nicht leiden können
(Lei) prova la massima antipatia nei suoi confronti.	Er ist ihr äußerst unsympathisch.
odiare / detestare – odio [o'dja:re / detes'ta:re – 'ɔ:djo]	(es) hassen – Hass
Odio far tutto alla svelta.	Ich hasse es, wenn ich hetzen muss.
I suoi occhi erano pieni d'odio.	Ihre / Seine Augen waren voller Hass.
odio cieco	blinder Hass

Weitere Verben, die starke Abneigung ausdrücken
esecrare / *aborrire* / *abominare* (= verabscheuen) • *avere in odio* (= hassen) • *ripudiare* (= von sich weisen / ablehnen) • *schifare* (= ekeln / anwidern)

ottimismo – pessimismo [otti'mizmo – pessi'mizmo]	Optimismus – Pessimismus
Siamo tutti pieni di ottimismo.	Wir sind alle voller Optimismus.
sperare – speranza [spe'ra:re – spe'rantsa]	hoffen – Hoffnung
Spero che le piaccia.	Hoffentlich gefällt es ihr.
Ci aiuterà? – Lo spero.	Wird er uns helfen? – Ich hoffe es.
Si è rotto? – Spero di no.	Ist es kaputt gegangen? – Ich hoffe nicht.
La speranza è l'ultima a morire.	Der Mensch hofft, solange er lebt.
Finché c'è vita c'è speranza.	Man darf nie die Hoffnung verlieren.
disperazione (f) [dispera'tsjo:ne]	Verzweiflung
essere in preda alla disperazione	von Verzweiflung gepackt sein
Mia nipote è la disperazione della famiglia.	Meine Enkelin bringt die Familie zur Verzweiflung.
commovente [kommo'vɛnte]	rührend; bewegend; ergreifend
un momento commovente	ein bewegender Augenblick
pregiudizio – prevenuto [predʒu'ditsjo – preve'nu:to]	Vorurteil – voreingenommen
pregiudizi contro gli stranieri	Vorurteile gegen Ausländer
Loro hanno pregiudizi verso di noi.	Sie haben Vorurteile gegen uns.
soggettivo – oggettivo [soddʒet'ti:vo – oddʒet'ti:vo]	subjektiv – objektiv
Il vostro giudizio mi sembra alquanto soggettivo.	Euer Urteil scheint mir ziemlich subjektiv zu sein.
descrizione oggettiva	objektive Beschreibung
sentimentale [sentimen'ta:le]	sentimental
una persona / un romanzo sentimentale	ein sentimentaler Mensch / Roman

Adjektive, mit denen Verärgerung ausgedrückt wird
Lei era arrabbiata / irritata / stizzita. (= böse / ärgerlich / verärgert)
Il capo era furioso / infuriato / incollerito. (= wütend / fuchsteufelswild)

aver paura di [a've:r pa'u:ra di]	Angst haben vor
Hai paura del cane?	Hast du Angst vor dem Hund?
(Lui) ebbe paura di saltare.	Er traute sich nicht zu springen.
(Lei) ha paura di volare.	Sie fürchtet sich vor dem Fliegen.
orgoglioso – orgoglio [orgo'ʎo:so – or'goʎo]	stolz – Stolz
È molto orgoglioso dei suoi figli.	Er ist sehr stolz auf seine Kinder.
Luca è l'orgoglio della famiglia.	Luca ist der Stolz der Familie.
geloso – gelosia [dʒe'lo:so – dʒelo'si:a]	eifersüchtig (auf) – Eifersucht
Sei geloso(-a) di lui?	Bist du eifersüchtig auf ihn?
(Lui) l'ha uccisa per gelosia.	Er hat sie aus Eifersucht umgebracht.
il tarlo della gelosia	der Keim der Eifersucht / bohrende Eifersucht
invidia – invidiare [in'vi:dja – invi'dja:re]	Neid – beneiden
(Non) ti invidio per questo lavoro.	Ich beneide dich (nicht) um diesen Job.
L'invidia le mangia il fegato.	Sie ist grün vor Neid.
disprezzo – disprezzare [disp'rettso – dispre'ttsa:re]	Verachtung – verachten
Non mi ha mai nascosto il suo disprezzo.	Er / Sie hat mir seine / ihre Verachtung nie verheimlicht.
Chi disprezza, compra.	Wer die Ware schilt, hat Lust zu kaufen.
sorpresa – sorprendere [sorp're:sa – sorp'rɛndere]	Überraschung – überraschen
Che sorpresa gradita la tua visita!	Was für eine nette Überraschung ist dein Besuch!
Mi guardò sorpresa.	Sie sah mich überrascht an.
Sono sorpreso(-a) di vederti qui.	Ich bin überrascht dich hier zu sehen.
stupito – stupefatto [stu'pi:to – stupe'fatto]	erstaunt – verblüfft
Eravamo stupiti del risultato.	Wir waren verblüfft über das Ergebnis.

Verben, die Lächeln oder Lachen ausdrücken
sorridere (= lächeln) • *ridacchiare* (= leise vor sich hin lachen / kichern) • *ridere* (= lachen) • *sghignazzare* (= schallend lachen) • *sbellicarsi* (= sich totlachen) • *smascellarsi* (= sich krummlachen)

piangere – gridare ['pjandʒere – gri'da:re]	weinen – schreien
Il bambino piange perché è caduto.	Das Kind weint, weil es hingefallen ist.
Piangevamo di gioia.	Wir weinten Freudentränen.

Moralità e immoralità
Moral und Unmoral

Dare un giudizio morale su di un atto altrui, è rilevare il disagio in cui quest'atto metterebbe o non metterebbe noi se, fatti come siamo, l'avessimo compiuto. (*Cesare Pavese, scrittore italiano, 1908–1950)*

morale (f) [mo'ra:le]	die Moral; die Sittlichkeit; die Lehre
il morale	der Geist; die Stimmung
Essere su / giù di morale.	In guter / schlechter Stimmung sein.
morale	moralisch; sittlich
principi / norme morali	moralische Prinzipien / Maßstäbe
Ciò sarebbe moralmente biasimevole.	Das wäre moralisch nicht in Ordnung.
È una questione di morale.	Das ist eine Frage der Moral.
immorale	unmoralisch; unsittlich
Presso alcuni popoli il furto non è considerato immorale.	Bei manchen Völkern gilt Diebstahl nicht als unmoralisch.
immoralità	Unmoral; Unsittlichkeit
etica ['ɛ:tika]	Ethik
La mia etica professionale mi impedisce di agire in tal modo.	Mein Berufsethos verbietet es mir, so zu handeln.
Questo è un problema etico.	Dies ist ein ethisches Problem.
deontologia [deontolo'dʒi:a]	Berufsethik
codice deontologico	berufliche Ehrenregeln
buono (meglio – migliore) [bu'ɔ:no ('me:ʎo – mi'ʎo:re)]	gut (– besser – beste)
Sii buono e mangia la minestra.	Sei schön brav und iss deine Suppe.
il bene – il male [il 'bɛ:ne – 'il 'ma:le]	das Gute – das Schlechte / Böse
Fare del bene non è mai troppo tardi.	Es ist nie zu spät, Gutes zu tun.
il conflitto fra il bene ed il male	der Konflikt zwischen Gut und Böse
cattivo (peggio – peggiore) [kat'ti:vo ('peddʒo – ped'dʒo:re)]	schlecht (– schlechter – schlechteste)
(Lui) non è una persona cattiva.	Er ist kein schlechter Mensch.
giusto – corretto ['dʒusto – kor'retto]	richtig / recht – korrekt
Hai fatto la cosa giusta.	Du hast richtig / recht gehandelt.
avere diritto di [a've:re di'ritto di]	ein Recht haben auf
fare bene a ['fa:re 'bɛ:ne a]	recht daran tun
Fai bene a fregartene!	Du hast völlig Recht, wenn dir das egal ist!
falso ['falso]	falsch
una persona falsa	heuchlerische Person
sbagliato [zba'ʎa:to]	falsch; unrichtig; Fehl-
giudizio sbagliato	Fehlurteil
È stato uno sbaglio sottovalutarlo.	Es war ein Fehler, ihn zu unterschätzen.
errore (m) [er'ro:re]	Irrtum; Fehler
È stato un errore fare ciò.	Es war falsch, das zu tun.
torto ['tɔrto]	Unrecht

avere torto marcio	völlig im Unrecht sein
So che avevo torto.	Ich weiß, dass ich im Unrecht war.
buono – cattivo [bu'ɔ:no – kat'ti:vo]	gut – böse
azioni buone e cattive	gute und böse Taten
sacrilegio [sakri'lɛ:ʒo]	Sünde
Sarebbe un sacrilegio fare una cosa tale.	Es wäre eine Sünde, das zu tun.
coscienza – coscienzioso [ko'ʃɛntsa – koʃen'tsjo:so]	Gewissen – gewissenhaft
ideale (m) [ide'a:le]	Ideal; ideal
Lui vive secondo i propri ideali.	Er lebt nach seinen Idealen.
Questa soluzione è ideale.	Diese Lösung ist ideal.
virtù (f) – **vizio** [vir'tu – 'vitsio]	Tugend – Laster
La sincerità è la sua più grande virtù.	Aufrichtigkeit ist ihre / seine größte Tugend.
Il fumo è l'unico vizio che ha.	Das Rauchen ist sein einziges Laster.
qualità [kuali'ta]	(positive) Eigenschaft
(Lei) ha molte qualità.	Sie hat viele gute Eigenschaften.
generosità [dʒenerosi'ta]	Großzügigkeit; Freigiebigkeit; Edelmut

Nomina, die auf *-à, -è, -ì, -ò* und *-ù* enden, sind unveränderlich, d.h. sie haben im Singular und im Plural die gleiche Form:
la città – le città, il caffè – i caffè, il tassì – i tassì, il falò – i falò, la virtù – le virtù.

saggezza [sad'dʒettsa]	Weisheit
valore (m) [va'lo:re]	Tapferkeit

Dall'epistola di Paolo ai Galati (= Aus dem Brief des Paulus an die Galater): *Ma il frutto dello Spirito è amore, gioia, pace, pazienza, gentilezza, bontà, fedeltà, mansuetudine e dominio di se stessi.* (= Die Frucht aber des Geistes ist Liebe, Freude, Friede, Geduld, Freundlichkeit, Güte, Treue, Sanftmut und Selbstbeherrschung.)

innocenza – innocente [inno'tʃɛntsa – inno'tʃɛnte]	Unschuld – unschuldig
Hanno perso la loro innocenza.	Sie haben ihre Unschuld verloren.
integrità [integri'ta]	Integrität; Redlichkeit
(Lui) è un esempio di integrità d'animo.	Er ist ein Ausbund an Redlichkeit.
giustizia – ingiustizia [dʒus'titsja – indʒus'titsja]	Gerechtigkeit – Ungerechtigkeit
giusto – ingiusto	gerecht – ungerecht
lottare per una cosa giusta	für eine gerechte Sache kämpfen
Questa legge è semplicemente ingiusta.	Dieses Gesetz ist schlicht ungerecht.
onestà – disonestà [ones'ta – dizones'ta]	Ehrlichkeit – Unehrlichkeit
onesto – disonesto	ehrlich – unehrlich
una persona disonesta	ein unehrlicher Mensch
obbedienza – disobbedienza [obbedi'entsa – dizobbedi'entsa]	Gehorsam – Ungehorsam

essere obbediente di fronte alla legge	gehorsam sein gegenüber dem Gesetz

Le sette virtù (= die sieben Tugenden): *fede* (= Glaube), *speranza* (= Hoffnung), *carità* (= Liebe), *giustizia* (= Gerechtigkeit), *fortezza* (= Tapferkeit), *saggezza* (= Klugheit), *temperanza* (= Mäßigkeit).
I sette vizi capitali (= die sieben Todsünden): *superbia* (= Hochmut), *ira* (= Zorn), *invidia* (= Neid), *lussuria* (= Unkeuschheit), *gola* (= Unmäßigkeit), *avarizia* (= Geiz), *accidia* (= Trägheit).

decenza – indecenza [de'tʃɛntsa – inde'tʃɛntsa]	Anständigkeit – Unanständigkeit
decente – indecente	anständig – unanständig / anstößig / unsittlich
fedele – fedeltà [fe'de:le – fedel'ta]	treu – Treue
(Lui) giurò di restarle fedele.	Er schwor, ihr treu zu bleiben.
fidato / degno di fiducia [fi'da:to / 'deɲo di fi'du:tʃa]	vertrauenswürdig
franco / probo ['franko / 'prɔ:bo]	aufrecht; rechtschaffen
un carattere franco / schietto [un ka'rattere 'franko / 'skjɛtto]	ein aufrechter Charakter
avidità / cupidigia – avido [avidi'ta / kupi'di:dʒa – 'a:vido]	(Hab-)Gier / Habsucht – habgierig
la sua cupidigia di denaro / potere	seine Geldgier / Machtgier
indegno [in'deɲo]	wertlos; nichtswürdig; nichtsnutzig
una persona indegna	ein nichtswürdiger Mensch
ipocrita [i'pɔ:krita]	Scheinheilige(r); Heuchler(in)
Che ipocrita che sei!	Was für ein Heuchler du doch bist!
bugiardo(-a) [bu'dʒardo]	Lügner(in)
È un maledetto bugiardo.	Er ist ein verdammter Lügner.
inetto [i'netto]	Nichtsnutz; Tunichtgut
imbroglione (m) [imbro'ʎo:ne]	Gauner
scrupolo ['skru:polo]	Skrupel
(Lei) non aveva il minimo scrupolo.	Sie hatte nicht die geringsten Skrupel.
vergognarsi [vergo'ɲarsi]	sich schämen
Dovresti vergognarti.	Du solltest dich schämen.
Non c'è motivo di vergognarsi.	Das braucht dir nicht peinlich zu sein.

Rapporti umani
Menschliche Beziehungen

Siamo angeli / con un'ala soltanto / e possiamo volare / solo restando abbracciati. (*Luciano De Crescenzo, scrittore e regista italiano, *1928*)

rapporti (mpl) [rap'pɔrti]	Beziehungen
i rapporti fra i popoli	die Beziehungen zwischen den Völkern
Sono in buoni rapporti con lui.	Ich stehe gut mit ihm.
relazione (f) [rela'tsjoːne]	Beziehung
le sue relazioni con gli uomini	ihre Beziehungen zu Männern
frequentare [frekuen'taːre]	Umgang haben
frequentare gli amici	mit Freunden Umgang haben
andare d'accordo [an'daːre dak'kɔrdo]	zurechtkommen; sich verstehen
(Lei) va d'accordo con lui.	Sie kommt gut mit ihm aus.
(Loro) vanno molto d'accordo.	Sie kommen gut miteinander zurecht.
intendersi [in'tɛndersi]	sich verstehen; auskommen
intendersi ad occhi chiusi	sich blind verstehen
reciproco [re'tʃiprɔko]	gegenseitig; beiderseitig
aiuto / rispetto reciproco	gegenseitige Unterstützung / Achtung
moltitudine (f) [molti'tuːdine]	(Menschen-)Menge
la moltitudine di gente davanti all'edificio	die Menschenmenge vor dem Gebäude
gruppo ['gruppo]	Gruppe
tutti i membri del gruppo	alle Mitglieder der Gruppe
classe (f) ['klasse]	Klasse
Frequentavamo la stessa classe.	Wir waren in derselben Klasse.
la classe operaia	der Arbeiterstand
club (m) **/ circolo / associazione** (f) ['klʌb / 'tʃirkolo / assotʃa'tsjoːne]	Klub; Verein
aderire a un'associazione	einem Verein beitreten
banda ['banda]	Bande
una banda di criminali / delinquenti	eine Verbrecherbande

Jemand, mit dem man zusammen ist, etwas gemein hat oder gemeinsam tut

compagno(-a) di giochi (= Spielkamerad/in), *compagno(-a) di scuola* (= Schulkamerad/in)
concittadino(-a) (= Mitbürger/in), *compagni di viaggio* (= Mitreisende)
il mio compagno (= mein Kumpel), *collega* (= Kollege / Kollegin), *camerata / commilitone* (= Kamerad/in)
compagno(-a) (= Gefährte / Gefährtin), *concorrente* (= Konkurrent/in), *complice* (= Komplize / Komplizin)

membro – appartenenza ['membro – apparte'nɛntsa]	Mitglied – Mitgliedschaft

socio(-a) – partnership ['sotʃo – 'partnerʃip]	Partner(in) – Partnerschaft
capo – direzione (f) ['ka:po – dire'tsjo:ne]	(An-)Führer(in) – Führung
sostenitore(-trice) / fan / tifoso(-a)[sosteni'to:re / 'fan / ti'fo:so]	Anhänger(in); Fan
sostenitore del presidente	Anhänger des Präsidenten
i tifosi di una squadra di calcio	die Fans einer Fußballmannschaft
amico [a'mi:ko]	Freund
Sono molto amici.	Sie sind eng befreundet.
amico e nemico	Freund und Feind
ragazzo – ragazza [ra'gattso – ra'gattsa]	Freund – Freundin
compagno(-a) di vita [kom'paɲo di 'vi:ta]	Lebensgefährte / -gefährtin
(Lui) non ha una ragazza / compagna fissa.	Er hat keine feste Freundin.
amicizia [ami'tʃitsja]	Freundschaft
un'amicizia intima / cordiale	eine enge / herzliche Freundschaft
compagnia [kompa'ɲi:a]	Gesellschaft
(Lei) gli fa compagnia.	Sie leistet ihm Gesellschaft.
Mi piace la tua compagnia.	Ich bin gern mit dir zusammen.
(Lui) sente il bisogno di compagnia.	Er sehnt sich nach Gesellschaft.
conoscenza – conoscente [kono'ʃɛntsa – kono'ʃɛnte]	Bekanntschaft – Bekannte(r)
Ho fatto la sua conoscenza a Roma.	Ich habe sie / ihn in Rom kennen gelernt.
Lei è una mia conoscente.	Sie ist eine Bekannte von mir.
conosciuto	bekannt; vertraut
Ci siamo conosciuti durante la guerra.	Wir lernten uns im Krieg kennen.
conoscere	kennen lernen
Con l'andar del tempo lei cominciò a conoscerlo meglio.	Allmählich lernte sie ihn besser kennen.

Wenn Nomina auf *-ante* und *-ente* Personen bezeichnen, wird ihr grammatisches Geschlecht durch das natürliche Geschlecht bestimmt: *il cantante* (= der Sänger) – *la cantante* (= die Sängerin), *il conoscente* (= der Bekannte) – *la conoscente* (= die Bekannte).

vicino(-a) – vicinato [vi'tʃi:no – vitʃi'nantsa]	Nachbar(in) – Nachbarschaft
I nostri vicini sono molto gentili.	Unsere Nachbarn sind sehr nett.
essere in buoni rapporti con il vicinato	ein nettes Verhältnis zu den Nachbarn haben
indifferente – indifferenza [indiffe'rɛnte – indiffe'rɛntsa]	gleichgültig – Gleichgültigkeit
È una persona indifferente.	Er / Sie ist ein gleichgültiger Mensch.
stretto ['stretto]	nahe; eng
Abbiamo sempre avuto un rapporto stretto.	Wir standen uns immer sehr nahe.

(Lei) è una mia amica stretta.	Sie ist eine enge Freundin von mir.
intimo ['intimo]	intim; vertraut; vertraulich
amico intimo	enger Freund
comprensione (f) [kompren'sjo:ne]	Mitgefühl; Mitleid
Loro non meritano alcuna / la nostra comprensione.	Sie verdienen kein / unser Mitgefühl.
appoggiare – appoggio [appod'dʒa:re – ap'pɔddʒo]	unterstützen – Unterstützung
Loro ci hanno offerto il loro appoggio.	Sie boten uns ihre Unterstützung an.
Ci hanno sempre appoggiato moralmente e finanziariamente.	Sie haben uns stets moralisch und finanziell unterstützt.
collaborazione (f) **– collaborare** [kollabora'tsjo:ne – kollabo'ra:re]	Zusammenarbeit – zusammenarbeiten
È una gioia collaborare con voi!	Es ist eine Freude, mit euch zusammenzuarbeiten!
solidarietà [solidarie'ta]	Solidarität
fare appello alla solidarietà umana	einen Appell an die Solidarität der Menschen untereinander richten
affetto [af'fɛtto]	Zuneigung
Provo un profondo affetto verso i miei cari.	Ich empfinde eine tiefe Zuneigung gegenüber meinen Lieben.
amore (m) **– amare** [a'mo:re – a'ma:re]	Liebe – lieben
È tutt'altro che amore fra di loro.	Sie können sich nicht ausstehen.
innamorarsi [innamo'rarsi]	sich verlieben
(Lei) è innamorata di lui.	Sie ist in ihn verliebt.
(Lei) si innamorò del suo insegnante.	Sie verliebte sich in ihren Lehrer.
accordo – disaccordo [ak'kɔ:rdo – dizak'kɔ:rdo]	Einvernehmen – Uneinigkeit
Su questo si è d'accordo.	Hierüber herrscht Einverständnis.
tensione (f) [ten'sjo:ne]	Spannung
tensioni all'interno del gruppo	Spannungen innerhalb der Gruppe
conflitto [konf'litto]	Konflikt
venire a conflitto	in Streit / Konflikt geraten
lite (f) / **litigio – litigare** ['li:te / li'ti:dʒo – liti'ga:re]	Streit – sich streiten
Loro litigavano spesso.	Sie stritten sich oft.
animosità [animosi'ta]	Animosität / Feindseligkeit (gegenüber)
Tra loro nacque una forte animosità.	Zwischen ihnen entstand eine starke Animosität.
antipatia (per qd. / qc.) [antipa'ti:a]	Antipathie / Abneigung (gegen)
ostile – ostilità [os'ti:le – ostili'ta]	feindselig – Feindseligkeit
Loro sono ostili agli stranieri.	Ausländern gegenüber sind sie feindlich gesinnt.
cattivo sangue [kat'ti:vo 'sangue]	„böses Blut"
Corre sangue cattivo fra di loro.	Sie haben ein gestörtes Verhältnis. / Zwischen ihnen herrscht böses Blut.
nemico [ne'mi:ko]	Feind
(Lei) vi si è fatta molti nemici.	Sie hat sich dort viele Feinde gemacht.
avversario(-a) [avver'sa:rjo]	Gegner(in)

rancore (m) [ran'ko:re]	Groll
Non nutro rancore per il tuo successo.	Ich gönne dir deinen Erfolg.

***Atteggiamento nei confronti del prossimo* (= Verhalten anderen Menschen gegenüber)**
cortesia (= Höflichkeit) • *rispetto* (= Achtung) • *gentilezza* (= Freundlichkeit) • *considerazione* (= Rücksicht) • *educazione* (= Anständigkeit) • *tatto* (= Takt) • *discrezione* (= Takt / Diskretion)
scortesia / rudezza (= Unhöflichkeit) • *disprezzo / mancanza di rispetto* (= Respektlosigkeit) • *sgarbatezza* (= Unfreundlichkeit) • *mancanza di riguardo* (= Rücksichtslosigkeit) • *mancanza di tatto* (= Taktlosigkeit) • *sfacciataggine* (= Unverschämtheit)

contatto [kon'tatto]	Kontakt
Dobbiamo restare in contatto.	Wir müssen in Kontakt bleiben.
Abbiamo perso ogni contatto.	Wir haben den Kontakt verloren.
essere in contatto con qualcuno	mit jemandem in Verbindung stehen
(Lui) si mise in contatto con lei.	Er setzte sich mit ihr in Verbindung.
relazione (f) – **conoscenze** (fpl) [rela'tsjo:ne – kono'ʃɛntse]	Verbindung – Bekanntschaften
(Lei) ha buone relazioni / conoscenze.	Sie hat gute Verbindungen.
dialogo [di'a:logo]	Dialog
discussione (f) – **discutere** [diskus'sjo:ne – dis'ku:tere]	Diskussion – diskutieren
Vi sono state lunghe discussioni a proposito.	Darüber gab es lange Diskussionen.
Dobbiamo discuterne / parlarne.	Wir müssen uns darüber unterhalten.

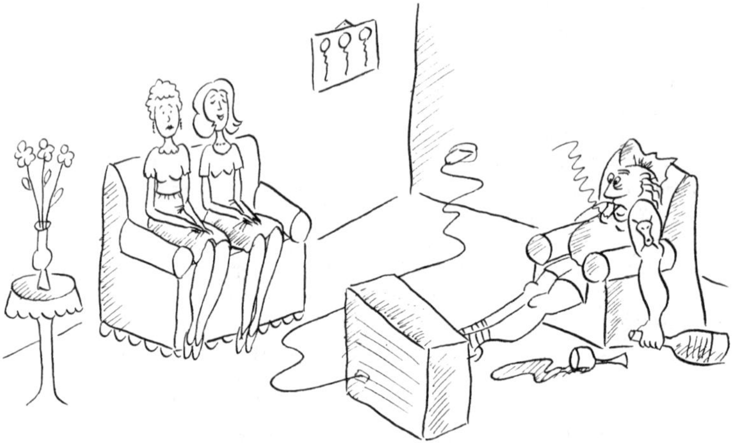

"Ma certo, noi ci capiamo benissimo!"

Sessualità
Sexualität

Cara, quando siamo a letto è inutile che mi chiami commendatore. Sì, capisco l'abitudine, il rispetto, tutto quello che vuoi: ma dove va a finire l'intimità? Facciamo così, chiamami semplicemente dottore. (*Ennio Flaiano, scrittore, 1910–1972*)

sesso – sessualità ['sɛsso – sessuali'ta]	Geschlecht / Sex – Sexualität
l'altro sesso	das andere Geschlecht
il sesso debole / forte	das weibliche / männliche Geschlecht
sessuale [sessu'aːle]	sexuell; Sexual-; Geschlechts-
educazione sessuale (f)	Sexualerziehung
comportamento sessuale	Sexualverhalten
terapia sessuale – terapeuta sessuale	Sexualtherapie – Sexualtherapeut(in)
molestie sessuali (fpl)	sexuelle Belästigung
abuso sessuale	sexueller Missbrauch
delitto (a sfondo) sessuale	Sexualverbrechen
maniaco(-a) sessuale – delinquente passionale	Sexualtäter(in) – Triebverbrecher(in)
sexy ['seksi]	sexuell attraktiv
eterosessuale [eterosessu'aːle]	heterosexuell; Heterosexuelle(r)
omosessuale [omosessu'aːle]	homosexuell; Homosexuelle(r)
omosessualità [omosessuali'ta]	Homosexualität
frocio / finocchio / gay ['frɔːtʃo / fi'nɔkkjo / 'gei]	schwul; Schwule(r)
lesbica ['lɛzbika]	lesbisch; Lesbierin / Lesbe

Ausdrücke für *rapporti sessuali* (= Geschlechtsverkehr)
fare l'amore con qualcuno, andare a letto con qualcuno, avere un rapporto sessuale con qualcuno (= mit jemandem sexuelle Beziehungen haben), *avere una relazione intima con qualcuno* (= mit jemandem intim sein), *l'atto sessuale* (= der Geschlechtsakt), *unione sessuale* (= sexuelle Vereinigung), *coito* (= Koitus)

eccitare – eccitazione (f) [ettʃi'taːre – ettʃita'tsjoːne]	(*sexuell*) erregen – Erregung
acme (f) **/ culmine** (m) ['akme – 'kulmine]	Höhepunkt
orgasmo [or'gazmo]	Orgasmus (= Höhepunkt der geschlechtlichen Erregung)
avere un orgasmo	einen Orgasmus haben
pene (m) **– clitoride** (f) ['peːne – kli'tɔːride]	Penis – Klitoris / Kitzler
eretto – erezione (f) [e'rɛtto – ere'tsjoːne]	erigiert / steif – Erektion
eiaculazione (f) [ejakula'tsjoːne]	Ejakulation; Samenerguss
seme – sperma (m) ['seme – 'spɛrma]	Samen(flüssigkeit) – Sperma
vagina [va'dʒiːna]	Vagina; Scheide

inibito – inibizioni (fpl) [ini'bi:to – inibi'tsjo:ne]	gehemmt – Hemmungen
frigida – frigidità ['fridʒida – fridʒidi'ta]	frigide – Frigidität
impotente – impotenza [impo'tɛnte – impo'tɛntsa]	impotent – Impotenz
concepimento – contraccezione (f) [kontʃepi'mento – kontrattʃets'jo:ne]	Empfängnis – Empfängnisverhütung

Ausdrücke für *contraccezione* (= Empfängnisverhütung)
controllo delle nascite (= Geburtenkontrolle) • *pianificazione della famiglia* (= Familienplanung) • *decidere di avere figli* (= geplante Elternschaft)
***Metodi anticoncezionali* (= Verhütungsmethoden)**
profilattico / preservativo (= Kondom / Präservativ) • *pessario* (= Pessar) • *pessario intrauterino* (= Intrauterinpessar) • *diaframma* (= Scheidendiaphragma) • *spirale* (= Spirale) • *pillola del giorno dopo* (= die Pille am Morgen danach) • *la pillola per l'uomo / il pillolo* (= die Pille für den Mann) • *metodo di Knaus* (= die Knaus-Ogino-Methode) • *coitus interruptus* (= Coitus interruptus) • *sterilizzazione* (= Sterilisation) • *vasectomia* (= Vasektomie)

legittimo – illegittimo [le'dʒittimo – ille'dʒittimo]	ehelich – außerehelich
figlio legittimo / illegittimo	eheliches / uneheliches Kind
abortire [abor'ti:re]	eine Abtreibung vornehmen lassen
interruzione della gravidanza / aborto	Schwangerschaftsabbruch; Abtreibung
masturbazione (f) [masturba'tsjo:ne]	Masturbation; Selbstbefriedigung
masturbarsi	masturbieren; onanieren
prostituta – prostituzione (f) [prosti'tu:ta – prostitu'tsjo:ne]	Prostituierte – Prostitution
puttana [put'ta:na]	Hure
ragazza squillo [ra'gattsa sku'illo]	Callgirl
sgualdrina [zgual'dri:na]	Nutte
ragazzo di vita / marchetta [ra'gattso di 'vi:ta / mar'ketta]	Strichjunge; Stricher
bordello / casa di tolleranza [bor'dɛllo / 'ka:za di tolle'rantsa]	Bordell; Puff
soft / hard core (m) ['sɒft / 'hɑ:d 'kɔr]	weicher / harter Porno
pornografia [pɔrnogra'fi:a]	Pornographie
osceno [o'ʃɛ:no]	obszön; unzüchtig
parole / immagini / libri osceni	unzüchtige Worte / Bilder / Bücher
sadismo – masochismo [sa'dizmo – mazo'kizmo]	Sadismus – Masochismus
esibizionismo – esibizionista [ezibi'tsjo:ne – ezibitsjo'nista]	Exhibitionismus – Exhibitionist(in)

Malattie veneree (= Geschlechtskrankheiten) / *malattie contratte attraverso rapporti sessuali* (= durch Geschlechtsverkehr übertragene Krankheiten): *Le malattie veneree più grave sono la sifilide* (= Syphilis / Lues) *e la blenorragia / gonorrea* (= Gonorrhöe / Tripper).

Igiene del corpo
Körperpflege

[...] Io sono il più pulito di tutti, perché riesco a entrare nella bagnarola.
(*Bambino napoletano, tratto da Marcello d'Orta: "Io speriamo che me la cavo"*)

igiene (f) [i'dʒɛne]	Hygiene
igiene intima [i'dʒɛne 'intima]	Intimwäsche
igiene del corpo	Körperpflege
pulizia [puli'tsi:a]	Reinlichkeit
pulizia del viso	Gesichtswäsche
lavarsi [la'varsi]	sich waschen
Non dimenticare di lavarti prima di coricarti.	Vergiss nicht, dich vor dem Schlafengehen zu waschen.
Ti sei lavato(-a) le mani?	Hast du dir die Hände gewaschen?
Devo darmi una bella lavata.	Ich muss mich mal gründlich waschen.
Ti sei lavato(-a) i denti?	Hast du dir die Zähne geputzt?
Mi laverò i capelli.	Ich werde mir die Haare waschen.
sapone (m) [sa'po:ne]	Seife
saponetta	ein Stück Seife
spazzola – spazzolare [spat'tsola – spattso'la:re]	Bürste – bürsten
spazzola per i capelli	Haarbürste
spazzolino per le unghie / per i denti	Nagel- / Zahnbürste
bagno ['ba:ɲo]	Bad
Hai fatto il bagno?	Hast du gebadet?
bagno	Badezimmer
bilancia da bagno	Badezimmerwaage
doccia – fare la doccia ['dɔttʃa – 'fa:re la 'dɔttʃa]	Dusche – sich duschen
Non c'è stato tempo di fare la doccia.	Es blieb keine Zeit zum Duschen.

Ausdrücke mit *fare*
fare il bagno (= ein Bad nehmen) • *fare la doccia* (= duschen) • *fare la sauna* (= in die Sauna gehen) • *farsi la barba (radersi)* (= sich rasieren) • *farsi tagliare i capelli* (= sich die Haare schneiden lassen) • *farsi asciugare i capelli* (= sich fönen lassen) • *farsi fare shampoo e messa in piega* (= sich die Haare waschen und legen lassen) • *farsi fare un massaggio* (= sich massieren lassen) • *farsi lucidare le scarpe* (= sich die Schuhe putzen lassen)

spugna ['spu:ɲa]	Schwamm
guanto di spugna (per lavarsi)	Waschlappen
asciugamano – asciugarsi [aʃuga'ma:no – aʃu'garsi]	Handtuch – sich abtrocknen
Aspetta un attimo che mi asciugo.	Warte, ich trockne mich nur noch ab.
strofinare(-arsi) [strofi'na:re]	(sich) abrubbeln / abfrottieren

Die *di*-Konstruktion bei Behältern und Mengenangaben
un flacone di dopobarba / acqua di colonia / shampoo / collutorio (= eine Flasche Aftershave / Kölnischwasser / etc.) • *un pezzo di sapone* (= ein Stück Seife) • *una scatola di stuzzicadenti* (= eine Schachtel Zahnstocher) • *un pacco di fazzoletti di carta / assorbenti* (= eine Packung Papiertaschentücher / Binden) • *un rotolo di carta igienica* (= eine Rolle Toilettenpapier) • *un barattolo di crema* (= eine Dose Creme) • *un tubetto di dentifricio* (= eine Tube Zahnpasta)

collutorio [kollu'tɔ:rjo]	Mundwasser
filo intradentale ['filo intraden'ta:le]	Zahnseide
radere(-ersi) ['ra:dere]	(sich) rasieren
Ora lui si rade ogni due giorni.	Er rasiert sich jetzt jeden zweiten Tag.
rasoio elettrico	Elektrorasierer
schiuma da barba ['skju:ma da 'barba]	Rasiercreme
dopobarba (m)	Rasierwasser (für nach der Rasur)
shampoo ['ʃampɔ]	Haarwaschmittel; Haarwäsche
shampoo e balsamo	Shampoo und Pflegespülung
asciugacapelli (m) [aʃugaka'pelli]	Haartrockner; Fön
pettine (m) – **pettinare** ['pɛttine – petti'narsi]	Kamm – kämmen
bigodino [bigo'di:no]	Lockenwickler
parrucchiere (m) [parruk'kjɛ:re]	Friseur
(Lei) è dal parrucchiere.	Sie ist beim Friseur.
barbiere (m) [bar'bjɛ:re]	(Herren-)Friseur
Vado dal barbiere.	Ich gehe zum Friseur.
trucco ['trukko]	Make-up; Schminke
struccarsi; togliersi il trucco	sich abschminken

***Alcuni prodotti cosmetici* (= Kosmetika)**
crema (= Creme) • *crema detergente* (= Reinigungscreme) • *crema idratante* (= Feuchtigkeitscreme) • *cipria* (= Gesichtspuder) • *rossetto* (= Lippenstift) • *rimmel* (= Wimperntusche) • *ombretto* (= Lidschatten) • *matita per sopracciglia* (= Augenbrauenstift) • *fard* (= Rouge) • *acqua di colonia* (= Eau de Cologne / Kölnischwasser) • *profumo* (= Parfüm) • *deodorante* (= Deodorant).
Lozioni sind Pflegeflüssigkeiten für die Haut: *lozione per il corpo, per il viso, per le mani, lozione dopobarba, lozione solare* (= Sonnenöl) etc.

manicure – pedicure (f+m) [mani'ku:re – pedi'ku:re]	Maniküre – Pediküre
smalto per unghie ['zmalto]	Nagellack
solvente per smalto	Nagellackentferner
le forbicine per le unghie [forbi'tʃi:ne per le 'ungie]	(eine) Nagelschere
ovatta [o'vatta]	Watte
batuffolo di ovatta	Wattebausch
pulisciorecchi / cottonfioc (m) [puliʃio'rekki / kɔtton'fiɔk]	Wattestäbchen

fazzoletto [fattso'letto]	Taschentuch
fazzoletto di carta	Papier- / Tempo™-Taschentuch
Hai un fazzoletto di carta?	Hast du ein Papiertaschentuch?
soffiare [sof'fja:re]	blasen; (Nase) putzen
Fa la brava / il bravo e soffiati il naso.	Sei schön brav und putz dir die Nase.
assorbente (m) [assor'bεnte]	(Damen-)Binde
carta igienica ['karta i'dʒεnika]	Toilettenpapier
gabinetto [gabi'netto]	Toilette; Klo
Laura è al gabinetto.	Laura ist auf dem Klo.
lavanderia [lavande'ri:a]	Wäscherei
lavanderia self-service	Waschsalon
lavanderia (a secco)	Reinigung
I miei pantaloni sono ancora in lavanderia.	Meine Hose ist noch in der Reinigung.
Lo porto a lavare / in lavanderia	Ich werde es reinigen lassen.
biancheria / bucato [bjanker'i:a / bu'ka:to]	Wäsche
Oggi faccio il bucato.	Ich mache heute die Wäsche.
giorno di bucato	Waschtag
sauna ['sauna]	Sauna
bagno turco [ba:ɲo 'turko]	türkisches Bad
massaggio – massaggiare [mas'saddʒo – massad'dʒa:re]	Massage; massieren

"160? Riproviamoci senza spazzolino!"

Morte
Tod

Quando verrà l'ora di morire non voglio perderne neanche un attimo: si muore una volta sola. (*A. Amurri, scrittore, *1925*)

morte (f) ['mɔrte]	Tod; Todesfall
Non hai paura della morte?	Hast du keine Angst vor dem Tod?
morte per impiccagione / fucilazione	Tod durch Erhängen / Erschießen
Vi sono stati alcuni casi di morte.	Es gab einige Todesfälle.
certificato di morte	Sterbeurkunde; Totenschein
morte apparente	Scheintod
essere tra la vita e la morte	zwischen Leben und Tod schweben
essere in pericolo di morte	in Lebensgefahr schweben
Attenzione! Pericolo di morte!	Vorsicht! Lebensgefahr!
La morte non guarda in faccia nessuno.	Vor dem Tod sind wir alle gleich.
sul letto di morte	auf dem Sterbebett
morire [mo'ri:re]	sterben
(Lui) è morto di cancro / vecchiaia.	Er starb an Krebs / Altersschwäche.
(Lei) è morta per overdose.	Sie starb an einer Überdosis.
(Lei) si è spenta di morte naturale.	Sie starb eines natürlichen Todes.

Häufig gebrauchte Euphemismen (= verhüllende / beschönigende Ausdrücke) für „sterben"
spegnersi / decedere (= dahingehen / sterben) • *passare a miglior vita* (= dahinscheiden) • *scomparire* (= einschlafen) • *lui / lei ha chiuso gli occhi per sempre* (= er / sie hat die Augen für immer geschlossen) • *uscire dalla scena del mondo* (= diese Welt für immer verlassen) • *esalare l'ultimo respiro* (= den letzten Atemzug tun) • *abbandonare questa terra* (= diese Welt hinter sich lassen)

morire di fame / perire d'inedia	verhungern
morto ['mɔrto]	tot
un morto / una morta	ein Toter / eine Tote
cadere a terra morto	tot umfallen
risuscitare dal regno dei morti	von den Toten auferstehen
deceduto / defunto [detʃe'du:to / de'funto]	verstorben
la vedova del defunto	die Witwe des Verstorbenen
gli eredi / i parenti del defunto	die Hinterbliebenen

Bezeichnungen für tote Menschen oder Tiere
salma (= Leiche) • *corpo* (= Leiche) • *cadavere* (= Leiche) • *carcame / carcassa* (= Tierkadaver)

perire [pe'ri:re]	umkommen
Milioni di persone perirono nei campi di concentramento.	Millionen kamen in den Konzentrationslagern um.
moribondo [mori'bondo]	sterbend

i moribondi	die Sterbenden
unzione (f) **del malato** [un'tsjo:ne del ma'la:to]	Krankensalbung
autopsia [autop'si:a]	Obduktion; Leichenöffnung; Autopsie
effettuare un'autopsia	eine Obduktion durchführen
bara – urna (cineraria) ['ba:ra – 'urna (tʃine'ra:rja)]	Sarg – Urne
funerale (m) **/ sepoltura** [fune'ra:le / sepol'tu:ra]	Begräbnis; Beerdigung; Beisetzung
Sono stato al suo funerale.	Ich war auf ihrer / seiner Beerdigung.
funebre ['funebre]	Leichen-; Toten-; Trauer-
carro funebre	Leichenwagen
istituto di pompe funebri	Bestattungsinstitut
corteo funebre – esequie (fpl)	Trauerzug / Leichenzug – Trauerfeier
messa funebre	Totenmesse
campo santo / cimitero ['kampo 'santo / tʃimi'tɛ:ro]	Kirchhof; Friedhof (bei der Kirche)
seppellire [seppel'li:re]	begraben
Dove è sepolto?	Wo liegt er begraben?
(Lui) è sepolto in questo cimitero.	Er ist auf diesem Friedhof begraben.
sepoltura / inumazione (f)	Beerdigung; Bestattung
cremare – cremazione (f) [kre'ma:re – krema'tsjo:ne]	einäschern – Einäscherung
crematorio	Krematorium
tomba ['tomba]	Grab
monumento sepolcrale [monu'me:nto sepolk'ra:le]	(großes, gemauertes) Grab; Grabmal
Lui pose una corona ai piedi del monumento al Milite Ignoto.	Er legte am Grabmal des unbekannten Soldaten einen Kranz nieder.
epitaffio [epi'taffjo]	Grabinschrift; Epitaph
riposa in pace [ri'pɔ:sa in 'pa:tʃe]	(*auf Grabsteinen*) Ruhe in Frieden
mortale [mor'ta:le]	sterblich
le sue spoglie mortali	seine sterblichen Überreste
ferita mortale	tödliche Verletzung
anima ['a:nima]	Seele
anima e corpo	Körper und Seele
la vita dopo la morte [la 'vi:ta 'dɔ:po la 'mɔrte]	das Leben nach dem Tode
(caso di) **lutto** ['lutto]	Trauerfall
lutto – essere in lutto	Trauer – (be)trauern
portare il lutto / vestire a lutto	Trauer tragen
Migliaia di persone erano in lutto per lei.	Tausende trauerten um sie.
(Lei) è ancora in lutto.	Sie ist immer noch in Trauer.
necrologio / annuncio mortuario [nekro'lɔ:dʒo / an'nuntʃo mortu'a:rjo]	(*Zeitung*) Nachruf; Todesanzeige
il defunto / la defunta [il de'funto / la de'funta]	der / die Verstorbene
il figlio del defunto Antonio Rossi	der Sohn des verstorbenen Antonio Rossi

Der / Die Verstorbene wird euphemistisch auch als *la persona amata* (= der / die Geliebte), *la persona che ci ha abbandonati* (= der / die liebe Dahingeschiedene) oder *la persona per la quale piangiamo* (= beklagen / beweinen) bezeichnet.

annegare [anne'ga:re]	ertrinken; ertränken
(Lei) è annegata.	Sie ertrank.
morte per annegamento	Tod durch Ertrinken
terminale [termi'na:le]	unheilbar; End-
(Lei) è una malata terminale.	Sie ist unheilbar krank.
eutanasia [eutana'si:a]	Euthanasie; Sterbehilfe
suicidio [sui'tʃi:djo]	Selbstmord; Selbsttötung; Freitod
(Lei) si è suicidata.	Sie beging Selbstmord.
uccidere / assassinare qualcuno [ut'tʃi:dere / assassi'na:re kual'ku:no]	jemanden töten / umbringen
È stato ucciso a colpi d'arma da fuoco.	Er wurde erschossen.
eliminare qualcuno [elimi'na:re kual'ku:no]	jemanden liquidieren
linciare qualcuno [lin'tʃa:re kual'ku:no]	jemanden lynchen
La folla cercò di linciarlo.	Die Menge versuchte ihn zu lynchen.
avvelenare qualcuno [avvele'na:re kual'ku:no]	jemanden vergiften
Napoleone morì avvelenato?	Starb Napoleon an einer Vergiftung?

Die Endsilbe *-cidio* bedeutet „Mord / Tötung"
infanticidio (= Kindesmord) • *matricidio* (= Muttermord) • *patricidio / parricidio* (= Vatermord) • *fratricidio* (= Geschwistermord) • *regicidio* (= Königsmord) • *suicidio* (= Selbstmord) • *genocidio* (= Völkermord)

assassinare qualcuno [assassi'na:re kual'ku:no]	jemanden umbringen
Il testimone è stato assassinato.	Der Zeuge wurde umgebracht.
far fuori qualcuno ['far fu'ɔ:ri kual'ku:no]	jemanden umlegen / kaltmachen
Lui è stato fatto fuori dalla gang.	Er wurde von der Bande kaltgemacht.

Mit zahllosen umgangssprachlichen Ausdrücken werden *morire* und *uccidere* drastisch ausgedrückt, z.B. „ins Gras beißen", „abkratzen", „den Löffel abgeben" etc.:
mandare qd. all'altro mondo (= jemanden ins Jenseits befördern) • *accoppare qd.* (= jemanden erschlagen / kaltmachen) • *stendere qd.* (= jemanden töten / niederstrecken) • *freddare qd.* (= jemanden kaltmachen) etc.

testamento [testa'mento]	Testament
la mia ultima volontà	mein letzter Wille

La famiglia
Die Familie

2
1

Rapporti familiari
Verwandtschaftliche Beziehungen

Il concetto di famiglia non è umano ma divino, e nessuna forza umana può spegnerlo. [...] La famiglia è un elemento dell'esistenza. (*Giuseppe Mazzini, uomo politico, 1805–1872*)

parente [pa'rɛnte]	Verwandte(r)
(Lei) non è una mia parente.	Sie ist nicht mit mir verwandt.
(Lei) ha parenti in questo paese?	Haben Sie Verwandte in diesem Land?
Sono stati avvisati i parenti più stretti?	Sind die nächsten Verwandten benachrichtigt worden?
parente acquisito(-a) / acquistato(-a)	angeheiratete(r) Verwandte(r)
Per il suo compleanno si riunì tutta la parentela.	Zu seinem Geburtstag kam die gesamte Verwandtschaft zusammen.
antenato [ante'na:to]	Vorfahr
I suoi antenati venivano dalla Sardegna.	Ihre / Seine Vorfahren kamen aus Sardinien.
i ritratti degli antenati	die Porträts der Vorfahren; die Ahnengalerie
discendenza [diʃen'dɛntsa]	Abstammung
gli ultimi discendenti degli incas	die letzten Nachfahren der Inkas
origine (f) [o'ri:dʒine]	Herkunft
Loro sono di origine bavarese.	Sie sind bayerischer Abstammung.
americani di origine italiana	Amerikaner italienischer Herkunft
famiglia [fa'mi:ʎa]	Familie
La nostra famiglia vive qui da molte generazioni.	Unsere Familie lebt hier seit Generationen.
Pensiamo di metter su famiglia.	Wir wollen uns jetzt Kinder zulegen.
essere tutto casa e famiglia	in der Familie und im Haushalt aufgehen
Capita anche nelle migliori famiglie.	Das kommt (selbst) in den besten Familien vor.
albero genealogico ['albero dʒenea'lɔ:dʒiko]	Stammbaum
costruire l'albero genealogico di una famiglia	den Stammbaum einer Familie erstellen
i miei [i mi'ɛ:i]	meine Leute / Verwandten / Familie
padre – madre ['pa:dre – 'ma:dre]	Vater – Mutter
padre / madre di famiglia	Familienvater / -mutter
figlio – figlia ['fi:ʎo – 'fi:ʎa]	Sohn – Tochter
il figlio prodigo	der verlorene Sohn
fratello – sorella [fra'tɛllo – so'rɛlla]	Bruder – Schwester
assomigliarsi come due fratelli	sich wie Geschwister ähneln
fratellastro – sorellastra	Halbbruder / Stiefbruder – Halbschwester / Stiefschwester

fratellastro: (mütterlicherseits) = *fratello uterino* / (väterlicherseits) = *fratello consanguineo,*
sorellastra: (mütterlicherseits) = *sorella uterina* / (väterlicherseits) = *sorella consanguinea*

Parenti acquisiti – gli affini
suocero (= Schwiegervater) • *suocera* (= Schwiegermutter) • *suoceri* (= Schwiegereltern) • *genero* (= Schwiegersohn) • *nuora* (= Schwiegertochter) • *cognato* (= Schwager) • *cognata* (= Schwägerin)
I miei suoceri vengono a trovarci il fine settimana prossimo (= Meine Schwiegereltern / angeheirateten Verwandten kommen uns nächstes Wochenende besuchen.)

zio – zia [ts'iːo - ts'iːa]	Onkel – Tante
gli zii [ʎi ts'iːi]	Onkel und Tante
lo zio d'America	der Onkel aus Amerika
nipote [ni'poːte]	Neffe / Nichte; Enkel(in)
cugino – cugina [ku'dʒiːno – ku'dʒiːna]	Cousin / Vetter – Cousine / Base
Cinzia è una mia cugina.	Cinzia ist eine Cousine von mir.
nonno – nonna ['nɔnno – 'nɔnna]	Großvater – Großmutter
nonni	Großeltern

Possessivpronomen (= Besitzanzeigende Fürtwörter)
Im Italienischen stehen Verwandtschaftsmitglieder in der Einzahl nur mit Possessivpronomen, ohne Artikel: *mio padre, mia madre, mio fratello, mia sorella* etc. Von dieser Regel abweichend stehen Koseformen sowie das Pronomen *loro* mit bestimmtem Artikel: *la mia mamma, il mio papà, il loro cugino* etc.

Zusammensetzungen mit *pro-*, *bis-* und *tris-*
prozia (= Großtante) • *prozio* (= Großonkel) • *pronipote* (= Großneffe / Großnichte / Urenkel) • *bisnonno* (= Urgroßvater) • *bisnonna* (= Urgroßmutter) • *bisnonni* (= Urgroßeltern) • *trisavolo* (= Ururgroßvater) etc.

Zusammensetzungen mit *-trigno(-a), -astro(-a)*
patrigno (= Stiefvater) • *matrigna* (= Stiefmutter) • *patrigno e matrigna* (= Stiefeltern) • *figliastro* (= Stiefsohn) • *figliastra* (= Stieftochter) • *figliastri* (= Stiefkinder) • *fratellastro* (= Stiefbruder) • *sorellastra* (= Stiefschwester)
Vor dem Suffix *-igno(-a)* wird das *„d"* des Stammwortes stets zu *„t"*: *-trigno(-a).*

2

Matrimonio e divorzio
Ehe und Ehescheidung

Rare volte si vedono riuscir bene quei matrimoni che altro motivo non hanno avuto che l'amore. Questo opera meraviglie nelle poesie e ne' romanzi; in pratica poi non val nulla. (*Papa Clemente XIV*)

matrimonio [matri'mɔ:njo]	Ehe; Heirat
Il matrimonio ha avuto luogo in chiesa.	Die Hochzeit fand in der Kirche statt.
matrimonio obbligatorio	Mussheirat; Zwangsheirat
matrimonio civile	standesamtliche Trauung
certificato di matrimonio	Trauschein; Heiratsurkunde
le pubblicazioni di matrimonio	das Aufgebot
matrimonio d'interesse	Geldheirat
matrimonio di convenienza	Zweckehe; Scheinehe
matrimonio religioso	kirchliche Trauung
fare una proposta di matrimonio a qualcuno	jemandem einen Heiratsantrag machen
Le ha fatto una proposta di matrimonio.	Er machte ihr einen Heiratsantrag.
matrimoniale	ehelich; Ehe-
consulente matrimoniale	Eheberater(in)
convivenza quasi matrimoniale	eheähnliche Lebensgemeinschaft
anniversario di matrimonio	Hochzeitstag
il nostro ventesimo anniversario	unser 20. Hochzeitstag
sposo – sposa ['spɔ:zo – 'spɔ:za]	Bräutigam – Braut
Evviva gli sposi!	Es leben die Brautleute!
damigella d'onore della sposa	Brautjungfer
abito da sposa	Hochzeitskleid
la fede / la vera [la 'fe:de / la 'vɛ:ra]	Trauring; Ehering
scambiarsi la fede	die Ringe austauschen
sposare(-arsi) [spo'za:re]	heiraten; trauen
Vuoi sposarmi?	Willst du mich heiraten?
Vogliono sposarsi in chiesa.	Sie möchten sich kirchlich trauen lassen.
Sono stati sposati dal vescovo.	Sie wurden vom Bischof getraut.
(Lei) è sposata con un artista.	Sie ist mit einem Künstler verheiratet.
Si sono sposati nel 1994.	Sie haben 1994 geheiratet.
Si sono dovuti sposare.	Sie mussten heiraten.
coniugi (mpl) ['kɔ:njudʒi]	Eheleute; Ehepaar
coppia di coniugi	Ehepaar
coniugale	ehelich; Ehe-
tetto coniugale	eheliche Wohnung
scapolo ['ska:polo]	Junggeselle
Lui rimase scapolo per tutta la vita.	Er blieb sein Leben lang Junggeselle.
vita da scapolo	Junggesellenleben
uno scapolone impenitente	ein eingefleischter Junggeselle
il fidanzato – la fidanzata [fidan'tsa:to - fidan'tsa:ta]	(der) Verlobte – (die) Verlobte
Si sono appena fidanzati.	Sie haben sich gerade verlobt.

fidanzamento	Verlobung
anello di fidanzamento	Verlobungsring
nozze (fpl) ['nɔttse]	Trauung; Hochzeit
nozze d'argento / d'oro	silberne / goldene Hochzeit
L'anno scorso abbiamo festeggiato le nozze d'argento.	Wir haben voriges Jahr unsere Silberhochzeit gefeiert.
viaggio di nozze	Hochzeitsreise
nuziale [nu'tsja:le]	Braut-; Hochzeits-
cerimonia nuziale	Trauung; Eheschließung
luna di miele ['lu:na di 'mjɛ:le]	Flitterwochen
Gli sposi trascorsero la luna di miele a Roma.	Ihre Flitterwochen verbrachten die Neuvermählten in Rom.
ufficio anagrafico [uf'fi:tʃo anag'ra:fiko]	Standesamt
testimone (di nozze) [testi'mɔ:ne]	Trauzeuge / Trauzeugin
marito e moglie [ma'ri:to e 'mo:ʎe]	(Ehe-)Mann und (Ehe-)Frau
Saluti Sua moglie da parte mia.	Grüßen Sie Ihre Frau von mir.
il suo ex marito	ihr Exmann
consorte [kon'sɔrte]	(*förmlich*) (Ehe-)Gatte / Gattin
il principe consorte	Prinzgemahl
partner (m+f) – **compagno(-a) di vita** ['partnɛr – kom'pa:ɲo di 'vi:ta]	Partner(in) – Lebensgefährte / -gefährtin
Marco e la sua compagna	Marco und seine Lebensgefährtin
portare i calzoni [por'ta:re i kal'tso:ni]	die Hosen anhaben
È lei a portare i calzoni.	Sie ist diejenige, die die Hosen anhat.
legittimo – illegittimo [le'dʒittimo – ille'dʒittimo]	ehelich – nichtehelich
figli legittimi ed illegittimi	eheliche und nichteheliche Kinder
infedeltà [infedel'ta]	Untreue (*in Ehe bzw. Partnerschaft*)
fedele – infedele	treu – untreu
Non ti sono mai stato infedele.	Ich bin dir nie untreu geworden.
adulterio [adul'tɛ:rjo]	Ehebruch
commettere adulterio	Ehebruch begehen
fare le corna al marito / alla moglie ['fa:re le 'kɔrna al ma'ri:to /'alla 'mo:ʎe]	dem Ehemann / der Ehefrau Hörner aufsetzen
una relazione extraconiugale ['u:na rela'sjone ekstrakonju'ga:le]	ein außereheliches (Liebes-)Verhältnis
Che abbia avuto una relazione con lei?	Ob er wohl ein Verhältnis mit ihr hatte?
amante [a'mante]	Geliebte; Mätresse / Liebhaber; Geliebter
Sua moglie ha un amante.	Seine Frau hat einen Liebhaber.
donnaiolo [donna'jɔ:lo]	Schürzenjäger; Frauenheld
separarsi [sepa'rarsi]	sich trennen
I suoi genitori sono separati.	Seine Eltern leben getrennt.
(Lei) vuole separasi da lui.	Sie will sich von ihm trennen / scheiden lassen.
separazione	Trennung
fallire [fal'li:re]	in die Brüche gehen
Il loro matrimonio è fallito.	Ihre Ehe ist gescheitert.
divorzio [di'vɔrtsjo]	(Ehe-)Scheidung

Valeria ha chiesto il divorzio.	Valeria hat die Scheidung eingereicht.
Riccardo vuole divorziare.	Riccardo will sich scheiden lassen.
divorzio controverso / consensuale	streitige / einvernehmliche Scheidung
(Loro) hanno divorziato.	Sie ließen sich scheiden.
gli alimenti [ʎi ali'menti]	Unterhalt (nach der Scheidung)
(Lui) deve corrispondere gli alimenti alla ex moglie.	Er muss seiner früheren Frau Unterhalt zahlen.
vedova – vedovo ['ve:dova – 've:dovo]	Witwe – Witwer
bigamia – bigamo(-a) [biga'mi:a – 'bi:gamo]	Bigamie – Bigamist(in)

Al cuor non si comanda.

Genitori e figli
Eltern und Kinder

→ 1.4 Infanzia e giovinezza

Per sublimar a ricchezza o a dignità il figlio o lasciarlo erede, ognuno diventa o rapace pubblico [...] o avaro e insidioso e ipocrita. (*T. Campanella, filosofo italiano, 1568–1639*)

gravidanza [gravi'dantsa]	Schwangerschaft
nausea mattutina ['na:uzea mattu'ti:na]	morgendliche Übelkeit

Dass eine Frau schwanger (= *incinta)* ist, kann auf unterschiedliche Weise ausgedrückt werden: *lei aspetta una bambino, lei è in stato interessante. Una madre futura* ist eine werdende Mutter.

doglie (fpl) ['dɔ:ʎe]	(Geburts-)Wehen
attacco delle doglie	das Einsetzen der Wehen
levatrice (f) [leva'tri:tʃe]	Hebamme
parto ['parto]	Entbindung
dare alla luce un bambino ['da:re 'alla 'lu:tʃe un bam'bi:no]	ein Kind zur Welt bringen
nascita ['naʃita]	Geburt
prima della / dopo la nascita	vor / nach der Geburt
certificato di nascita	Geburtsurkunde
Il bambino è nato con dieci settimane di anticipo.	Das Baby kam zehn Wochen zu früh.
taglio cesareo ['ta:ʎo tʃe'sa:reo]	Kaiserschnitt
aborto [a'bɔrto]	Fehlgeburt
prematuro [prema'tu:ro]	vorzeitig
gemello(-i/-e) [dʒe'mɛllo]	Zwilling(e)
battesimo [bat'te:zimo]	Taufe
figlioccio(-a) [fi:'ʎɔttʃo]	Patenkind
padrino – madrina [pa'dri:no – ma'dri:na]	Patenonkel – Patentante

Kosewörter (= vezzeggiativi)
Für *padre: papà, paparino, babbo.*
Für *madre: mamma, mammina.*
Für *bambino: piccolo, piccolino, ragazzo, tesoro, angioletto, la ragazzina* (= der kleine Fratz), *il ragazzino* (= der kleine Kerl), *monello(-a)* (= kleiner Schlingel).

dare il biberon ['da:re il bibe'rɔn]	mit der Flasche ernähren
allattare	stillen
pannolino [panno'li:no]	Windel
fasciare il bambino	das Baby wickeln
vasetto [va'zetto]	Töpfchen

Hai fatto la pupù?	Hast du Aa gemacht?
educazione igienica [eduka'tsjo:ne i'dʒɛ:nika]	Sauberkeitserziehung
fare il bagno al bambino ['fa:re il ba:ɲo al bam'bi:no]	das Baby baden
ninnananna ['ninnananna]	Wiegenlied; Schlaflied
storia della buona notte ['stɔ:rja 'della bu'ɔ:na 'nɔtte]	Gutenachtgeschichte
l'età critica / capricciosa [le'ta 'kri:tika / kaprit'tʃo:sa]	das Trotzalter (im 2. Lebensjahr)

Famiglia wird oft in der Bedeutung *bambini / figli* verwendet: *La coppia non intende ancora metter su famiglia.* (= Das Paar will zunächst noch keine Kinder.)

Mit einem gewissen Abstand folgt die italienische Familie der Entwicklung der Familie in den mittel- und nordeuropäischen Ländern. Im vergangenen Jahrzehnt ist eine klare Tendenz von der Großfamilie hin zur Kleinfamilie und eine Zunahme der Singles zu verzeichnen. Eine Abnahme der für Italien so charakteristischen Familienbetriebe ist die Folge. Trotz dieser allgemeinen europäischen Entwicklungstendenz zeichnet sich die italienische Familie noch immer durch einen spezifischen, mutterzentrierten Zusammenhalt aus.

custodia [ku'stɔ:dja]	Sorgerecht – Pflege
La custodia dei bambini è stata assegnata a lei.	Die Kinder wurden ihr zugesprochen.
Una zia prese in custodia il bambino.	Eine Tante nahm das Kind in Pflege.
cura ['ku:ra]	Obhut; Pflege
adottare [adot'ta:re]	adoptieren
figlio adottivo	ein adoptiertes Kind / Adoptivkind
dare in adozione un bambino	ein Kind zur Adoption freigeben
tutore – tutela [tu'to:re – tu'tɛ:la]	Vormund – Vormundschaft
orfano(-a) – orfanotrofio ['ɔrfano – orfano'trɔ:fjo]	Waise(nkind) – Waisenhaus
crescere un figlio / bambino ['kre:ʃere un 'fi:ʎo – bam'bi:no]	ein Kind großziehen
educazione (f) [eduka'tsjo:ne]	Erziehung; Kinderstube
(Lei) ha avuto un'educazione severa.	Sie wurde streng erzogen.
educare	erziehen; bilden
Lei è stata educata in casa.	Sie wurde zu Hause unterrichtet.
genitore singolo [dʒeni'to:re 'singolo]	Alleinerziehende(r)
ragazza-madre [ra'gattsa-'ma:dre]	Mutter im Teenalter
assomigliare a qualcuno [assomi'ʎa:re a kual'ku:no]	jemandem ähnlich sein / sehen
Lei assomiglia alla madre.	Sie sieht ihrer Mutter ähnlich.
bambini con doti particolari [bam'bi:ni 'kon 'dɔ:ti partiko'la:ri]	besonders begabte Kinder
promozione per dotati	Begabtenförderung

arretrato (mentalmente) [arre'tra:to mental'mente]	(geistig) zurückgeblieben
mancia ['mantʃa]	Taschengeld
Gli abbiamo aumentato la mancia.	Wir haben sein Taschengeld erhöht.
i grandi [i 'grandi]	(*Kindersprache*) Erwachsene
Non dirlo ai grandi!	Sag das nicht den Erwachsenen!
sgridare qualcuno [zgri'da:re kual'ku:no]	jemanden ausschimpfen
(Lei) lo ha sgridato perché aveva picchiato Rocco.	Sie schimpfte mit ihm, weil er Rocco gehauen hatte.
(Lei) lo ha sgridato per bene.	Sie hat ihn ganz schön ausgeschimpft.
rimprovero [rim'prɔ:vero]	Vorwurf; Schelte
rimproverare un bambino [rimprove'ra:re 'un bam'bi:no]	ein Kind ausschimpfen / schelten
picchiare un bambino [pik'kja:re]	ein Kind hauen
viziare un bambino [vi'tsja:re]	ein Kind verziehen / verwöhnen
trascurare un bambino [trasku'ra:re]	ein Kind vernachlässigen
abbandonare un bambino [abbando'na:re]	ein Kind aussetzen
maltrattare un bambino [maltrat'ta:re]	ein Kind misshandeln
maltrattamento dei bambini [maltratta'mento dej bam'bi:ni]	Kindesmisshandlung

"Desidero inoltrare una richiesta di aumento della mia paghetta di 1000 lire."

Alimentazione, bere, abbigliamento
Essen, Trinken, Kleidung

3

3

1

Alimenti
Nahrungsmittel

Oggi il 70% dell'umanità si muore ancora di fame ... e il 30% fa la dieta. (*Luciano De Crescenzo, scrittore, *1928*)

alimentazione (= Nahrung / Essen / Kost) • *alimentazione dietetica* (= Reformkost) • *fast food* (= Schnellgerichte) • *piatto pronto* (= Fertiggericht) • *alimentazione a basso regime calorico* (= kalorienarme Kost)

latte (= Milch) • *latte intero* (= Vollmilch) • *latte parzialmente scremato* (= fettarme Milch) • *latte pastorizzato* (= pasteurisierte Milch) • *latte a lunga conservazione* (= H-Milch)

burro (= Butter) • *panna* (= Sahne) • *panna acida* (= saure Sahne) • *panna montata* (= Schlagsahne) • *gelato* (= Speiseeis) • *yogurt* (= Joghurt)

formaggio (= Käse) • *formaggio affumicato* (= geräucherter Käse) • *formaggio caprino* (= Ziegenkäse) • *pecorino* (= Schafskäse) • *parmigiano* (= Parmesan) • *Bel Paese* (= Butterkäse) • *mozzarella* (= Büffelkäse) • *robiola* (= weicher Kräuterkäse) • *formaggio duro* (= Hartkäse) • *formaggio stagionato* (= gereifter Käse)

Die bekannteste italienische Käsesorte ist der *parmigiano reggiano* (= Parmesankäse aus Reggio in der Emilia), den man *fresco* (= frisch, weniger als 18 Monate alt), *vecchio* (= alt, 18 bis 24 Monate) und *stravecchio* (= besonders alt, 24 bis 36 Monate) erhält. Sein Pendant ist der aus der Lombardei und aus Venetien stammende *grana padano.*

uovo (= Ei) • *uovo alla coque* (= weich gekochtes Ei) • *uovo sodo* (= hartes Ei) • *uova all'occhio di bue* (= Spiegeleier) • *uova strapazzate* (= Rührei)

Das Wort „Ei" ändert im Plural das Geschlecht: *l'uovo* (m) – *le uova* (fpl).

pane (= Brot) • *pane bianco* (= Weißbrot) • *pane nero* (= Schwarzbrot) • *pane di segale* (= Roggenbrot) • *pane integrale* (= Vollkornbrot) • *baguette* (= Weißbrotstange) • *panino* (= Brötchen) • *brioche* (= Kuchenbrötchen) • *pane a cassetta / pan carrè* (= Toastbrot) • *grissini* (= dünne Weißbrotstangen) • *tramezzino* (= Sandwich) • *panino imbottito* (= belegtes Brötchen) • *focaccia* (= süßer oder salziger Fladen) • *pane biscottato* (= Zwieback) • *cracker* (= Cracker)

Von einem besonders liebenswerten, gutherzigen Menschen sagt man in Italien, er sei *buono come il pane.*

dolci (= Gebäck) • *torta* (= Kuchen) • *millefoglie* (= Blätterteiggebäck) • *crostata alla frutta* (= Obstkuchen) • *biscotto* (= Keks) • *pasticcini* (= Feingebäck) • *frollini* (= Spritzgebäck) • *bigné* (= Beignet / leichtes Gebäck, oft mit

Cremefüllung) • *bombolone* (= Krapfen / Berliner) • *wafer* (= Waffel) • *pasta frolla reale* (= Mürbeteigkuchen mit gestoßenen Mandeln) • *panforte* (= süßer Kuchen mit kandierten Früchten und Mandeln)

In Italien gibt es drei traditionelle Kuchen: Den Mailänder *panettone* (= lockerer Hefekuchen mit kandierten Früchten) und den Veroneser *pandoro* (= Hefekuchen ohne Früchte) schenkt man sich zu Weihnachten, die *colomba* (= ein dem Panettone ähnlicher, mit Zucker und Mandeln bestreuter Hefekuchen in Taubenform) zu Ostern.

cereali (= Getreide) • *segale* (= Roggen) • *frumento* (= Weizen) • *orzo* (= Gerste) • *orzo mondo* (= Graupe(n)) • *orzo perlato* (= Perlgraupe(n)) • *farina* (= Mehl) • *crusca* (= Kleie) • *avena* (= Hafer) • *riso* (= Reis) • *pappa d'avena* (= Haferbrei)

dolciumi (= Süßigkeiten) • *caramelle* (= Bonbons) • *mentine* (= Pfefferminzbonbons) • *lecca-lecca* (= Lutscher) • *cioccolata* (= Schokolade) • *la barretta / tavoletta di cioccolata* (= ein Riegel / eine Tafel Schokolade)

pasta (= Teigwaren / Nudeln) • *pasta* (= Teig) • *pasta di grano duro* (= Hartweizennudeln) • *pasta all'uovo* (= Eiernudeln) • *pasta fatta in casa* (= hausgemachte Nudeln) • *pizza*

Pasta hat in Italien – anders als das norditalienische Reisgericht *risotto* oder der international erfolgreiche mittel- und süditalienische Exportartikel *pizza* – landesweit Tradition. Entsprechend gibt es unzählige Pastasorten, die üblicherweise aus Hartweizengries (= *semola di grano duro*) hergestellt werden, allerdings auch mit Ei (= *pasta all'uovo*). *Pasta* gibt es bunt – *pasta tricolore* z.B. nimmt die Farben der italienischen Flagge auf (grün mit Spinat, rot mit Tomate bzw. Rote-Bete-Saft) –, lang (= *pasta lunga*), mit einem Loch (= *pasta col buco*), in Form eines Nestes (= *nidi di pasta*), platt (= *pasta piatta*), kurz mit Loch (= *pasta corta*) oder in phantasievollen Formen (*farfalle* = Schmetterlinge, *conchiglie* = Muscheln, *chiocciole* = Schneckenhäuser etc.). Etwas für *buongustai* (= Feinschmecker) sind die schwarze *pasta al nero di seppia* (= mit Tintenfischtinte) und die rote *pasta al peperoncino* (= mit Pfefferschote). *Pasta* wird in Italien *al dente* (= bissfest) gekocht, denn für Italiener gibt es keinen größeren Affront bei Tisch als verkochte Nudeln!
Einige Pastasorten: *spaghetti* • *maccheroni* • *lasagne* (= Nudelteigplatten) • *ravioli (*= gefüllte Nudeltaschen*)* • *vermicelli* (= Fadennudeln) • *tagliatelle verdi* (= Spinatbandnudeln) • *fusilli* (= spiralförmige Nudeln) • *fettuccine* (= Eierbandnudeln) • *rigatoni* (= Rillennudeln) • *orecchiette* (= kleine ohrförmige Nudeln).

carne (= Fleisch) • *carne di manzo* (= Rindfleisch) • *carne di maiale* (= Schweinefleisch) • *carne di vitello* (= Kalbfleisch) • *agnello* (= Lammfleisch) • *montone/ castrato* (= Hammelfleisch) • *pancetta* (= durchwachsener Speck) • *polpetta* (= Frikadelle)

pollame (= Geflügel) • *pollo* (= Huhn / Hähnchen) • *anatra* (= Ente) • *oca* (= Gans) • *tacchino* (= Truthahn / Pute) • *fagiano* (= Fasan) • *faraona* (= Perlhuhn) • *quaglia* (= Wachtel)

selvaggina (= Wild) • *capriolo* (= Reh) • *lepre* (= Hase) • *coniglio* (= Kaninchen) • *cinghiale* (= Wildschwein)

salumi (= Wurst) • *salame* (= Salami) • *mortadella* (= Wurst aus Schweinefleisch mit Pistazien) • *prosciutto crudo* (= roher Schinken) • *prosciutto cotto* (= gekochter Schinken) • *coppa* (= gepökelter Schweinehals) • *würstel* (= Frankfurter / Wiener Würstchen)

Es gibt zwei berühmte italienische rohe Schinkenspezialitäten: Den milden *prosciutto di Parma* (= Parmaschinken) und den etwas würzigeren *prosciutto di San Daniele* (aus San Daniele im Friaul). Man isst diese Schinken sehr dünn geschnitten, wahlweise nur mit *grissini* oder etwas *pane bianco*, mit *fette di melone* (= Melonenscheiben) oder *fichi maturi* (= reifen Feigen), in der Spargelzeit mit *asparagi verdi* (= grünen Spargelstangen), die mit dem Schinken umwickelt werden.

frutti di mare (= Meeresfrüchte) • *pesce* (= Fisch) • *baccalà* (= Stockfisch) • *pescespada* (= Schwertfisch) • *aringa* (= Hering) • *aringa affumicata* (= Bückling) • *passera di mare* (= Scholle) • *salmone* (= Lachs) • *salmone affumicato* (= Räucherlachs) • *sogliola* (= Seezunge) • *trota* (= Forelle) • *tonno* (= Thunfisch) • *crostacei* (= Schalentiere) • *astice* (= Hummer) • *aragosta* (= Languste) • *ostrica* (= Auster) • *gamberetti* (= Krabben / Garnelen) • *gamberoni* (= Riesengarnelen) • *scampi* (= Langustinen) • *sgombro* (= Makrele) • *seppie* (= Tintenfische)

minestra (= Suppe) • *minestrone* (= dicke Gemüsesuppe mit Teigwaren) • *brodo ristretto* (= Kraftbrühe) • *pastina in brodo* (= Nudelsuppe) • *stracciatella* (= Suppe mit Käse und verquirltem Ei)

salsa (= Soße) • *salsa aurora* (= Bechamelsauce mit Tomatenpüree) • *salsa aioli* (= Knoblauchmayonnaise) • *pesto* (= Genueser grüne Sauce) • *mostarda d'uva* (= Traubensaft-Konzentrat mit Früchten) • *besciamella* (= Bechamelsauce)

grassi (= Fette) • *olio* (= Öl) • *margarina* (= Margarine) • *burro* (= Butter)

Olio di oliva (= Olivenöl) gehört zu Italien wie *pasta* und *pizza*. Der Qualität nach werden unterschieden: *olio d'oliva extra vergine* (= natives Olivenöl extra, 1. Pressung), *olio d'oliva vergine* (= natives Olivenöl, 2. und 3. Pressung), *olio d'oliva* (= Olivenöl, auch: Reines Olivenöl, aus nativem und raffiniertem Öl), *olio di sansa d'oliva* (= Oliventresteröl, in dem der Anteil des aus den Pressrückständen durch Lösungsmittel gewonnenen, raffinierten Tresteröls überwiegt).

erbe aromatiche (= Gewürzkräuter) • *spezie* (= Gewürz) • *pepe* (= Pfeffer) • *curry* • *senape* (= Senf) • *aglio* (= Knoblauch) • *prezzemolo* (= Petersilie) •

rosmarino (= Rosmarin) • *alloro* (= Lorbeer) • *maggiorana* (= Majoran) • *origano* (= Oregano) • *basilico* (= Basilikum) • *salvia* (= Salbei) • *erba cipollina* (= Schnittlauch) • *menta* (= Minze) • *timo* (= Thymian)

verdure ed ortaggi (= Gemüse) • *asparago* (= Spargel) • *fagioli* (= Bohnen) • *piselli* (= Erbsen) • *cavolo* (= Kohl) • *cavolini di Bruxelles* (= Rosenkohl) • *cavolfiore* (= Blumenkohl) • *spinaci* (= Spinat) • *mais/granoturco* (= Mais) • *fungo* (= Speisepilz) • *pomodoro* (= Tomate) • *cetriolo* (= Gurke) • *cipolla* (= Zwiebel) • *ravanelli* (= Radieschen) • *carciofi* (= Artischocken) • *lattuga* (= Kopfsalat) • *peperone* (= Paprikaschote) • *zucchine*

Das bekannteste italienische Maismehlgericht ist das einstige Arme-Leute-Essen *polenta*, ein in Norditalien beheimateter Maisbrei. Man kocht ihn unter ständigem Rühren so lange im *paiolo* (= Kupferkessel), bis er sich von dessen Rand löst. Anschließend wird er auf einen Teller gestürzt und mit einem *filo* (= Faden) in Scheiben geschnitten. Eine exquisite Beilage zu Wild- und Fischgerichten, aber auch ein würdiger alleiniger *primo* (= erster Gang). Süditaliener ärgern ihre norditalienischen Landsleute noch heute, indem sie sie *polentoni* (= Polentafresser) heißen, welche sich umgekehrt mit einem *terroni* (= „Erdlinge", „Schollenknechte") an die Adresse des Südens revanchieren.

frutta (= Obst) • *mela* (= Apfel) • *pera* (= Birne) • *ciliegia* (= Kirsche) • *prugna* (= Pflaume) • *pesca* (= Pfirsich) • *uva* (= Weintrauben) • *nespole* (= Mispeln) • *fragole* (= Erdbeeren) • *more* (= Brombeeren) • *lamponi* (= Himbeeren) • *mirtilli* (= Blaubeeren) • *melograno* (= Granatapfel) • *ribes* (= rote Johannisbeeren) • *uvetta* (= Rosinen) • *banana* (= Banane) • *arancia* (= Apfelsine) • *pompelmo* (= Grapefruit) • *limone* (= Zitrone) • *ananas* (= Ananas) • *dattero* (= Dattel) • *macedonia* (= Obstsalat)

frutta con guscio (= Schalenobst) • *noce* (= Walnuss) • *nocciola* (= Haselnuss) • *arachide* (= Erdnuss) • *castagna* (= Kastanie)

insalata (= Salat) • *rucola* (= Gartenrauke) • *insalata mista* (= gemischter Salat) • *insalata verde* (= grüner Salat) • *insalata di pomodori* (= Tomatensalat) • *macedonia* (= Obstsalat)

condimenti (= Salatwürze) • *olio d'oliva* (= Olivenöl) • *olio di semi* (= Pflanzenöl) • *margarina* (= Margarine) • *aceto di vino* (= Weinessig) • *aceto balsamico* (= Balsamessig) • *sale* (= Salz) • *pepe* (= Pfeffer)

Bevande
Getränke

→ 12.10 Bere e fumare

El si gode / tanto del ber quant'è grande la sete. (Und da man sich am Trinken / So sehr erfreut, wie man zuvor gedürstet.) (*Dante Alighieri, poeta italiano, 1265–1321, La Divina Commedia, Purgatorio, XXI, 73–3*)

bevande analcoliche [be'vande anal'kɔːlike]	alkoholfreie Getränke
acqua minerale ['akkua mine'raːle]	(Mineral-)Wasser
acqua naturale	stilles Mineral- / Tafelwasser
acqua minerale gassata	Sprudel
acqua potabile – acqua corrente	Trinkwasser – Leitungswasser
acqua tonica	Tonic
San Pellegrino™ / Ferrarelle™ ['sanpelle'griːno / ferra'rɛlle]	(bekannte Mineralwassermarken)
acqua di sel(t)z ['akkua di 'sɛlts]	Selters(wasser)
soda ['sɔːda]	Soda(wasser)
lemonsoda [lɛmɔn'sɔːda]	Limo(nade)
Crodino™ [kro'diːno]	(alkoholfreier Aperitif)

Dass ein Getränk kohlensäurehaltig ist, kann mit den Adjektiven *gassata, frizzante, minerale, "con le bollicine"* ausgedrückt werden: *Desidero un bicchiere di acqua minerale gassata.*

limonata [limo'naːta]	(Zitronen-)Limonade
aranciata	Orangenlimonade
coca cola ['kɔka 'kɔːla]	Coca-Cola™
Penso che prenderò una coca.	Ich glaube, ich nehme 'ne Cola.
ginger ale (m) ['dʒindʒer ɛil]	(kohlensäurehaltiges alkoholfreies Getränk mit Ingwergeschmack)
succo di frutta ['sukko di 'frutta]	(Frucht-)Saft
succo di mela / di pera	Apfel- / Birnensaft
succo di pompelmo	Grapefruitsaft
spremuta d'arancia	frisch ausgepresster Orangensaft
sciroppo [ʃi'rɔppo]	Sirup
granita [gra'niːta]	(Erfrischungsgetränk aus Sirup und gestoßenem Eis)
latte (m) ['latte]	Milch
latte di soia	Sojamilch

Getränke können durch Vorsetzen von *un / una* oder ein Zahlwort „portioniert" werden: *un caffè (= una tazza di caffè) e un'acqua minerale (= un bicchiere di acqua minerale), per favore. Due Martini (= bicchieri di Martini), per favore.*

caffè (m) [kafˈfɛ]	Kaffee
caffè nero	schwarzer Kaffee
caffè decaffeinato	koffeinfreier Kaffee
caffè espresso	Espresso
caffè macchiato	Espresso mit einem Schuss Milch
caffè corretto	Espresso mit (üblicherweise) etwas Grappa
caffè lungo	Espresso mit Wasser bis zum Tassenrand
caffè ristretto	Espresso (konzentriert)
caffellatte (m)	Milchkaffee
cappuccino [kapputˈtʃiːno]	Espresso mit aufgeschäumter Milch

In Italia bere il caffè è un rito. Normalmente l'espresso si beve al bar, in piedi al banco. (Seduti costa di più.) – In Italien ist das Kaffeetrinken ein Ritus. Üblicherweise trinkt man seinen Espresso am Tresen einer Bar im Stehen (denn der Kaffee wird teurer, wenn er am Tisch serviert wird!).

tè (m) [ˈtɛ]	Tee
tè nero / verde	schwarzer / grüner Tee
tè col latte	Tee mit Milch
tè col limone	Tee mit Zitrone
Un tè liscio, per favore!	Eine Tasse Tee ohne alles, bitte!
tisana / infuso [tiˈzaːna – inˈfuːzo]	Kräutertee
cacao [kaˈkaːo]	Kakao
una cioccolata calda [ˈuːna tʃokkoˈlaːta ˈkalda]	heiße (Trink-)Schokolade; Kakao

"A dire il vero volevo bere soltanto un cappuccino."

Cucinare in cucina
Küche und Kochen

Se penso le montagne di cibo che ho preparato in venticinque anni di cucina! Montagne, e ci vorrebbe un contacibo, allora sì salterebbero fuori le Alpi ... *(Armanda Guiducci, saggista, *1923)*

cucinare – cucina [kutʃi'na:re – ku'tʃi:na]	kochen / zubereiten – Küche
Cucinare è il mio hobby.	Kochen ist mein Hobby.
la cucina francese	die französische Küche
la cucina casalinga	Hausmannskost
Giorgio ama la buona cucina.	Giorgio schätzt eine gute Küche.
libro di cucina	Kochbuch
cuocere [ku'ɔ:tʃere]	kochen (lassen)
cuocere al forno una torta	einen Kuchen backen
arte culinaria ['arte kuli'na:rja]	Kochkunst
pulire la verdura [pu'li:re la ver'du:ra]	das Gemüse putzen
pelare le patate [pe'la:re le pa'ta:te]	die Kartoffeln schälen
condire l'insalata [kon'di:re linsa'la:ta]	den Salat anmachen
colino – colare [ko'li:no – ko'la:re]	Sieb – sieben
mescolare [mesko'la:re]	(um)rühren
sbattere / **montare** ['zbattere / mon'ta:re]	(*Ei / Sahne*) schlagen
fetta ['fɛtta]	Scheibe
tagliare a fette	in Scheiben schneiden
pane tagliato a fette	geschnittenes Brot
una fetta di salame	eine Scheibe Salami
tagliuzzare [taʎut'tsa:re]	klein schneiden
tritare [tri'ta:re]	durch den Fleischwolf drehen
carne trita	Hackfleisch; Gehacktes

***Modi di dire* mit „Küchenausdrücken"**

*Se non è **zuppa**, è **pan bagnato**.* (= Es ist gehupft wie gesprungen.)
*Andare in **brodo di giuggiole**.* (= Vor Wonne vergehen.)
*Siamo passati dalla **padella** alla **brace**.* (= Wir kamen vom Regen in die Traufe.)
*Decidemmo di lasciarlo **cuocere** nel suo **brodo**.* (= Wir beschlossen, ihn in seinem eigenen Saft schmoren zu lassen.)
*Che cosa **bolle in pentola**?* (= Was liegt in der Luft?)
*Queste sono **cose fritte e rifritte**.* (= Das sind doch alles abgedroschene Sachen.)
*Se ci sorprendono, siamo **fritti**.* (= Wenn man uns überrascht, sind wir geliefert.)

macinare [matʃi'na:re]	(*z.B. Kaffee*) mahlen
macinacaffè (m)	Kaffeemühle
bollire [bol'li:re]	kochen; sieden

dare una prima cottura ['da:re 'u:na 'pri:ma kot'tu:ra]	halbgar kochen; ankochen
friggere ['friddʒere]	(in Fett) braten
frittata [frit'ta:ta]	Eierkuchen
uova strapazzate (fpl)	Rührei
uova all'occhio di bue	Spiegelei
un uovo à la coque / un uovo sodo	ein weichgekochtes / hartgekochtes Ei
stufare [stu'fa:re]	(*Fleisch*) schmoren
arrostire [arro'sti:re]	braten
arrosto di maiale / di vitello	Schweine- / Kalbsbraten
pollo arrosto	Brathähnchen
fare ai ferri ['fa:re 'ai 'fɛrri]	grillen
fare una bistecca ai ferri	ein Steak grillen / auf dem Rost braten
toast – tostare – tostapane (m) ['tɔst – to'sta:re – tosta'pa:ne]	Toast – toasten – Toaster
tegame (m) [te'ga:me]	Brat- / Backform
teiera – bricco del caffè [te'jɛ:ra – 'brikko del kaf'fɛ]	Teekanne – Kaffeekanne
padella [pa'dɛlla]	Bratpfanne
pentola ['pentola]	Kochtopf
bollitore (m) **(per acqua)** [bolli'to:re (per 'akkua)]	(Wasser-)Kessel
Devo far bollire l'acqua?	Soll ich das Wasser kochen lassen?
piatto ['pjatto]	Teller; Gericht (= *Speise*)
piatto fondo	Suppenteller
piatto piano	Frühstücksteller
lavare i piatti	das Geschirr abwaschen
piatti vegetariani	vegetarische Gerichte
scodella	Schüssel; Schale
zuppiera	Suppenschüssel
insalatiera	Salatschüssel
zuccheriera	Zuckerdose
tazza e piattino ['tattsa e pjat'ti:no]	Tasse und Untertasse
vasetto [va'zetto]	(Marmeladen-)Glas; Gefäß *(aus Glas, Plastik etc.)*
un vasetto di marmellata fatta in casa	ein Glas hausgemachter Marmelade
brocca ['brɔkka]	(Ton- / Glas-)Kanne / Krug
una brocca di latte fresco	ein Krug mit frischer Milch
inscatolare la carne [inskato'la:re la 'karne]	Fleisch eindosen; einwecken
apriscatole (m)	Büchsenöffner; Dosenöffner
piselli in scatola	Erbsen in der Dose / Büchse
mettere cetrioli **sott'aceto** ['mettere tʃetri'ɔ:li sotta'tʃe:to]	Gurken in Essig einlegen
mettere pomodori **sott'olio** ['mettere pomo'dɔ:ri sott'ɔ:ljo]	Tomaten in Öl einlegen
candire i frutti di stagione [kan'di:re i 'frutti di sta'dʒo:ne]	Früchte der Saison in Zucker einwecken
apribottiglie (m) [apribot'ti:ʎe]	Flaschenöffner

cavaturaccioli (m) [kavatu'rattʃoli]	Korkenzieher
schiaccianoci (m) [skjattʃa'no:tʃi]	Nussknacker
le posate [le po'sa:te]	Besteck
le posate d'argento	silbernes Besteck
coltello e forchetta [kol'tɛllo e for'kɛtta]	Messer und Gabel
cucchiaio [kuk'kja:jo]	Löffel
cucchiaino [kukkja'i:no]	Kaffee- / Teelöffel
uno / due cucchiaini di zucchero	ein / zwei Teelöffel Zucker
misurino [mizu'ri:no]	Messbecher
fornello [for'nɛllo]	(Koch-)Herd
pentola a pressione ['pentola a pres'sjo:ne]	Schnellkochtopf
forno ['forno]	Backofen
forno a microonde	Mikrowelle(nherd)
caffettiera [kaffet'tjɛ:ra]	Kaffeemaschine
la moca	Espressomaschine für den Herd
vassoio [vas'so:jo]	Tablett

"Rosticceria con servizio a domicilio? Presto, un pollo fritto!"

Pasti
Mahlzeiten

La noncuranza dei cibi non è affatto un senso di superiorità, come molti credono. Capisco saltare il pranzo; non ammetto non curarsene. (*Mario Missiroli, giornalista, 1886–1974*)

colazione (f) [kola'tsjoːne]	Frühstück / Mittagessen
Quando facciamo colazione?	Wann frühstücken wir?
A colazione bevo caffè.	Ich trinke zum Frühstück Kaffee.

Zum Frühstück (= *[prima] colazione*) isst man in Italien wenig: Eine Tasse *cappuccino* oder *tè*, in die Kekse (= *biscotti*) eingetunkt (= *intingere*) werden können. Allerdings geht man noch vor dem Mittagessen (= *[seconda] colazione / pranzo*) häufig in eine *bar*, in der man seinen Espresso (= *caffè*) trinkt und dazu ein Sandwich (= *tramezzino*), einen Pausensnack (= *merendina*) oder einen anderen kleinen Imbiss (= *spuntino*) zu sich nimmt. In einigen Regionen Italiens steht der Begriff *colazione* auch für „Mittagessen", weshalb ein Geschäftsessen üblicherweise als *colazione d'affari* bezeichnet wird. Den englischen Brunch (= *il brunch*) kennt man zwar in Privathaushalten, doch ist er weit weniger verbreitet als nördlich der Alpen.

pranzo ['prantzo]	Mittagessen
Abbiamo pranzato in mensa.	Wir haben in der Kantine zu Mittag gegessen.

„Mahlzeit!" als Grußformel hat im Italienischen keine direkte Entsprechung. „Guten Appetit!" dagegen wünscht man sich wie auch in Deutschland bei Tisch vor dem Essen mit dem Ausruf: *Buon appetito!* Die Antwort lautet: *Grazie altrettanto!*

merenda [me'rɛnda]	kleine Vormittags- / Nachmittagsbrotzeit für Kinder
A merenda i bambini hanno mangiato pane, burro e marmellata.	Als Brotzeit haben die Kinder Brot, Butter und Marmelade gegessen.

„Kaffeetrinken" wie in Deutschland oder eine „teatime" wie in England kennt man in Italien nicht.

cena ['tʃeːna]	Abendessen
Abbiamo ospiti a cena.	Wir haben Gäste zum Abendessen.
Questa sera andiamo a cena fuori.	Wir gehen heute Abend auswärts essen.

Mangiare fuori casa
Auswärts essen

I mariti sono spesso colpevoli dell'altro imperdonabile sgarbo di condurre la moglie in eleganti o caratteristici ristoranti alla moda con la speranza, eccitati dal cicaleccio che si leva allegro e stimolante in quelle sale, di riuscire a stabilire quel colloquio che in casa, forse anche a causa della televisione messa al massimo, riesce impossibile. (*Giovanni Mosca, scrittore, 1908–1983*)

ospite (m+f) ['ɔspite]	Gast
Preghiamo i nostri ospiti di ...	Wir bitten unsere verehrten Gäste ...

Con la parola ospite in italiano si indica sia la persona che fa la visita (= Gast) *che il padrone di casa* (= Gastgeber).

frequentare [frekuen'taːre]	(als Kunde / Kundin) besuchen
un ristorante frequentato da artisti	ein Restaurant, in dem Künstler verkehren
i nostri **clienti fissi** [i 'nɔstri kli'ɛnti 'fissi]	unsere Stammgäste

***Tipi di ristoranti* (= Arten von Restaurants)**
bar (= Bar) • *caffè* (= Café) • *bistrot* (= Bistro) • *birreria / pub* (= Bierstube) • *il self-service* (= Selbstbedienungsrestaurant) • *buffet / bar ristorante* (= Bar mit Schnellimbiss, besonders an Bahnhöfen) • *il fast food* (= Fast Food-Restaurant) • *tavola calda* (= Schnellrestaurant) • *il drive-in* (= Drive-in-Restaurant) • *paninoteca / panineria* (= Sandwich-Imbiss) • *pizzeria* (= Restaurant, in dem ausschließlich Pizzas angeboten werden) • *spaghetteria* (= Restaurant, in dem ausschließlich Nudelgerichte angeboten werden) • *rosticceria* (= Schnellbraterei) • *ristorante* (= sehr gutes Restaurant) • *trattoria* (= gutes Restaurant) • *osteria* (= Gasthof, Wirtshaus) • *taverna* (= Taverne) • *bettola* (= billiges, schmuddeliges Esslokal) • *albergo ristorante / locanda* (= Gasthaus mit Übernachtungsbetrieb) • *autogrill* (= Raststätte) • *vagone ristorante* (= Speisewagen) • *mensa* (= Kantine oder Mensa)

guardaroba (m) [guarda'rɔːba]	Garderobe
il gabinetto [gabi'netto]	die Toilette

Nach der Toilette fragen Sie am besten mit dem Satz: *Dov'è il bagno?* Ein Euphemismus (= verhüllender Ausdruck), denn *il bagno* ist das Bad.

spuntino [spun'tiːno]	(eine) Kleinigkeit zu essen
Facciamo solo uno spuntino veloce.	Wir essen nur rasch eine Kleinigkeit.
da asporto [da a'spɔrto]	zum Mitnehmen
pizza da asporto	Pizza zum Mitnehmen
riservare [riser'vaːre]	buchen; reservieren; vorbestellen
È meglio se riserviamo un tavolo.	Wir sollten besser einen Tisch reservieren.
prenotazione (f) [prenota'tsjoːne]	Reservierung

Lei ha una prenotazione, signore?	Haben Sie einen Tisch reserviert?
far riservare [far riser'va:re]	reservieren lassen
Ho fatto riservare un tavolo per Rossi.	Ich habe einen Tisch auf den Namen Rossi reservieren lassen.
menù (m) [me'nu]	Speisekarte
menù turistico	Touristen-Karte
menù a prezzo fisso	Festpreis-Menü
Cameriere, posso avere il menù?	Herr Ober, bitte die Speisekarte.
Cameriere, ci può aiutare a scegliere?	Herr Ober, können Sie uns helfen?
lista dei vini ['lista dej 'vi:ni]	Weinkarte
pasto ['pasto]	Mahlzeit; Essen
un pasto di quattro portate	ein Essen mit vier Gängen
ordinare – ordine (m) **/ ordinazione** (f) [ordi'na:re – 'ordine / ordina'zione]	bestellen – Bestellung
Desidera ordinare ora?	Möchten Sie jetzt bestellen?
antipasto [anti'pasto]	Vorspeise
Cosa desidera come antipasto?	Was hätten Sie gern als Vorspeise?
il piatto del giorno ['pjatto del 'dʒorno]	Tagesgericht
il primo / il secondo (piatto)	erster Gang / zweiter Gang
prendere ['prendere]	essen; nehmen
Per primo prendo degli spaghetti, per secondo il brasato con contorno di verdura.	Als ersten Gang nehme ich Spaghetti, als zweiten Schmorbraten mit Gemüsebeilage.
Penso che prenderò del salmone affumicato.	Ich glaube, ich nehme Räucherlachs.
contorno [kon'torno]	Beilage
decidersi [de'tʃidersi]	(sich) entscheiden
Ha deciso per il vino?	Haben Sie sich für einen Wein entschieden?
consigliare [konsi'ʎa:re]	empfehlen
Le consiglio un rosso, per esempio un nebbiolo.	Ich würde einen Rotwein empfehlen, z.B. einen Nebbiolo.
scegliere ['ʃe:ʎere]	(aus)wählen
Ha scelto il dolce, signora?	Haben Sie ein Dessert ausgewählt?
dolce / dessert (m) ['doltʃe / de'sɛr]	Nachtisch
Come dessert prendiamo della frutta fresca.	Als Nachtisch nehmen wir frisches Obst.
avere [a've:re]	(auf der Karte / im Angebot) haben
Avete del tiramisù?	Haben Sie auch Tiramisu?
conto ['konto]	Rechnung
Cameriere, il conto, per favore.	Herr Ober, bitte zahlen!
servizio [ser'vi:tsjo]	Bedienung
Il servizio è compreso.	Bedienung inbegriffen.
coperto [ko'pɛrto]	(Preis für das) Gedeck
mancia ['mantʃa]	Trinkgeld
Quanto hai dato di mancia al cameriere?	Wieviel Trinkgeld hast du dem Kellner gegeben?

direttore(-trice) / gerente (m+f) [diret'to:re(-'tri:tʃe) / dʒe'rɛnte] — Geschäftsführer(in)
Vorrei parlare con il direttore, per favore. — Ich möchte bitte den Geschäftsführer sprechen.
locandiere(-a) / ristoratore (-trice) / oste(-ssa) [lokan'djɛ:re / ristora'to:re / 'ɔste(ssa)] — Gastwirt(in) / Gastronom

Persone che lavorano in un ristorante
hostess (= Empfangsdame) • *guardarobiera* (= Garderobenfrau) • *cameriere* (= Kellner) • *cameriera* (= Kellnerin) • *maître* (= Oberkellner) • *sommelier* (= Weinkellner) • *barman / barista* (= Barkeeper) • *cuoco / cuoca* (= Koch / Köchin) • *capocuoco* (= Chefkoch) • *pasticcere(-a)* (= Konditor / -in) • *lavapiatti / sguattero* (= Geschirrspüler)

buffet (m) [by'fɛ] — Büfett
L'hotel ha un'eccellente colazione al buffet. — Das Hotel bietet ein ausgezeichnetes Frühstücksbüfett.
porzione (f) [por'tsjo:ne] — Portion
sposarsi con [spo'zarsi] — passen zu
Con il pesce si sposa molto bene un bianco secco. — Zum Fisch passt ein trockener Weißwein sehr gut.
specialità della casa [spetʃali'ta 'della 'ka:za] — Spezialität des Hauses

"Ecco il piatto vegetariano. Va condito a tavola."

Abbigliamento e moda
Kleidung und Mode

La moda: che cos'è non lo sapremo mai, appunto perché ogni definizione è troppo semplice. (*Ennio Flaviano, scrittore, 1910–1972*)

***Cappotti, giacche e abiti* (= Mäntel, Jacken und Anzüge)**
cappotto (= Mantel) • *impermeabile* (= Regenmantel) • *spolverino* (= Staubmantel) • *pelliccia* (= Pelzmantel) • *trench* (= Trenchcoat) • *anorak* • *parka* • *giubbotto / blouson* (= Blouson) • *giacca* (= Jacke / Jackett / Sakko) • *giacca sportiva* (= Sportsakko) • *blazer* • *cardigan* (= Strickjacke) • *abito / completo* (= Anzug) • *abito / vestito* (= Kleid) • *tailleur* (= Kostüm) • *spezzato* (= Kombianzug) • *lounge suit / abito da passeggio inglese* (= Straßenanzug) • *abito informale / abito decostruito* (= Freizeitanzug) • *abito gessato* (= Nadelstreifenanzug) • *pantatailleur* (= Hosenanzug) • *panciotto / gilet* (= Weste) • *dinner jacket / smoking* (= Smokingjacke / Smoking) • *frac / marsina* (= Frack) • *tuta da ginnastica* (= Jogginganzug)
Giacche oder *abiti* können *monopetto* (= einreihig) oder *doppiopetto* (= zweireihig) sein.

Auch im Italienischen gibt es den Begriff *sacco*, aber wegen seiner üblichen Bedeutung „Sack" wird er für die Herrenjacke (= Sakko) nicht benutzt.

***Vestiti* (= Kleider)**
vestito / abito (= Kleid) • *vestito da sposa / abito nuziale* (= Hochzeitskleid) • *abito da cocktail* (= Cocktailkleid) • *abito da sera* (= Abendkleid)

***Capispalla* (= Oberteile)**
maglione / sweater / pullover (= Pullover / Pulli) • *maglia* (= [Strick-]Pullover) • *pullover con scollo a V* (= Pullover mit V-Ausschnitt) • *felpa / sweat-shirt* (= legerer Freizeitpullover) • *lupetto* (= Stehkragenpullover) • *dolcevita* (= Rollkragenpullover) • *camicia* (= Hemd) • *camicetta* (= Bluse) • *bustier* • *bustino / corpino / top* (= Top) • *body* • *maglietta a polo* (= Polohemd) • *T-shirt*
Oberteile können *senza maniche* (= ärmellos), *a maniche corte* (= kurzärmelig) oder *a maniche lunghe* (= langärmelig) bzw. *a mezze maniche* (= mit Halbarm) sein.

***Pantaloni, gonne e calze* (= Hosen, Röcke und Strümpfe)**
pantaloni / calzoni (= Hose) • *pantaloni a sigaretta / pantaloni a tubo* (= Röhrenhose) • *pantaloni a zampa di elefante* (= Schlaghose) • *pantaloni alla zuava* (= Knickerbocker / Kniebundhose) • *(blue) jeans* (= Jeans) • *salopette* (= Latzhose) • *pantaloncini / shorts* (= kurze Hose) • *bermuda* (= Bermudashorts) • *gonna* (= Rock) • *gonna a pieghe* (= Faltenrock) • *kilt* (= Schottenrock) • *fuseaux / pantacalza* (= Leggins) • *collant* (= Damen-

strumpfhose) • *calza* (= Strumpf)) • *calze di nylon* (= Nylonstrümpfe) • *calzino* (= Socke) • *calzettone* (= Kniestrumpf)

Bei *pantaloni, calzoni, collant* entspricht dem deutschen Singular ein italienischer Plural:
Questi pantaloni sono troppo stretti. (= Diese Hose ist zu eng.)
Dove sono i miei collant? (= Wo ist meine Strumpfhose?)
Der Plural ist im Italienischen mit dem Singular formgleich:
I miei pantaloni sono nell'armadio. (= Meine Hose ist / Meine Hosen sind in diesem Schrank.)
„Ein Exemplar" wird unmissverständlich mit *un paio di* ausgedrückt:
Sto cercando un paio di pantaloni per questa giacca. (= Ich suche eine Hose, die zu dieser Jacke passt.)

Biancheria intima e abbigliamento mare **(= Unterwäsche und Badekleidung)**
mutande (= Herren- / Damenunterhose) • *mutandine* (= Damenunterhose) • *slip* (= Slip) • *boxer* (= Boxershorts) • *canottiera / maglietta* (= Unterhemd) • *sottoveste* (= Unterkleid) • *sottogonna* (= Unterrock) • *petticoat* (= Petticoat) • *corsetto* (= Korsett) • *giarrettiera* (= Hüfthalter / Hüftgürtel) • *reggiseno* (= BH) • *body* • *costume da bagno* (= Badehose für Herren / Badanzug für Damen) • *costume intero* (= einteiliger Badeanzug für Damen) • *bikini* • *monokini* • *accappatoio* (= Bademantel)

Biancheria da notte **(= Nachtwäsche)**
camicia da notte (= Damennachthemd) • *pigiama* (= Schlafanzug) • *vestaglia* (= Morgenrock)

Calzature **(= Fußbekleidung)**
scarpe (= Schuhe) • *scarpe stringate* (= geschnürte Halbschuhe) • *mocassini* (= Slipper) • *(scarpe) décolleté / scarpe scollate* (= Pumps) • *scarpe coi tacchi alti* (= hochhackige Schuhe) • *scarpe coi tacchi a spillo* (= Schuhe mit Pfennigabsätzen) • *zatteroni* (= Schuhe mit Plateausohle) • *stivali* (= Stiefel) • *stivali di gomma* (= Gummistiefel) • *stivaletti* (= Stiefeletten) • *sandali* (= Sandalen) • *pantofole / ciabatte* (= Hausschuhe) • *scarpe da ginnastica* (= Turnschuhe)
Le calzature si possono mettere o calzare (= anziehen), *portare* (= tragen) *o togliere* (= ausziehen); *le scarpe stringate* (= Schnürschuhe) *si possono allacciare* (= schnüren) *oppure slacciare* (= öffnen)*; chi ama le sue scarpe le deve lucidare o lustrare* (= putzen) *ogni giorno. Quando le suole* (= Sohlen) *o i tacchi* (= Absätze) *sono consumati* (= abgelaufen), *bisogna portare le scarpe dal calzolaio* (= Schuster) *per farle risuolare* (= neu besohlen lassen). *Le scarpe nuove non devono stringere* (= drücken), *ma calzare bene* (= gut passen).

Copricapi **(= Kopfbedeckungen)**
cappello (= Hut) • *cilindro* (= Zylinder) • *bombetta* (= Melone) • *borsalino™* • *paglietta* (= Strohhut) • *basco* (= Baskenkappe) • *berretto* (= Mütze) • *berretto con visiera* (= Schirmmütze) • *coppola* (= sizilianische Schirmmütze)

• *foulard / fazzoletto da testa* (= Kopftuch) • *cappuccio* (= Kapuze) • *elmo* (= Helm) • *casco* (= Sturzhelm)

***Altri articoli e accessori d'abbigliamento* (= Weitere Kleidungsstücke und Accessoires)**
overall / tuta (= Overall) • *grembiule* (= Schürze) • *cravatta* (= Krawatte) • *farfalla* (= Fliege) • *foulard* (= Halstuch / leichter Schal) • *scialle* (= schwerer Schal) • *ascot* (= Herrentuch) • *fazzoletto da taschino* (= Einstecktuch) • *fazzoletto da naso* (= Taschentuch) • *guanti* (= Handschuhe) • *cintura* (= Gürtel) • *bretelle* (= Hosenträger) • *bottone* (= Knopf) • *cerniera lampo / zip* (= Reißverschluss)

vestiti [ve'sti:ti]	Kleidung; (Anzieh-)Sachen
Ho bisogno di un vestito nuovo.	Ich brauche was Neues zum Anziehen.
vestito casual / informale	legere Kleidung
Non spendiamo molto per i vestiti.	Wir geben nicht viel für Kleidung aus.
vestirsi [ve'stirsi]	sich anziehen / kleiden
Marta si veste sempre molto bene.	Marta zieht sich immer gut an.
Lucia era vestita di nero.	Lucia war schwarz gekleidet.

Un proverbio italiano: *L'abito non fa il monaco.* (= Der Schein trügt. *Eigentlich*: „Nicht in jedem Mönchsgewand steckt ein Mönch.") Es gibt in Italien umgekehrt keine Entsprechung zum deutschen „Kleider machen Leute"!

La donna che io vesto non è tanto la milanese con le sue regole ferree, che resta legata al classico. È piuttosto una donna internazionale, che deve muoversi un po' camaleonticamente in contesti diversi e che si veste anche per divertirsi, e non solo per rappresentare una mentalità, un ceto. (Giorgio Armani, stilista, nato nel 1934 a Piacenza)

portare [por'ta:re]	tragen
Non porto mai il cappello.	Ich trage nie einen Hut.
mettersi ['mettersi]	(*Kleidung*) anziehen; (*Hut*) aufsetzen
È meglio se ti metti un maglione.	Du ziehst besser einen dicken Pulli an.
togliersi ['tɔ:ʎersi]	(*Kleidung*) ausziehen; (*Hut*) abnehmen
Marco si tolse cappello e cappotto.	Marco legte Hut und Mantel ab.
Si tolse i vestiti / si spogliò.	Sie zog sich aus.
moda ['mɔ:da]	Mode
moda femminile	Damenmode
moda maschile	Herrenmode
vestire alla moda	sich modisch kleiden
démodé / fuori moda	aus der Mode / unmodern
alta moda	Haute Couture
moda pronta	Prêt-à-porter, Konfektionskleidung
collezione (f) [kolle'tsjo:ne]	Kollektion

collezione coordinata	Coordinate-Kollektion (= alle Teile der Kollektion sind miteinander kombinierbar)
passerella [passe'rɛlla]	Laufsteg
La collezione è stata presentata in passerella.	Die Kollektion wurde auf dem Laufsteg vorgestellt.
sfilare in passerella	über den Laufsteg gehen
stilista (m+f) [sti'lista]	Modedesigner(in)
lo stile	Stil
uno stile personalizzato	ein individueller Stil
creatore(-trice) di moda [krea'to:re(-'tri:tʃe) di 'mɔ:da]	Modeschöpfer(in)

***Alcuni importanti stilisti** viventi che hanno contribuito a scrivere la storia di successo della "moda made in Italy" sono: **Armani Giorgio:** stile semplice* (= schlicht) *caratterizzato dall'incrocio* (= Kreuzung) *dell'abbigliamento sportivo con abiti molto formali* (= förmlich), *in modo che ogni capo* (= Teil) *sia comodo* (= bequem) *e piacevole da indossare* (= angenehm zu tragen); ***Barocco Rocco**, nome d'arte* (= Künstlername) *di Rocco Musciariello: abbigliamento da donna* (= Damenbekleidung) *dalle linee molto femminili* (= weiblich), *provocanti, con colori accesi* (= leuchtende Farben) *e forti contrasti* (= starke Kontraste); ***Ferré Gianfranco:** collezioni dai forti contrasti cromatici* (= farblich) *con dettagli minuziosamente elaborati, evidentemente influenzate da forme e volumi architettonici; **Krizia**, nome d'arte di Mariuccia Mandelli: abbigliamento giovane, disinvolto* (= ungezwungen), *allegro e pratico* (= praktisch), *nei capi di maglieria* (= Strickteile) *la nota caratteristica è un animale che funge da* (= dient als) *leitmotiv* (= auch im Italienischen gebraucht!) *di ogni collezione; **Missoni, Ottavio e Rosita:** linee donna e uomo con maglieria* (= Strickwaren) *multicolorata* (= bunt), *comoda, informale* (= leger) *e funzionale* (= funktional), *facilmente riconoscibile da* (= unschwer zu erkennen an) *motivi come righe, zig zag, scacchi ecc.; **Moschino Franco:** abbigliamento sia maschile che femminile ironico e provocante; **Trussardi Nicola:** creazioni classiche e sportive dai tagli essenziali e dalle linee eleganti, con modelli facili da combinare; **Valentino** (Garavani): alta moda firmata "V", femminile, lussuosa* (= luxuriös) *e spesso monocromatica* (= einfarbig), *dai tagli molto sofisticati* (= raffiniert); **Versace Gianni** († 1997): *vestiti molto femminili e spesso aderenti* (= enganliegend) *che sottolineano le forme del corpo; stampe* (= Drucke) *e materiali sempre nuovi; tagli e modellature sempre diversi.*

Igiene
Gesundheitspflege

Malattie e sintomi
Krankheiten und Symptome

→ 4.4 Dal medico, 4.6 In ospedale, 16.3 Medicina

Le grandi malattie dell'anima come quelle del corpo rinnovellano l'uomo; e le convalescenze spirituali non sono meno soavi e meno miracolose di quelle fisiche. (*G. d'Annunzio, scrittore, 1863–1938*)

morbo ['mɔrbo]	(*bestimmte*) Krankheit, Erkrankung
morbo di Parkinson / di Alzheimer	die Alzheimer- / Parkinson-Krankheit
malattia [malat'ti:a]	Krankheit (*allgemein*)
malattie infettive / tropicali	Infektions- / Tropenkrankheiten
malattia venerea	Geschlechtskrankheit
malattia ereditaria	Erbkrankheit
malattia mentale	Geisteskrankheit
malattie infantili	Kinderkrankheiten
malattia professionale	Berufskrankheit
Lui l'ha lasciata, e lei ci ha fatto una malattia.	Er hat sie verlassen, und sie hat sich krank darüber geärgert.
Mi hanno dato appena quattro giorni di malattia	Ich wurde nur vier Tage krankgeschrieben.
male (m) ['ma:le]	Krankheit (*im Sinne von Unwohlsein bzw. Schmerzen*)
mal d'aria – mal di mare	Luftkrankheit – Seekrankheit
Ad andare in macchina gli viene subito il mal d'auto.	Ihm wird beim Autofahren sofort übel.
mal della lupa / bulimia	Bulimie (= übermäßiges Essbedürfnis mit anschließendem – selbst herbeigeführtem – Erbrechen)
mal di gola – mal di testa	Halsschmerzen – Kopfschmerzen

Folgt dem Substantiv *male* ein zweites Wort, z.B. in der Kombination *mal di ...* , fällt das auslautende *-e* von *male* ersatzlos (= sogenannte Apokope).

sintomo ['sintomo]	Symptom; Anzeichen
i tipici sintomi della rabbia	die typischen Symptome der Tollwut
sindrome (f) ['sindrome]	Syndrom
sindrome da astinenza	Entzugserscheinungen
attacco [at'takko]	Anfall
un attacco d'asma / di emicrania	ein Asthma- / Migräneanfall

Krankheitsverlauf und Zustand des Patienten

Il paziente può ammalarsi o cadere ammalato (= erkranken oder krank werden), *può prendersi un malanno* (= sich Beschwerden zuziehen), *può accusare, manifestare o anche palesare un male* (= Krankheitszeichen spüren oder zeigen) *e quindi dovrà necessariamente mettersi a letto* (= das Bett hüten) *per tornare sano* (= gesund werden) *e per non contagiare* (= anstecken) *altra gente. Il malato può indebolirsi o deperire* (= schwächer werden), *in caso di lunghe malattie può anche dimagrire* (= abnehmen). *Se il suo stato s'aggrava* (= ernst wird) *o peggiora* (= schlechter wird), *può ardere di febbre* (= vor Fieber glühen) *o anche delirare* (= phantasieren). *Allora verrà ricoverato in ospedale* (= ins Krankenhaus eingeliefert) *finché non sfebbrerà* (= „das Fieber verlieren", d.h. das Fieber lässt nach) *e sarà fuori pericolo* (= außer Gefahr sein).

febbre (f) ['fɛbbre]	Fieber
avere la febbre	Fieber haben
avere un po' di febbre	erhöhte Temperatur haben
avere qualche linea di febbre	erhöhte Temperatur haben
febbre / raffreddore da fieno	Heuschnupfen
(febbre) scarlattina	Scharlach
febbre tifoida / tifo	Typhus
nausea ['na:uzea]	Übelkeit
vomitare – vomito [vomi'ta:re – 'vɔ:mito]	erbrechen – Erbrechen
cronico ['krɔ:niko]	chronisch
malato cronico	chronisch Kranke(r)
colpo apoplettico ['kolpo apo'plɛttiko]	Schlaganfall
colpo di calore – colpo di sole	(ein) Hitzschlag – (ein) Sonnenstich

Das Adjektiv *mortale* hat im Zusammenhang mit Krankheiten zwei Bedeutungen: „tödlich" und „lebensbedrohlich".

avere un collasso [a've:re un kol'lasso]	zusammenbrechen; kollabieren
Mario ha avuto un collasso in strada.	Mario brach auf der Straße zusammen.
cuore (m) [ku'ɔ:re]	Herz
Rosa è malata di cuore.	Rosa ist herzkrank.
disturbi cardiaci – sincope cardiaca	Herzbeschwerden – Herzversagen
Mario ha avuto un attacco cardiaco.	Mario erlitt einen Herzanfall / -infarkt.
palpitazioni (fpl) [palpita'tsjo:ni]	Herzklopfen; Herzjagen
infarto cardiaco / del miocardio [in'farto kar'di:ako / del mio'kardjo]	(Herz-)Infarkt
Ha sopravvissuto a due infarti.	Er hat zwei Infarkte überlebt.
raffreddore (m) [raffred'do:re]	Erkältung; Schnupfen; Grippe
Ti sei buscato un raffreddore?	Hast du dir einen Schnupfen geholt?
Chi è raffreddato starnutisce spesso.	Wer erkältet ist, niest oft.
Gigi si soffia continuamente il naso.	Gigi putzt sich ständig die Nase.
influenza [influ'ɛntsa]	(die) Grippe
Si è presa un'influenza.	Sie kriegte die Grippe.
tossire – tosse (f) [tos'si:re – 'tosse]	husten – Husten
Rosa ha una brutta tosse.	Sie hat einen schlimmen Husten.
tosse canina	Keuchhusten
morbillo [mor'billo]	Masern
rosolia [rozo'li:a]	Röteln
vaiolo [va'jɔ:lo]	(die) Pocken
antivaiolosa	Pocken(schutz)impfung

buttero	Pockennarbe
butterato	pockennarbig

Der Begriff *buttero* bezeichnet ausschließlich eine Pockennarbe. Narben im allgemeinen heißen *cicatrice.*

varicella [vari'tʃɛlla]	(die) Windpocken
polmonite (f) [polmo'ni:te]	Lungenentzündung

Ein Bruch im Sinne von Hernie heißt im Italienischen *ernia* (z.B. Leistenbruch = *ernia inguinale*), ein Knochenbruch dagegen *frattura* (z.B. Oberschenkelbruch = *frattura del femore*).

setticemia [settitʃe'mi:a]	(eine) Blutvergiftung
Grossi foruncoli possono causare una setticemia.	Große Furunkel können zu einer Blutvergiftung führen.
intossicazione (f) **da alimenti** [intossika'tsjo:ne da ali'menti]	Lebensmittelvergiftung
disturbo digestivo / indigestione (f) [di'sturbo didʒes'ti:vo / indidʒes'tjone]	Verdauungsstörung
disturbo gastrico / indigestione	Magenverstimmung
stomaco ['stɔmako]	Magen
problemi di stomaco	Magenbeschwerden
costipazione (f) [kostipa'tsjo:ne]	Verstopfung
diarrea [diar'rɛ:a]	Durchfall
dissenteria [dissente'ri:a]	(die) Ruhr
ulcera allo stomaco ['ultʃera 'allo 'stɔmako]	(Magen-)Geschwür
calcoli biliari (mpl) **– calcoli ai reni** ['kalkoli bi'ljari – 'kalkoli 'ai 're:ni]	Gallensteine – Nierensteine
itterizia [itte'ritsja]	Gelbsucht
tumore (m) [tu'mo:re]	Tumor; Geschwulst
tumore benigno / maligno	eine gutartige / bösartige Geschwulst
cancro ['kankro]	Krebs
cancro allo stomaco / al seno	Magen- / Brustkrebs
È morta di cancro.	Sie starb an Krebs.
tubercolosi / *(früher)* tisi (f) [tuberko'lo:zi]	Tuberkulose; (*früher*) Schwindsucht
Ha contratto la tubercolosi / la Tbc.	Sie erkrankte an Tuberkulose / Tbc.
AIDS (m) (= sindrome da immunodeficienza acquisita) ['aidz]	Aids (= erworbene Immuninsuffizienz)
sieropositivo	seropositiv
test anti-aids	Aidstest
Attualmente non esiste ancora un vaccino contro l'aids.	Für Aids gibt es derzeit noch keinen Impfstoff.

Die Endung *-ite* bedeutet *infiammazione* (= -entzündung)
appendicite (= Blinddarmentzündung) • *bronchite* (= Entzündung der Bronchien) • *polmonite* (= Lungenentzündung) • *gastrite* (= Magenschleimhautentzündung) • *laringite* (= Kehlkopfentzündung) • *meningite*

(= Hirnhautentzündung) • *flebite* (= Venenentzündung) • *tonsillite* (= Mandelentzündung) • *poliomielite* (= Kinderlähmung)

Alle italienischen Substantive, die auf *-íte* (mit betontem *-i-*) enden, sind weiblich: *parotíte* (= Mumps), aber: *satèllite* (männlich = Satellit).

crampo ['krampo]	Krampf
Ho un crampo alla gamba.	Ich habe einen Krampf im Bein.
stiramento / strappo [stira'mento / 'strappo]	Zerrung
contusione (f) [kontu'zjo:ne]	Prellung
gotta – reumatismo ['gotta – reuma'tizmo]	Gicht – Rheuma(tismus)
sciatica ['ʃa:tika]	Ischias
lombaggine (f) **/ colpo della strega** [lom'baddʒine / 'kolpo 'della 'stre:ga]	Hexenschuss
Il colpo della strega è meglio farlo curare da un chiroterapeuta.	Hexenschuss wird besser durch einen Chiropraktiker behandelt.
allergico – allergia [al'lɛrdʒiko – aller'dʒi:a]	allergisch – Allergie
Rosa è allergica ai pollini.	Rosa ist gegen Pollen allergisch.
eruzione (f) **/ esantema** (m) [eru'tsjo:ne / ezan'tɛ:ma]	Ausschlag
Dopo il bagno di sole gli è venuto un esantema sul petto.	Nach dem Sonnenbad hat er einen Ausschlag auf der Brust bekommen.
prudere – prurito ['pru:dere – pru'ri:to]	jucken – Juckreiz
Ho un forte prurito alle mani.	Ich habe einen starken Juckreiz an den Händen.
Gli prudevano le mani.	Ihm juckten die Hände.
rigonfiamento [rigonfja'mento]	Schwellung
ematoma (m) [ema'tɔ:ma]	Bluterguss
livido ['li:vido]	blauer Fleck
pipita [pi'pi:ta]	Niednagel
occhio di pernice ['ɔkkjo di per'ni:tʃe]	Hühnerauge
callo	Schwiele
micosi (f) **del piede** [mi'ko:zi del 'pjɛ:de]	Fußpilz
pus (m) ['pus]	Eiter
emorroidi (fpl) [emor'rɔ:idi]	Hämorriden
vene varicose ['ve:ne vari'ko:ze]	Krampfadern
Vene varicose sono vene tumefatte e dolorose nelle gambe.	Krampfadern sind geschwollene und schmerzende Venen in den Beinen.
insonnia [in'sɔnnja]	Schlaflosigkeit
Molta gente soffre di insonnia.	Viele Leute leiden unter Schlaflosigkeit.
svenimento [zveni'mento]	Bewusstlosigkeit
svenire	bewusstlos werden
rinvenire	wieder zu Bewusstsein kommen

Incidenti e ferite
Unfälle und Verletzungen

→ 4.6 In ospedale

Chi di spada ferisce, di spada perisce. (*Proverbio*)

incidente (m) [intʃi'dɛnte]	Unfall
C'è stato un incidente in via Roma.	In der Via Roma hat sich ein Unfall ereignet.
Voglio denunciare un incidente.	Ich möchte einen Unfall melden.
È stata ferita in un incidente.	Sie wurde bei einem Unfall verletzt.
schiantarsi [skjan'tarsi]	zusammenstoßen; abstürzen
Il ladro si è schiantato con la macchina contro un muro.	Der Dieb fuhr mit dem Auto gegen eine Mauer.
scontro / collisione (f) ['skontro / kolli'sjo:ne]	Zusammenstoß
Sei persone sono morte nello scontro.	Bei dem Zusammenstoß kamen sechs Menschen ums Leben.
una collisione frontale	ein Frontalzusammenstoß
cozzare [kot'tsa:re]	(*Auto*) prallen (gegen)
La macchina ha cozzato contro il guardrail.	Das Auto prallte gegen die Leitplanke.

Dass jemand angefahren wird, kann mit *urtare* oder *investire* ausgedrückt werden, das Überfahrenwerden entweder ebenfalls mit *investire* oder aber mit *travolgere*:
Ella è stata investita / urtata da una berlina nera. (= Sie wurde von einer schwarzen Limousine angefahren.)
Ella è stata investita / travolta da una corriera. (= Sie wurde von einem Überlandbus überfahren.)

incolume / illeso / indenne [in'kɔ:lume / il'le:zo / in'dɛnne]	unverletzt
Nel grave incidente solo il guidatore è rimasto illeso.	Bei dem schweren Unfall blieb nur der Fahrer unverletzt.
ferire [fe'ri:re]	verletzen
Si è ferita durante l'incendio.	Sie hat sich bei dem Brand verletzt.
ferita [fe'ri:ta]	Verletzung
È stato gravemente ferito.	Er wurde schwer verletzt.
Ha subito ferite alla testa.	Sie erlitt Kopfverletzungen.
rompere ['rompere]	brechen
Si è rotto la / una gamba.	Er hat sich das / ein Bein gebrochen.
frattura – fratturarsi [frat'tu:ra – frattu'rarsi]	(Knochen-)Bruch; Fraktur – sich brechen
Nell'incidente si è fratturata l'avambraccio.	Sie brach sich bei dem Unfall den Unterarm.
commozione cerebrale (f) [kommo'tsjo:ne tʃere'bra:le]	(eine) Gehirnerschütterung

ustione (f) – **ustionarsi** [us'tjo:ne – ustjo'narsi]	Verbrennung – sich verbrennen
ustione di 1°, 2° e 3° grado	leichte, schwere und schwerste Verbrennungen
Si è ustionato un dito con l'acqua bollente.	Er hat sich einen Finger mit kochendem Wasser verbrüht.
scottatura – scottarsi [skotta'tu:ra – skot'tarsi]	Sonnenbrand – sich einen Sonnenbrand zuziehen
Si è scottata i popliti.	Sie hat sich die Kniekehlen verbrannt.
soffocamento – soffocare [soffoka'mento – soffo'ka:re]	Ersticken – ersticken
Gli animali morirono soffocati.	Die Tiere erstickten.
Qui si soffoca dal caldo!	Hier kommt man ja um vor Hitze!
slogare – lussare [zlo'ga:re – lus'sa:re]	ausrenken / verrenken – auskugeln
Per lo sforzo si è lussato una spalla.	Durch die Anstrengung hat er sich das Schultergelenk ausgekugelt.
Correndo si è slogata un piede.	Beim Rennen hat sie sich einen Fuß vertreten.
distorcere / storcere [dis'tɔrtʃere / 'stɔrtʃere]	verdrehen; verrenken; verstauchen
Devo essermi storto un braccio.	Ich muss mir einen Arm verrenkt haben.
strappo – strapparsi ['strappo – strap'parsi]	Muskelriss – sich einen Muskelriss zuziehen
Durante la competizione si è strappato una gamba.	Während des Wettbewerbs hat er sich einen Muskelriss im Bein zugezogen.
stiramento muscolare [stira'mento musko'la:re]	Zerrung
Sollevando quel cartone si è preso uno stiramento muscolare alla schiena.	Beim Anheben dieses Kartons hat er sich eine Rückenzerrung zugezogen.

Vorsicht! Das Verb *stirarsi* (auch: *stiracchiarsi*) bedeutet „sich (recken und) strecken".

livido – contusione (f) – **ematoma** (m) ['li:vido – kontu'zjo:ne – ema'tɔ:ma]	blauer Fleck – Prellung – Bluterguss
ferite da taglio e contusioni	Schnittwunden und Prellungen
Aveva lividi dappertutto.	Sie hatte überall blaue Flecken.
scalfittura [skalfit'tu:ra]	Schürfwunde; Schramme; Kratzer
Uscì dall'incidente con poche scalfitture.	Er überstand den Unfall mit ein paar Schrammen.
sangue (m) – **sanguinare** ['sangue – sangui'na:re]	Blut – bluten
alta / bassa pressione (del sangue)	hoher / niedriger Blutdruck
L'uomo era grondante di sangue.	Der Mann blutete stark.

Frasi e modi di dire attorno al sangue
Francesco è stato dal medico per ***farsi fare l'esame del sangue.*** (= um sein Blut untersuchen zu lassen)
Durante la rissa l'aggressore ***è stato picchiato a sangue.*** (= wurde blutig geprügelt)
Molti grandi imperatori erano disposti a ***pagare un alto tributo di sangue*** *per le loro ambizioni.* (= einen hohen Blutzoll zu entrichten)
Su questo compito ***ho sudato sangue.*** (= Blut schwitzen)
Tra l'impiegato e il suo capo ***non corre buon sangue*** (= herrscht böses Blut).
L'omicida dopo la terapia ***pianse lacrime di sangue*** sul suo delitto. (= weinte bittere Tränen)
Il poveretto fu ucciso ***a sangue freddo.*** (= kaltblütig)
Quell'acquisto è stato ***una vera e propria cavata di sangue***! (= der reinste Aderlass)

fasciare una ferita [fa'ʃa:re 'u:na fe'ri:ta]	eine Wunde verbinden
benda ['benda]	Verband
cerotto [tʃe'rɔtto]	(Heft-)Pflaster
Dai, passami un cerotto!	Gib mir schnell mal ein Pflaster!
vittima / ferito(-a) ['vittima / fe'ri:to]	(Unfall-)Opfer; Verletzte(r)
shock (m) ['ʃɔk]	Schock
Era chiaramente sotto shock.	Sie stand offensichtlich unter Schock.
assideramento [assidera'mento]	Unterkühlung
I due sopravissuti soffrivano di assideramento.	Die beiden Überlebenden litten an Unterkühlung.
morire assiderato	an Unterkühlung sterben; erfrieren
soccorso [sok'korso]	Hilfe; Hilfeleistung
prestare i primi soccorsi	Erste Hilfe leisten
medico di pronto soccorso	Notarzt / Notärztin
pronto soccorso / ricovero d'urgenza	Notaufnahme
soccorrere	bergen
soccorso alpino	Bergwacht
rianimare [riani'ma:re]	wiederbeleben
respirazione bocca a bocca	Mund-zu-Mund-Beatmung
curare [ku'ra:re]	(ärztlich) behandeln
Le vittime vennero curate da un medico sul luogo dell'incidente.	Die Opfer wurden an der Unfallstelle ärztlich versorgt.
ambulanza [ambu'lantsa]	Krankenwagen
chiamare l'ambulanza	einen Krankenwagen rufen
barella / lettiga [ba'rɛlla / let'ti:ga]	Tragbahre
ricoverare [rikove'ra:re]	(einen Verletzten / Kranken) einliefern
Sono stati ricoverati in ospedale.	Sie wurden ins Krankenhaus gebracht.
caso d'emergenza ['ka:zo demer'dʒɛntsa]	Notfall
condizioni (fpl) [kondi'tsjo:ni]	Zustand; Verfassung
Versa ancora in condizioni critiche.	Ihr Zustand ist immer noch kritisch.

Invalidità
Behinderungen

Nel regno dei ciechi anche il guercio è re. (*Proverbio*)

invalidità [invalidi'ta]	Invalidität; Erwerbsunfähigkeit
assicurazione per l'invalidità e la vecchiaia	Erwerbsunfähigkeits- und Altersversicherung
invalido [in'va:lido]	invalide / körperbehindert; Invalide
Un incidente stradale lo rese invalido.	Ein Verkehrsunfall machte ihn zum Invaliden.
Dopo l'incidente sul lavoro Franco è rimasto invalido.	Nach dem Arbeitsunfall war Franco schwer behindert.
disturbo [dis'turbo]	(Funktions-)Störung
Egli soffre di disturbi mentali.	Er leidet an einer Geisteskrankheit.
bambini con disturbi di apprendimento	lernbehinderte Kinder
difetto [di'fɛtto]	Fehler
difetto di pronuncia	Sprachfehler
difetto congenito	Geburtsfehler
minorazione (f) [minora'tsjo:ne]	Behinderung
Soffre di una grave minorazione fisica e psichica.	Er leidet unter einer schweren körperlichen und geistigen Behinderung.
Ha subito una grave minorazione nell'uso delle gambe.	Er hat eine schwere Behinderung an den Beinen davongetragen.
un fanciullo minorato nell'uso della parola	ein sprachbehindertes Kind
minorato(-a) di guerra	Kriegsversehrte(r)
minorato(-a) psichico	psychisch Behinderte(r)
ritardato(-a) (mentale) [ritar'da:to]	(geistig) zurückgeblieben; (geistig) Zurückgebliebene(r)
handicap (m) ['hændikæp]	Behinderung
handicappato(-a)	behindert; ein(e) Behinderte(r)
handicappato fisicamente / mentalmente	körperlich / geistig behindert
portatore(-trice) di handicap	Behinderte(r)
parcheggio riservato ai portatori di handicap	Parkplatz nur für Behinderte
La mancanza di un diploma è per lui un grave handicap.	Das Fehlen eines Abschlusszeugnisses wirkt sich sehr nachteilig für ihn aus.
disabile fisico(-a) / mentale [diz'a:bile 'fi:ziko / men'ta:le]	körperlich / geistig Behinderte(r); behindert
barriere architettoniche (fpl) [bar'rjɛ:re arkitet'tɔ:nike]	nicht behindertengerechte Bauweise
eliminare le barriere architettoniche	behindertengerecht ausstatten / einrichten
costruire edifici senza barriere architettoniche	behindertengerechte Gebäude errichten

ridurre – riduzione (f) **/ debolezza** [ri'durre – ridu'tsjo:ne / debo'lettsa]	beeinträchtigen – Beeinträchtigung
debolezza d'udito	Schwerhörigkeit
La facoltà visiva di Letizia è ridotta.	Letizias Sehkraft ist eingeschränkt.
inabile [i'na:bile]	unfähig; untauglich; Behinderte(r)
È inabile al servizio militare.	Er ist wehrdienstuntauglich.
inabile al lavoro	arbeitsunfähig
dichiarare inabile qualcuno	jemanden für untauglich erklären
incapace – incapacità [inka'pa:tʃe – inkapatʃi'ta]	außerstande – Unfähigkeit
È incapace di parlare / camminare.	Er kann nicht sprechen / laufen.
incapacità di intendere e volere	Unzurechnungsfähigkeit
storpio – storpiarsi ['stɔrpjo – stor'pjarsi]	Krüppel / verkrüppelt – zum Krüppel werden
È caduto da cavallo e si è storpiato.	Er ist vom Pferd gestürzt und zum Krüppel geworden.

Alcune minorazioni **(= Behinderungen umfassen u. a.)**
cecità (= Blindheit) • *gola lupina* (= Gaumenspalte) • *varismo* (= Klumpfuß) • *sordità* (= Taubheit) • *sordomutismo* (= Taubstummheit) • *sindrome di Down / mongolismo* (= Down-Syndrom / Mongolismus) • *legastenia* (= Legasthenie) • *epilessia* (= Epilepsie) • *gobba / gibbosità* (= Buckel) • *deficienza mentale* (= Schwachsinn) • *paralisi* (= Lähmung / Paralyse) • *paraplegia* (= doppelseitige Lähmung) • *demenza senile* (= senile Demenz) • *spina bifida* (= offene Wirbelsäule) • *balbuzie* (= Stottern)

sordo ['sordo]	taub
un giovane sordomuto	ein junger Taubstummer
È sordomuta dalla nascita.	Sie ist von Geburt an taubstumm.
paralizzato [paralid'dza:to]	gelähmt
È paralizzato a letto.	Er ist an das Bett gefesselt.
controllare [kontrol'la:re]	kontrollieren
Non riesce a controllare né i muscoli delle braccia né quelli del collo.	Sie kann ihre Arm- und Nackenmuskeln nicht kontrollieren.
ereditario [eredi'ta:rjo]	erblich; Erb-
malattia ereditaria	Erbkrankheit

Dal medico
Beim Arzt

→ 4.1 Malattie e sintomi, 4.6 In ospedale, 16.3 Medicina

Il tempo è un gran medico. (*Proverbio*)

Umgangssprachlich wird der Arzt auch *dottore* genannt, allerdings ist *dottore* der in Italien anlässlich des ersten Studienabschlusses in sämtlichen Fachrichtungen verliehene akademische Grad. Damit entspricht er ungefähr den deutschen akademischen Graden Diplom, Magister oder Assessor. Um ein Äquivalent zum deutschen Dr.-Titel zu erlangen, muss man in Italien ein *dottorato* absolvieren.

Sämtliche männlichen Anreden verlieren das auslautende *-e*, wenn ihnen der Familienname folgt, z.B.: *Signor Rossi, Dottor Verdi, Ingegner Brambilla, Commendator Dini.*
Die Fachrichtung wird an den akademischen Grad mittels der Präposition *in* angehängt, z.B.: *dottore in medicina, dottore in lettere, dottore in economia e commercio.*

medico generico ['mɛːdiko dʒe'nɛːriko]	praktischer Arzt / praktische Ärztin
medico di base / di famiglia ['mɛːdiko di 'baːze / fa'miːʎa]	Hausarzt / Hausärztin
medico della mutua ['mɛːdiko 'della 'muːtua]	Kassenarzt / Kassenärztin

Mutua oder *Cassa Mutua* war bis zur Gesundheitsreform 1980/81 die italienische Krankenkasse. Seit 1980 sind an ihrer statt die *USL* (*unità sanitarie locali* = lokale Gesundheitsbehörden) eingerichtet worden.

specialista (m+f) [spetʃa'lista]	Facharzt / Fachärztin

***Alcuni specialisti* (= Einige Fachärzte)**
otorinolaringoiatra (m+f) (= Hals-Nasen-Ohren-Arzt / -Ärztin) • *ginecologo/-a* (= Frauenarzt / -ärztin) • *oculista* (m+f) (= Augenarzt / -ärztin) • *ortopedico* (= Orthopäde / Orthopädin) • *pediatra* (m+f) (= Kinderarzt / -ärztin) • *psichiatra* (m+f) (= Psychiater / -in) • *psicoterapeuta* (m+f) (= Psychotherapeut / -in) • *chirurgo* (= Chirurg / -in)

Männliche Substantive griechischen Ursprungs, die auf *-a* auslauten, bilden den Plural auf *-i*, z.B.: *l'oculista – gli oculisti, il pediatra – i pediatri.*
Substantive, die auf *-go* enden, bilden den Plural auf *-gi*, wenn es sich um

Personen handelt, und auf *-ghi*, wenn es sich um Abstrakta handelt, z.B.: *ginecologo – ginecologi, psicologo – psicologi*, aber: *catalogo – cataloghi.*

ambulatorio [ambula'tɔ:rjo]	Arztpraxis
orario di ambulatorio [o'ra:rjo di ambula'tɔ:rjo]	Sprechstunde
L'ambulatorio è aperto tutti i giorni dalle ... alle ..., escluso il sabato.	Täglich Sprechstunde von ... bis ..., außer samstags.
anticamera / sala d'attesa [anti'ka:mera / 'sa:la dat'te:za]	Wartezimmer
studio medico ['stu:djo 'mɛ:diko]	Behandlungsraum
ticket (m)	Eigenanteil an der Behandlung (*in Italien*!)
Per molte medicine e visite mediche bisogna pagare il ticket.	Für zahlreiche Medikamente und Untersuchungen ist ein Eigenanteil zu entrichten.
appuntamento [appunta'mento]	Termin
Vorrei fissare un appuntamento.	Ich möchte einen Termin ausmachen.

Außer bei Fachärzten ist ein Termin in Italien unüblich. Die Devise lautet: Hingehen und anstellen.

paziente (m+f) [pa'tsjɛnte]	Patient(in)
disturbi (mpl) [di'sturbi]	Beschwerden
Che disturbi ha? Dove Le fa male?	Wo fehlt es Ihnen denn? Wo tut's denn weh?
Ho disturbi / problemi / mal / dolori di ...	Ich habe ...beschwerden / ...weh / ...schmerzen.
fitta ['fitta]	Krampf
Ho delle fitte allo stomaco.	Ich habe Magenkrämpfe.
Da quanto tempo ha questi dolori?	Seit wann haben Sie diese Schmerzen schon?
mal di ... ['mal di]	...schmerzen; ...weh
Ho un terribile mal di testa / di cuore / di gola.	Ich habe schreckliche Kopf- / Herz- / Halsschmerzen.
appetito [appe'ti:to]	Appetit
Ha appetito?	Wie ist es mit Ihrem Appetit?
nausea ['na:uzea]	Übelkeit
Ha la nausea?	Ist Ihnen übel / schlecht?
conati (mpl) **di vomito** [ko'na:ti di 'vɔ:mito]	Brechreiz
Questa notte ho vomitato tre volte.	Heute Nacht habe ich mich dreimal übergeben.
mestruazioni (fpl) [mestrua'tsjo:ni]	Periode; Monatsblutung
Sono regolari le Sue mestruazioni?	Bekommen Sie Ihre Regel pünktlich?
Quando ha avuto le ultime mestruazioni? – Un mese fa.	Wann hatten Sie zum letzten Mal Ihre Periode? – Vor einem Monat.
Non ho le mestruazioni da due mesi.	Meine Regel bleibt seit zwei Monaten aus.

intestino [inte'sti:no]	Darm
Va di corpo regolarmente?	Haben Sie regelmäßigen Stuhlgang?
Sono stitico.	Ich habe Verstopfung / keinen Stuhlgang.
Ho la diarrea.	Ich habe Durchfall.
auscultare [auskul'ta:re]	abhorchen
Dica 33 (trentatre)!	Sagen Sie mal „Aah"!
respirare [respi'ra:re]	atmen
Respiri profondamente!	Atmen Sie bitte tief durch!
Respiri attraverso il naso / la bocca!	Atmen Sie bitte durch die Nase / den Mund!
febbre (f) ['fɛbbre]	Fieber
Dobbiamo misurare la febbre / la temperatura.	Wir müssen das Fieber / die Temperatur messen.
Ho 40 di febbre.	Ich habe 40 Fieber.
pressione (f) **del sangue** [pres'sjo:ne del 'sangue]	Blutdruck
Adesso Le misuro la pressione (del sangue).	Jetzt messe ich Ihren Blutdruck.
Sto male alla vista del sangue.	Wenn ich Blut sehe, wird mir schlecht.
Per il prelievo del sangue deve essere digiuno.	Zur Blutentnahme müssen Sie nüchtern erscheinen.
radiografia (ugs.: i raggi x) [radjogra'fi:a]	Röntgenaufnahme
Per sicurezza facciamo una radiografia.	Machen wir sicherheitshalber eine Röntgenaufnahme.
iniezione (f) **/ puntura** [inje'tsjo:ne / pun'tu:ra]	Spritze
Il medico le farà una puntura.	Der Arzt wird Ihnen eine Spritze geben.
spogliarsi [spo'ʎarsi]	sich ausziehen
Si vuole spogliare, per favore?	Würden Sie sich bitte ausziehen?
rivestirsi [rive'stirsi]	sich wieder anziehen
Si può rivestire, ora.	Sie können sich jetzt wieder anziehen.
visitare [vizi'ta:re]	untersuchen
Si sdrai sul lettino, così La posso visitare.	Wollen Sie sich bitte auf die Liege legen, dann kann ich Sie untersuchen.

Das Verb *visitare* hat drei Bedeutungen: untersuchen (wie oben), besuchen (*I nipoti hanno visitato la nonna.*) und besichtigen (*Ieri abbiamo visitato il duomo di Milano.*).

medicamento / farmaco / medicina [medika'mento / 'farmako / medi'tʃi:na]	Medikament / Arzneimittel / Medizin
Tenere fuori dalla portata dei bambini!	Für Kinder unzugänglich aufbewahren!

antidolorifico [antidolo'ri:fiko]	Schmerzmittel
Leggere attentamente le istruzioni interne!	Packungsbeilage beachten!
posologia [pozolo'dʒi:a]	Dosierung
Adulti: un cucchiaio, due / tre volte al giorno.	Erwachsene: Zwei- / dreimal am Tag einen Löffel.
controindicazioni (fpl) [kontroindika'tsjo:ni]	Gegenanzeigen
gli effetti collaterali [ʎi ef'fɛtti kollate'ra:li]	Nebenwirkungen
prescrizione (f) **medica** [preskri'tsjo:ne 'mɛ:dika]	ärztliche Verordnung
ricetta [ri'tʃɛtta]	Rezept

Das Substantiv *ricetta* hat wie im Deutschen verschiedene Bedeutungen: ärztliches Rezept (wie oben), Kochrezept (*La ricetta degli spaghetti all'aglio e olio è molto facile.*), Rezept / Patentmittel (*Non ho ricette per la noia.*).

pomata [po'ma:ta]	Salbe
Le prescrivo una pomata per lenire il dolore.	Ich verschreibe Ihnen eine Salbe, die den Schmerz lindert.
certificato medico [tʃertifi'ka:to 'mɛ:diko]	ärztliches Attest
Mi può rilasciare un certificato medico per il lavoro?	Können Sie mir bitte ein ärztliches Attest für meinen Arbeitgeber ausstellen?
visita medica ['vi:zita 'mɛ:dika]	ärztliche Untersuchung
Ogni tre mesi si deve sottoporre a visita medica.	Alle drei Monate muss er sich ärztlich untersuchen lassen.
visita a domicilio ['vi:zita a domi'tʃi:ljo]	Hausbesuch
dolore (m) [do'lo:re]	Schmerz
Dottore, ho un dolore lancinante / forte / persistente qui.	Herr Doktor, ich habe einen stechenden / starken / hartnäckigen Schmerz an dieser Stelle.

Dal dentista
Beim Zahnarzt

La lingua batte dove il dente duole. (*Proverbio*)
Siamo tutti eguali dinanzi al dentista, ma non tutti i dentisti sono uguali fra loro. (*Giulio Andreotti, politico, *1919*)

dentista (m+f) [den'tista]	Zahnarzt / Zahnärztin
Ho un appuntamento dal dentista.	Ich habe einen Termin beim Zahnarzt.
andare dal dentista	zum Zahnarzt gehen
studio dentistico	Zahnarztpraxis
odontoiatra (m+f) [odonto'ja:tra]	Zahnarzt / Zahnärztin
cura odontoiatrica	Zahnbehandlung
sensibile [sen'si:bile]	empfindlich
Il dente è sensibile al freddo.	Der Zahn ist kälteempfindlich.
far / aver male [far / a'ver 'ma:le]	wehtun
Il dente mi fa male solo quando mastico.	Der Zahn tut nur weh, wenn ich kaue.
Adesso non fa male.	Das tut jetzt nicht weh.
Ho mal di denti.	Ich habe Zahnweh.
lingua ['lingua]	Zunge
Sente dolore quando tocca il dente con la lingua?	Spüren Sie einen Schmerz, wenn Sie den Zahn mit der Zunge berühren?
gengiva [dʒen'dʒi:va]	Zahnfleisch
Mi sanguinano le gengive quando mi lavo i denti.	Mein Zahnfleisch blutet, wenn ich mir die Zähne putze.
Adesso sentirà una leggera puntura sulla gengiva.	Sie werden nur einen leichten Stich im Zahnfleisch spüren.

Der Begriff *gengiva* (= Zahnfleisch) wird in der Regel im Plural gebraucht, da zumeist vom Zahnfleisch des Ober- und Unterkiefers die Rede ist:
Mi si sono infiammate le gengive.

Ho un dente che **balla**. [ɔ un 'dɛnte ke 'balla]	Ich habe einen Zahn, der wackelt.
mascella superiore / inferiore [ma'ʃɛlla supe'rjo:re / infe'rjo:re]	Ober- / Unterkiefer
sdraiarsi [zdra'jarsi]	sich zurücklehnen
Si sdrai, per favore.	Lehnen Sie sich bitte zurück.
sciacquare – **risciacquo** [ʃakku'a:re – ri'ʃakkuo]	spülen – Spülung
Sciacqui bene la bocca.	Bitte gründlich (aus)spülen.
dente (m) ['dɛnte]	Zahn
estrarre un dente	einen Zahn ziehen
Mi hanno tolto un dente del giudizio.	Mir ist ein Weisheitszahn gezogen worden.
(denti) incisivi	Schneidezähne
(denti) canini	Eckzähne

(denti) molari	Backenzähne
denti da latte	Milchzähne

***L'igiene dentale* (= Zahnpflege)**
Chi desidera lavarsi i denti (= Zähne putzen), *deve usare lo spazzolino da denti* (= Zahnbürste) *e il dentifricio* (= Zahnpasta). *Un'igiene dentale completa richiede* (= erfordert) *però anche altri passi: chi vuole, può sciacquarsi la bocca* (= sich den Mund ausspülen) *oppure gargarizzare* (= gurgeln) *con un collutorio* (= Mundwasser), *può usare il filo interdentario, detto anche filo interdentale* (= Zahnseide) *per rimuovere i residui di cibo* (= die Essensreste entfernen) *dagli spazi tra i denti, o infine può anche ricorrere a* (= zurückgreifen auf) *un idropulsore* (= Munddusche).

otturare [ottu'ra:re]	füllen; plombieren
Bisogna otturare questo dente.	Dieser Zahn muss plombiert werden.
otturazione (f) [ottura'tsjo:ne]	Füllung; Plombe; Inlay
Bisogna sostituire questa otturazione.	Diese Füllung muss ersetzt werden.
una otturazione provvisoria	eine provisorische Füllung
carie (f) ['ka:rje]	Karies
Devo trapanare ancora per rimuovere bene la carie.	Ich muss noch etwas bohren um die Karies zu entfernen.
corona [ko'ro:na]	Krone
ponte (m) ['ponte]	Brücke
dentiera [den'tjɛ:ra]	Zahnprothese; künstliches Gebiss
protesi (f) **dentaria** ['prɔ:tezi den'ta:rja]	Zahnersatz
apparecchio [appa'rekkjo]	Spange
Devo portare l'apparecchio anche di notte.	Ich muss die Spange auch nachts tragen.
trattamento delle radici [tratta'mento 'delle ra'di:tʃi]	Wurzelbehandlung
impronte (fpl) [im'pronte]	Abdruck
prendere le impronte	einen Abdruck machen
iniezione (f) [inje'tsjo:ne]	Injektion; Spritze
Mi può fare un'iniezione?	Können Sie mir eine Spritze geben?
tartaro ['tartaro]	Zahnstein
Qui c'è molto tartaro.	Sie haben viel Zahnstein.
ablazione (f) del tartaro	Zahnsteinentfernung
placca ['plakka]	Zahnbelag
Usi il filo interdentale per rimuovere la placca tra i denti.	Benutzen Sie Zahnseide um den Belag zwischen den Zähnen zu entfernen.

In ospedale
Im Krankenhaus

→ 4.2 Incidenti e ferite

Se manca il medico, ciascuno può far da medico a se medesimo purché si conceda letizia d'animo, giusto riposo e sobrietà di cibo. (*Scuola medica salernitana, XIII sec.*)

ospedale (m) [ospe'da:le]	Krankenhaus; Klinik; Hospital
ospedale da campo	(Feld-)Lazarett
ricovero [ri'kɔ:vero]	Einweisung (ins Krankenhaus)
È stato ricoverato per mesi.	Er war monatelang im Krankenhaus.
ricovero in ospedale	stationärer (Krankenhaus-)Aufenthalt
paziente ricoverato(-a) / degente	stationär behandelte(r) Patient(in)
paziente non ricoverato(-a)	ambulante(r) Patient(in)
ambulatorio [ambula'tɔ:rjo]	Ambulanz
visita ambulatoriale	ambulante Untersuchung
Sul paziente è stata effettuata una cura ambulatoriale.	Am Patienten wurde eine ambulante Behandlung durchgeführt.
medico ['mɛ:diko]	Arzt / Ärztin; ärztlich
il medico di turno	der / die diensthabende Arzt / Ärztin
il medico curante	der / die behandelnde Arzt / Ärztin
il medico condotto	der / die niedergelassene Arzt / Ärztin
assistente (m+f) medico	Assistenzarzt / Assistenzärztin
(medico) **specialista** (m+f) [('mɛ:diko) spetʃa'lista]	Facharzt / Fachärztin
(medico) **capo** (m+f) [('mɛ:diko) 'ka:po]	Oberarzt / Oberärztin
(medico) **primario** [('mɛ:diko) pri'ma:rio]	Chefarzt / Chefärztin
sottoporsi ad una visita medica	sich einer ärztlichen Untersuchung unterziehen
rapporto medico	Krankenbericht
anamnesi (f) [anam'ne:zi]	Vorgeschichte der Krankheit
pratica di malattia ['pra:tika di malat'ti:a]	Krankengeschichte; Akte
visita ['vi:zita]	Visite
Il primario sta facendo il suo giro delle visite.	Der Chefarzt macht gerade seine Visite.
orario delle visite	Sprechstunden
reparto [re'parto]	(*Krankenhaus*) Station
reparto maternità	Entbindungsstation
reparto malattie interne	innere Station / Medizin
reparto chirurgia	die chirurgische Station / Chirurgie
medico di reparto	Stationsarzt / Stationsärztin
infermiera(-e) [infer'mjɛ:ra]	(Kranken-)Schwester / Pfleger
infermiera caporeparto	Stationsschwester
sala raggi ['sa:la 'raddʒi]	Röntgenzimmer

allieva infermiera — Lernschwester
capoinfermiera — Oberschwester
operazione (f) [opera'tsjo:ne] — Operation
sottoporsi ad una operazione — sich einer Operation unterziehen
Sono stato operato allo stomaco. — Ich wurde am Magen operiert.
Il paziente deve essere operato di ernia. — Dem Patienten muss ein Bruch operiert werden.

operabile – inoperabile [ope'ra:bile – inope'ra:bile] — operabel – inoperabel
un tumore al cervello inoperabile — ein nicht operierbarer Gehirntumor
sala operatoria ['sa:la opera'tɔ:rja] — Operationssaal
infermiera di sala operatoria — Operationsschwester
chirurgo – chirurgia [ki'rurgo – kirur'dʒi:a] — Chirurg(in) – Chirurgie
È specializzato in chirurgia estetica. — Er ist auf Schönheitschirurgie spezialisiert.

Mi sono dovuto sottoporre a un intervento chirurgico. — Ich musste mich einer Operation unterziehen.
taglio cesareo ['ta:ʎo tʃe'za:reo] — Kaiserschnitt
Il parto è avvenuto con taglio cesareo. — Die Geburt erfolgte mit Kaiserschnitt.
trapianto di organi [tra'pjanto di 'ɔrgani] — Organverpflanzung

> Wörter, die chirurgische Eingriffe bezeichnen, haben häufig die Endung *ectomia* (= Heraustrennung / Entfernung) – die Betonung liegt auf dem *i*: *appendicectomia* (= Blinddarmoperation), *gastrectomia parziale* (= teilweise operative Entfernung des Magens), *isterectomia* (= operative Entfernung der Gebärmutter), *mastectomia* (= Brustamputation), *nefrectomia* (= operative Entfernung einer Niere), *tonsillectomia* (= Mandeloperation), *vasectomia* (= Durchtrennen und Abbinden der Samenleiter) etc.

anestesia [aneste'zi:a] — Narkose; Betäubung; Anästhesie
anestesia totale — Vollnarkose
anestesia locale — örtliche Betäubung
anestesista — Anästhesist(in); Narkosearzt / Narkoseärztin

anestetico — Anästhetikum; Narkosemittel
centro di rianimazione (f) ['tʃentro di rianima'tsjo:ne] — Intensivstation
Ora è al centro di rianimazione. — Sie liegt jetzt „auf Intensiv".
flebo (f) ['flɛ:bo] — Tropf; Infusion(sapparat)
È ancora attaccata alla flebo. — Sie hängt immer noch am Tropf.
paziente (m+f) **terminale** [pa'tsjɛnte termi'na:le] — unheilbar Kranke / Kranker
incurabile – curabile [inku'ra:bile – ku'ra:bile] — unheilbar – heilbar
Al centro di rianimazione ci sono anche persone incurabili. — Auf der Intensivstation liegen auch unheilbar kranke Menschen.

Vivere in modo sano
Gesunde Lebensweise

→ 12.8 Sport, 12.9 Hobby

Quando c'è la salute c'è tutto. (*Proverbio italiano*)

salute (f) [sa'lu:te]	Gesundheit
Nuotare fa bene alla salute.	Schwimmen ist gesundheitsfördernd.
Fumare danneggia la salute.	Rauchen gefährdet die Gesundheit.
Gigi gode di ottima salute.	Gigi ist kerngesund.
essere cagionevole di salute	anfällig sein
clinica della salute	Gesundheitsfarm
salutista	gesundheitsbewusst
fanatico(-a) salutista	Gesundheitsfanatiker(in) / -apostel
dieta [di'ɛ:ta]	Diät; Schlankheitskur
la dieta mediterranea	Mittelmeerdiät
fare una dieta	eine Diät machen
Bice è a dieta da una settimana.	Bice ist seit einer Woche auf Diät.
Molte persone seguono una dieta stretta per limitare l'assunzione di colesterolo.	Viele Leute leben streng Diät um ihre Cholesterinaufnahme zu beschränken.
dieta dissociata	Trennkostdiät
regime (m) [re'dʒi:me]	Heilprogramm; Diätplan; Kur
Attualmente seguo un regime alimentare vegeteriano.	Ich lebe zurzeit nach einem vegetarischen Diätplan.
fisima ['fi:zima]	Fimmel; Tick
Ha la fisima del cibo macrobiotico.	Er hat einen Naturkosttick.
digiunare [didʒu'na:re]	fasten
Digiunare di tanto in tanto fa bene alla salute.	Es ist gesund, wenn man gelegentlich fastet.

I principi nutritivi: proteine (= Eiweiß), *grassi* (= Fett), *sali minerali, vitamine* (= Vitamine).

vegetariano(-a) [vedʒeta'rja:no]	vegetarisch; Vegetarier(in)
vegetariano stretto	strenger Vegetarier
biologico [bio'lɔ:dʒiko]	biologisch; Bio-
alimenti / prodotti biologici	Biokost; Bio-Lebensmittel
agricoltura biologica / bioagricoltura	ökologische Landwirtschaft
ottenuto con metodo di agricoltura biologica	aus ökologischem Anbau
senza additivi chimici ['sɛntsa addi'ti:vi 'ki:mitʃi]	frei von chemischen Zusätzen
fibre (fpl) (alimentari) ['fi:bre (alimen'ta:ri)]	Fasern; Ballast(stoffe)
alimenti ricchi di fibre e poveri di grassi	Kost, die ballaststoffreich und fettarm ist
fiocchi (mpl) **d'avena** [fj'ɔkki da've:na]	Haferflocken

Un buon müsli deve contenere fiocchi d'avena, altri cereali e frutta secca.	Ein gutes Müsli muss Haferflocken, weitere Getreidesorten und Trockenobst enthalten.
acidi grassi polinsaturi (mpl) ['a:tʃidi 'grassi polin'sa:turi]	mehrfach ungesättigte Fettsäuren
L'olio di cardo contiene un'elevata quantità di acidi grassi polinsaturi.	Distelöl enthält einen hohen Anteil an mehrfach ungesättigten Fettsäuren.
integrale [inte'gra:le]	Vollkorn-
alimenti / prodotti integrali	Vollwertkost
pane integrale (m)	Vollkornbrot
negozio specializzato di prodotti integrali	Reformhaus; Bioladen; Naturkostladen
integratore alimentare (m) [integra'to:re alimen'ta:re]	Nahrungsergänzungsmittel
cibo **macrobiotico** ['tʃi:bo makro'bjɔ:tiko]	Reform(haus)kost; Naturkost
uova (fpl) di fattoria / di campagna [u'ɔ:va di fatto'ri:a / di kam'pa:ɲa]	Eier von frei laufenden Hühnern

Der Begriff *l'uovo* (männlich, Einzahl) bildet eine völlig unregelmäßige Pluralform: *le uova* (weiblich, Mehrzahl).

tisana [ti'za:na]	Kräutertee
Desidero una tisana di menta.	Einen Pfefferminztee, bitte.
la tisana della nonna	Omas Kräutertee
vitamina [vita'mi:na]	Vitamin
con l'aggiunta di vitamina C	mit Vitamin C-Zusatz
cibi ricchi di vitamina D	Vitamin D-reiche Kost
pillole dimagranti (fpl) ['pillole dima'granti]	Schlankheitspillen

Leggiamo alcune etichette italiane sulle confezioni
Da consumarsi preferibilmente entro … (= Mindestens haltbar bis ...) • *Informazioni al consumatore* (= Verbraucherinformationen) • *Valori nutrizionali* (= Nährwert) • *Valori medi per 100 g di prodotto …* (= 100 g enthalten im Durchschnitt ...) • *Valore energetico* (= Brennwert) • *Dopo l'apertura il prodotto va conservato in frigorifero.* (= Nach dem Öffnen im Kühlschrank aufbewahren.) • *Conservare in luogo fresco e asciutto* (= Trocken lagern) • *Prodotto e confezionato da …* (= Hergestellt und verpackt von …) • *Senza conservanti né coloranti* (= Ohne Konservierungs- und Farbstoffe) • *Peso lordo* (= Füllgewicht) • *Peso sgocciolato* (= Abtropfgewicht) • *Senza aggiunta di zuccheri* (= Ohne Zuckerzusatz)

terme (fpl) ['tɛrme]	Badekurort
Abano Terme è una stazione termale ricca di tradizione.	Abano Terme ist ein traditionsreicher Badekurort.
Silvi Marina è una stazione balneare sul Mar Adriatico.	Silvi Marina ist ein Badeort an der Adria.
luogo di cura / stazione climatica	(Luft-)Kurort

fango termale / fangatura	Moorbad
fisioterapia [fizjotera'pi:a]	Physiotherapie
Mi faccio curare da un fisioterapista bravissimo.	Ich lasse mich von einem ausgezeichneten Physiotherapeuten behandeln.
massaggio [mas'saddʒo]	Massage
Il massaggio m'ha fatto veramente bene.	Die Massage hat mir enorm gut getan.
vasca per idromassaggio / idromassaggiatore	Whirlpool
sauna ['sauna]	Sauna
Stasera andiamo a fare il bagno turco o la sauna.	Wir gehen heute Abend entweder ins Dampfbad oder in die Sauna.
bagno di sole ['ba:ɲo di 'so:le]	Sonnenbaden
Oggidì è sconsigliato fare bagni di sole.	Heutzutage ist es nicht ratsam, ein Sonnenbad zu nehmen.
lampada solare	Höhensonne
solario / stabilimento elioterapico	Bräunungsstudio
movimento [movi'mento]	Bewegung
Ha bisogno di più movimento.	Sie brauchen mehr Bewegung.
Non ti muovi abbastanza.	Du bewegst dich nicht genug.
esercizio [eser'tʃitsjo]	Übung
esercizi (ginnici) per rafforzare i muscoli dorsali	(gymnastische) Übungen zur Stärkung der Rückenmuskulatur
Sono completamente fuori esercizio.	Ich bin völlig aus der Übung.
esercizi di respirazione	Atemübungen
cyclette (f) [si'klɛt]	Heimtrainer; Heimfahrrad
Ogni giorno faccio mezz'oretta di cyclette.	Ich trainiere jeden Tag eine halbe Stunde auf dem Heimfahrrad.
allenamento [allena'mento]	Training
Sono fuori allenamento.	Ich bin aus dem Training.
I maratoneti devono allenarsi tutti i giorni.	Marathonläufer müssen täglich trainieren.
palestra [pa'lɛstra]	Fitness-Center
Tre volte la settimana fa un'oretta di palestra.	Dreimal pro Woche geht er ein Stündchen ins Fitness-Center.
ginnastica [dʒin'nastika]	Turnen
esercizi di ginnastica	Turnübungen
Mi piace fare ginnastica.	Gymnastik macht mir Spaß.
aerobica [ae'rɔ:bika]	Aerobic
ad alto / basso impatto	high / low impact
L'aerobica stimola le attività del cuore e dei polmoni.	Aerobicübungen regen die Herz- und Lungenaktivität an.

Chi vuole mantenersi in forma (= wer fit bleiben will), *ha varie possibilità di scelta* (= zur Auswahl). *I conservatori possono puntare sulla* (= setzen auf) *ginnastica mattutina* (= Morgengymnastik) *con flessioni* (= Liegestütze) *o flessioni delle ginocchia* (= Kniebeugen), *possono fare gli esercizi ad espansione* (= mit dem Expander trainieren) *o esercitarsi con la palla salutare* (= mit dem Gesundheitsball trainieren). *I giovani più spericolati* (= wagemutiger) *puntano sui* (= setzen auf) *pattini in linea* (= Inline-Skates), *sui rampichini, detti anche mountain bike oppure sul parapendio* (= Gleitschirmfliegen), *o ancora sul deltaplano* (= Drachenfliegen). *I giovani meno estroversi, invece, s'accontentano di* (= geben sich zufrieden mit) *stretching o di beach volley, mentre quelli più curiosi sperimentano sport nuovi come la palla piuma o palla volano* (= Federfußball), *lo sport nazionale cinese.*

yoga (m) ['jɔːga]	Yoga
Gli esercizi di yoga dovrebbero rilassare la mente e migliorare la forma fisica.	Yogaübungen sollen den Geist entspannen und die körperliche Verfassung verbessern.
camminare [kammi'naːre]	spazieren gehen; wandern
scarpinata	Wanderung
arrampicata	Klettertour
escursione (f)	Tour
fare **jogging** ['faːre 'dʒɔgiŋ]	joggen; (einen) Dauerlauf (machen)
Oggi pomeriggio facciamo jogging?	Wollen wir heute Nachmittag joggen?
Il jogging è una corsa lenta.	Joggen ist langsames Laufen.
culturismo (il body building) [kultu'rizmo]	Bodybuilding
Il culturismo offre esercizi sistematici con pesi per incrementare la massa muscolare.	Bodybuilding bietet systematische Übungen mit Gewichten zur Erhöhung der Muskelmasse.

"Chi fa molto sport si mantiene in forma!"

La casa
Die Wohnung

1 Appartamenti e case
Wohnungen und Häuser

2 Mobili, arredamento, ecc.
Möbel, Ausstattung etc.

3 Lavori domestici
Hausarbeit

Appartamenti e case
Wohnungen und Häuser

→ 7.1 Emergenza casa, 11.6 Architettetura

Casa mia, casa mia, per piccina che tu sia, tu mi sembri una badia. (*Proverbio*)

casa ['ka:za]	Haus; Wohnung
casa popolare	Sozialwohnung
casa prefabbricata / il prefabbricato	Fertighaus
A guardare questa casa non si direbbe che si tratta di un prefabbricato.	Wenn man dieses Haus so sieht, möchte man nicht meinen, dass es ein Fertighaus ist.
foresteria	Apartmenthaus (für Wochenendheimfahrer)

Typisch insbesondere für norditalienische Städte, z.B. Mailand, sind die *case di ringhiera*, zur Zeit der Jahrhundertwende errichtete mehrstöckige Altbauten. Der Zugang zu den Wohnungen erfolgt über mit Geländern (= *ringhiere*) gesicherte Gänge bzw. durchgehende Balkone (= *ballatoi*) an der Hausaußenwand.

casa galleggiante	Hausboot
caseggiato [kazed'dʒa:to]	Siedlung
casermone (m) [kazer'mo:ne]	Mietskaserne
appartamento [apparta'mento]	(Etagen-)Wohnung

Tipi di appartamenti **(= Arten von Wohnungen)**
appartamento in affitto (= Mietwohnung) • *appartamento in condominio* (= Eigentumswohnung) • *monolocale* (= Einzimmerwohnung) • *miniappartamento* (= Miniappartment) • *attico* (= Penthouse / Dachterrassenwohnung) • *monocamera* (= Wohnschlafzimmer) • *pied-à-terre* (= Zweitwohnung) • *più servizi* = (= mit Küche und Bad / KB)

Alcuni nomi di case in Italia
basso (a Napoli), sasso (a Matera), trullo (in Puglia), nuraghe (in Sardegna)

Alcune espressioni figurative che indicano la casa
il focolare, le pareti domestiche, il tetto natio

camera ammobiliata ['ka:mera ammobili'a:ta]	möbliertes Zimmer
Per anni ho abitato in una camera ammobiliata.	Jahrelang lebte ich in Untermiete.
quartiere (m) [kuar'tjɛ:re]	Quartier; Unterkunft
La compagnia prese quartiere in un piccolo villaggio.	Unsere Kompanie bezog in einem kleinen Dorf Quartier.
rifugio [ri'fu:dʒo]	Obdach; (Not-)Unterkunft
I tre profughi trovarono temporaneamente rifugio a bordo di una nave.	Die Flüchtlinge fanden vorübergehend Obdach auf einem Schiff.

rifugiato(-a)	(politischer) Flüchtling; Asylant(in)
Solo pochi rifugiati trovano asilo nei paesi ricchi.	Nur wenige Asylanten erhalten Asyl in den reichen Ländern.
senzatetto	Obdachlose(r)
Il crescente numero dei senza tetto è un serio problema delle società industrializzate.	Die steigende Zahl der Obdachlosen ist ein ernsthaftes Problem der Industriegesellschaften.
residenza [rezi'dɛntsa]	(Wohn-)Haus; Amtssitz
La residenza ufficiale del Presidente della Repubbica è il Quirinale.	Der Amtssitz des Präsidenten der Republik Italien ist der Quirinals-palast.
castello [ka'stɛllo]	Burg; Schloss
il Castello Sforzesco (Milano)	das Schloss der Sforza (Mailand)
rocca ['rɔkka]	Trutzburg
fortezza [for'tettsa]	Festung
palazzo [pa'lattso]	Palast; Hochhaus
Palazzo Madama è la sede del Senato.	Palazzo Madama ist der Sitz des italienischen Senats.
In periferia continuano a costruire palazzi.	In der Vorstadt werden ständig neue Hochhäuser errichtet.

Tipi di edifici **(= Arten von Gebäuden)**
capanna (= Hütte) • *baita* (= Holzhütte) • *bungalow* (= Bungalow) • *cottage* (m) / *villetta* (= Häuschen) • *casa con intelaiatura a vista* (= Fachwerkhaus) • *casa colonica* (= Bauernhof) • *fattoria, cascina* (= Bauernhof) • *rustico* (= Landhaus) • *villa* (= Villa) • *casa mono- / bifamiliare* (= Ein- / Zweifamilienhaus) • *villetta a schiera* (= Reihenhaus) • *casa divisa in appartamenti / casamento* (= Mietshaus) • *condominio* (= Haus mit Eigentumswohnungen) • *grattacielo* (= Wolkenkratzer)

Alcune espressioni per indicare una casa o un appartamento piccoli e mal curati **(= Einige Ausdrücke für kleine, heruntergekommene Häuser oder Wohnungen)**
baracca / tugurio (= ärmliche Hütte) • *bicocca / catapecchia* (= Bruchbude) • *buco* (= Loch) • *bugigattolo* (= enges Loch) • *topaia* (= Rattenloch) • *stamberga* (= Absteige)

tenda ['tenda]	Zelt
camper (m) ['kæmpə]	Wohnmobil
roulotte (f) [ru'lɔt]	Wohnwagen
casamobile (f) [kasa'mɔ:bile]	transportable Wohneinheit
piano ['pja:no]	Stock(werk); Etage
Vivono al terzo piano.	Sie wohnen im dritten Stock.
una casa a sei piani	ein sechsgeschossiges Haus
piano terra	Erdgeschoss
piano rialzato	Hochparterre
(piano) seminterrato	Souterrain
soffitta / solaio / sottotetto [sof'fitta / so'la:jo / sotto'tetto]	Boden; Speicher
in soffitta	auf dem Boden / Speicher

corridoio [korri'do:jo] — Korridor; Gang
in fondo al corridoio — am Ende des Ganges
ingresso [in'grɛsso] — Diele; Eingang(sbereich)
vestibolo [ve'sti:bolo] — Eingangshalle; Hausflur
portineria [portine'ri:a] — Pförtnerloge
portinaio(-a) — Pförtner; Hausmeister(in)
In alcune case bisogna annunciarsi in portineria. — In manchen Häusern muss man sich beim Pförtner anmelden.
ascensore (m) [aʃen'so:re] — Aufzug
Saliamo con l'ascensore e scendiamo a piedi. — Wir fahren mit dem Aufzug hoch und gehen zu Fuß hinunter.
prendere l'ascensore — mit dem Aufzug fahren; den Aufzug nehmen

***Le parti di una casa o di un appartamento* (= Teile eines Hauses oder einer Wohnung)**
stanza / camera / locale (= Zimmer / Raum) • *camera da letto* (= Schlafzimmer) • *soggiorno* (= Wohnzimmer) • *sala da pranzo* (= Esszimmer) • *camera degli ospiti* (= Gästezimmer) • *studio* (= Arbeitszimmer) • *bagno* (= Badezimmer) • *cucina* (= Küche) • *cucina abitabile* (= Wohnküche) • *cucinino / cucinotto / angolo cottura* (= Kochnische) • *dispensa* (= Speisekammer) • *ingresso* (= Eingang) • *corridoio* (= Korridor / Gang / Flur) • *cantina* (= Keller) • *pianerottolo* (= Treppenabsatz) • *tinello* (= die gute Stube) • *solaio* (= Dachboden / Speicher / Mansarde) • *mansarda* (= Dachzimmer) • *tavernetta* (= Hausbar / Raum für Feste) • *sala hobby* (= Hobbyraum) • *lavanderia* (= Nebenraum für Waschmaschine etc.) • *balcone* (= Balkon) • *veranda* (= Veranda) • *terrazza* (= Terrasse) • *terrazza-giardino / giardino pensile* (= Dachgarten) • *giardino d'inverno* (= Wintergarten)

***Annunci immobiliari* (= Wohnungsanzeigen)**
Affittasi prestigioso 200 mq ampia balconata, box, cantina abitazione / studio, no intermediari. (= Repräsentative 200 m^2-Wohnung zu vermieten, mit großzügigem Balkon, Garage und für Wohn- bzw. Bürozwecke nutzbarem Kellergeschoss. Direkt vom Vermieter.)
Vendesi villetta con vista mare, completamente arredata, piscina, tennis. (= Ferienhaus mit Meerblick zu verkaufen, vollständig eingerichtet, Swimmingpool und Tennisanlage vorhanden).
Wie Sie sehen, sind italienische Anzeigen kurz und bündig. Typisch sind Konstruktionen wie *affittasi villetta* (= man vermietet + Einzahl) bzw. *affittansi villette* (= man vermietet + Mehrzahl), bei denen das unpersönliche …*si* (= man) einfach an die gebeugte Verbform angehängt wird.

porta ['pɔrta] — Tür
C'è qualcuno alla porta. — Es ist jemand an der Tür.
porta girevole – scorrevole — Drehtür – Schiebetür
finestra [fi'nɛstra] — Fenster
affacciarsi alla finestra — ans Fenster treten; am Fenster erscheinen
imposte (fpl) [im'pɔste] — die Fensterläden
chiudere le imposte — die Fensterläden schließen
persiana / tapparella — Rolladen; Rollo

tirar giù e tirar su le tapparelle	die Rolläden auf- und zumachen
veneziana	Jalousie; Jalousette
camino [ka'mi:no]	Schornstein; offener Kamin
tetto ['tetto]	Dach
Ero felice di avere un tetto sulla testa.	Ich war froh ein Dach über dem Kopf zu haben.
cortile (m) [kor'ti:le]	Hof
cortile interno	Hinterhof
abitare [abi'ta:re]	wohnen
affittare [affit'ta:re]	vermieten
affitto	Miete
dare in affitto a qualcuno	an jemanden vermieten
prendere in affitto	anmieten
essere in affitto	zur Miete wohnen
sfrattare [sfrat'ta:re]	zwangsräumen
sfratto	Zwangsräumung
trasloco – **traslocare** [traz'lɔ:ko – trazlo'ka:re]	Umzug – umziehen
andare ad abitare a	ziehen nach
I Rossi sono andati ad abitare a Mantova.	Familie Rossi ist nach Mantua gezogen.

***Fuori dalla casa* (= Außerhalb des Hauses)**
rimessa degli attrezzi (= Geräteschuppen) • *legnaia* (= Holzschuppen) • *granaio / fienile* (= Scheune) • *stalla* (= Stall) • *scuderia* (= Pferdestall / Gestüt) • *casotto per cuccia* (= Hundehütte) • *canile* (= Zwinger) • *serra* (= Gewächshaus / Treibhaus) • *aiuola fiorita / di ortaggi* (= Blumen- / Gemüsebeet) • *orto* (= Gemüse- und Kräutergarten) • *il compost(o)* (= Kompost) • *piscina* (= Schwimmbad) • *garage / box / autorimessa* (= Garage) • *steccato* (= Gartenzaun) • *cancello* (= Tor)

"Certo che il suo monolocale non le bastava più!"

Mobili, arredamento, ecc.
Möbel, Ausstattung etc.

L'arredamento della nostra casa diventa il teatro della vita privata.
(*Alessandro Mendini, architetto contemporaneo*)

mobilia [mo'bi:lia]	die Möbel; das Mobiliar
Ereditò tutta la mobilia della nonna.	Er erbte sämtliche Möbel der Großmutter.
mobile (m) ['mɔ:bile]	ein einzelnes Möbelstück
L'appartamento è ancora senza mobili.	In der Wohnung stehen noch keine Möbel.
armadio [ar'ma:dio]	Schrank
armadio guardaroba	Kleiderschrank
ripiano [ri'pja:no]	Fach
stampella / appendino [stam'pɛlla / appen'di:no]	Bügel

Come uno si fa il letto, così dorme **(= Wie man sich bettet, so liegt man)**
letto (= Bett) • *letto matrimoniale* (= Doppelbett / französisches Bett) • *letti gemelli* (= zwei gleiche Einzelbetten) • *letto ribaltabile* (= Klappbett) • *divano letto* (= Schlafcouch) • *letto a castello* (= Stockbett) • *materasso* (= Matratze) • *cuscino* (= Kopfkissen) • *il lenzuolo, pl. le lenzuola* (= Laken) • *coperta* (= Decke) • *piumone* (= Federbett / Plumeau) • *trapunta* (= Steppdecke) • *copriletto* (= Tagesdecke) • *scendiletto* (= Bettvorleger)

Traditionell deckt man sich in italienischen Betten mit *lenzuola e coperte* zu, die am Fußende an drei Seiten unter die Matratze eingesteckt werden (= *piegate sotto*).

scaffale (m) [skaf'fa:le]	(Regal-)Brett; Bord
scaffali da terra al soffitto	Regale vom Boden bis zur Decke
libreria [libre'ri:a]	Bücherregal; Bücherschrank
comò (m) [ko'mɔ]	Kommode
cassetto [kas'setto]	Schublade
aprire un cassetto	eine Schublade herausziehen
secrétaire (m) [səkre'tɛ:r]	Sekretär
credenza / buffè (m) [kre'dɛntsa / buf'fɛ]	Anrichte; Büfett; Sideboard
carrello da tè [kar'rɛllo da 'tɛ]	Teewagen

Tavoli, ecc. **(= Tische etc.)**
tavolo (= Tisch) • *tavolino* (= Couchtisch) • *tavolo da pranzo* (= Esstisch) • *tavolo da cucina* (= Küchentisch) • *tavolo allungabile* (= Ausziehtisch) • *tavolo pieghevole* (= Klapptisch) • *tavolo da lavoro* (= Arbeitstisch) • tavolo da gioco (= Spieltisch) • *scrivania, scrittoio* (= Schreibtisch) • *tovaglia* (= Tischdecke) • *tovagliolo* (= Serviette) • *portatovagliolo* (= Serviettenring)

Beachten Sie bitte: „*la tavola*" *è il tavolo apparecchiato* (= gedeckter Tisch) *oppure un asse di legno* (= Holzbrett).

bagno / gabinetto ['baːɲo / gabi'netto]Toilette

Bei förmlicheren Einladungen oder in Privatwohnungen fragen Sie: *Scusi, dov'è il bagno?* (= Verzeihung, wo ist die Toilette?) An einer Tankstelle oder im Kino fragen Sie: *Scusi, dove sono i gabinetti?* (= Verzeihung, wo ist die Toilette?). Die Mehrzahl im zweiten Falle steht deswegen, weil bei öffentlichen Toiletten stets an Damen- und Herrentoilette gedacht wird.

vasca da bagno ['vaska da 'baːɲo]	Badewanne
doccia ['dottʃa]	Dusche; Brause
In questo momento è sotto la doccia.	Sie / er ist gerade unter der Dusche.
fare la doccia	eine Dusche nehmen; duschen
fare il bagno	ein Bad nehmen; baden
insaponarsi	sich einseifen
armadietto pensile [arma'djetto 'pɛnsile]	Hängeschrank
specchio ['spɛkkjo]	Spiegel
guardarsi allo specchio [guar'darsi 'allo 'spɛkkjo]	sich im Spiegel betrachten
pesapersone (m) [pesaper'soːne]	Personenwaage
rubinetto [rubi'netto]	Wasserhahn
aprire / chiudere il rubinetto	den Wasserhahn auf- / abdrehen
lavandino / lavabo [lavan'diːno / la'vaːbo]	Waschbecken
lavello [la'vɛllo]	Spülbecken; Spüle; Ausguss
bidè (m) [bi'dɛ]	Bidet

***Elettrodomestici* (= Elektrohaushaltsgeräte)**
frigorifero (= Kühlschrank) • *il freezer* (= Tiefkühltruhe / Gefrierschrank) • *fornello* (= Herd) • *forno a microonde* (= Mikrowellenherd) • *il tostapane* (= Toaster) • *lo scaldaacqua / scaldabagno* (= Warmwasserbereiter / Boiler) • *la lavatrice* (= Waschmaschine) • *l'asciugatrice* (f) (= Wäschetrockner) • *la lavastoviglie* (= Spülmaschine) • *ferro da stiro* (= Bügeleisen) • *l'aspirapolvere* (m) (= Staubsauger) • *aria condizionata* (= Klimaanlage) • *ventilatore* (m) / *ventola* (= Ventilator)

lampada ['lampada]	Lampe
lampada a stelo	Stehlampe
lampada da soffitto / plafoniera	Deckenlampe
lampadario [lampa'daːrjo]	Kronleuchter
lampadina [lampa'diːna]	Glühlampe; Glühbirne
luce (f) ['luːtʃe]	Licht
accendere / spegnere la luce	das Licht anmachen / ausmachen
presa (di corrente) ['preːza (di kor'rɛnte)]	Steckdose
Dov'è la presa del telefono?	Wo ist die Telefonsteckdose?

***Oggetti su cui o in cui sedersi* (= Dinge, auf oder in denen man sitzt)**
sedia (= Stuhl) • *poltrona* (= Sessel) • *seggiolino pieghevole* (= Klappstuhl) • *sedia a sdraio* (= Liegestuhl) • *sedia a braccioli* (= Lehnstuhl) • *sedia a dondolo* (= Schaukelstuhl) • *sedia girevole* (= Drehstuhl) • *sofà* (m) / *divano* (= Sofa) • *sgabello* (= Hocker / Schemel)
Si è seduti su una sedia (= Stuhl) / *un sofa / un canapè / un seggiolino pieghevole / uno sgabello.*
Si è seduti in una poltrona (= Sessel) / *una poltroncina / una sedia a braccioli / una sedia a dondolo.*

orologio [oro'lɔːdʒo]	Uhr
orologio a pendolo	Pendeluhr
caricare l'orologio	die Uhr aufziehen
sveglia ['zveːʎa]	Wecker
mettere la sveglia alle otto	den Wecker auf acht stellen
tende (fpl) ['tende]	Vorhänge
tendine (fpl)	Gardinen
Rosa tirò / chiuse le tendine.	Rosa zog die Vorhänge zu.
moquette (f) [mɔ'kɛt]	Teppich(boden)
tappeto [tap'peːto]	Teppich; Läufer; Brücke
parquet (m) [par'kɛ]	Parkettfußboden
zerbino – scendibagno [dzer'biːno – ʃendi'baːɲo]	(Fuß-)Matte – Badematte
riscaldamento centrale [riskalda'mento tʃent'raːle]	Zentralheizung
La casa ha il riscaldamento centralizzato.	Das Haus hat Zentralheizung.
teleriscaldamento	Fernwärme
termosifone (m) [termosi'foːne]	Heizkörper
caldaia [kal'daːja]	Heizkessel
serbatoio [serba'toːjo]	Tank

Feines Porzellan(geschirr) ist *porcellana fine.* Gröberes Geschirr ist *terraglie* oder *vasellame di terracotta.*

cestino per la carta [tʃe'stiːno per la 'karta]	Papierkorb
pattumiera [pattu'mjɛːra]	Mülleimer
bidone (m) **della spazzatura** [bi'doːne 'della spattsa'tuːra]	Mülltonne
Quando vuotano i bidoni della spazzatura?	Wann werden die Mülltonnen geleert?
raccolta differenziata [rak'kɔlta differen'tsjaːta]	Mülltrennung
campanello [kampa'nɛllo]	(Tür-)Klingel; Glocke
suonare alla porta	klingeln
Si prega di suonare il campanello!	Bitte klingeln!

Lavori domestici
Hausarbeit

Il lavoro domestico è un compito meticoloso e disordinato, senza freno né limite. Nella casa la donna sicura di piacere raggiunge presto uno stato di logoramento, di distrazione e di vuoto mentale che la sopprime.
(*Jacques Chardonne, scrittrice francese, 1884–1968*)

lavori domestici [la'vo:ri do'mɛstitʃi]	Hausarbeit(en)
fare i lavori di casa	die Haus(halts)arbeit erledigen
pulire [pu'li:re]	saubermachen; putzen
pulire i vetri	die Fenster putzen
pulire le scarpe	die Schuhe putzen
le grandi pulizie di primavera	Frühjahrsputz
È ora di darci una bella passata a questa casa.	Es wird Zeit, mal gründlich sauberzumachen in diesem Haus.
lavare [la'va:re]	waschen; aufwischen
Qui bisogna lavare la tovaglia.	Die Tischdecke müsste mal gewaschen werden.
Questa stoffa non si lava bene.	Dieser Stoff lässt sich nicht gut waschen.
Ho paura che queste macchie non vadano via.	Ich fürchte, diese Flecken gehen (beim Waschen) leider nicht raus.
lavare i piatti	(das) Geschirr abwaschen
La tua t-shirt rigata è a lavare / è nel bucato.	Dein geringeltes T-Shirt ist in der Wäsche.

> *Un modo di dire alquanto espressivo: La prima volta che Marcello tornò a casa con più di due ore di ritardo, suo padre gli diede una buona lavata di capo.*
> (= Als Marcello das erste Mal mehr als zwei Stunden zu spät nach Hause kam, hat ihm sein Vater ordentlich die Leviten gelesen.)

strofinare [strofi'na:re]	(auf)wischen; schrubben
Ho appena strofinato il pavimento.	Ich habe gerade aufgewischt / den Boden gewischt / geschrubbt.
raccogliere [rak'kɔ:ʎere]	(ein)sammeln; (auf)wischen
raccogliere le briciole con uno straccio	Krümel aufwischen
Raccogli il sudiciume che hai fatto!	Wisch die Schweinerei weg, die du angerichtet hast!
lucidare [lutʃi'da:re]	scheuern
lucidare una pentola di acciaio	einen Stahlkochtopf scheuern
scopare [sko'pa:re]	(aus)fegen
Ho bisogno di una scopa per scopare la cucina.	Ich brauche einen Besen um die Küche zu fegen.
spolverare [spolve'ra:re]	abstauben
Hai spolverato il soggiorno?	Hast du im Wohnzimmer Staub gewischt?
polvere (f)	Staub
aspirapolvere (m)	Staubsauger

passare l'aspirapolvere su un tappeto	einen Teppich saugen
spazzola – spazzolare ['spattsola – spattso'la:re]	Bürste – (ab)bürsten
Mi sono spazzolata il cappotto nero.	Ich habe meinen schwarzen Mantel abgebürstet.
cera ['tʃe:ra]	(Bohner-)Wachs
passare la cera	(ein)wachsen

***Attrezzi per le pulizie, detergenti e detersivi* (= Reinigungsutensilien, Reinigungsmittel)**
panno (= Tuch / Lappen) • *straccio per la polvere / per i pavimenti* (= Staubtuch / Putzlappen) • *spugna* (= Schwamm) • *strofinaccio* (= Geschirrtuch) • *spazzola per lavare i piatti* (= Spülbürste) • *detersivo per le stoviglie* (= Spülmittel) • *pelle di daino per finestre* (= Fensterleder) • *scopa* (= Besen) • *paletta e scopetta* (= Müllschaufel und Handfeger / Schippe und Besen) • *spazzolone* (= Schrubber) • *sapone* (= Seife) • *detergente* (= Reinigungs- / Waschmittel) • *detersivo per il bucato* (= Waschpulver)

sparecchiare [sparek'kja:re]	abräumen; wegräumen
sparecchiare le stoviglie usate	das schmutzige Geschirr abräumen
ordinare / riordinare [ordi'na:re / riordi'na:re]	aufräumen (in)
Fai ordine nella tua stanza!	Räum dein Zimmer auf!
La mia stanza è un caos, devo proprio fare un po' di ordine.	In meinem Zimmer herrscht ein furchtbares Durcheinander, ich muss da mal Ordnung schaffen.
mettere a posto ['mettere a 'pɔsto]	aufräumen; in Ordnung bringen
risciacquare [riʃakku'a:re]	(ab-/aus)spülen
Risciacquo un attimo i bicchieri.	Ich spüle nur schnell die Gläser ab.
asciugare i piatti [aʃu'ga:re i 'pjatti]	das Geschirr abtrocknen
Fammi asciugare le posate!	Lass mich das Besteck abtrocknen!
bucato [bu'ka:to]	Wäsche
fare il bucato	(die) Wäsche waschen
le mollette per il bucato	die Wäscheklammern
giorno di bucato	Waschtag
stirare [sti'ra:re]	bügeln
stirare con l'appretto	mit Appretur bügeln
mondare [mon'da:re]	putzen; schälen
mondare i fagiolini / la verdura	Bohnen / Gemüse putzen
sbucciare [zbut'tʃa:re]	schälen
sbucciare le patate / una mela	Kartoffeln / einen Apfel schälen
arieggiare la stanza / i letti [arjed'dʒa:re la 'stantsa / i 'lɛtti]	ein Zimmer / die Betten lüften
far arieggiare bene la stanza	in einem Zimmer gründlich lüften
fare ['fa:re]	(*Zimmer, Bett etc.*) (sauber) machen
fare i letti	die Betten machen
Ha già fatto il bagno?	Haben Sie schon das Bad sauber gemacht?
battere il tappeto ['battere il tap'pe:to]	den Teppich klopfen

Ordinamento sociale
Die Sozialordnung

1 Comunità
Gemeinschaften

2 Sistemi politici
Politische Systeme

3 Partiti politici e politica
Parteien und Politik

4 Il potere legislativo
Die gesetzgebende Gewalt

5 Governo
Regierung

6 Attività antigovernative
Aktivitäten gegen die Regierung

7 Sistema giuridico e polizia
Rechtswesen und Polizei

8 Tasse
Steuern

9 Sicurezza sociale
Soziale Sicherheit

10 Relazioni internazionali
Internationale Beziehungen

11 Difesa, guerra, esercito
Verteidigung, Krieg, Militär

Comunità
Gemeinschaften

Paese che vai, usanze che trovi. (*Proverbio*)

comunità (f) [komuni'ta]	Gemeinschaft
comunità di accoglienza	Beratungsstelle für soziale Notfälle
lavorare in una comunità per tossicodipendenti	in einer Therapieeinrichtung für Drogenabhängige arbeiten
la comunità ladina	die ladinische Bevölkerungsgruppe
appartenere a una comunità	einer Gemeinschaft angehören
unione (f) [u'njo:ne]	Union; Vereinigung
l'Unione Europea (UE)	die Europäische Union
L'unione fa la forza (proverbio).	Einigkeit macht stark (Sprichwort).
confederazione (f) [konfedera'tsjo:ne]	Staatenbund; Konföderation
la Confederazione Elvetica	die Schweizerische Eidgenossenschaft
impero [im'pɛ:ro]	Imperium; Weltreich
l'antico impero romano	das frühere römische Weltreich
società [sotʃe'ta]	Gesellschaft
il ruolo della donna nella società	die Rolle der Frau in der Gesellschaft
fare vita di società	sich in der Gesellschaft zeigen; in der Gesellschaft ein- und ausgehen
Paese – paese (m) [pa'e:ze]	Land – Dorf
i Paesi dell'Europa orientale	die osteuropäischen Länder
paese di campagna	Dorf auf dem Lande
nazione (f) [na'tsjo:ne]	Volk; Nation
i delegati di 50 nazioni	Delegierte aus 50 Nationen / Staaten
Stato ['sta:to]	Staat
il libero Stato di Baviera / di Sassonia	der Freistaat Bayern / Sachsen
la rivalità tra Stato e Chiesa	die Rivalität zwischen Kirche und Staat
il Land	(*Deutschland*) (Bundes-)Land
i nuovi Länder	die neuen Bundesländer
regione (f) **– regionale** [re'dʒo:ne – redʒo'na:le]	(*Italien*) Region / Gebiet – regional
regione autonoma	autonome Provinz
la giunta regionale	(*Italien*) Regionalparlament

L'Italia è costituita da (= besteht aus) ***20 regioni***. *Esse* (= sie) *sono da Nord a Sud: il Friuli-Venezia Giulia* (= Friaul-Julisch Venetien), *il Veneto* (= Venetien), *il Trentino-Alto Adige* (= Trentino-Oberes Etschtal), *la Lombardia* (= Lombardei), *la Val d'Aosta* (= Aosta-Tal), *il Piemonte* (= Piemont), *la Liguria* (= Ligurien), *le Marche* (= Marken), *l'Emilia-Romagna* (= Emilia-Romagna), *l'Umbria* (= Umbrien), *la Toscana* (= Toskana), *l'Abruzzo* (= Abruzzen), *il Lazio* (= Latium), *il Molise* (= Molise), *la Campania* (= Kampanien), *la Puglia* (= Apulien), *la Basilicata o anche la Lucania* (= Basilikata), *la Calabria* (= Kalabrien), *la Sardegna* (= Sardinien), *la Sicilia* (= Sizilien).

provincia [pro'vintʃa]	(*Italien*) Provinz (*ungefähr:* Kreis)
la provincia di Milano	Provinz Mailand
essere provinciale	provinziell sein
distretto [dis'tretto]	Distrikt; Bezirk
distretto postale	Postbezirk

Beachten Sie den Gebrauch von *di* in Wendungen wie
lo Stato di New York (= der Staat New York) • *la provincia di Como* (= die Provinz Como) • *la città di Roma* (= die Stadt Rom) • *il quartiere di San Babila* (= der [Mailänder] Stadtteil San Babila) • *il comune di Magenta* (= die Gemeinde Magenta) • *il comprensorio di Viggiù* (= der Bezirk Viggiù)

area ['a:rea]	Gegend
una bella area residenziale	eine schöne Wohngegend
capitale (f) [kapi'ta:le]	Hauptstadt (einer Nation)
la capitale economica	die wirtschaftliche Hauptstadt / reichste Stadt eines Landes
capoluogo	Hauptstadt einer Region / eines (Bundes-)Landes
comune (m) [ko'mu:ne]	(Stadt-)Gemeinde; Gemeindeverwaltung
Per prolungare il passaporto, in Germania bisogna andare in comune, in Italia invece in Questura.	Zur Passverlängerung muss man in Deutschland auf die Gemeinde gehen, in Italien dagegen aufs Polizeipräsidium.
città [tʃit'ta]	(Groß-)Stadt
la più grande città del mondo	die größte Stadt der Welt
il centro città	die Innenstadt; das Stadtzentrum
città dormitorio	Schlafstadt
Vai in città domani?	Fährst du morgen in die Stadt?
la sua città natìa Busto Arsizio	seine Heimatstadt Busto Arsizio
quartiere (m) [kuar'tjɛ:re]	Stadtbezirk; Stadtteil
Abitiamo in un bel quartiere verde.	Wir wohnen in einem schönen grünen Viertel.
un quartiere bene	ein besserer Stadtteil
vicinato [vitʃi'na:to]	Nachbarschaft
Ci sono molti gatti randagi nel vicinato.	In der Nachbarschaft laufen viele streunende Katzen herum.

Sistemi politici
Politische Systeme

L'Italia è una repubblica democratica, fondata sul lavoro.
(*Art. 1 della Costituzione della Repubblica Italiana*)

democrazia [demokra'tsi:a]	Demokratie
una democrazia parlamentare	eine parlamentarische Demokratie
democratico [demok'ra:tiko]	demokratisch
forma di governo presidenziale ['forma di go'vɛrno presiden'tsja:le]	präsidiales Regierungssystem
Gli USA hanno un governo presidenziale.	Die USA haben eine Präsidialregierung.
repubblica [re'pubblika]	Republik
L'Italia è una repubblica parlamentare.	Italien ist eine parlamentarische Republik.

Nel linguaggio giornalistico quando si parla di prima e seconda repubblica ci si riferisce alla Repubblica italiana prima e dopo i mutamenti politici e legislativi dei primi anni '90.

federazione (f) [federa'tsjo:ne]	Zusammenschluss; Föderation
federale [fede'ra:le]	Bundes-; föderativ
la Repubblica Federale Tedesca (RFT)	die Bundesrepublik Deutschland
autoritario [autori'ta:rjo]	autoritär
stato / regime (m) autoritario	Diktatur; diktatorisches Regime
stato di polizia ['sta:to di poli'tsi:a]	Polizeistaat
fascismo [fa'ʃizmo]	(der) Faschismus
fascista	faschistisch; Faschist(in)
gruppi neofascisti	neofaschistische Gruppen
nazismo [na'tsizmo]	(der) Nazismus; Nationalsozialismus
neonazista (m+f)	Neonazi
comunismo [komu'nizmo]	(der) Kommunismus
socialismo [sotʃa'lizmo]	(der) Sozialismus
capitalismo [kapita'lizmo]	(der) Kapitalismus
capitalista (m+f)	kapitalistisch; Kapitalist(in)

***Chi governa?* (= Wer regiert?)**
assolutismo (= Absolutismus): *un re o un dittatore con pieni poteri*
totalitarismo (= totalitäres System): *un partito o un dittatore con pieni poteri*
monarchia assoluta (= absolute Monarchie): *un re con pieni poteri*
teocrazia (= Theokratie): *un sacerdote o un gruppo di sacerdoti*
aristocrazia (= Adelsherrschaft): *i nobili*
dittatura (= Diktatur): *un dittatore*
monarchia costituzionale (= konstitutionelle Monarchie): *il re e altri organi rappresentativi dei sudditi*
democrazia (= Demokratie): *il popolo per mezzo delle persone e degli organi da esso eletti*

Partiti politici e politica
Parteien und Politik

Il potere politico logora chi non ce l'ha. (*Andreotti, uomo politico, *1919*)

partito [par'ti:to]	Partei
leader (m+f) di partito	Parteiführer(in)
partito di governo	(die) Regierungspartei
membro di partito	(Partei-)Mitglied(schaft)
un uomo di partito	Parteimann; Parteigänger
fondare un partito	eine Partei gründen
iscriversi ad un partito	einer Partei beitreten
cambiare partito	einer neuen Partei beitreten
le diverse correnti di un partito	die verschiedenen Parteiflügel

Altre espressioni di "partito"
prendere un partito (= einen Entschluss fassen) • *non sapere che partito prendere* (= sich nicht entschließen können) • *per partito preso* (= von vornherein) • *essere un buon partito* (= eine gute Partie sein) • *trovarsi a mal partito* (= übel dran sein) • *trarre partito da qualcosa* (= Nutzen aus etwas ziehen)

partitocrazia [partitokra'tsi:a]	Parteienherrschaft
lottizzazione (f) [lottiddza'tsjo:ne]	Postenverteilung; Pfründenwirtschaft
potere (m) [po'te:re]	Macht
il partito al potere	die Partei, die gerade an der Macht ist
se giungono al potere	falls sie an die Macht kommen
il centro [il 'tʃentro]	die Mitte; das Zentrum
una coalizione di centro sinistra	eine Mitte-Links-Koalition
essere di destra / di sinistra ['ɛssere di 'dɛstra / di si'nistra]	ein(e) Rechte(r) / ein(e) Linke(r) sein
l'ala destra / sinistra	der rechte / linke Flügel
estremisti di destra	Rechtsradikale / -extremisten
partito di sinistra	Linkspartei
ideali (mpl) di estrema destra	rechtsextremes Gedankengut
moderato [mode'ra:to]	gemäßigt
un conservatore moderato	ein gemäßigter Konservativer
radicale [radi'ka:le]	radikal; Radikale(r)
cambiamenti radicali	radikale Veränderungen
i falchi e le colombe [i 'falki e le ko'lombe]	die Falken und die Tauben

Die Parteienlandschaft (= *il panorama partitico*) in Italien
Dopo lo scandalo di Tangentopoli (1992), i maggiori partiti italiani sono spariti dal panorama politico per dare spazio ad altre formazioni politiche:
il Partito dell'Ulivo, schieramento progressista di centro sinistra;
il PDS (Partito Democratico della Sinistra), ex PCI (Partito Comunista Italiano);
Rifondazione Comunista, zoccolo duro (= harter Kern) *dell'ex PCI;*

Lista Dini, partito dell'ex Presidente del Consiglio Lamberto Dini, schieramento di centro;
PPI (Partito Popolare Italiano), nato dalla vecchia Democrazia Cristiana;
CCD (Centro Cristiano Democratico) nato dalla vecchia Democrazia Cristiana;
CDU (Centro Democratico Unito) nato dalla vecchia Democrazia Cristiana;
Forza Italia, movimento di centro destra;
AN (Alleanza Nazionale), partito di destra, ex MSI (Movimento Sociale Italiano);
Lega Nord, partito per il federalismo.

socialista (m+f) [sotʃa'lista]	sozialistisch; Sozialist(in)
un partito / movimento socialista	eine sozialistische Partei / Bewegung
quando i socialisti erano al potere	als die Sozialisten an der Macht waren
comunista (m+f) [komu'nista]	kommunistisch; Kommunist(in)
un partito / governo comunista	eine kommunistische Partei / Regierung
la **base** del partito (lo zoccolo) [la 'ba:ze del par'ti:to - lo 'tsɔkkolo]	(Partei-)Basis
rafforzare la base	die Partei an der Basis verstärken
un movimento di base	eine Bürgerinitiative
candidarsi [kandi'darsi]	kandidieren
candidarsi come indipendente	als Unabhängige(r) kandidieren
presentare la propria candidatura nelle file del partito comunista	sich als Wahlkandidat(in) für die kommunistische Partei bewerben
programma elettorale (m) [pro'gramma eletto'ra:le]	(Wahl-)Plattform; Wahlprogramm
Il congresso del partito decide il programma elettorale.	Der Parteitag entscheidet über das Wahlprogramm der Partei.
sondaggio d'opinione [son'daddʒo dopi'njo:ne]	Meinungsumfrage
Dai sondaggi di opinione i due canditati risultano essere alla pari.	Die beiden Kandidaten liegen in den Meinungsumfragen Kopf an Kopf.

Formen politischer Allianz auf Italienisch

Coalizione bezeichnet die Allianz zwischen Regierungsparteien, ***appoggio esterno*** die Unterstützung bei Abstimmungen, die eine Partei der regierenden Partei bzw. Koalition zukommen lässt, ohne dieser anzugehören. Zwei Strategien zum Auffangen möglichst vieler Wählerstimmen werden mit ***apparentamento*** und ***patto di desistenza*** bezeichnet: Erstere strebt gemeinsame Wahllisten zwischen Parteien mitunter verschiedener Couleur an, letztere ist eine Art Stillhalteabkommen zwischen Parteien mit zwar relativ ähnlichen Zielen, aber keinem gemeinsamen Programm in allen Wahlkreisen. Überall dort, wo einer der Paktierenden kaum Aussicht auf Erfolg eines eigenen Kandidaten hat, wird dieser gar nicht erst aufgestellt, sondern der Wähler aufgefordert, seine Stimme dem Kandidaten des Mitpaktierenden zu geben. Der Begriff ***inciucio*** schließlich, ein Neologismus in der politischen Berichterstattung, steht für unsaubere Absprachen zwischen offiziell gegnerischen politischen Parteien, die sich unter dem Tisch auf für alle Beteiligte vorteilhafte Aktionen und Maßnahmen einigen.

Il potere legislativo
Die gesetzgebende Gewalt

Non è vera né buona legge quella che non ha per madre la Sofia e per padre l'intelletto razionale. (*Giordano Bruno, filosofo, 1548–1600*)

divisione (f) **dei poteri** [divi'zjo:ne dej po'te:ri]	Gewaltenteilung
camera ['ka:mera]	Kammer
Camera dei Deputati	Abgeordnetenkammer
In Italia vige il sistema bicamerale.	Italien besitzt ein Zweikammersystem.
parlamento bicamerale	Parlament mit zwei Kammern

> Das italienische Modell sieht einen *bicameralismo perfetto* vor, d.h., dass beide Kammern des Parlaments (= Abgeordnetenkammer und Senat) verfassungsrechtlich mit der gleichen Macht ausgestattet sind.

parlamento [parla'mento]	Parlament
Il parlamento italiano è formato dalla Camera dei Deputati e dal Senato.	Das italienische Parlament besteht aus der Abgeordnetenkammer und dem Senat.
deputato(-a) [depu'ta:to]	(Parlaments-)Abgeordnete(r)
essere deputato al Parlamento Europeo	Europarlamentarier sein
senatore(-trice) [sena'to:re(-'tri:tʃe)]	Senator(in)
senatore a vita	Senator auf Lebenszeit
leader (m+f) ['li:də]	Führer(in)
il leader dell'opposizione	der / die Oppositionsführer(in)
maggioranza [maddʒo'rantsa]	Mehrheit
il leader della maggioranza	der Führer der Mehrheit
approvare a larga maggioranza	mit überwiegender Mehrheit billigen
La proposta di governo ha ottenuto la maggioranza.	Der Regierungsvorschlag hat die Mehrheit der abgegebenen Stimmen erhalten.
eleggere a maggioranza	mit Stimmenmehrheit wählen
minoranza [mino'rantsa]	Minderheit
la minoranza parlamentare	Minderheit im Parlament
essere in minoranza	in der Minderheit sein; überstimmt werden
governo di minoranza	Minderheitsregierung
portavoce (m+f) [porta'vo:tʃe]	Sprecher(in)
il portavoce del governo	der Regierungssprecher
seduta [se'du:ta]	Sitzung
una seduta di gabinetto	Kabinettssitzung
dibattito [di'battito]	Debatte
dibattito al parlamento	Parlamentsdebatte
verbale (m) [ver'ba:le]	das Protokoll
il verbale dell'ultima seduta	das Protokoll der letzten Sitzung

stendere / redigere il verbale	ein Protokoll abfassen / aufnehmen
discorso [dis'korso]	Rede
tenere un discorso	eine Rede halten
mozione (f) [mo'tsjo:ne]	Antrag
mozione di fiducia	Vertrauensantrag
promuovere una mozione	einen Antrag stellen
bloccare una mozione	einen Antrag auf Eis legen
veto ['ve:to]	Veto
esercitare il diritto di veto	das Vetorecht ausüben
ratificare [ratifi'ka:re]	ratifizieren
I trattati di stato devono essere ratificati dal Senato.	Staatsverträge müssen durch den Senat ratifiziert werden.
astenersi [aste'nersi]	sich (der Stimme) enthalten
astensione (f)	Stimmenthaltung

Der Begriff *franco tiratore* (wörtlich: Freischütz / Freischärler) bezeichnet Abgeordnete, die sich bei geheimen Abstimmungen nicht an die Parteidisziplin halten, und dadurch zu Instabilitätsfaktoren für Regierungskoalitionen werden können.

mandato [man'da:to]	(Parlaments-)Sitz; Mandat
cumulo di due mandati	Doppelmandat
durata del mandato	Amtszeit
accettare un mandato	ein Mandat annehmen
agire nei limiti del mandato	auftragsgemäß handeln
commissione (f) [kommis'sjo:ne]	Ausschuss
Lei è membro di diverse commissioni.	Sie ist / sitzt in mehreren Ausschüssen.
circoscrizione elettorale (f) [tʃirkoskri'tsjo:ne eletto'ra:le]	Wahlkreis
la circoscrizione che rappresenta	der Wahlkreis, den er / sie vertritt
legge (f) ['leddʒe]	Gesetz
La legge è uguale per tutti.	Vor dem Gesetz sind alle gleich.
emanare una legge	ein Gesetz erlassen
a norma di legge	laut Gesetz
in nome della legge	im Namen des Gesetzes
emendamento [emenda'mento]	Abänderungsantrag (zu einem Gesetz)
emendamento alla costituzione	Zusatzartikel zur Verfassung
bilancio [bi'lantʃo]	Haushalt(splan); Etat
pareggiare il bilancio	den Haushalt ausgleichen
sciogliere ['ʃɔ:ʎere]	auflösen
sciogliere il parlamento e indire nuove elezioni	das Parlament auflösen und eine Neuwahl ansetzen
referendum (m) [refe'rɛndum]	Referendum; Volksentscheid
raccogliere le firme per un referendum	Unterschriften sammeln für einen Volksentscheid
elezione (f) [ele'tsjo:ne]	Wahl
le prossime elezioni nazionali	die nächste landesweite Wahl
Vinse / perse le elezioni per poco.	Er / sie gewann / verlor die Wahl knapp.

campagna elettorale — Wahlkampf
eleggere [e'lɛddʒere] — wählen
Scalfaro è stato eletto Capo dello Stato nel 1992. — Scalfaro wurde 1992 zum Staatsoberhaupt gewählt.
voto ['vo:to] — Stimme; Abstimmung; Wahl
Questo va messo ai voti. — Darüber sollten wir abstimmen.
voto di sfiducia — ein Misstrauensvotum
Voterò per i Verdi. — Ich werde die Grünen wählen.
votare una legge — über eine Vorlage abstimmen
Lei ha votato a favore della riforma. — Sie stimmte für die Reform.
votazione (f) **a scrutinio segreto** [vota'tsjo:ne a skru'ti:njo seg're:to] — geheime Abstimmung / Wahl
candidato(-a) [kandida:to] — Kandidat(in)
Qual è la posizione del candidato sull'aborto? — Wie steht der Kandidat zum Schwangerschaftsabbruch?
legislatura [ledʒizla'tu:ra] — Legislaturperiode; Amtszeit
Il Presidente della Repubblica viene eletto per sette anni. — Der Präsident der Republik Italien wird auf sieben Jahre gewählt.

Franco tiratore

Governo
Regierung

La politica è il governo dell'opinione. (*Carlo Bini, scrittore, 1806–1842*)

governo [go'vɛrno]	Regierung
il governo federale	die Bundesregierung
formare un governo	eine Regierung bilden
governo ombra	das Schattenkabinett (der Opposition)
il Quirinale [il kuiri'na:le]	(Amtssitz des italienischen Staatspräsidenten)
(Palazzo) Montecitorio [pa'lattso montetʃi'tɔ:rjo]	(Sitz des italienischen Parlaments)
(Palazzo) Madama	(Sitz des italienischen Senats)
presidente (m) [prezi'dɛnte]	Präsident
il Presidente del Consiglio	Ministerpräsident
vicepresidente (m) [vi:tʃeprezi'dɛnte]	Vizepräsident
cancelliere (m) [kantʃel'ljɛ:re]	Kanzler
il governo (del cancelliere) Kohl	die Regierung (von Kanzler) Kohl
Capo dello Stato ['ka:po 'dello 'sta:to]	Staatsoberhaupt
gabinetto [gabi'netto]	Kabinett
Divenne membro del gabinetto.	Er wurde Kabinettsmitglied.
rimpasto di gabinetto / di governo	Kabinetts- / Regierungsumbildung
seduta di gabinetto	Kabinettssitzung
ministero [mini'stɛ:ro]	Ministerium
il Ministero per gli Affari Esteri	das Außenministerium
carica ['ka:rika]	Amt
la carica di presidente	das Amt des Präsidenten
È entrato in carica il 1° maggio.	Er trat am 1. Mai sein Amt an.
ministro [mi'nistro]	Minister(in)
ministro per gli / degli Esteri	Außenminister(in)
primo ministro	Premierminister(in)
nomina – nominare ['nɔ:mina – nomi'na:re]	Ernennung – ernennen
È stato nominato ministro per gli Esteri.	Er wurde zum Außenminister ernannt.
dimettersi [di'mettersi]	zurücktreten
dare / rassegnare le dimissioni	seinen Rücktritt einreichen
rovesciare il governo [rove'ʃa:re il go'vɛrno]	die Regierung stürzen
Il dittatore fu rovesciato.	Der Diktator wurde gestürzt.
succedere – successore (m) / **succeditrice** (f) [sut'tʃɛdere – suttʃes'so:re / suttʃedi'tri:tʃe]	nachfolgen – Nachfolger(in)
Scalfaro è successo a Cossiga.	Cossigas Nachfolger war Scalfaro.
disegno di legge [di'se:ɲo di 'leddʒe]	Gesetzentwurf
decreto legge [dek're:to]	vorläufige Maßnahme mit Gesetzeskraft

Attività antigovernative
Aktivitäten gegen die Regierung

Un mostro percorre il mondo: la falsa rivoluzione … Una rivoluzione che ribadisce il Potere è una falsa rivoluzione. (*Elsa Morante, scrittrice, 1912–1985*)

protesta – protestare [pro'tɛsta – protes'ta:re]	Protest – protestieren
dimostrazione di protesta	Protestkundgebung / -demonstration
Hanno organizzato dei sit-in per protestare contro le centrali nucleari.	Sie veranstalteten Sit-ins als Protest gegen Kernkraftwerke.
obiettore di coscienza (m) [objet'to:re di ko'ʃɛntsa]	Wehrdienstverweigerer (aus Gewissensgründen)
disobbedienza civile [dizobbe'djɛntsa tʃi'vi:le]	ziviler Ungehorsam
diritti civili [di'ritti tʃi'vi:li]	Bürgerrechte
la difesa dei diritti civili	Schutz der Bürgerrechte
opposizione extraparlamentare (f) [oppozi'tsjo:ne ekstraparlamen'ta:re]	außerparlamentarische Opposition
dissidente (m+f) [dissi'dɛnte]	Dissident(in); Regimekritiker(in)
la persecuzione dei dissidenti	die Verfolgung von Regimekritikern
resistenza passiva [rezi'stɛntsa pas'si:va]	passiver Widerstand
violenza – non violenza [vio'lɛntsa – 'non vio'lɛntsa]	Gewalt – Gewaltlosigkeit
violenza politica	politische Gewaltakte / Gewalttaten
dimostrazione (f) [dimostra'tsjo:ne]	Demonstration
organizzare una dimostrazione	eine Demonstration organisieren
sciopero – scioperare – scioperanti ['ʃɔ:pero – 'ʃopera:re – ʃope'ranti]	Streik – streiken – Streikende
dichiarare lo sciopero generale	zum Generalstreik aufrufen
boicottare – boicottaggio [boikot'ta:re – boikot'taddʒo]	boykottieren – Boykott
sabotare – sabotaggio [sabo'ta:re – sabo'taddʒo]	sabotieren – Sabotage
atti di sabotaggio	Sabotageakte / -handlungen
agitatore(-trice) – agitazione (f) [adʒita'to:re(-'tri:tʃe) – adʒita'tsjo:ne]	Agitator(in) – Agitation
cospiratore(-trice) – cospirazione (f) [kospira'to:re(-'tri:tʃe) – kospira'tsjo:ne]	Verschwörer(in) – Verschwörung
complotto [komp'lɔtto]	Komplott; Verschwörung
ordire un complotto	ein Komplott aushecken
disordini (mpl) (politici) [di'zordini (po'li:titʃi)]	(politische) Unruhen
insurrezione (f) [insurre'tsjo:ne]	Aufstand
L'insurrezione fu soffocata nel sangue.	Der Aufstand wurde blutig niedergeschlagen.

ribellione (f) [ribel'ljo:ne]	Rebellion; Aufstand
ribellarsi contro	sich erheben gegen
rivolta – rivoltare [ri'vɔlta – rivol'ta:re]	Revolte / Aufstand – revoltieren
sopprimere una rivolta	einen Aufstand unterdrücken
I contadini si rivoltarono contro i proprietari terrieri.	Die Bauern erhoben sich gegen die Grundbesitzer.
(alto) tradimento ['alto tradi'mento]	(Hoch-)Verrat
terrorismo – terrorista (m+f) [terro'rizmo – terro'rista]	Terrorismus – Terrorist(in)
atti terroristici	terroristische Handlungen
attentati terroristici contro i civili	Terroranschläge gegen Bürger

Die Jahre des Terrors währten in Italien vom Ende der sechziger bis zum Beginn der achtziger Jahre.
Terrorismo nero bezeichnet den Terror von rechts, durch den erzkonservative rechte Kreise mit der Unterstützung von (Freimaurer-)Logen (*logge massoniche*), z.B. der Loge P2 (*la P2*), über die *strategia della tensione*, die Strategie der Spannung, versuchten, die Demokratie in Italien in ihren Grundfesten zu erschüttern (*destabilizzazione della democrazia*) und das Land auf einen möglichen Militärputsch vorzubereiten. Dies geschah durch Terrorakte, *stragi di Stato* (wörtlich: Blutbäder im Auftrag des Staates) unter der Zivilbevölkerung. Zum Schutz der zum Teil bis heute unerkannt gebliebenen tatsächlichen Auftraggeber oder Ausführenden wurden Spuren verwischt oder falsche Fährten gelegt (*depistaggio*). In diesem Spannungsfeld kam auch der Terror von links auf, mit dem die sogenannten *anni di piombo*, die bleierne Zeit, begann. Die gewalttätigsten Linksterroristen waren die *Brigate Rosse* (*le BR*), die Roten Brigaden.

rivoluzione (f) [rivolu'tsjo:ne]	Revolution
rivoluzionario(-a)	revolutionär; Revolutionär(in)
attività (fpl) rivoluzionarie	revolutionäre Aktivitäten
controrivoluzione (f)	Konterrevolution
colpo di Stato ['kolpo di 'sta:to]	Staatsstreich
Il presidente fu deposto da un colpo di Stato senza spargimento di sangue.	Der Präsident wurde durch einen unblutigen Staatsstreich abgesetzt.
putsch (m) ['putʃ]	Putsch
il putsch fallito	der gescheiterte Putsch
assassinare [assassi'na:re]	ermorden
Il giudice Falcone è stato assassinato.	Der Richter Falcone fiel einem Attentat zum Opfer.
assassinio – assassino(-a)	Ermordung – Mörder(in)
impadronirsi del potere [impadro'nirsi del po'te:re]	die Macht ergreifen
giunta militare ['dʒunta mili'ta:re]	(Militär-)Junta
capo ['ka:po]	Rädelsführer(in); Anführer(in)
i capi della congiura	die Rädelsführer der Verschwörung

Sistema giuridico e polizia
Rechtswesen und Polizei

→ 7.5 Criminalità e violenza

La legge è uguale per tutti. (= Vor dem Gesetz sind alle gleich.)

legge (f) ['leddʒe]	Gesetz; Recht
legge (f) e ordine (m)	Recht und Ordnung
far rispettare la legge	dem Gesetz Geltung verschaffen
tribunale (m) [tribu'na:le]	Gericht
Questo è quanto ha deposto in tribunale.	Das hat er vor Gericht ausgesagt.
Minacciò di trascinarlo in tribunale.	Sie drohte, ihn vor Gericht zu bringen.
procedimento giudiziario [protʃedi'mento dʒudi'tsja:rjo]	(Gerichts-)Verfahren
procedimento civile	Zivilprozess
procedere contro	gerichtlich vorgehen gegen
processo [pro'tʃɛsso]	(Gerichts-)Verfahren; Prozess
Viene processata per falso giuramento.	Sie steht wegen Meineids vor Gericht.
azione (f) [a'tsjo:ne]	Verfahren; Klage
intentare / promuovere un'azione	gegen jemanden Klage erheben
rinunciare a un'azione già promossa	eine Klage zurücknehmen
notifica [no'ti:fika]	Zustellung
udienza [udi'ɛntsa]	Termin; Verhandlung
udienza dibattimentale	mündliche Verhandlung
tenere udienza a porte chiuse	die Öffentlichkeit ausschließen
giudice (m) ['dʒu:ditʃe]	Richter
la giuria [la dʒu'ri:a]	die Jury
i giurati	die Geschworenen; die Schöffen
La giuria si decise a suo favore.	Die Jury entschied zu seinen Gunsten.
perseguire (a termini di legge) [persegu'i:re a 'tɛrmini di 'leddʒe]	strafrechtlich verfolgen
pubblico ministero ['pubbliko mini'stɛ:ro]	Anklage(behörde); Staatsanwaltschaft
l'accusa [lak'ku:za]	die Anklage; anklagen; beschuldigen
L'accusa è di omicidio.	Die Anklage lautet auf Mord.
testimone (m+f) d'accusa	Belastungszeuge / -zeugin
la difesa [la di'fe:sa]	die Verteidigung
testimone (m+f) [testi'mɔ:ne]	Zeuge / Zeugin
interrogare un testimone in contraddittorio	einen Zeugen ins Kreuzverhör nehmen
citare un testimone	einen Zeugen vorladen
audizione (f) di testimoni	Zeugenvernehmung
reato [re'a:to]	Straftat; Delikt
crimine (m) ['kri:mine]	Verbrechen; Straftat
commettere un crimine	ein Verbrechen begehen

omicidio [omi'tʃi:djo]	(*juristisch*) Tötung; Mord; Totschlag
squadra omicidi	Mordkommission
innocente – colpevole [inno'tʃɛnte – kol'pe:vole]	unschuldig – schuldig
parzialmente capace di intendere e volere [partsjal'mente ka'pa:tʃe di in'tendere e vo'le:re]	vermindert zurechnungsfähig
circostanze attenuanti (fpl) [tʃirko'stantse attenu'anti]	mildernde Umstände
pena ['pe:na]	Strafe
pena detentiva	Freiheitsstrafe
Rischia la pena di morte.	Ihm droht die Todesstrafe.
multa ['multa]	Geldstrafe; Bußgeld; Verwarnungsgeld
Ha dovuto pagare una multa di 100.000 lire.	Sie musste 100.000 Lire Strafe zahlen.
carcerazione preventiva [kartʃera'tsjo:ne preven'ti:va]	Untersuchungshaft
cauzione (f) [kau'tsjo:ne]	Kaution; Sicherheitsleistung
L'accusato(-a) fu rilasciato contro cauzione.	Der / Die Angeklagte wurde gegen Kaution freigelassen.
(con la) **condizionale** [konditsjo'na:le]	(auf) Bewährung
prigione (f) [pri'dʒo:ne]	Gefängnis
È stato condannato a sei anni di prigione.	Er wurde zu sechs Jahren Gefängnis verurteilt.
appello [ap'pɛllo]	Berufung; Revision(sverfahren)
interporre appello	Berufung einlegen
revisione (f) [revi'zjo:ne]	Revision
revisione della sentenza	Wiederaufnahme des Verfahrens
Pubblica Sicurezza (PS) ['pubblika siku'rettsa]	Öffentliche Sicherheit (Behörde, die über den Erhalt der sozialen Ordnung wacht)
Polizia di Stato [poli'tsi:a di 'sta:to]	Staatspolizei
La polizia cerca una Ford rossa.	Die Polizei sucht einen roten Ford.
Sono ufficiale di polizia.	Ich bin Polizist(in).
stazione (f) di polizia	(Polizei-)Revier; (Polizei-)Wache
la Criminalpol	Kriminalpolizei
la celere	Bereitschaftspolizei
poliziotto [poli'tsjɔtto]	Polizist
detective (m+f) [di'tektiv]	Detektiv(in); Kriminalbeamte(r)
ispettore(-trice) [ispet'to:re -'tri:tʃe]	Detektiv(in); Kriminalbeamte(r)
sospetto(-a) [sos'petto]	Verdächtige(r)
mandato di arresto / di perquisizione [man'da:to di ar'rɛsto / di perkuizi'tsjo:ne]	Haft- / Durchsuchungsbefehl
Abbiamo un ordine di arresto contro di lui.	Wir haben einen Haftbefehl gegen ihn.
arresto [ar'rɛsto]	(Polizei-)Gewahrsam; Haft
Fu arrestato.	Er wurde in Haft genommen.
detenzione (f) [deten'tsjo:ne]	Festnahme; Haft
detenzione preventiva	Untersuchungshaft

Tasse
Steuern

L'umiltà è una virtù stupenda. Ma non quando si esercita nella dichiarazione dei redditi. (*Giulio Andreotti, uomo politico, *1919*)

tassa – tasse ['tassa]	Steuer – Steuern
aumentare le tasse	die Steuern erhöhen
ridurre le tasse	die Steuern senken
aumento / riduzione delle tasse	Steuererhöhung – Steuersenkung
esente da tasse; esentasse	steuerfrei
gravare di una tassa	mit einer Steuer belasten
tassare [tas'sa:re]	besteuern
I contribuenti dovrebbero venire tassati in proporzione alle loro possibilità di pagare.	Die Steuerzahler sollten entsprechend ihrer finanziellen Leistungsfähigkeit besteuert werden.
imposta [im'pɔsta]	Steuer; Abgabe
imposta alla fonte	Quellensteuer
sovrimposta	Steueraufschlag / -zuschlag
imposte dirette / indirette	direkte / indirekte Steuern
accisa [at'tʃi:za]	Steuer; Abgabe
accisa erariale di consumo	Verbrauchssteuer
tributo	Steuer; Abgabe
polizia tributaria	Steuerfahndung
fisco / erario ['fisko / e'ra:rjo]	Fiskus
evadere il fisco	Steuern hinterziehen
evasione (f) fiscale	Steuerhinterziehung
paradiso fiscale	Steueroase; Steuerparadies
onere (m) fiscale	Steuerlast
consulenza fiscale	Steuerberatung
consulente fiscale (m+f) / fiscalista (m+f)	Steuerberater(in)
codice (m) fiscale	Steuernummer
ricevuta fiscale	ein steuerlichen Vorschriften entsprechender Beleg
scontrino fiscale	ein steuerlichen Vorschriften entsprechender Kassenbon
condono fiscale	Steueramnestie
sgravio fiscale	Steuererlass
reddito ['rɛddito]	Einkommen
reddito netto / lordo	Netto- / Bruttoeinkommen
detrarre dal reddito	von der Steuer absetzen
deducibile dal reddito	steuerlich absetzbar
dichiarazione (f) dei redditi	Einkommensteuererklärung
compilare la dichiarazione dei redditi	eine Einkommensteuererklärung ausfüllen
consegnare la dichiarazione dei redditi	eine Einkommensteuererklärung abgeben

imposta sul valore aggiunto / IVA [im'pɔsta 'sul va'lo:re ad'dʒunto / 'i:va]	Mehrwertsteuer
Tutti i prezzi sono comprensivi di IVA.	Alle Preise verstehen sich einschließlich Mehrwertsteuer.
addizionale (f) **di solidarietà** [additsjo'na:le di solidarje'ta]	Solidaritätszuschlag

Alcune imposte italiane

ILOR, imposta locale sui redditi (= örtliche Einkommensteuer)
IRPEF, imposta sul reddito delle persone fisiche (= Steuer auf das Einkommen natürlicher Personen)
IRPEG, imposta sul reddito delle persone giuridiche (= Steuer auf das Einkommen juristischer Personen)
INVIM, imposta comunale sugli incrementi di valore degli immobili (= Gemeindesteuer auf Wertsteigerung bei Liegenschaften)
ICI, imposta comunale sugli immobili (= Gemeindesteuer auf Liegenschaften)

accertamento dell'imponibile (m) [attʃerta'mento dellimpo'ni:bile]	Veranlagung (durch das Finanzamt)
ufficio doganale [uf'fi:tʃo doga'na:le]	Zollamt
dazio	Zollabgabe
esattoria [ezatto'ri:a]	Steuerannahmestelle
esattore (m) comunale	Gemeindeeinheber
Intendenza della Finanza [inten'dɛntsa 'della fi'nantsa]	Finanzamt
Guardia di Finanza / GdF [gu'ardja di fi'nantsa]	Finanzpolizei

"Ha qualcosa da dichiarare? Alcol, sigarette?"

Sicurezza sociale
Soziale Sicherheit

Aiutati che il ciel t'aiuta. *(Proverbio italiano)*

Stato del benessere *o stato assistenziale o welfare state* (= Wohlfahrtsstaat) *è un sistema sociale in cui lo stato garantisce a tutti i cittadini un livello minimo di reddito disponibile e l'accesso* (= Zugang) *a tutti quei servizi* (= Dienstleistungen) *come l'abitazione, la tutela della salute, l'istruzione, ecc. che sono ritenuti socialmente indispensabili* (= unentbehrlich).

sicurezza sociale [siku'rettsa so'tʃa:le]	soziale Sicherheit
il sistema di sicurezza sociale	das soziale Netz
assistenza sociale [assi'stɛntsa so'tʃa:le]	Sozialhilfe
pubblica assistenza	Sozialhilfe
servizio di assistenza sociale	Sozialhilfeleistung
assistenzialismo	blinder Glaube in die Unterstützung des Staates
lo stato sociale	Sozialstaat
previdenza sociale [previ'dɛntsa so'tʃa:le]	Sozialversicherung
L'INPS è l'Istituto Nazionale della Previdenza Sociale.	INPS ist das nationale italienische Institut für soziale Vorsorge.
oneri (mpl) previdenziali	Sozialversicherungsbeiträge
attività (fpl) previdenziali	Daseinsvorsorge
politica sociale	Sozialpolitik
prestazioni (fpl) di assistenza e previdenza sociale	Sozialleistungen
previdenza per gli anziani inabili	Pflegeversicherungsbeitrag
assicurazione (f) **obbligatoria** [assikura'tsjo:ne obbliga'tɔ:rja]	Sozialversicherung
ente (m) di assicurazione obbligatoria	Sozialversicherungsträger
oneri (mpl) sociali	Sozialabgaben
contributo per l'assicurazione contro la disoccupazione [kontri'bu:to per lassikura'tsjo:ne 'kontro la dizokkupa'tsjo:ne]	Arbeitslosenversicherungsbeitrag
contributi (mpl) per la previdenza sociale	Sozialversicherungsbeitrag
contributi sociali	Sozialbeiträge
pagare i contributi per la pensione	in eine Pensionskasse einzahlen
sussidio di disoccupazione [sus'si:djo di dizokkupa'tsjo:ne]	Erwerbslosenunterstützung
sussidio di malattia	Krankengeld
indennità di disoccupazione [indenni'ta di dizokkupa'tsjo:ne]	Arbeitslosengeld
indennità di gravidanza	Mutterschaftsgeld

indennità di alloggio	Wohngeld
casa popolare	Sozialwohnung
pensione (f) di vecchiaia [pen'sjo:ne di vek'kja:ja]	Altersrente
pensione di invalidità	Invalidenrente
prestazione (f) **sociale** [presta'tsjo:ne so'tʃa:le]	Sozialleistung
tagli delle prestazioni sociali	Streichungen von Sozialleistungen
lo stato del benessere (m) [lo 'sta:to del be'nɛssere]	der Wohlfahrtsstaat
economia del benessere	Wohlstandswirtschaft
assegno familiare per i figli [as'se:ɲo fami'lja:re per i 'fi:ʎi]	Kindergeld
cassa mutua di malattia ['kassa 'mu:tua di malat'ti:a]	Krankenversicherung; Krankenkasse
pensione (f) [pen'sjo:ne]	Rente; Pension; Ruhegehalt
cassa pensioni	Pensionskasse
vivere in condizioni di indigenza ['vi:vere in kondi'tsjo:ni di indi'dʒɛntsa]	bedürftig sein
essere un **caso sociale** ['ɛssere un 'ka:zo so'tʃa:le]	ein Sozialfall sein
emarginato(-a) sociale [emardʒi'na:to so'tʃa:le]	Angehörige(r) einer sozialen Randgruppe

"Verserebbe 1000 lire nella mia cassa pensione?"

Relazioni internazionali
Internationale Beziehungen

La situazione globale del mondo non tende a rischiararsi e il pericolo che le crisi in atto possano aggravarsi è incombente, reale. (*Aurelio Peccei, industriale, 1908–1984*)

rapporti (mpl) **con altri Paesi** [rap'pɔrti kon 'altri pa'eːzi]	Beziehungen zu anderen Staaten
rapporti tesi	gespannte Beziehungen
normalizzazione (f) dei rapporti	Normalisierung der Beziehungen
interrompere / ristabilire i rapporti diplomatici	die diplomatischen Beziehungen abbrechen / wiederherstellen
politica internazionale [po'liːtika internatsjo'naːle]	die internationale Politik
organizzazioni internazionali	internationale Organisationen
la comunità internazionale	die Völkergemeinschaft
Fondo Monetario Internazionale / FMI	Internationaler Währungsfonds
statista (m+f) [sta'tista]	Staatsmann
visita di stato ['viːzita di 'staːto]	Staatsbesuch
incontro al vertice (m) [in'kontro al 'vɛrtitʃe]	Gipfeltreffen
diplomazia [diploma'tsiːa]	(die) Diplomatie
riconoscimento diplomatico	diplomatische Anerkennung
diplomatico(-a)	diplomatisch; Diplomat(in)
ambasciatore(-trice) – ambasciata [ambaʃa'toːre(-'triːtʃe) – amba'ʃaːta]	Botschafter(in) – Botschaft
inviato(-a) [invi'aːto]	Gesandte(r)
l'inviato speciale del governo	der Sonderbeauftragte der Regierung
missione (f) [mis'sjoːne]	Mission
un diplomatico in missione segreta	ein Diplomat in geheimer Mission
alleanza [alle'antsa]	Bündnis; Allianz
alleato	Verbündeter; Bündnispartner
le Forze alleate in Europa	die alliierten Streitkräfte in Europa
blocco ['blɔkko]	Block
l'ex blocco orientale	der frühere Ostblock
i Paesi non allineati [i pa'eːzi 'non alline'aːti]	blockfreie Staaten

Die Grenze zwischen zwei Staaten kann sowohl *il confine* als auch *la frontiera* heißen.

crisi (f) ['kriːzi]	Krise
gestione (f) di una crisi	Krisenmanagement
una soluzione politica della crisi	eine politische Lösung der Krise
controversia [kontro'vɛrsja]	Streit(igkeit); Auseinandersetzung
La controversia potrebbe escalare.	Der Streit könnte eskalieren.
sanzione (f) [san'tsjoːne]	Sanktion

sanzioni economiche (fpl)	Wirtschaftssanktionen
embargo [em'bargo]	Embargo
imporre / ritirare un embargo	ein Embargo verhängen / aufheben
intermediario(-a) [interme'dja:rjo]	Vermittler(in)
fare da intermediario in un conflitto	in einem Konflikt vermitteln
mediatore(-trice) [medja'to:re(-'tri:tʃe)]	Vermittler(in)
ridurre le tensioni [ri'durre le ten'sjo:ni]	die Spannungen abbauen
piano di pace ['pja:no di 'pa:tʃe]	Friedensplan
comporre un conflitto [kom'porre un kon'flitto]	einen Konflikt beilegen
negoziare [nego'tsja:re]	verhandeln
negoziare un trattato	einen (Staats-)Vertrag aushandeln
negoziazioni (fpl)	Verhandlungen
un nuovo giro di negoziati	eine neue Verhandlungsrunde
emettere un comunicato [e'mettere un komuni'ka:to]	ein Kommuniqué veröffentlichen
accordo [ak'kɔrdo]	Abkommen
accordo di tregua	ein Waffenstillstandsabkommen
giungere ad un accordo	zu einer Einigung gelangen
pace (f) ['pa:tʃe]	Frieden
firmare un accordo di pace	ein Friedensabkommen unterzeichnen
le truppe di pace dell'ONU	die UNO-Friedenstruppen
trattato di non proliferazione nucleare (f) [trat'ta:to di non prolifera'tsjo:ne nukle'a:re]	Atomwaffensperrvertrag
conferenza per il disarmo [konfe'rɛntsa per il di'zarmo]	Abrüstungskonferenz
perseguire una politica di distensione (f) [persegu'i:re 'u:na po'li:tika di disten'sjo:ne]	eine Politik der Entspannung verfolgen
area di libero scambio ['a:rea di 'li:bero 'skambio]	Freihandel(szone)
l'Unione Europea / Ue [lu'njo:ne euro'pɛ:a]	die Europäische Union / EU
fare richiesta di appartenenza all'Ue	die EU-Mitgliedschaft beantragen
il Mercato Comune / Europeo [il mer'ka:to ko'mu:ne / euro'pɛ:o]	der Europäische Binnenmarkt
Unione Monetaria Europea / UME [u'njo:ne mone'ta:ria euro'pɛ:a]	Europäische Währungsunion – EWU
aiuto estero – aiuto allo sviluppo [a'ju:to 'ɛstero – a'ju:to 'allo zvi'luppo]	Auslandshilfe – Entwicklungshilfe
Paesi in via di sviluppo [pa'e:zi in 'vi:a di zvi'luppo]	Entwicklungsländer

***Le Nazioni Unite / ONU* (= die Vereinten Nationen / UNO)**
Consiglio di Sicurezza (= Sicherheitsrat) • *Assemblea Generale* (= Vollversammlung) • *Segretario Generale* (= Generalsekretär)

Difesa, guerra, esercito
Verteidigung, Krieg, Militär

Soldati. Si sta come / d'autunno / sugli alberi / le foglie. (*Giuseppe Ungaretti, poeta, 1888–1970*)

difendere – difesa [di'fɛndere – di'fe:za]	verteidigen – Verteidigung
crescenti spese per la difesa	erhöhte Verteidigungsausgaben
NATO (f) ['na:to]	(die) NATO
La Spagna è entrata nella NATO nel 1982.	Spanien trat 1982 der NATO bei.
controllo degli armamenti [kon'trɔllo 'de:ʎi arma'menti]	Rüstungskontrolle
corsa agli armamenti	Rüstungswettlauf
patto di non aggressione ['patto di 'non aggres'sjo:ne]	Nichtangriffspakt
deterrenza – deterrente (m) [deter'rɛntsa – deter'rɛnte]	Abschreckung – Abschreckungsmittel
servizio militare [ser'vi:tsjo mili'ta:re]	die Wehrpflicht
soggetto al servizio militare	Wehrpflichtiger
esenzione (f) dal servizio militare	Wehrdienstbefreiung
Lui ha assolto il servizio militare.	Er leistete seinen Wehrdienst ab.
esercito [e'zɛrtʃito]	Armee; Heer
Lui è nell'esercito.	Er ist beim Militär / „beim Bund".
l'aeronautica [laero'nautika]	die Luftwaffe
la marina [la ma'ri:na]	die (Kriegs-)Marine
ufficiale (m) [uffi'tʃa:le]	Offizier
corpo ufficiali	Offizierskorps
circolo ufficiali	Offizierskasino
ufficiale di stato maggiore	Generalstabsoffizier
soldato [sol'da:to]	Soldat
soldato semplice	Schütze
promuovere [promu'ɔ:vere]	befördern
È stato promosso capitano.	Er wurde zum Hauptmann befördert.
generale (m) [dʒene'ra:le]	General
stato maggiore ['sta:to mad'dʒo:re]	Generalstab
comando – comandante (m) [ko'mando – koman'dante]	Kommando – Befehlshaber
sotto il comando di Badoglio	unter Badoglios Kommando
servizi segreti (mpl) [ser'vi:tsi seg're:ti]	Geheimdienst; Nachrichtendienst
spionaggio [spio'naddʒo]	Spionage
controspionaggio	Gegenspionage

***Unità dell'esercito* (= Heeresverband)**
battaglione (= Bataillon) • *brigata* (= Brigade) • *compagnia* (= Kompanie) • *corpo d'armata* (= Armeekorps) • *corpo di spedizione* (= Expeditionskorps) •

divisione corazzata (= Panzerdivision) • *plotone di comando* (= Stabszug) • *reggimento* (= Regiment) • *squadra* (= Abteilung)

guerra [gu'ɛrra]	Krieg
la prima / la seconda guerra mondiale	der Erste / Zweite Weltkrieg
dichiarare guerra ad un Paese	einem Land den Krieg erklären
guerra lampo	Blitzkrieg
guerra batteriologica	bakteriologische Kriegsführung
vincere / perdere la guerra	den Krieg gewinnen / verlieren
dichiarare la guerra	den Krieg erklären
materiale **bellico** [mate'rja:le 'bɛlliko]	Kriegsmaterial
potenza **belligerante** [po'tɛntsa bellidʒe'rante]	kriegführende Macht
aggressore (m) – **aggressione** (f) [aggres'so:re – aggres'sjo:ne]	Aggressor – Aggression
invadere – invasione (f) [in'va:dere – inva'zjo:ne]	überfallen – Invasion
invadere un Paese vicino	in ein Nachbarland einfallen
l'invasione tedesca della Polonia	der deutsche Überfall auf Polen
attacco – attaccare [at'takko – attak'ka:re]	Angriff – angreifen
avanzata – ritirata [avan'tsa:ta – riti'ra:ta]	Vormarsch – Rückzug
occupare un Paese – occupazione (f) [okku'pa:re un pa'e:ze – okkupa'tsjo:ne]	ein Land besetzen – Besetzung
l'occupazione della Polonia	die Besetzung Polens
le truppe di occupazione americane	die amerikanischen Besatzungstruppen
battaglia [bat'taʎa]	Schlacht
Fu ucciso in battaglia.	Er ist im Kampf gefallen.
campo di battaglia	Schlachtfeld
combattimento [kombatti'mento]	Kampf; Gefecht
Prese parte ai combattimenti in Nordafrica.	Er nahm an den Kämpfen in Nordafrika teil.
È morto in combattimento nel 1944.	Er fiel 1944.
offensiva – controffensiva [offen'si:va – kontroffen'si:va]	Offensive – Gegenoffensive
pianificare / lanciare un'offensiva	eine Offensive planen / starten
resistenza [rezi'stɛntsa]	Widerstand
incontrare una forte resistenza	auf starken Widerstand stoßen
truppe / navi nemiche (fpl) ['truppe / 'na:vi ne'mi:ke]	feindliche Truppen / Schiffe
approvvigionamenti (mpl) **e munizioni** (fpl) [approvvidʒona'menti e muni'tsjo:ni]	Nachschub und Munition
(arma di) fanteria – artiglieria [('arma di) fante'ri:a – artiʎe'ri:a]	Infanterie – Artillerie
missile (m) ['missile]	Rakete
un attacco missilistico sulla città	ein Raketenangriff auf die Stadt

armi nucleari (fpl) ['armi nukle'a:ri]	Kernwaffen
sottomarino (nucleare) [sottoma'ri:no (nukle'a:re)]	(Atom-)U-Boot
bomba ['bomba]	Bombe
bomba atomica – bomba a idrogeno	Atombombe – Wasserstoffbombe
Hanno sganciato bombe sull'aeroporto.	Sie warfen Bomben auf den Flugplatz.
il bombardamento di impianti industriali	das Bombardieren von Industrieanlagen
effettuare un bombardamento a tappeto	einen Bombenteppich legen
attacco aereo [at'takko a'ɛ:reo]	Luftangriff
base aerea (f) ['ba:ze a'ɛ:rea]	Luftwaffenstützpunkt
rifugio antiaereo	Luftschutzbunker / -keller / -raum
paracadute (m) – **paracadutista** (m+f) [paraka'du:te – parakadu'tista]	Fallschirm – Fallschirmjäger(in)
distruggere – distruzione (f) [dist'ruddʒere – distru'tsjo:ne]	zerstören – Zerstörung
corte marziale (f) ['korte mar'tsja:le]	Kriegs- / Militärgericht
Fu portato davanti alla corte marziale.	Er wurde vor ein Kriegsgericht gestellt.
assediare [asse'dja:re]	belagern
La città fu cinta d'assedio.	Die Stadt wurde belagert.
sacca ['sakka]	Kessel
ritirarsi [riti'rarsi]	sich zurückziehen; abziehen (*Truppen)*
partigiano(-a) [parti'dʒa:no]	Partisan(in)
guerra partigiana	Partisanenkrieg
perdite (fpl) ['pɛrdite]	Verluste (= Verwundete / Tote)
perdite civili	Verluste in der Zivilbevölkerung
i morti e i feriti [i 'mɔrti e i fe'ri:ti]	die Verwundeten und die Toten
prigionieri (mpl) **di guerra** [pridʒo'njɛ:ri di gu'ɛrra]	(Kriegs-)Gefangene
Furono fatti prigionieri.	Sie wurden gefangen genommen.
vittoria – sconfitta [vit'tɔ:rja – skon'fitta]	Sieg – Niederlage
capitolare – capitolazione (f) [kapito'la:re – kapitola'tsjo:ne]	kapitulieren – Kapitulation
crimine (m) **di guerra – criminale di guerra** (m+f) ['kri:mine di gu'ɛrra – krimi'na:le di gu'ɛrra]	Kriegsverbrechen – Kriegsverbrecher(in)

Problemi sociali
Soziale Probleme

7

1 Emergenza casa
Wohnungsmangel

2 Disoccupazione
Arbeitslosigkeit

3 Abuso di droghe e alcol
Drogen- und Alkoholmissbrauch

4 Povertà
Armut

5 Criminalità e violenza
Verbrechen und Gewalttätigkeit

6 Xenofobia e razzismo
Ausländerfeindlichkeit und Rassismus

7

1

Emergenza casa
Wohnungsmangel

→ 5.1 Appartamenti e case

La casa è la ricerca di un nucleo familiare, di una stabilità. (*Natalia Ginzburg, scrittrice, *1916*)

abitazione (f) [abita'tsjo:ne]	Wohnung; Wohnraum; Wohnungs-
la scarsità di abitazioni	die Wohnungsnot; der Wohnungsmangel
alloggio [al'lɔddʒo]	Unterkunft
la crisi degli alloggi	die Wohnungsnot / -krise
il mercato degli alloggi	der Wohnungsmarkt
studiare le offerte degli **affitti** [stu'dja:re le of'fɛrte 'de:ʎi af'fitti]	die Wohnungsanzeigen studieren
l'aumento degli affitti	das Ansteigen der Mieten
l'ultimo aumento dell'affitto	die letzte Mieterhöhung
equo canone (m) ['e:kuo 'ka:none]	„angemessener Mietzins" (Staffelmiete nach Baujahr des Hauses in Italien)
agente (m+f) **immobiliare** [a'dʒente immobili'a:re]	Immobilien- / Wohnungsmakler(in)
coinquilino(-a) [koinkui'li:no]	Mitbewohner(in); Zimmergenosse / -genossin
un posto dove vivere [un 'pɔsto 'do:ve 'vi:vere]	eine Bleibe
Migliaia di persone non hanno un posto dove vivere.	Tausende haben keine anständige Bleibe.
mutuo (per la casa) ['mu:tuo (per la 'ka:sa)]	Darlehen für Immobilienerwerb; Baudarlehen
Ogni mese devono trovare i soldi per pagare il mutuo.	Monat für Monat müssen sie das Geld auftreiben, um die Raten für ihr Haus abzuzahlen.
sfrattare [sfrat'ta:re]	einen Mieter zur Räumung zwingen
Gli inquilini furono sfrattati perché erano in ritardo con l'affitto.	Die Mieter wurden auf die Straße gesetzt, weil sie mit ihren Mietzahlungen in Rückstand geraten waren.
Adesso sono minacciati di sfratto.	Jetzt droht ihnen die Zwangsräumung.
occupare una casa [okku'pa:re 'u:na 'ka:za]	ein Haus besetzen / besetzt halten
Dovettero sgomberare la casa occupata.	Sie mussten das besetzte Haus räumen.
senza tetto – senzatetto (m+f) ['sɛntsa 'tetto – sɛntsa'tetto]	obdachlos – Obdachlose(r)
senzatetto che abitano in scatoloni	Obdachlose, die in Pappkartons wohnen

dormitori in ricoveri per senzatetto	Schlafsäle in Obdachlosenheimen
possibilità di aiutare i senzatetto	Möglichkeiten, den Obdachlosen zu helfen
un forte aumento dei senzatetto	eine starke Zunahme der Obdachlosigkeit
baracca [ba'rakka]	Baracke
baraccati	Bewohner von Behelfslagern (Erdbebenopfer)
dormire **all'aperto** [dor'mi:re alla'pɛrto]	im Freien übernachten
dormire / vivere **in strada** [dor'mi:re / 'vi:vere in 'stra:da]	auf der Straße schlafen / leben
cercare un ricovero [tʃer'ka:re un ri'kɔ:vero]	Zuflucht suchen
predisporre ricoveri d'emergenza	Notunterkünfte / eine Notunterkunft bereitstellen
offrire un'accomodazione temporanea [of'fri:re unakkomoda'tsjo:ne tempo'ra:nea]	eine Behelfsunterkunft bieten
ospizio [o'spitsio]	Wohnheim

"Qui l'affitto è veramente bassissimo."

Disoccupazione
Arbeitslosigkeit

→ 20.9 Sindacati

Il peggio mestiere è quello di non averne alcuno. (*Cesare Cantù, scrittore, 1804–1895*)

disoccupazione (f) [dizokkupa'tsjo:ne]	Arbeits- / Erwerbslosigkeit
La disoccupazione è in aumento.	Die Arbeitslosigkeit nimmt zu.
disoccupazione congiunturale	konjunkturbedingte Arbeitslosigkeit
disoccupazione stagionale	saisonbedingte Arbeitslosigkeit
disoccupazione strutturale	strukturelle Arbeitslosigkeit
sussidio di disoccupazione	Arbeitslosengeld; Arbeitslosenhilfe
disoccupato(-a) [dizokku'pa:to]	arbeitslos; Arbeitslose(r)
disoccupati di lungo periodo	die Langzeitarbeitslosen
È disoccupato da tre mesi.	Er ist seit drei Monaten arbeitslos.
senza lavoro ['sɛntsa la'vo:ro]	ohne Arbeit; arbeitslos
Improvvisamente mi sono trovato senza lavoro.	Plötzlich stand ich ohne Arbeit da.
Milioni sono senza lavoro.	Millionen sind ohne Arbeit.
snellire [znel'li:re]	verschlanken
ristrutturazione (f) (dell'organico) [ristruttura'tsjo:ne (dellor'ga:niko)]	(*Euphemismus für*) Personalabbau
riduzione (f) **dell'organico** [ridu'tsjo:ne dellor'ga:niko]	Arbeitsplatzabbau; Stellenabbau
cassa integrazione ['kassa integra'tsjo:ne]	Ausgleichskasse im Falle von Kurzarbeit oder saisonaler Arbeitslosigkeit (in Italien)
Gli operai sono da sei mesi in cassa integrazione.	Die Arbeiter sind seit einem halben Jahr auf Kurzarbeit.
Sezione circoscrizionale (f) **per l'impiego** [se'tsjo:ne tʃirkoskritsjo'na:le per lim'piɛ:go]	Arbeitsamt
lavoro **a orario ridotto** [la'vo:ro a o'ra:rjo ri'dotto]	Kurzarbeit
Lavoriamo a orario ridotto.	Wir machen im Moment Kurzarbeit.

Das **Entlassenwerden** (*licenziamento*) kann durch eine Reihe von Verben ausgedrückt werden, die von „direkt-brutal" bis „indirekt-euphemistisch (= abschwächend-beschönigend)" reichen: *È stato silurato. È stato messo alla porta. È stato mandato a spasso. Gli hanno dato gli otto giorni.* (= Man hat ihn gefeuert / rausgeschmissen.) *Migliaia di lavoratori sono stati congedati.* (= Tausende von Beschäftigten wurden freigesetzt.) Erkundigt man sich nach jemandem, der entlassen wurde, so hört man etwa: *Mi dispiace, il signor Rossi non è più da noi.* Erwerbslosigkeit wird umgangssprachlich mit *andare a timbrare* umschrieben: *Va ancora a timbrare il cartellino?* (= Geht sie immer noch stempeln?) *Altre espressioni: È stato licenziato in tronco / su due piedi / dall'oggi al domani.*

migliorare – peggiorare [miʎora:re – peddʒo'ra:re]	sich bessern – verschlechtern
impiegare – impiego [impje'ga:re – im'pjɛ:go]	beschäftigen – Beschäftigung
formazione (f) **professionale** [forma'tsjo:ne professjo'na:le]	Berufsausbildung
formazione permanente / continua	Weiterbildung
perfezionamento professionale [perfetsjona'mento professjo'na:le]	berufliche Fortbildung
riqualificazione (f) **professionale** [rikualifika'tsjo:ne professjo'na:le]	Umschulung
frequentare un corso di riqualificazione professionale	eine Umschulung machen
riabilitazione (f) **professionale** [riabilita'tsjo:ne professjo'na:le]	berufliche Rehabilitation
contratto di solidarietà [kon'tratto di solidarje'ta]	Solidaritätsvertrag (Vereinbarung zwischen Betrieben und Gewerkschaften zur Vermeidung von Entlassungen)
job sharing (m) ['dʒɔb 'ʃeə:riŋ]	Arbeitsplatzteilung
part-time (m) [pa:t'taim]	Teilzeitarbeit
Lei lavora part-time in un supermercato.	Sie hat eine Teilzeitstelle in einem Supermarkt.
lavori socialmente utili [la'vo:ri sotʃal'mente 'u:tili]	Arbeitsbeschaffungsmaßnahmen / -programme

"Lo hanno appena messo alla porta."

Abuso di droghe e alcol
Drogen- und Alkoholmissbrauch

→ 12.10 Bere e fumare

Nessun allucinogeno potrà mai arricchire l'immaginazione di chi ne sia completamente sprovvisto. (*Federico Fellini, regista,1920–1995*)

droga ['drɔ:ga]	Droge; Rauschmittel; Rauschgift
il consumo di droga	Drogenkonsum
droghe pesanti / leggere	harte / weiche Drogen
droghe sintetiche	Designerdrogen
tossicodipendenza	Drogenabhängigkeit
tossicodipendente (m+f)	Drogenabhängige(r)
abuso di droga	Drogenmissbrauch
legalizzazione (f) delle droghe	Legalisierung / Freigabe von Drogen
Il numero dei morti per droga è aumentato.	Die Zahl der Drogentoten ist gestiegen.
sotto l'influenza della droga	unter Drogeneinfluss
tagliare la droga [ta'ʎa:re la 'drɔ:ga]	Drogen verschneiden
traffico ['traffiko]	der Drogen- / Rauschgifthandel
trafficante (m+f) di droga	Drogen- / Rauschgifthändler(in)
spaccio di droga ['spattʃo di 'drɔ:ga]	der Drogen- / Rauschgifthandel
spacciatore(-trice) di droga	Drogen- / Rauschgifthändler(in); Dealer
la roba *(ugs.)* [la 'rɔ:ba]	Stoff
Prendi ancora la roba?	Fixt du immer noch?

Dass jemand **rauschgiftsüchtig** ist, kann man u.a. so ausdrücken:
È dedito alla droga. • *È tossicodipendente.* • *Prende la droga.* • *Si fa.* • *Si buca.*

spinello [spi'nɛllo]	Joint
farsi uno spinello	einen Joint rauchen
bucarsi [bu'karsi]	drücken; Heroin spritzen
Deve bucarsi due volte al giorno.	Er braucht zweimal täglich seinen Schuss.
buco	Schuss (= Drogeninjektion)
Si fa un buco.	Sie setzt sich einen Schuss.
farsi (*ugs.*) / **drogarsi** ['farsi / dro'garsi]	Drogen nehmen
Si fa da due anni.	Er nimmt seit zwei Jahren Drogen.
eccitante (m) – **calmante** (m) [ettʃi'tante – kal'mante]	Aufputschmittel – Beruhigungsmittel
eroina [ero'i:na]	Heroin
È diventata eroinomane.	Sie wurde heroinsüchtig.
cocaina [koka'i:na]	Kokain
La cocaina viene iniettata, sniffata o fumata.	Kokain wird entweder gespritzt, geschnupft oder geraucht.
crack (m) ['kræk]	Crack

hashish (m) ['aʃiʃ]	Haschisch
LSD / acido [ɛllɛssed'di - 'a:tʃido]	LSD
metadone (m) [meta'do:ne]	Methadon
terapia al metadone	Substitutionstherapie
dose – overdose (f) ['dɔ:ze – əʊvə'dəʊs]	Dosis – Überdosis
dose giornaliera	Tagesdosis
Janis Joplin è morta per un'overdose di eroina.	J. J. starb an einer Überdosis Heroin.
la **legalizzazione** (f) delle droghe leggere [la legaliddza'tsjo:ne 'delle 'drɔ:ge]	Legalisierung der weichen Drogen
disintossicazione (f) [dizintossika'tsjo:ne]	Entgiftung; Entwöhnung; Entzug
centro di disintossicazione	Entziehungsklinik; Suchtklinik
cura disintossicante	Entziehungskur; Entzug
crisi (f) **di astinenza** ['kri:zi di asti'nɛntsa]	Entzug(serscheinungen)
comunità per il recupero dei tossicodipendenti	Gemeinschaft zur Rückführung Drogenabhängiger in ein normales Leben *(italienische Therapie-einrichtung)*
squadra narcotici [sku'a:dra nar'kɔ:titʃi]	Rauschgiftfahnder

Drogen-Slang

consumare droghe = spinellarsi, fare un tiro, tirare, fiutare, sniffare coca, impasticcarsi, farsi una pera, bucarsi
consumatore di droghe = tossico, spinellato, partito, fatto
drogato = fatto, fuori
venditore di droghe = venditore di morte, trafficante, spacciatore

alcolista (m+f) **/ alcolizzato(-a)** [alko'lista / alkolid'dza:to]	Alkoholiker(in)
alcolismo [alko'lizmo]	Alkoholismus; Alkoholkrankheit
etilismo [eti'lizmo]	Alkoholismus; Alkoholkrankheit
un beone [be'o:ne]	ein Trinker / Säufer
grappa ['grappa]	Tresterschnaps
acquavite di grano	Schnaps
alticcio [al'tittʃo]	ein bisschen beschwipst
brillo	beschwipst; angetrunken
ubriaco(-a) [u'brja:ko]	betrunken; Betrunkene(r)
Eravamo tutti ubriachi fradici.	Wir waren alle sinnlos betrunken.
sbornia ['sbɔrnja]	Rausch
soffrire i postumi di una sbornia	einen Kater haben

7

4

Povertà
Armut

La vita è una cella un po' fuori dall'ordinario, più uno è povero più si restringono i metri quadrati a sua disposizione. (*Vasco Pratolini, scrittore, 1898–1987*)

povertà [pover'ta]	Armut
Vivono in misera povertà.	Sie leben in bitterer Armut.
cadere in povertà	in Armut geraten
povertà assoluta / relativa	absolute / relative Armut
impoverito	verarmt
povero	arm; (der) Arme
miseria [mi'zɛ:rja]	Elend
terrificanti scene di miseria umana	entsetzliche Szenen menschlichen Elends
Vivono nella miseria più nera.	Sie leben in tiefstem Elend.
vivere di **accattonaggio** ['vi:vere di akkatto'naddʒo]	vom Betteln (auf der Straße) leben
essere un **nullatenente** ['ɛssere un nullate'nɛnte]	ein Habenichts / armer Schlucker sein
svantaggiato [zvantad'dʒa:to]	benachteiligt
le persone economicamente svantaggiate	die wirtschaftlich Benachteiligten / sozial Schwachen
privo di mezzi ['pri:vo di 'mɛddzi]	mittellos
uno standard di vita estremamente basso ['u:no standard di 'vi:ta estrema'mente 'basso]	ein extrem niedriger Lebensstandard
aiutare i bisognosi [aju'ta:re i bizo'ɲo:si]	den Bedürftigen helfen
i bisogni di base [i bi'zo:ɲi di 'ba:ze]	die Grundbedürfnisse
livello di sussistenza [li'vɛllo di sussi'stɛntsa]	Existenzminimum
fame (f) **– affamato** ['fa:me – affa'ma:to]	Hunger – hungrig
Da ragazzo ha spesso sofferto la fame.	Als Junge hat er oft gehungert.
morire di fame	verhungern
denutrizione (f) [denutri'tsjo:ne]	(Mangel-)Ernährung
malnutrizione (f) dovuta alla povertà	durch Armut bedingte Unterernährung / Fehlernährung
la mensa dei poveri ['mensa dej 'pɔ:veri]	Suppenküche
analfabetismo tra i poveri [analfabe'tizmo tra i 'pɔ:veri]	Analphabetentum unter den Armen
lavoro minorile [la'vo:ro mino'ri:le]	Kinderarbeit
prostituzione (f) **minorile** [prostitu'tsjo:ne mino'ri:le]	Kinderprostitution
sofferenza [soffe'rɛntsa]	Leiden; Leid
alleviare le sofferenze dei poveri	das Leid(en) der Armen lindern

Criminalità e violenza
Verbrechen und Gewalttätigkeit

→ 6.7 Sistema giuridico e polizia

I delitto ci appartiene e c'è chi appartiene al delitto. (*Leonardo Sciascia, scrittore, 1920–1990)*

criminalità [kriminali'ta]	Verbrechen; Straftat
la lotta contro la criminalità	der Kampf gegen das Verbrechen
vittime della criminalità	Opfer von Straftaten
prevenzione (f) della criminalità	Verbrechensverhütung
l'aumento della criminalità	das Zunehmen der Kriminalität
criminale (m+f) [krimi'na:le]	kriminell; Verbrecher(in); Straftäter(in)
pregiudicato [predʒudi'ka:to]	Gewohnheits- / Berufsverbrecher
la malavita [la mala'vi:ta]	die Unterwelt
la malavita organizzata	die organisierte Kriminalität

Häufig begangene Straftaten (= *reati, delitti frequenti*)
assassinio / omicidio premeditato (= Mord) • *omicidio volontario* (= Totschlag) • *omicidio* (= Tötungsdelikt) • *lesione personale* (= Körperverletzung) • *stupro* (= Vergewaltigung) • *rapina* (= Raub) • *sequestro di persona* (= Entführung) • *sequestro aereo* (= Flugzeugentführung) • *presa di ostaggi* (= Geiselnahme) • *estorsione* (= Erpressung) • *incendio colposo* (= Brandstiftung) • *spergiuro* (= Meineid) • *falsificazione / contraffazione* (= Fälschung) • *corruzione* (= Bestechung) • *appropriamento indebito* (= Unterschlagung) • *peculato* (= Veruntreuung) • *frode* (= Betrug) • *contrabbando* (= Schmuggel) • *caccia di frodo / bracconaggio* (= Wilderei) • *vandalismo* (= mutwillige Beschädigung / Zerstörung fremden Eigentums) • *violazione di domicilio* (= Hausfriedensbruch) • *lenocinio* (= Zuhälterei) • *prostituzione* (= Prostitution) • *resistenza a pubblico ufficiale* (= Widerstand gegen die Staatsgewalt) • *collusione* (= Verdunkelung) • *pericolo di collusione e di distruzione delle prove* (= Verdunkelungsgefahr)

Bezeichnungen für Straftäter (= *delinquenti*)
omicida (= Mörder) • *stupratore* (= Vergewaltiger) • *aggressore* (= Angreifer) • *teppista / attaccabrighe* (= brutaler Rowdy / Schläger) • *teppista / uligano* (= Fußballrowdy) • *vandalo* (= mutwilliger Zerstörer) • *sequestratore* (= Entführer) • *pirata dell'aria* (= Flugzeugentführer) • *ricattatore* (= Erpresser) • *gangster* (= Gangster) • *taglieggiatore* (= Ganove / Gangster / Erpresser) • *incendiario / piromane* (= Brandstifter) • *falsario* (= Fälscher) • *imbroglione / truffatore / turlupinatore / faminchione / garbuglione / vendifrottole* (= Betrüger) • *contrabbandiere* (= Schmuggler) • *bracconiere* (= Wilderer) • *magnaccia / voyeur* (= Spanner / Voyeur)

sequestrare un aereo [sekues'tra:re una'ɛ:reo]	ein Flugzeug entführen
Hanno sequestrato un bus.	Sie brachten einen Bus in ihre Gewalt.

rapina in banca [ra'pi:na in 'banka]	Bankraub
due rapinatori armati e mascherati	zwei bewaffnete und maskierte Räuber
Mani in alto! Questa è una rapina!	Hände hoch! Dies ist ein Überfall!

Ruberie e ladri **(= Stehlen und Diebe)**
furto (= Diebstahl) • *borseggio* (= Taschendiebstahl) • *scippo* (= Handtaschenraub) • *taccheggio* (= Ladendiebstahl) • *ladro* (= Dieb) • *borseggiatore* (= Taschendieb) • *tagliaborse* (= Trickdieb) • *taccheggiatore* (= Ladendieb) • *scippatore* (= Straßenräuber / Handtaschendieb) • *rapinatore* (= Räuber)

Ein Einbruchdiebstahl wird als *furto con scasso* oder *furto con effrazione* bezeichnet. Dabei dringen die Einbrecher (*gli scassinatori*) über Tür oder Fenster ins Haus ein (*entrano di forza in casa scassinando la porta o una finestra*) und stehlen Gegenstände (*rubano oggetti*).

pistola – freddare / far fuori [pi'stɔ:la – fred'da:re / 'far fu'ɔ:ri]	(Hand-)Feuerwaffe – kaltmachen / abknallen
freddato a colpi di lupara	mit Schüssen aus der abgesägten Schrotflinte kaltgemacht

Die ***lupara*** (= wörtlich: „Wolfsflinte", eine Schrotflinte mit abgesägten Läufen) ist das rituelle Mordinstrument der sizilianischen Mafia. Als ***lupara bianca*** bezeichnet man das spurlose Verschwinden von Mafiaopfern.

armi da fuoco (fpl) ['armi da fu'ɔ:ko]	Schusswaffen
È stato condannato a una multa perché in possesso di armi da fuoco senza licenza.	Er wurde wegen unerlaubten Waffenbesitzes zu einer Geldstrafe verurteilt.

Sparare a qualcuno (= auf jemanden schiessen). Werden Pronomen benutzt, müssen diese dementsprechend im Dativ stehen: *Hanno sparato al gelataio di via Maronno. Gli hanno sparato.* Das deutsche „jemanden erschießen" hat keine exakte Entsprechung im Italienischen. Im Italienischen wird „jemand ermordet, indem auf ihn geschossen wird": *l'assassino gli ha sparato alle spalle* oder *l'assassino lo ha ucciso sparandogli alle spalle* (= der Mörder hat ihn hinterrücks erschossen).

violenza – violento [vio'lɛntsa – vio'lɛnto]	Gewalt(tätigkeit) – gewalttätig
violentare [violen'ta:re]	vergewaltigen
rissa ['rissa]	Prügelei; Schlägerei
azzuffarsi [attsuf'farsi]	sich prügeln; raufen

Verleumdung ist *diffamazione*. Erfolgt sie mündlich, heißt sie *calunnia* (= üble Nachrede). Wird dagegen der Staat verleumdet, ist von *vilipendio* die Rede: *questa azione deve essere considerata vilipendio alla bandiera nazionale.* Üble Nachrede ist im Alltag auch *pettegolezzi / dicerie* (= hässliches Gerede / Gewäsch).

picchiare [pik'kja:re]	schlagen; hauen
È stato picchiato a sangue da due teppisti.	Er wurde von zwei Rowdys zusammengeschlagen.
pugnalare / accoltellare qualcuno [puɲa'la:re / akkoltel'la:re kual'ku:no]	auf jemanden einstechen / jemanden niederstechen
È stata pugnalata a morte.	Sie wurde erstochen.
strangolare / strozzare qualcuno [strango'la:re / strot'tsa:re kual'ku:no]	jemanden erwürgen / erdrosseln
legare [le'ga:re]	fesseln

Crimini contro l'umanità **(= Verbrechen gegen die Menschlichkeit)**
massacro (= Massaker / Gemetzel) • *pogrom* (= ein Pogrom / gewalttätige Ausschreitungen besonders gegen Juden) • *atrocità* (= Greueltaten) • *campo di concentramento* (= Konzentrationslager) • *liquidare* (= liquidieren / ermorden) • *sterminare* (= ausrotten) • *sterminio* (= Ausrottung) • *genocidio* (= Völkermord) • *la strage degli innocenti* (= das Abschlachten unschuldiger Menschen) • *olocausto* (= Holocaust)

mafia – mafioso ['ma:fja – ma'fjo:so]	Mafia – mafiös

Die ***Mafia*** ist eine kriminelle Vereinigung sizilianischen Ursprungs. In Kampanien (insbesondere Neapel) heißt ihr Pendant *Camorra*, in Kalabrien *'Ndrangheta* und in Apulien *Sacra Corona Unita*. Die amerikanische *Mafia* nennt sich *Cosa Nostra* (= unsere Sache, unser Ding).

cosca mafiosa ['kɔska ma'fjo:sa]	Mafia-Clan / -Gruppe
delitto mafioso	Mafiaverbrechen
intimidazione mafiosa	Einschüchterung
la legge Antimafia	Antimafia-Gesetz
la cupola [la 'ku:pola]	die Kuppel *(oberstes Mafiaorgan)*
pizzo ['pittso]	Schutzgeld
risquotere il pizzo	das Schutzgeld eintreiben
omertà [omer'ta]	Mauer / Gesetz des Schweigens
onorata società	ehrenwerte Gesellschaft
uomo d'onore	Ehrenmann
maxiprocesso [maksipro'tʃɛsso]	Mammutprozess

Pentiti heißen reuige Straftäter der besonderen Art, Ex-Mafiosi oder Ex-Terroristen, die vor der Staatsanwaltschaft oder vor Gericht als Kronzeugen gegen noch aktive Angehörige ihrer einstigen Organisationen aussagen, um sich Strafminderung oder sogar Freiheit unter Polizeischutz mit neuer Identität zu verschaffen.

Xenofobia e razzismo
Ausländerfeindlichkeit und Rassismus

Ho sempre creduto che, se c'è un posto al mondo dove non esistono le razze è proprio l'Italia: le nostre antenate ebbero troppe occasioni di intrattenimento. (*Enzo Biagi, giornalista, *1920*)

xenofobia [ksenofo'bi:a]	Fremdenhass / -feindlichkeit / -furcht
xenofobo(-a)	Fremdenhasser(in)

Una fobia ist eine Phobie und damit eine krankhafte Angst: *claustrofobia* (= Klaustrophobie / krankhafte Angst beim Aufenthalt in geschlossenen Räumen). Angst erzeugt Abneigung, daher die Erweiterung des Begriffs in Zusammensetzungen wie *anglofobia* (= Anglophobie / Englandfeindlichkeit) oder *omofobia* (= Hass auf Homosexuelle).

straniero(-a) [stra'njɛ:ro]	ausländisch; Ausländer(in)
ostilità verso lo straniero	Ausländerfeindlichkeit
astio / odio verso gli stranieri	Ausländerhass; Fremdenhass
pregiudizio [predʒu'di:tsjo]	Vorurteil
attizzare i pregiudizi	Vorurteile schüren
Ha pregiudizi verso i marocchini.	Er hat Vorurteile gegen Marokkaner.
profugo(-a) ['prɔ:fugo]	Asylbewerber(in)
concedere asilo (politico) a qualcuno	jemandem (politisches) Asyl gewähren
immigranti (mpl) [immi'granti]	Einwanderer; Zuwanderer
immigrazione (illegale) (f) [immigra'tsjo:ne ille'ga:le]	(illegale) Einwanderung / Einreise
perseguitato(-a) politico(-a) [persegui'ta:to po'li:tiko]	politisch Verfolgte(r)
attentato dinamitardo [atten'ta:to dinami'tardo]	Bombenanschlag; Sprengstoffanschlag
attacco incendiario [at'takko intʃen'dja:rjo]	Brandanschlag
una banda di skinheads ['u:na 'banda di 'skinheds]	eine Bande von Skin(head)s
simpatizzanti della destra [simpatid'dzanti 'della 'dɛstra]	Anhänger der Rechten
estremisti di destra	Rechtsradikale; Rechtsextremisten
estremismo di destra	Rechtsextremismus
nazionalismo – nazionalista (m+f) [natsjona'lizmo – natsjona'lista]	Nationalismus – nationalistisch / Nationalist(in)
chauvinismo [ʃovi'nizmo]	übersteigerter Nationalismus
gruppo etnico ['gruppo 'ɛtniko]	ethnische Gruppe; Volksgruppe
minoranza etnica	ethnische Minderheit
pulizia etnica	ethnische Säuberung(en)
razza – razzismo – razzista (m+f) ['rattsa – rat'tsizmo – rat'tsista]	Rasse – Rassismus – Rassist(in)

rapporti tra le razze	(die) Beziehungen zwischen den Rassen
l'uguaglianza delle razze	Gleichberechtigung der Rassen
discriminazione (f) razziale	Rassendiskriminierung
odio razziale	Rassenhass
segregazione (f) razziale	Rassentrennung
apartheid (f) [a'partaid]	(Rassentrennung in Südafrika bis 1994)
antisemitismo – antisemita (m+f) [antisemi'tizmo – antisemi'tista]	Antisemitismus – antisemitisch / Antisemit(in)
ariano [a'rja:no]	(*Nazi-Ideologie*) arisch; Arier(in)
zingaro(-a) ['dzingaro]	Zigeuner(in); Sinti; Roma
il colore della sua pelle [il ko'lo:re 'della 'su:a 'pɛlle]	seine Hautfarbe

Vu' cumprà. Die Bezeichnung *persona di colore* ist der offizielle Begriff für einen farbigen Menschen in Italien, daneben hält sich in der Umgangssprache für Menschen mit dunkler Hautfarbe der Begriff *negro*. In der Alltagssprache hat sich der Begriff *vu' cumprà* aus dem neapolitanischen Dialekt (*vuoi comprare?* = willst du kaufen?) landesweit breitgemacht, der zwar einen rassistischen, allerdings keinen aggressiven Hintergrund aufweist. Mit ihm werden ebenso die zumeist farbigen, außereuropäischen (*extracomunitari*) Straßenhändler bezeichnet, die – in der Regel an geltenden Gesetzen vorbei – ihre Waren in Städten und an Stränden anbieten, wie die *lavavetri*, die „Fensterputzer", die an den Ampeln größerer Städte bereitstehen, um unaufgefordert Windschutzscheiben gegen ein Almosen zu putzen.

"Vi prego, offritemi asilo!"

Scienze sociali
Sozialwissenschaften

8

8

1

Antropologia
Anthropologie

Lasciamo che la varietà dei gruppi culturali sussista ... L'unità delle genti è una unità di atteggiamenti e di intenzioni – tolleranza e amore – non uniformità. *(Eugenio Pacelli, papa Pio XII, 1876–1958)*

antropologia [antropolo'dʒi:a]	Anthropologie; Lehre vom Menschen
antropologia fisica	physische / biologische Anthropologie
antropologia culturale	Ethnosoziologie
antropologo(-a)	Anthropologe / Anthropologin
antropologico	anthropologisch
etnologia [etnolo'dʒi:a]	Ethnologie; Völkerkunde
etnologo [et'nɔ:logo]	ethnologisch

Beachten Sie zur Aussprache
Bei Substantiven auf *-ologia* liegt die Hauptbetonung stets auf der Silbe *-gia*: *archeologia, astrologia, cronologia, criminologia, ecologia, filologia* etc., bei denen auf *-ologo / -ologa* stets auf der drittletzten Silbe: *archeologo(-a), astrologo(-a)* etc.
Bei den entsprechenden Adjektiven liegt die Hauptbetonung auf *-log-*: *antropologico, archeologico, astrologico, cronologico, criminologico, ecologico* etc.

uomo – uomini ['uɔ:mo – 'uɔ:mini]	Mensch – Menschen
umano [u'ma:no]	menschlich
popolazioni (fpl) / razze umane	menschliche Populationen / Rassen
la vita sociale degli uomini	das menschliche Gemeinschaftsleben
classificare gli uomini in razze	Menschen in Rassen einteilen
gli uomini preistorici	prähistorische / vorgeschichtliche Menschen
struttura sociale [strut'tu:ra so'tʃa:le]	Sozialstruktur
sistema (m) / ordine (m) sociale	Gesellschaftsordnung
istituzioni (fpl) **politiche** [istitu'tsjo:ni po'li:tike]	politische Einrichtungen / Institutionen
cultura / civilizzazione (f) [kul'tu:ra / tʃiviliddza'tsjo:ne]	Kultur
antiche culture	alte Kulturen
l'antichità classica	das klassische Altertum
la matrice culturale [la ma'tri:tʃe kultu'ra:le]	der kulturelle Hintergrund
il patrimonio culturale di un popolo	das kulturelle Erbe eines Volkes
diversità / differenze culturali	kulturelle Vielfalt / Unterschiede
tradizione (f) **popolare** [tradi'tsjo:ne popo'la:re]	(mündliche) Volksüberlieferung
musica / canzone (f) popolare	Volksmusik / -lied
favole popolari – medicina popolare	Volksmärchen – Volksmedizin
arte (f) popolare – arte primitiva	Volkskunst – primitive Kunst

usi e costumi (mpl) ['u:zi e ko'stu:mi]	Sitten und Gebräuche
consanguineità [konsanguinei'ta]	(Bluts-)Verwandtschaft
strutture familiari [strut'tu:re fami'lja:ri]	Familienstrukturen
le cosiddette **popolazioni primitive** [le kosid'dette popola'tsjo:ni primi'ti:ve]	sogenannte primitive Völker
gli aborigeni australiani [ʎi abo'ri:dʒeni austra'lja:ni]	die Ureinwohner Australiens
tribù (f) – **tribale** [tri'bu – tri'ba:le]	(Volks-)Stamm – Stammes-
simbolo – simbolizzare ['simbolo – simbolid'dza:re]	Symbol – symbolisieren
simbolico	symbolisch
rituale (m) [ritu'a:le]	Ritual; Zeremoniell
tabù (m) [ta'bu]	Tabu
il tabù dell'incesto [il ta'bu dellin'tʃɛsto]	das Inzesttabu / Inzestverbot
totem (m) – **totemismo** ['tɔ:tem – tote'mizmo]	Totem – Totemismus
evoluzione (f) [evolu'tsjo:ne]	(die) Evolution
la teoria dell'evoluzione di Darwin	Darwins Evolutionstheorie
evoluzionario	Evolutions-; Entwicklungs-
selezione (f) **naturale** [sele'tsjo:ne natu'ra:le]	natürliche Auslese
sopravvivenza del più forte [sopravvi'vɛntsa del pju 'fɔrte]	Überleben des / der Tauglichsten
genetica [dʒe'nɛ:tika]	Genetik; Vererbungslehre
mutazione (f) [muta'tsjo:ne]	Mutation
migrazione (f) [migra'tsjo:ne]	Migration; Wanderung
adattamento agli ecosistemi [adatta'mento 'a:ʎi ɛkosi'stɛ:mi]	Anpassung an Ökosysteme
artefatto [arte'fatto]	Artefakt (Gegenstand, der seine Form durch menschliche Einwirkung erhielt)

Storia
Geschichte

Il meglio della storia avviene in silenzio. (*Mario Luzi, poeta italiano, *1914*)

storia ['stɔ:rja]	Geschichte; Geschichtswissenschaft
storia antica / medievale / moderna	alte / mittlere / neuere Geschichte
storia contemporanea	(die) Zeitgeschichte
storia sociale / economica	Sozial- / Wirtschaftsgeschichte
la storia della Chiesa	(die) Kirchengeschichte
storico(-a) ['stɔ:riko]	historisch; geschichtlich; Historiker(in)
personalità storiche	historische Persönlichkeiten
testimonianze storiche	historische Zeugnisse / Belege
genealogia [dʒenealo'dʒi:a]	Genealogie; Ahnenforschung
albero genealogico	Ahnentafel
fonti primarie (fpl) ['fonti pri'ma:rje]	Primärquellen
documento [doku'mento]	Dokument; Urkunde
testimonianze (fpl) [testimo'njantse]	Aufzeichnungen; Zeugnisse; Belege
tradizione orale (f) [tradi'tsjo:ne o'ra:le]	mündliche Überlieferung
archivio [ar'ki:vjo]	Archiv
la decifrazione di iscrizioni [la detʃifra'tsjo:ne di iskri'tsjo:ni]	das Entziffern von Inschriften
cronaca – cronista (m+f) ['krɔ:naka – kro'nista]	Chronik – Chronist(in)
statistiche (fpl) [sta'tistike]	Statistiken
numero degli abitanti ['nu:mero 'de:ʎi abi'tanti]	Bevölkerungszahl
incremento degli abitanti	Bevölkerungszuwachs
movimenti demografici	Bevölkerungsbewegungen
periodo (storico) [pe'ri:odo ('stɔ:riko)]	(Geschichts-)Epoche
epoca ['ɛ:poka]	Epoche; Zeitalter
lo spirito del tempo [lo 'spi:rito del 'tempo]	der Zeitgeist
antico [an'ti:ko]	alt; antik
l'antica Roma	das alte Rom; das Rom der Antike
nell'antichità	im Altertum; in der Antike
gli antichi	die Menschen der Antike
l'arte degli antichi	die Kunst der Antike
le crociate (fpl) [le kro'tʃa:te]	die Kreuzzüge
i crociati	Kreuzfahrer; Kreuzritter
il Medioevo [medjo'ɛ:vo]	das Mittelalter
la riforma [riforma]	die Reformation
l'assolutismo [lassolu'tizmo]	der Absolutismus
l'illuminismo [lillumi'nizmo]	die Aufklärung
la Rivoluzione Francese [la rivolu'tsjo:ne fran'tʃe:se]	die Französische Revolution
la rivoluzione industriale	die industrielle Revolution

La scienza della politica
Politische Wissenschaften

→ 6 Ordinamento sociale

In politica quello che non può essere inteso da un contadino analfabeta non merita di essere stampato. (*Gaetano Salvemini, storico italiano, 1873–1957*)

politico – politicamente [po'li:tiko - politika'mente]	politisch – in politischer Hinsicht
scienze politiche (fpl)	politische Wissenschaft
politologo(-a)	Politologe / Politologin
convincimento politico	politische Einstellung / Überzeugung
istituzioni (fpl) / sistemi (mpl) politici	politische Institutionen / Systeme
la cultura politica del Paese	die politische Kultur des Landes
esercitare il potere politico	politische Macht ausüben
raggiungere obiettivi politici	politische Ziele erreichen
l'interazione fra gruppi d'interesse e partiti politici	die Interaktionen zwischen Interessengruppen und politischen Parteien
politicamente importante / stabile / attivo	politisch wichtig / stabil / aktiv

Gruppo di pressione (= organisierte Interessengruppe, die Druck auf Parteien, Regierung etc. ausübt, um Entscheidungen zu beeinflussen)

politica [po'li:tika]	Politik
politica internazionale	(die) internationale Politik
documento politico	Grundsatzpapier

Alcune definizioni colorite di certi modi di fare politica
la politica delle mani nette • la politica della porta aperta • la politica dei piccoli passi • la politica della foglia di carciofo • la politica da caffè • ed infine: una politica militante
In italiano ci si può dare alla politica o entrare in politica (= in die Politik gehen) *per poi fare politica, occuparsi di politica, intendersi o non intendersi di politica e, caso raro, ritirarsi dalla politica.*

processo decisionale [pro'tʃɛsso detʃisjo'na:le]	Entscheidungsprozess
comportamento [komporta'mento]	Verhalten
comportamento degli elettori	(das) Wählerverhalten
modello di comportamento politico	politisches Verhaltensmuster
educazione civica [eduka'tsjo:ne 'tʃi:vika]	politische Bildung
i diritti umani [i di'ritti u'ma:ni]	Menschenrechte
violazione dei diritti umani	Menschenrechtsverletzung
il diritto alla vita e alla libertà [il di'ritto 'alla 'vi:ta e 'alla liber'ta]	das Recht auf Leben und Freiheit

8
4

Psicologia
Psychologie

Purtroppo quando si parte da Freud si può andare a finire o in un postribolo o in un manicomio. (*P. Togliatti, uomo politico, 1893–1964*)

psicologia [psikolo'dʒi:a]	Psychologie
psicologia applicata / psicotecnica	angewandte Psychologie
psicologia clinica	klinische / medizinische Psychologie
psicologia comparativa	vergleichende Psychologie
psicologia dello sviluppo	Entwicklungspsychologie
psicologo(-a) [psi'kɔ:logo]	Psychologe / Psychologin
psicologico [psiko'lɔ:dʒiko]	psychologisch
psichiatria – psichiatra (m+f) [psikja'tri:a – psi'kja:tra]	Psychiatrie – Psychiater(in)
psicoanalisi (f) [psikoa'na:lizi]	Psychoanalyse
psicoanalista (m+f)	Psychoanalytiker(in)
psicopatico(-a) [psiko'pa:tiko]	Psychopath(in); psychopathisch
psicopatologia [psikopatolo'dʒi:a]	Psychopathologie
psicoterapia [psikotera'pi:a]	Psychotherapie
psicoterapista (m+f)	Psychotherapeut(in)
comportamento [komporta'mento]	Verhalten
comportamento anormale	abnormes / a(b)normales Verhalten
etologia	Verhaltensforschung
behaviourismo / comportamentismo	Verhaltenslehre; Verhaltenspsychologie
condizionare – condizionamento [kondi'tsjo:ne – konditsjona'mento]	konditionieren – Konditionierung
riflesso condizionato	bedingter Reflex
stimolo e reazione (f) ['sti:mɔlo e rea'tsjo:ne]	Reiz und Reaktion
rafforzamento dei riflessi [raffortsa'mento dej rif'lɛssi]	Verstärkung der Reflexe
personalità [personali'ta]	Persönlichkeit
la mente umana [la 'mɛnte u'ma:na]	der menschliche Verstand / Geist
l'inconscio e il subconscio	das Unbewusste und das Unterbewusstsein
percezione (f) [pertʃe'tsjo:ne]	Wahrnehmung
memoria [me'mɔ:rja]	Gedächtnis
memoria a breve termine	Kurzzeitgedächtnis
memoria a lungo termine	Langzeitgedächtnis
il pensare [il pensa:re]	(das) Denken
il ragionare [il radʒo'na:re]	(logisches) Denken
affrontare un problema [affron'ta:re un pro'blɛ:ma]	ein Problem angehen
intelligenza [intelli'dʒɛntsa]	Intelligenz
quoziente (m) di intelligenza / IQ	Intelligenzquotient / IQ
creatività [kreativi'ta]	Kreativität
motivazione (f) [motiva'tsjo:ne]	Motivation; Verhaltensantrieb

realizzazione (f) **di se stessi** [realiddza'tsjo:ne di 'se 'stessi]	Selbstverwirklichung
emozione (f) [emo'tsjo:ne]	Gefühl
emozioni come gioia e rabbia	Gefühle wie Freude und Zorn
emozioni represse	unterdrückte Gefühle
subconscio [sub'kɔnʃo]	Unterbewusstsein – unterbewusst
inconscio [in'kɔnʃo]	unbewusst
sogno – il sognare ['so:ɲo – so'ɲa:re]	Traum – (das) Träumen
incubo ['inkubo]	Alptraum
paura [pa'u:ra]	Angst
disturbi mentali (mpl) [di'sturbi men'ta:li]	geistige Störungen
disturbi psicosomatici	psychosomatische / körperlich-seelische Störungen
afflitto da disturbi mentali	(geistes-)gestört
afflitto da malattia mentale	geisteskrank; psychisch krank
ritardato mentalmente	(geistig) zurückgeblieben
psicosi – neurosi (f) [psi'kɔ:zi – neu'rɔ:zi]	Psychose – Neurose
comportamento nevrotico	neurotisches / krankhaftes Verhalten
È un nevrotico.	Er ist ein Neurotiker.
schizofrenia [skidzofre'ni:a]	Schizophrenie
schizofrenico(-a)	schizophren; Schizophrene(r)
terapia di gruppo [tera'pi:a di 'gruppo]	Gruppentherapie
terapia occupazionale / ergoterapia	Beschäftigungstherapie
terapista (m+f) [tera'pista]	Therapeut(in)
consulenza matrimoniale [konsu'lɛntsa matrimo'nja:le]	Eheberatung
colloquio [kol'lɔ:kujo] (psicodiagnostico)	(psychodiagnostisches) Gespräch
studio analitico / di un caso specifico ['stu:djo ana'li:tiko / di un 'ka:zo spe'tʃi:fiko]	Fallstudie
test psicologici (mpl) ['tɛst psiko'lɔ:dʒitʃi]	psychologische Tests
test di intelligenza	Intelligenztest
test di abilità	Eignungstest / -prüfung
test attitudinale	Eignungstest
test di profitto	Leistungstest
test proiettivo	projektiver Test; Projektionstest
test standardizzato	standardisierter Test
validità (di un test) [validi'ta - di un 'tɛst]	Validität / Gültigkeit (eines Tests)
esattezza / credibilità [ezat'tettsa / kredibili'ta]	Zuverlässigkeit

8

5

Sociologia
Soziologie

Il sociologo è colui che va ad una partita di calcio per guardare gli spettatori.
*(Gesualdo Bufalino, scrittore italiano, *1920)*

sociologia – sociologo(-a) [sotʃolo'dʒiːa – so'tʃɔːlogo]	Soziologie – Soziologe / Soziologin
sociologico [sotʃo'lɔːdʒiko]	soziologisch
sociale [so'tʃaːle]	sozial; Sozial-; gesellschaftlich; Gesellschafts-
cambiamento sociale	sozialer / gesellschaftlicher Wandel
norme sociali	soziale / gesellschaftliche Normen
relazioni (fpl) / rapporti sociali	soziale / gesellschaftliche Beziehungen
l'ambiente (m) sociale	das soziale Umfeld
struttura sociale	Sozialstruktur
socializzazione (f) [sotʃaliddza'tsjoːne]	Sozialisation; Sozialisierung
società [sotʃe'ta]	(die) Gesellschaft
gli emarginati della società	die gesellschaftlichen Randgruppen
gli anelli più deboli della società	die schwächsten Glieder der Gesellschaft
una società senza classi	eine klassenlose Gesellschaft
demografia – demografico [demogra'fiːa – demog'raːfiko]	Demografie – demografisch
ricerca empirica [ri'tʃerka em'piːrika]	empirische Forschung
metodi quantitativi (mpl) ['mɛːtodi kuantita'tiːvi]	quantitative Methoden
sondaggio [son'daddʒo]	Umfrage; Untersuchung
condurre un sondaggio	eine Umfrage durchführen
il 45% degli intervistati	45% der Befragten
censimento [tʃensi'mento]	(Volks-)Zählung; Zensus
censire la popolazione	eine (Volks-)Zählung durchführen
statistica [sta'tistika]	Statistik *(auch als Wissenschaft)*
Queste statistiche sono fuorvianti.	Diese Statistiken sind irreführend.
popolazione (f) [popola'tsjoːne]	(statistische) Gesamtzahl / Gesamtheit
la crescita della popolazione	Bevölkerungswachstum
campione (m) [kam'pjoːne]	Auswahl; (Zufalls-)Stichprobe; Sample
campione casuale	(Zufalls-)Stichprobe
campione rappresentativo	repräsentative Auswahl
modello di **comportamento** [mo'dɛllo di komporta'mento]	Verhaltensmuster
codice (m) di comportamento	Verhaltensnormen
devianza [devi'antsa]	abweichendes Verhalten; Devianz
comportamento deviante	abweichendes Verhalten
dinamica di gruppo [di'naːmika di 'gruppo]	Gruppendynamik

Educazione
Bildungswesen

9

1 Istituzioni scolastiche
Bildungseinrichtungen

2 Materie di studio e capacità
Studienfächer und Fertigkeiten

3 Esami e qualificazioni
Abschlüsse und Qualifikationen

4 Insegnamento e studio
Lehren und Lernen

5 In classe
Im Klassenzimmer

9 1 Istituzioni scolastiche
Bildungseinrichtungen

L'educazione non è ciò che il maestro dà, ma è un processo naturale che si svolge spontaneamente nell'individuo umano. (*Maria Montessori, pedagogista, 1870–1952*)

asilo (d'infanzia) [a'zi:lo (din'fantsja)]	Kindergarten
asilo nido	Kinderkrippe
scuola [sku'ɔ:la]	Schule
scuola materna	Kindergarten
frequentare una scuola a tempo pieno	eine Ganztagsschule besuchen
doposcuola (m)	Förder- oder Neigungsgruppe
scuola pubblica – scuola privata	öffentliche Schule – Privatschule
scuola dell'obbligo	Pflichtschule
scuola elementare (5 anni, dai 6 agli 11 anni)	Grundschule (5 Klassen, von sechs bis elf Jahren)
scuola media (3 anni, dagli 11 ai 14 anni)	Mittelschule (3 Klassen, von elf bis vierzehn Jahren)
scuola secondaria superiore	höhere weiterführende Schule; Oberstufe
liceo [li'tʃɛ:o]	Gymnasium
liceo scientifico	naturwissenschaftliches Gymnasium
liceo classico	humanistisches Gymnasium
liceo linguistico	neusprachliches Gymnasium
liceo artistico	künstlerisches Gymnasium
lezione (f) [le'tsjo:ne]	(Unterrichts-)Stunde
ora di lezione	Unterrichtsstunde
Hai frequentato le lezioni del mattino?	Hast du den Vormittagsunterricht besucht?
lezione universitaria	Vorlesung
orario delle lezioni	Stundenplan
compito in classe / prova scritta ['kompito in 'klasse / 'prɔ:va 'skritta]	Klausur
compito a casa	Hausaufgabe
interrogazione (f) [interroga'tsjo:ne]	Befragung
Chi interroghiamo oggi?	Wen nehmen wir heute dran?
voto ['vo:to]	Note
Ho preso un bel voto in latino.	Ich habe eine gute Note in Latein bekommen.
scrutinio [skru'ti:njo]	Benotung
consiglio di classe [kon'si:ʎo di 'klasse]	Lehrerkonferenz
consiglio dei genitori	Elternbeirat
(esame di) **maturità** [(e'za:me di) maturi'ta]	Abitur(prüfung)
bidello [bi'dɛllo]	Hausmeister; Pedell
collegio [kol'lɛ:dʒo]	Internat

istituto professionale [isti'tu:to professjo'na:le]	Berufsfachschule
istituto magistrale	(italienische Ausbildungsstätte für Lehrer/innen)
università [universi'ta]	Universität
andare / studiare all'università	an der Universität studieren
frequentare l'università	zur Uni gehen
È professore all'Università Statale di Milano.	Er ist Professor an der Mailänder Staatlichen Universität.
universitario [universi'ta:rjo]	Universitäts-; Studenten-
opera universitaria	Studentenwerk

Le università sono articolate (= aufgegliedert in) *su quattro, cinque e sei anni di corsi, ed alla conclusione l'esame di laurea* (= Universitätsabschluss) *dà il diritto al titolo* (= akademischer Grad) *di dottore* (*in legge, in medicina, in ingegneria, ecc.*)

immatricolazione (f) [immatrikola'tsjo:ne]	Immatrikulation; Einschreibung
Gli studenti del primo anno di università si chiamano matricole.	Studenten im ersten Studienjahr heißen Erstsemester.
facoltà [fakol'ta]	Fakultät
facoltà di filosofia	philosophische Fakultät
Alcune facoltà hanno il **numero chiuso**. [al'ku:ne fakol'ta 'anno il 'numero ki'u:so]	In einigen Fakultäten herrscht Numerus Clausus.
dipartimento [diparti'mento]	Fachbereich
il dipartimento di fisica	der Fachbereich Physik
seminario [semi'na:rjo]	Seminar
seminario	(*auch*) theologische Hochschule
frequentare un seminario	ein Seminar besuchen
frequentare il seminario	die theologische Hochschule besuchen
esame (m) [e'za:me]	Prüfung; Examen
esame d'ammissione	Aufnahmeprüfung
Oggi mi presento all'appello d'esame.	Heute nehme ich meinen Prüfungstermin wahr.
esame di stato	Staatsexamen
iscriversi all'esame	sich zur Prüfung melden
presentarsi ad un esame	zu einer Prüfung antreten
sostenere / dare un esame	eine Prüfung ablegen
superare / non superare l'esame	die Prüfung bestehen / nicht bestehen
accademia di belle arti [akka'dɛ:mja di 'bɛlle 'arti]	Kunstakademie
istituto di ricerca [isti'tu:to di ri'tʃerka]	Forschungsinstitut
corso per corrispondenza ['korso per korrispon'dɛntsa]	Fernstudium
scuola serale [sku'ɔ:la se'ra:le]	Abendschule

Materie di studio e capacità
Studienfächer und Fertigkeiten

Le cose non sono di per sé interessanti, ma lo diventano solamente se ce ne interessiamo. (*Silvio Ceccato, scienziato*)

materia [ma'tɛ:rja]	(Unterrichts-)Fach
La mia materia preferita è la matematica.	Mein Lieblingsfach ist Mathe.
materia facoltativa	Wahlfach
materia obbligatoria	Pflichtfach
corso ['korso]	Kurs(us); Lehrgang
frequentare / fare un corso	einen Kurs besuchen / machen
matematica [mate'ma:tika]	Mathematik; Mathe
educazione tecnica (f) [eduka'tsjo:ne 'tɛknika]	Technik
educazione fisica (f) [eduka'tsjo:ne 'fi:zika]	Sport; Leibesübungen
lingua straniera ['lingua stra'njɛ:ra]	Fremdsprache
letteratura italiana [lettera'tu:ra ita'lja:na]	italienische Literatur
catechismo / religione (f) [kate'kizmo – reli'dʒo:ne]	Religion(slehre)
educazione civica (f) [eduka'tsjo:ne 'tʃi:vika]	Sozialkunde; Sozialwissenschaften
economia domestica [ekono'mi:a do'mɛstika]	Hauswirtschaftslehre
storia ['stɔ:rja]	Geschichte
geografia [dʒeogra'fi:a]	Geographie

Das Fach *scienze* (= Naturwissenschaften) umfasst *biologia* (= Biologie), *chimica* (= Chemie), *fisica* (= Physik), *geografia* (= Geographie), *astronomia* (= Astronomie) und *geologia* (= Geologie).

piano di studi ['pja:no di 'stu:di]	Lehrplan; Stoffplan; Rahmenplan
attività interattiva orale [attivi'ta interat'ti:va o'ra:le]	Kommunikations- / Sprechfertigkeitsübungen
attività di scrittura / produzione scritta	schriftsprachliche Übungen
attività d'ascolto	Hörverstehen / -verständnis
attività di lettura	Leseverstehen / -verständnis
Il nostro corso segue un approccio comunicativo.	Unser Kurs hat einen kommunikativen Ansatz.
dettato [det'ta:to]	Diktat
Oggi facciamo un dettato.	Heute schreiben wir ein Diktat.
tema (m) ['te:ma]	(Schul-)Aufsatz
scrivere un tema sul problema dei senzatetto	einen Aufsatz über die Obdachlosigkeit schreiben
composizione (f) [kompozi'tsjo:ne]	(Schul-)Aufsatz

Esami e qualificazioni
Abschlüsse und Qualifikationen

Gli esami non finiscono mai. (*Luigi Pirandello, scrittore e drammaturgo, 1867–1936*)

Prüfungen sind *esami*: *esame orale / scritto* (= mündliche / schriftliche Prüfung), *esame finale* (= Abschlussprüfung). *A giugno mi laureo.* (= Im Juni mache ich die Abschlussprüfung.) *Gli studenti si preparano a* (= bereiten sich vor auf) *un esame / fanno un esame / si sottopongono ad un esame* (= machen eine Prüfung / unterziehen sich einer Prüfung). *Lo passano o vengono bocciati.* (= Sie bestehen eine Prüfung / fallen durch / bestehen die Prüfung nicht.)

copiare (in un esame) [ko'pja:re (in un e'za:me)]	(in einer Prüfung) vom Nachbarn abschreiben

Verschiedene Tests: *test attitudinale* (= Eignungstest) • *test di valutazione* (= Einstufungstest) • *test di assunzione* (= Anstellungstest) • *test a risposta multipla / a scelte multiple* (= Multiple-Choice-Test).

passare [pas'sa:re]	(Prüfung) bestehen
passare l'esame di storia	die Geschichtsprüfung bestehen
Ha passato l'esame con lode.	Er bestand die Prüfung mit Auszeichnung.
esame di **laurea** [e'za:me di 'laurea]	Universitätsabschluss
la tesi di laurea	Diplom- / Examens- / Magisterarbeit
laurearsi [laure'arsi]	das Studium abschließen
Si è laureata a pieni voti.	Sie hat das Studium mit Bestnoten abgeschlossen.
Si è laureato in economia aziendale.	Er ist Diplomkaufmann / Betriebswirt.
laureato(-a)	(Voll-)Akademiker(in)

Noten, mit denen Leistungen bewertet werden, heißen *voti*: *voti dallo 0 al 10 nelle scuole superiori* (= die Noten von 6 bis 1), *voti dal 18 al 30 e lode all'università* (= die Noten von 4 bis 1). *Ha preso 10 in entrambi i compiti.* (= Er / Sie hat in beiden Arbeiten eine Eins bekommen.) *In scienze i suoi voti sono meno belli.* (= In den Naturwissenschaften sind seine / ihre Noten weniger gut.) *Ha passato l'esame di matematica per il rotto della cuffia: ha preso un 18.* (= Er / Sie hat die Mathematikprüfung gerade noch bestanden: Er / Sie hat eine Vier Minus bekommen.)

certificato [tʃertifi'ka:to]	(Prüfungs- / Abschluss-)Zeugnis
diploma (m) [dip'lɔ:ma]	Abschlusszeugnis

Il diploma *è un documento che viene rilasciato in esito al superamento di un esame* (= auf Grund einer bestandenen Prüfung) *sia a livello universitario* (= auf akademischem Niveau) *che anche a livello inferiore* (= in weiterführenden Ausbildungsanstalten).

corso di **specializzazione** ['korso di spetʃaliddza'tsjo:ne]	Fachkurs
corso di **perfezionamento** ['korso di perfetsjona'mento]	Aufbaukurs

Um zu **promovieren** (= *ottenere il diploma di dottorato di ricerca*) schreibt man auch in Italien u.a. eine Doktorarbeit oder Dissertation (= *tesi di dottorato*).

"I miei studi sono durati un po' più a lungo del previsto."

Insegnamento e studio
Lehren und Lernen

Non si insegna mai troppo quello che mai non si impara abbastanza.
(*Pietro Aretino, scrittore, 1492–1556*)

insegnare [inse'ɲa:re]	unterrichten; lehren
Chi te lo ha insegnato?	Wer hat dir das beigebracht?
insegnamento delle lingue straniere	Fremdsprachenunterricht
nuovi metodi di insegnamento	neue Lehrmethoden
corso di aggiornamento ['korso di addʒorna'mento]	Weiterbildungskurs
partecipare ad un corso di aggiornamento	an einem Weiterbildungskurs teilnehmen
didattica / insegnamento [di'dattika / inseɲa'mento]	Unterricht
materiale didattico	Lehrmaterial
autodidattica	Selbstunterricht
maestro(-a) [ma'estro]	Grundschullehrer(in)
maestro(-a) di tennis	Tennislehrer(in)
professore(-essa) [profes'so:re (professo'ressa)]	Lehrer(in) ab der 6. Klasse; Professor(in)
il / la prof (*ugs.*)	Lehrer(in) ab der 6. Klasse
istruttore(-trice) [istrut'to:re(-'tri:tʃe)]	Lehrer(in); Ausbilder(in)
istruttore di guida	Fahrlehrer
lezione (f) [le'tsjo:ne]	(Unterrichts-)Stunde
dare / prendere lezioni d'italiano	Italienischunterricht erteilen / nehmen
impartire lezioni d'italiano	Italienischunterricht halten
motivare [moti'va:re]	motivieren
motivare gli studenti a studiare	die Schüler zum Lernen motivieren
motivazione (f) [motiva'tsjo:ne]	Motivation; Anreiz
Agli studenti manca una forte motivazione.	Die Schüler sind nicht sonderlich motiviert.
imparare [impa'ra:re]	lernen
L'ho imparato a scuola.	Das habe ich in der Schule gelernt.
imparare una poesia a memoria	ein Gedicht auswendig lernen
studiare [stu'dja:re]	studieren
Studia medicina a Padova.	Er studiert in Padua Medizin.
Studia da ingegnere.	Sie studiert Ingenieurwesen.
Sto studiando per il compito.	Ich lerne für die Arbeit.
leggere ['lɛddʒere]	lesen
leggere un testo ad alta voce	einen Text (laut) vorlesen
libro di testo ['li:bro di 'tɛsto]	Lehrbuch
il testo che usiamo	das Lehrbuch, das wir benutzen
compiti a casa ['kompiti a 'ka:za]	Hausaufgabe(n); Hausarbeit(en)
assegnare / dare i compiti a casa	Hausarbeiten aufgeben
Che compiti devi fare?	Was hast du auf?

In classe
Im Klassenzimmer

"A scuola imparo a nuotare" / ci avverte uno striscione comunale. / E che altro si dovrebbe insegnare? / Oggi è lo stare a galla quel che vale. (*G. Guerrasio, regista e poeta*)

appello [ap'pɛllo]	Anwesenheitskontrolle; „Aufrufen"
fare l'appello	die Anwesenheit feststellen
All'appello si risponde: "Presente!"	Bei der Anwesenheitskontrolle antwortet man: „Hier!".
Chi è **assente** oggi? [ki ɛ as'sɛnte 'ɔddʒi]	Wer fehlt heute?
annotare nel **registro** (di classe) [nel re'dʒistro (di 'klasse)]	im Klassenbuch vermerken
Per favore, un po' di **silenzio**! [si'lɛntsjo]	Bitte etwas Ruhe!
Allora, **cominciamo**. [al'lo:ra komin'tʃa:mo]	Fangen wir also an.
Abbiamo musica alla terza **ora**.	Musik haben wir in der dritten Stunde.
Prendete i vostri libri. [pren'de:te i 'vɔstri 'li:bri]	Nehmt eure Bücher heraus.
Aprite il libro a pagina 57. [a'pri:te il 'li:bro]	Schlagt euer Buch auf Seite 57 auf.
Chiudete i libri, per favore. [kju'de:te i 'li:bri per fa'vo:re]	Macht die Bücher bitte zu.
È in **alto** / **basso** della pagina.	Es ist oben / unten auf der Seite.
inscenare un dialogo [inʃe'na:re un di'a:logo]	einen Dialog spielen
Guardate il terzo **paragrafo**. [guar'da:te il 'tɛrtso pa'ra:grafo]	Schaut euch den dritten Absatz an.
Continuiamo con il prossimo paragrafo. [kontinu'jamo]	Wir machen mit dem nächsten Absatz weiter.
È meglio se **prendete** degli **appunti**.	Ihr schreibt besser mit.
riassumere l'accaduto [rias'su:mere lakka'du:to]	die Handlung zusammenfassen
un breve **riassunto** del testo [rias'sunto del 'tɛsto]	eine kurze Zusammenfassung des Textes
Scrivete in modo **chiaro** / **leggibile**. [skri've:te in 'mɔ:do 'kja:ro / led'dʒi:bile]	Bitte schreibt deutlich / leserlich.
A chi tocca? [a ki 'tokka]	Wer ist dran?
Il prossimo, prego. [il 'prossimo 'prɛ:go]	Der Nächste, bitte.
Questo lo facciamo a **coppie**. [ku'esto lo fat'tʃa:mo a 'koppje]	Das machen wir in Partnerarbeit.
lavorare in **gruppi** di quattro	in Vierergruppen arbeiten
Parla più forte, per favore.	Sprich bitte lauter.

Potresti parlare a voce **più alta**?	Könntest du etwas lauter sprechen?
Cercate di parlare **più chiaramente**, per favore. [pju kjara'mente]	Versucht bitte deutlicher zu sprechen.
Ripetete dopo di me. [ripe'te:te 'dɔ:po di me]	Sprecht mir bitte nach.
Ditelo **ancora una volta**, per favore.	Sagt das bitte noch mal.
Non **suggerite**, per favore. [non suddʒe'ri:te per fa'vo:re]	Sagt bitte nicht vor.
Vai alla **lavagna**, per favore. ['va:i 'alla la'va:ɲa per fa'vo:re]	Geh bitte an die Tafel.
un pezzo di **gesso** [un 'pɛttso di 'dʒesso]	ein Stück Kreide
pulire la lavagna [pu'li:re la la'va:ɲa]	die Tafel abwischen
accendere / spegnere la luce [at'tʃendere / 'speɲere la 'lu:tʃe]	das Licht anmachen / ausmachen
Avete finito?	Seid ihr fertig?
Avete consegnato tutti il vostro lavoro? [a've:te konse'ɲa:to]	Haben alle ihre Arbeit abgegeben?
Vi **riconsegno** i lavori lunedì. [vi rikon'se:ɲo]	Ich gebe die Arbeit am Montag zurück.
Questo **è tutto per oggi.**	Das wär's für heute.
Lo **finiamo** la prossima volta. [lo fi'nja:mo la 'prɔssima 'vɔlta]	Wir machen das nächstes Mal zu Ende.
Per **compito** fate … [per 'kompito 'fa:te]	Als Hausaufgabe macht bitte …

"Su questo tema domani scriveremo un compito in classe."

"Weltanschauung"
Weltanschauung

1 Religioni e confessioni
Religionen und Konfessionen

2 Dio e la divinità
Gott und Göttlichkeit

3 Catechismo, pratiche e istituzioni religiose
Religiöse Lehren, Bräuche und Institutionen

4 Credenze non religiose
Nichtreligiöse Überzeugungen

5 Filosofia
Philosophie

Weltanschauung ist eines von zahlreichen deutschen Wörtern, die ihren Weg in die italienische Sprache gefunden haben. Weitere Beispiele: *anschluss (annessione), baedeker (guida turistica), bildungsroman (romanzo d'educazione), blitz (azione fulminea), blitzkrieg (guerra lampo), breitschwanz (pelliccia di agnellini persiani), bunker (rifugio), diktat (condizione imposta ad altri in modo duro e perentorio), Gestapo, hinterland (fascia di territorio circostante a un grande centro urbano), jugendstil, kaputt, kitsch, kindergarten, leitmotiv (motivo conduttore), luftwaffe, panzer, putsch, realpolitik, Sturm und Drang.*

10 1

Religioni e confessioni
Religionen und Konfessionen

La religione consiste nel credere che tutto quello che ci accade è straordinariamente importante. Non potrà mai sparire dal mondo, proprio per questa ragione. (*Cesare Pavese, scrittore italiano, 1908–1950*)

religione (f) [reli'dʒo:ne]	Religion
libertà di religione	Religionsfreiheit
religioso	religiös
credenze religiose	religiöse Überzeugungen
cristianesimo [kristja'ne:zimo]	Christentum
La croce è il simbolo del cristianesimo.	Das Kreuz ist das Symbol des Christentums.
cristiano(-a)	christlich; Christ(in)
I Cristiani credono che Gesù sia il Messia.	Die Christen glauben, dass Jesus der Messias ist.
i primi cristiani	die Urchristen
Islam (m) [iz'lam]	(der) Islam
I seguaci dell'Islam sono chiamati musulmani.	Die Anhänger des Islam heißen Muslime.
islamico	islamisch
islamici fondamentalisti	islamische Fundamentalisten
induismo [indu'i:zmo]	(der) Hinduismus
Le vacche sono animali sacri per l'induismo.	Die Kuh wird im Hinduismus als heilig verehrt.
indù	hinduistisch; Hindu
Agli occhi di un indù tutto è sacro.	In den Augen eines Hindu ist alles heilig.
buddismo [bud'dizmo]	(der) Buddhismus
Il buddismo si è diffuso in occidente.	Der Buddhismus hat sich im Westen ausgebreitet.
buddista	buddhistisch; Buddhist(in)
giudaismo [dʒuda'i:zmo]	(das) Judentum; (der) Judaismus
Il giudaismo è la religione dei giudei.	Der Judaismus ist die Religion der Juden.
ebreo(-a) [eb'rɛ:o]	jüdisch; Jude / Jüdin
il popolo ebreo	das jüdische Volk
Lui / Lei è ebreo(-a).	Er / Sie ist Jude / Jüdin.
ebraico	jüdisch
centri di cultura ebraica	Zentren jüdischer Kultur
convertire [konver'ti:re]	konvertieren; bekehren
Si è convertito al cattolicesimo.	Er konvertierte zum Katholizismus / trat zum katholischen Glauben über.
Sono stati convertiti al cristianesimo.	Sie wurden zum Christentum bekehrt.
confessione (f) [konfes'sjo:ne]	Konfession; Glaubensgemeinschaft

Di che confessione è Lei?	Welcher Glaubensgemeinschaft gehören Sie an?
Per i cattolici la confessione è un sacramento.	Für Katholiken ist die Konfession ein Sakrament.
cattolicesimo [kattoli'tʃe:zimo]	(der) Katholizismus
In Polonia la religione dominante è il cattolicesimo.	In Polen ist die vorherrschende Religion der Katholizismus.
cattolico(-a)	(römisch-)katholisch; Katholik(in)
Fu accolto nella Chiesa Cattolica.	Er wurde in die katholische Kirche aufgenommen.
Divenne cattolica.	Sie wurde katholisch.
protestantesimo [protestan'te:zimo]	(der) Protestantismus
Il luteranesimo è il ramo maggiore del protestantesimo.	Die evangelisch-lutherische Kirche ist der Hauptzweig des Protestantismus.
protestante	protestantisch; evangelisch; Prostestant(in)
chiese protestanti	protestantische / evangelische Kirchen
Lui / Lei è protestante.	Er / Sie ist evangelisch.
calvinismo [kalvi'nizmo]	(der) Kalvinismus
calvinista	kalvinistisch; Kalvinist(in)
Chiese riformate (fpl) ['kjɛ:ze rifor'ma:te]	reformierte Kirchen
luterano(-a) [lute'ra:no]	lutherisch; Lutheraner(in)
Chiese Luterane	lutherische Kirchen
battista (m+f) [bat'tista]	Baptist(in)
metodista (m+f) [meto'dista]	methodistisch; Methodist(in)
Lei è metodista / battista.	Sie ist Methodistin / Baptistin.
anglicano(-a) [angli'ka:no]	anglikanisch; Anglikaner(in)
la Chiesa Anglicana	die anglikanische Kirche
presbiteriano(-a) [prezbite'rja:no]	presbyterianisch; Presbyterianer(in)
Lui / Lei è presbiteriano(-a).	Er / Sie ist Presbyterianer(in).
puritano(-a) [puri'ta:no]	puritanisch; Puritaner(in)
Molti puritani sono emigrati nel Nuovo Mondo.	Viele Puritaner wanderten in die Neue Welt aus.
Esercito della Salvezza [e'zɛrtʃi:to 'della sal'vettsa]	die Heilsarmee
ortodosso [orto'dɔsso]	orthodox
testimoni di Geova (mpl) [testi'mɔni di 'dʒe:ova]	Zeugen Jehovas

Dio e la divinità
Gott und Göttlichkeit

L'amor che muove il sole e le altre stelle. (*Dante Alighieri, poeta italiano, 1265–1321*)

dio – (gli) dei ['di:o – 'dɛ:i]	Gott – Götter
Credo in Dio, Padre Onnipotente, Creatore del Cielo e della Terra.	Ich glaube an Gott den Vater, den Allmächtigen, den Schöpfer des Himmels und der Erde.
Non avrai altro Dio all'infuori di me.	Du sollst keine anderen Götter haben neben mir.
Il Signore Iddio [il si'ɲo:re id'di:o]	(Gott) der Herr
creatore (m) [krea'to:re]	Schöpfer
il creatore dell'universo	der Schöpfer des Weltalls
Gesù Cristo [dʒe'zu 'kristo]	Jesus Christus
nostro Signore Gesù Cristo	unser Herr Jesus Christus
il Messia [mes'si:a]	der Messias
lo Spirito Santo [lo 'spi:rito 'santo]	der Heilige Geist
la Santissima Trinità (= Padre, Figlio, Spirito Santo) [la san'tissima trini'ta]	die Heilige Dreifaltigkeit / Dreieinigkeit (= Vater, Sohn, Heiliger Geist)
onnipotente [onnipo'tɛnte]	allmächtig; der Allmächtige
Preghiamo Dio, l'Onnipotente.	Lasst uns zum allmächtigen Gott / zum Allmächtigen beten.
la dea – le dee ['dɛ:a – 'dɛ:ɛ]	Göttin – Göttinnen
Artemide era una dea greca.	Artemis war eine griechische Göttin.
Allah [al'la]	(arabischer Name für Gott)
Non c'è altro dio all'infuori di Allah e Maometto è il suo profeta.	Es gibt keinen Gott außer Allah, und Mohammed ist sein Bote.
il profeta Maometto [pro'fɛ:ta mao'metto]	der Prophet Mohammed
Visnù e Siva [viz'nu e 'ʃi:va]	Wischnu und Schiwa
Visnù e Siva sono le due principali divinità induiste.	Wischnu und Schiwa sind die beiden hinduistischen Hauptgötter.
Budda ['budda]	Buddha
Budda significa "l'illuminato".	Buddha heißt „der Erleuchtete".
divinità [divini'ta]	Gottheit; Göttlichkeit
Gli ateisti negano l'esistenza della divinità.	Atheisten leugnen die Existenz eines Gottes / einer Gottheit.
l'umanità e la divinità di Gesù	Jesu Menschlichkeit und Göttlichkeit
divino [di'vi:no]	göttlich
rivelazione (f) divina	göttliche Offenbarung
credere in un **essere superiore** (m) ['kre:dere in un 'ɛssere supe'rjo:re]	an ein höheres Wesen glauben
politeismo [polite'i:zmo]	Polytheismus
monoteismo [monote'i:zmo]	Monotheismus
ateismo [ate'i:zmo]	Atheismus (= Weltanschauung, die die Existenz Gottes leugnet)
ateo(-a) ['a:teo]	atheistisch; Atheist(in)

Catechismo, pratiche e istituzioni religiose
Religiöse Lehren, Bräuche und Institutionen

Tante sono le vie che menano al Signore: possono esserlo anche i vicoli ciechi.
*(Indro Montanelli, giornalista e scrittore, *1909)*

catechismo [kate'kizmo]	Katechismus; Lehre; Lehrmeinung; Grundsatz
andare al catechismo	zum Glaubensunterricht gehen
catechista (m+f) [kate'kista]	Katechet(in); Religionslehrer(in) für christliche Religionen
Il catechista insegna la dottrina cristiana.	Der Katechet unterrichtet die christlichen Glaubensgrundsätze.
dogma (m) ['dɔgma]	Dogma (kirchlicher Glaubenssatz)
La verginità di Maria è uno dei dogmi della Chiesa cattolica.	Die Jungfräulichkeit Marias ist eines der Dogmen der katholischen Kirche.
la Bibbia ['bibbja]	die Bibel
il Vecchio / Nuovo Testamento ['vɛkkjo / nu'ɔ:vo testa'mento]	das Alte / Neue Testament
Vangelo [van'dʒe:lo]	Evangelium
salmo ['salmo]	Psalm
esegesi (f) [ese'dʒɛ:zi]	Exegese; (Bibel-)Auslegung
paradiso [para'di:zo]	Himmel; (das) Paradies
salire in paradiso	in den / zum Himmel auffahren
purgatorio [purga'tɔ:rjo]	(das) Fegefeuer
inferno [in'fɛrno]	(die) Hölle
angelo ['andʒelo]	Engel
santo ['santo]	Heiliger
San Francesco d'Assisi	der heilige Franz von Assisi
diavolo ['dja:volo]	Teufel
i Dieci Comandamenti / il Decalogo ['djɛ:tʃi komanda'menti / de'ka:logo]	die Zehn Gebote
la Resurrezione [la resurre'tsjo:ne]	die Auferstehung (Christi)
il **peccato** (originale) [il pek'ka:to oridʒi'na:le]	(die) (Erb-)Sünde
un peccato mortale	eine Todsünde
chiesa [kjɛ:za]	Kirche
andare in chiesa	in die Kirche gehen
Anna è tutta casa e chiesa.	Anna lebt ganz für ihren Haushalt und die Kirche.
cattedrale (f) [katted'ra:le]	Kathedrale; Dom
duomo	Dom; Münster
essere **praticante** ['ɛssere prati'kante]	am Gottesdienst teilnehmen

Lei è molto praticante.	Sie geht regelmäßig zum Gottesdienst.

I cristiani frequentano la chiesa, gli ebrei la sinagoga e i musulmani la moschea. (= Christen gehen zum Gottesdienst in eine Kirche, Juden in eine Synagoge und Muslime in eine Moschee.)

messa ['messa]	(die) Messe
andare a messa	zur Messe gehen
predicare [predi'ka:re]	predigen
predica	Predigt
la Predica della Montagna	die Bergpredigt
altare (m) [al'ta:re]	Altar
sacramento [sakra'mento]	Sakrament
confessione (f) [konfes'sjo:ne]	Beichte
padre confessore	Beichtvater
confessarsi	beichten
assoluzione (f) [assolu'tsjo:ne]	Absolution; Lossprechung (von der Sünde)
(Santa) Comunione [('santa) komu'njo:ne]	die (heilige) Kommunion; das (heilige) Abendmahl
fare la Prima Comunione	die Erstkommunion begehen
l'Ultima Cena ['lultima 'tʃe:na]	das (heilige / letzte) Abendmahl
escatologia [eskatolo'dʒi:a]	Eschatologie (Lehre von den letzten Dingen)
preghiera [pre'gjɛ:ra]	Gebet
la preghiera del Padre nostro	das Vaterunser
il Credo [il 'kre:do]	das Glaubensbekenntnis
amen ['a:mɛn]	amen; Amen
battezzare [batted'dza:re]	taufen
È stato battezzato col nome di Stefano.	Er wurde Stefan getauft.
cresima ['kre:zima]	Konfirmation; Einsegnung; Firmung
comunità [komuni'ta]	Gemeinde (beim Gottesdienst)
parrocchia [par'rɔkkja]	(Kirchen- / Pfarr-)Gemeinde
parroco	Pfarrer
consiglio parrocchiale	Gemeinderat
oratorio [ora'tɔ:rjo]	Gemeindehaus; kirchliches Kinder- und Jugendzentrum (in Italien)
La domenica pomeriggio i bambini vanno all'oratorio.	Sonntag nachmittags gehen die Kinder ins Kinder- und Jugendzentrum.
All'oratorio i bambini e i giovani imparano anche il catechismo.	Im Kinder- und Jugendzentrum lernen Kinder und Jugendliche auch den Katechismus.
il clero ['klɛ:ro]	die Geistlichkeit; der Klerus
Il clero si oppone a questa legge.	Der Klerus widersetzt sich diesem Gesetz.
diacono [di'a:kono]	Diakon
prete / sacerdote (m) ['prɛ:te / satʃerdɔ:te]	Priester; Gottesdiener
(arci)vescovo [(artʃi)'veskovo]	(Erz-)Bischof

cardinale (m) [kardi'na:le]	Kardinal
papa (m) ['pa:pa]	Papst
monaco ['mɔ:nako]	Mönch
monastero [mona'stɛ:ro]	(Mönchs-)Kloster
suora [su'ɔ:ra]	Nonne
convento [kon'vɛnto]	Kloster
abbazia [abba'tsi:a]	Abtei
abate (m) [a'ba:te]	Abt
Israele [izra'ɛ:le]	Israel
il Dio d'Israele	der Gott Israels
la Torah [la 'tɔ:ra]	die Tora (jüd. = die 5 Bücher Mose)
il Talmud [il tal'mud]	der Talmud (Sammelwerk der jüd. Lehre und Überlieferung)
tempio ['tempjo]	Tempel
sinagoga [sina'gɔ:ga]	Synagoge
rabbi (m) ['rabbi]	Rabbi(ner)
kasher (puro) [ka'ʃe:r ('pu:ro)]	koscher
Sabbath ['sabbat]	Sabbat
Kaddish ['kaddiʃ]	Kaddisch (= jüd. Totengebet)
il Corano [il ko'ra:no]	der Koran
moschea [mos'kɛ:a]	Moschee
non credente (m+f) [non kre'dɛnte]	Ungläubige(r)
fondamentalismo [fondamenta'lizmo]	Fundamentalismus

"Fa un freddo del diavolo quassù!"

Credenze non religiose
Nichtreligiöse Überzeugungen

Se Dio esiste, chi è? Se non esiste, chi siamo? (*Gesualdo Bufalino, scrittore, 1920–1996*)

trascendente [traʃen'dɛnte]	transzendent (jenseits der sinnlichen Erfahrung liegend)
credere all'esistenza di un essere trascendente	an die Existenz eines transzendenten Wesens glauben
metafisico [meta'fi:ziko]	metaphysisch
scetticismo [ʃetti'tʃizmo]	Glaubenszweifel; Skeptizismus
lo scetticismo della Grecia antica	der Skeptizismus des alten Griechenland
dubitare [dubi'ta:re]	(be)zweifeln
Egli dubita dell'esistenza di Dio.	Er bezweifelt die Existenz Gottes.
incredulità / **miscredenza** [inkreduli'ta / miskre'dɛntsa]	(religiöser) Unglaube
ragione (f) [ra'dʒo:ne]	Vernunft
la critica alla ragione pura di Kant	Kants Kritik der reinen Vernunft
razionalismo [ratsjona'lizmo]	Rationalismus
illuminismo [illumi'nizmo]	Aufklärung
illuminazione (f) [illumina'tsjone]	Erleuchtung
agnosticismo – agnostico(-a) [aɲosti'tʃizmo – a'ɲɔstiko]	Agnostizismus – Agnostiker(in)
ateismo – ateista (m+f) [ate'izmo – ate'ista]	Atheismus – Atheist(in)
panteismo – panteista (m+f) [pante'izmo – pante'ista]	Pantheismus – Pantheist(in)
materialismo [materja'lizmo]	Materialismus
materialista (m+f) [materja'lista]	materialistisch; Materialist(in)
una visione materialistica del mondo	eine materialistische Weltsicht
nichilismo – nichilista (m+f) [niki'lizmo – niki'lista]	Nihilismus – nihilistisch / Nihilist(in)
antroposofia [antroposo'fi:a]	Anthroposophie
superstizione (f) **– superstizioso** [supersti'tsjo:ne – supersti'tsjo:so]	Aberglaube – abergläubisch
esoterico [ezo'tɛriko]	esoterisch (nur für Eingeweihte)
occulto [ok'kulto]	okkult; (das) Okkulte
occultismo [okkul'tizmo]	Okkultismus
meditazione (transcendentale) (f) [medita'tsjo:ne (traʃenden'ta:le)]	(Transzendentale) Meditation
astrologia – astrologo(-a) [astrolo'dʒi:a – ast'rɔ:logo]	Astrologie – Astrologe / Astrologin
oroscopo [o'rɔskopo]	Horoskop
fato / destino ['fa:to / de'sti:no]	Schicksal
arte divinatoria – indovino(-a) ['arte divina'tɔ:rja – indo'vi:no]	Wahrsagerei – Wahrsager(in)
stregoneria [stregone'ri:a]	Hexerei

strega / fattucchiera [st're:ga / fattuk'kjɛ:ra]	Hexe
stregone / fattucchiere (m) [stre'go:ne / fattuk'kjɛ:re]	Hexenmeister
sabba (m) ['sabba]	Hexensabbat
mago – magia ['ma:go – ma'dʒi:a]	Zauberer – Zauberei
magia (bianca / nera)	(weiße / schwarze) Magie
fata / fatina ['fa:ta / fa'ti:na]	(gute) Fee
filtro d'amore ['filtro da'mo:re]	Liebestrank
malocchio [ma'lɔkkjo]	böser Blick
una fattura contro il malocchio	ein Mittel gegen den bösen Blick
tarocchi [ta'rɔkki]	Tarock
fare i tarocchi	Tarock spielen; tarocken
leggere i tarocchi / le carte	Karten legen

"Io sì che sono a cavallo!"

Filosofia
Philosophie

Chi è privo di filosofia non è uomo. (*Pico della Mirandola, umanista, 1463–1494*)

filosofia [filozo'fi:a]	(die) Philosophie
filosofia antica	(die) antike Philosophie
filosofia analitica	(die) analytische Philosophie
filosofia linguistica	(die) Sprachphilosophie
filosofico	philosophisch
un problema / tema filosofico	ein philosophisches Problem / Thema
concetti filosofici di base	philosophische Grundbegriffe
filosofo	Philosoph
filosofare (su)	philosophieren (über)
pensare [pen'sa:re]	denken
pensatore(-trice)	Denker(in)
i pensatori greci	die griechischen Denker
il pensiero scientifico	das (natur)wissenschaftliche Denken
il pensiero occidentale	das abendländische Denken
comprendere [komp'rendere]	verstehen
comprensione (f)	Verständnis
analisi (f) [a'na:lizi]	Analyse
analizzare	analysieren
definire – definizione (f) [defi'ni:re – defini'tsjo:ne]	definieren – Definition
argomento (a favore / contro) [argo'mento a fa'vo:re / 'kontro]	Argument (für / gegen)
sviluppare una **teoria** [zvilup'pa:re 'u:na teo'ri:a]	eine Theorie entwickeln
coerente [koe'rɛnte]	kohärent; widerspruchsfrei
una teoria coerente	eine in sich stimmige Theorie
razionale [ratsjo'na:le]	rational; vernunftsmäßig
spiegare qualcosa in termini razionali	etwas auf rationale Weise erklären
idea [i'dɛ:a]	Idee
esperienza [espe'rjɛntsa]	(die) Erfahrung
l'esperienza dimostra che …	die Erfahrung lehrt, dass …
empirico [em'pi:riko]	empirisch; erfahrungsmäßig
conoscenza empirica	Erfahrungswissen
casualità [kazuali'ta]	Kasualität
la legge della casualità	das Gesetz des Zufalls
verificare – verifica [verifi'ka:re – ve'ri:fika]	verifizieren – Verifikation
logica ['lɔ:dʒika]	(die) Logik
le leggi della logica	die Gesetze der Logik
logico	logisch; die Logik betreffend
ragionamento logico	logisches Denken / Argumentieren
epistemologia [epistemolo'dʒi:a]	(die) Epistemologie / Erkenntnislehre
ontologia [ontolo'dʒi:a]	Ontologie („Seinswissenschaft“)

ermeneutica [erme'nɛutika] — Hermeneutik („Auslegungskunst")
etica ['ɛ:tika] — (die) Ethik
È una questione di etica. — Das ist eine Frage der Ethik.
estetica [e'stɛtika] — (die) Ästhetik
L'estetica è un ramo della filosofia. — Die Ästhetik ist ein Teilgebiet der Philosophie.

metafisica [meta'fi:zika] — (die) Metaphysik
l'essenza della metafisica — das Wesen der Metaphysik
metafisico [meta'fi:ziko] — metaphysisch
scolastico [sko'lastiko] — scholastisch
gli Scolastici — die Scholastiker
materialismo dialettico [materja'lizmo dja'lɛttiko] — dialektischer Materialismus

Philosophische „-ismen": *esistenzialismo* (= Existenzphilosophie / Existentialismus), *idealismo* (= Idealismus), *materialismo* (= Materialismus), *positivismo* (= Positivismus), *pragmatismo* (= Pragmatismus), *razionalismo* (= Rationalismus), *realismo* (= Realismus), *scetticismo* (= Skeptizismus); **ihre Adjektive:** *esistenzialistico* (= existentialistisch), *idealistico* (= idealistisch), *materialistico* (= materialistisch), *positivista* (= positivistisch), *pragmatico* (= pragmatisch), *razionalista / razionalistico* (= rationalistisch), *realistico / realista* (= realistisch), *scettico* (= skeptisch) **und Anhänger:** *esistenzialista* (= Existentialist/in), *idealista* (= Idealist/in), *materialista* (= Materialist/in), *positivista* (= Positivist/in), *pragmatista* (= Pragmatiker/in), *razionalista* (= Rationalist/in), *realista* (= Realist/in), *scettico(-a)* (= Skeptiker/in).

eclettico(-a) [ek'lɛttiko] — eklektisch; Eklektiker(in)
Gli eclettici fondono in un tutto organico idee di fonti diverse. — Eklektiker verbinden Ideen aus verschiedenen Quellen zu einem neuen Ganzen.

vero – verità ['ve:ro – veri'ta] — wahr – (die) Wahrheit
la ricerca della verità — die Suche nach Wahrheit
la cosa in sé [la kɔ:sa in 'se] — das Ding an sich
apparenza e realtà [appa'rɛntsa e real'ta] — (An-)Schein und Wirklichkeit
causa ed effetto ['kausa ed ef'fɛtto] — Ursache und Wirkung
spirito e materia ['spirito e ma'tɛrja] — Geist und Materie
(il) **corpo e** (lo) **spirito** ['kɔrpo e 'spi:rito] — (der) Körper und (der) Geist
tempo e spazio ['tempo e 'spatsjo] — Zeit und Raum
il bene e il male [il 'bɛ:ne e il 'ma:le] — Gut und Böse
al di là del bene e del male — jenseits von Gut und Böse
morale (f) [mo'ra:le] — moralisch; sittlich; Moral-; Moral
valori / principi morali — moralische Werte / Grundsätze

Arte e letteratura
Kunst und Literatur

11
1

Pittura e scultura
Malerei und Bildhauerei

La pittura è una poesia che si vede e non si sente, e la poesia è una pittura che si sente e non si vede. (*Leonardo da Vinci, 1452–1519*)

dipingere (dipingo – dipinsi – dipinto) [di'pindʒere]	malen
Bice ama dipingere dal vero.	Bice malt liebend gern nach der Natur.
dipingere un ritratto	ein Porträt malen
Con poche parole ci dipinse quell'atmosfera.	Mit wenigen Worten beschrieb er / sie uns die Stimmung.
dipinto [di'pinto]	bemalt; Bild
vetrate dipinte	Kirchenfenster mit Glasmalereien
una donna tutta dipinta	eine stark geschminkte („bemalte") Frau
un dipinto del Beato Angelico	ein Gemälde des Beato Angelico
pittore(-trice) [pit'to:re(-'tri:tʃe)]	Maler(in)
pittura [pit'tu:ra]	(die) Malerei; Bild; Gemälde
Si tratta di una pittura antica.	Es handelt sich um ein sehr altes Bild.
pittura vascolare	Vasenmalerei
quadro [ku'a:dro]	Bild
Nel quadro sono rappresentate tre donne.	Auf dem Bild sind drei Frauen abgebildet.
appendere un quadro	ein Bild aufhängen
artista (m+f) [ar'tista]	Künstler(in)
disegno [di'seɲo]	Zeichnung
fare il disegno di qualcosa	eine Zeichnung von etwas anfertigen
disegnatore(-trice) [diseɲa'to:re(-'tri:tʃe)]	Zeichner(in)
Picasso come disegnatore	Picasso als Zeichner
acquerello [akkue'rɛllo]	Aquarell
una mostra di acquarelli inglesi	eine Ausstellung englischer Aquarelle
studio ['stu:djo]	Atelier
tela ['te:la]	Leinwand
Egli lavora direttamente sulla tela, senza schizzi preliminari.	Er malt direkt auf die Leinwand, ohne vorherige Skizzen.
pennello [pen'nɛllo]	Pinsel
con poche pennellate	mit wenigen Pinselstrichen
dare le ultime pennellate ad un quadro	die letzten Pinselstriche an einem Bild vornehmen; letzte Hand an ein Bild legen
pennellata d'artista	künstlerischer Pinselschwung
soggetto [sod'dʒɛtto]	Gegenstand
il soggetto di un dipinto	der Gegenstand eines Bildes
paesaggio [pae'zaddʒo]	Landschaft
ritratto [rit'ratto]	Porträt; Bildnis

Alla parete del salone erano appesi i ritratti degli antenati.	An der Wand des Salons hingen die Porträts der Vorfahren.
È tutto il ritratto di sua madre.	Er ist seiner Mutter wie aus dem Gesicht geschnitten.
autoritratto	Selbstporträt; Selbstbildnis
Modigliani è stato un grande ritrattista.	Modigliani war ein bedeutender Porträtist.
natura morta [na'tu:ra 'mɔrta]	Stillleben
possedere una natura morta di Morandi	ein Stillleben von Morandi besitzen
nudo ['nu:do]	Akt
un bel nudo di Venere / Apollo	ein schöner Akt der Venus / des Apoll
disegnare / dipingere un nudo	einen Akt zeichnen / malen
nudo seduto / in piedi / sdraiato	sitzender / stehender / liegender Akt
prospettiva [prospet'ti:va]	Perspektive
dipingere una chiesa in prospettiva	eine Kirche perspektivisch zeichnen
composizione (f) [komposi'tsjo:ne]	Komposition; Bildaufbau
la composizione perfetta del quadro	die vollendete Komposition des Bildes
copia ['kɔ:pja]	Reproduktion
le copie di quadri famosi	Reproduktionen berühmter Bilder
copia d'autore	handsignierter Abzug
falso ['falso]	Fälschung
opera d'arte ['ɔ:pera d'arte]	Kunstwerk
opere d'arte antiche	antike Kunstwerke
esporre [es'porre]	ausstellen
i quadri qui esposti	die hier ausgestellten Bilder
mostra ['mostra]	Ausstellung
galleria d'arte [galler'i:a d'arte]	(Kunst-)Galerie
la Galleria di Arte Moderna	die Galerie Moderner Kunst
museo [mu'zɛ:o]	Museum
i Musei Vaticani	das Vatikanmuseum
grafica pubblicitaria ['gra:fika pubblitʃi'ta:rja]	Gebrauchs- / Werbegrafik
grafico(-a) pubblicitario(-a)	Gebrauchs- / Werbegrafiker(in)

Gli strumenti e i materiali del pittore
pennello (= Pinsel) • *spatola* (= Spachtel) • *tavolozza* (= Palette) • *cavalletto* (= Staffelei) • *colori a olio* (= Ölfarbe) • *acrilici* (= Acrylfarben) • *tempere* (= Temperafarben) • *acquerelli* (= Aquarellfarben) • *pigmento* (= Pigment) • *solvente* (= Lösemittel) • *acquaragia* (= Terpentin) • *biacca* (= Bleiweiß)

***Movimenti e stili artistici* (= Kunstrichtungen und -stile)**
arte astratta (= abstrakte Kunst) • *stile liberty o floreale* (= art nouveau / Jugendstil) • *barocco* (= Barock) • *arte concreta* (= gegenständliche Kunst) • *cubismo* (= Kubismus) • *espressionismo* (= Expressionismus) • *arte gotica* (= gotische Kunst) • *impressionismo* (= Impressionismus) • *junk art / arte fatta con materiali di scarto* (= junk art) • *neoclassicismo* (= Klassizismus) • *pop-art* (= Pop-art) • *realismo* (= Realismus) • *arte rinascimentale* (= Kunst der Renaissance) • *arte romanica* (= romanische Kunst) • *rococò* (= Rokoko) • *surrealismo* (= Surrealismus) • *dadaismo* (= Dadaismus)

Entsprechende Adjektive und Substantive:
espressionista / impressionista / realista / surrealista / rinascimentale;
gli espressionisti / gli impressionisti / i neoclassici / i realisti / i surrealisti / i cubisti.

scultura [skul'tuːra]	Skulptur; Plastik; Bildwerk; Bildhauerkunst; Bildhauerei
una scultura di marmo	eine Marmorskulptur / -plastik
sculture ricavate dall'avorio	aus Elfenbein gearbeitete Plastiken
la storia della scultura	die Geschichte der Bildhauerei
un fregio **scolpito** [un 'frɛːdʒo skol'piːto]	ein mit Skulpturen verzierter Fries
un busto scolpito da lui	eine von ihm geschaffene Porträtbüste
scultoreo [skul'tɔːreo]	plastisch; bildhauerisch
l'opera scultorea di Michelangelo	Michelangelos bildhauerisches Werk
scultore(-trice)	Bildhauer(in)
scolpire [skol'piːre]	(*Holz*) schnitzen; (*Stein*) meißeln
scolpire un blocco di porfido	einen Porphyrblock behauen
Scolpii un crocifisso in legno.	Ich schnitzte ein Holzkreuz.
Scolpitevi bene in mente quello che vi dico!	Schreibt euch hinter die Ohren, was ich euch sage!
una statuetta **fusa** in bronzo ['uːna statu'ɛtta 'fuːza in 'brondzo]	eine in Bronze gegossene Statuette
una figurina **modellata** in argilla ['uːna figu'riːna model'laːta in ar'dʒilla]	eine in Ton modellierte Figurine
una **statua** di marmo ['uːna 'staːtua di 'marmo]	eine Marmorstatue
un **busto** di bronzo [un 'busto di 'brondzo]	eine Bronzebüste
una **figura** in gesso ['uːna fi'guːra in 'dʒesso]	eine Gipsfigur
rilievo [ri'ljɛːvo]	Relief
altorilievo – bassorilievo	Hochrelief – Flachrelief
mosaico [mo'zaːiko]	Mosaik
adornato con un **intarsio** in marmo [ador'naːto kon unin'tarsjo in 'marmo]	mit Marmorintarsien verziert

Arte grafica
Grafische Kunst

Nessuno riuscirà a convircermi che non valga di più, per diffondere un determinato gusto pittorico, la vista – da parte di un'intera popolazione – di questi manifesti, fumetti, poster, di quanto valga la galleria privata frequentata da pochi addetti ai lavori. (*Gillo Dorfles, critico d'arte, *1910*)

arte(i) grafica(che) / (la) grafica ['arte 'gra:fika / 'gra:fika]	(die) Grafik (= *grafisches Schaffen*)
le opere grafiche di Morandi	das grafische Werk Morandis
grafico(-a)	Grafiker(in); Grafikdesigner(in)
la grafica tedesca Käthe Kollwitz	die deutsche Grafikerin Käthe Kollwitz
grafica pubblicitaria	Gebrauchsgrafik
grafico(-a) pubblicitario(-a) / cartellonista (m+f)	Gebrauchsgrafiker(in)
illustrazione (f) [illustra'tsjo:ne]	Buchillustration
tavola fuori testo ['ta:vola fu'ɔ:ri 'tɛsto]	(Bild-)Tafel (*in Buch*)
iconografia [ikonogra'fi:a]	(*Buch*) Illustrationen
materiale iconografico [mate'rja:le ikonog'ra:fiko]	Bildmaterial
poster (m) ['poustə]	Plakat; Poster
vignetta [vi'ɲɛtta]	Karikatur; Witzzeichnung; Cartoon
Le vignette sono disegni per lo più di satira politica.	Karikaturen sind vornehmlich politisch-satirische Zeichnungen.
caricatura [karika'tu:ra]	Karikatur
fumetto [fu'mɛtto]	Comic
cartone animato [kar'to:ne ani'ma:to]	Zeichentrickfilm
inchiostro [in'kjɔstro]	Tinte; Tusche; Druckfarbe
disegno [di'se:ɲo]	(Hand-)Zeichnung
disegno con gessetti colorati	Kreidezeichnung
disegno a china	Tuschzeichnung
incidere [in'tʃi:dere]	(ein)gravieren
incisore	Graveur(in)
incisione (f)	(Kupfer- / Stahl-)Stich; Holzschnitt
incisione su legno (xilografia)	Holzschnitt
incisione su rame (calcografia)	Kupferstich
incisione su linoleum	Linolschnitt
litografia [litogra'fi:a]	Lithographie (= *Verfahren* + *Kunstblatt*)
litografo(-a)	Lithograph(in)
acquaforte (f) [akkua'fɔrte]	Ätzung; Radierung
Rembrandt fu il più famoso acquafortista del XVII secolo.	Rembrandt war der bedeutendste Radierer des 17. Jahrhunderts.

Gli strumenti e i materiali dell'arte dell'incisione

Xilografia: *cliché in legno* (= Holzstock) • *sgorbia* (= Hohleisen) • *bulino* (= Konturenstichel) • *rullo inchiostratore* (= Gelatinewalze) • *tampone di feltro* (= Reiber)

Calcografia: *martello per incidere* (= Punzenhammer) • *punzone* (= Punze) • *bornitore con scalpello* (= Polierstahl mit Schaber) • *pietra per affilare* (= Ölstein) • *rullo di cuoio* (= Lederwalze) • *mordente / acqua forte o acido nitrico* (= Beize)
Litografia: *pietra litografica* (= Lithostein) • *matita litografica* (= Lithokreide) • *pressa* (= Presse) • *torchio* (= Druckerpresse)

facsimile (m) [fak'si:mile]	Faksimile
collage (m) [kɔ'la:ʒ]	Collage
monocromia – bicromia [monokro'mi:a – bikro'mi:a]	einfarbig(es Bild) – zweifarbig(es Bild)
autotipia / autoincisione (f) [autoti'pi:a / autointʃi'sjo:ne]	Halbton- / Rasterbild
cliché (m) [kli'ʃɛ]	Druckstock
stampa (processo) ['stampa (pro'tʃɛsso)]	Druckverfahren
rilievografia [riljɛvogra'fi:a]	Hochdruck (= *Verfahren*)
stampa offset ['stampa 'ɔfsɛt]	Offset(druck)
rotocalco [roto'kalko]	Tiefdruck

"Marco è un maestro nell'incisione del legno."

Fotografia
Fotografie

La fotografia ... è una guerra contro il tempo: non illustre, umile e quotidiana. (*Leonardo Sciascia, scrittore, 1921–1990*)

fotografia [fotogra'fi:a]	(die) Fotografie (= *Kunst* + *Verfahren*); Foto(grafie); Aufnahme
fotografie in bianco e nero / a colori	Schwarzweiß- / Farbabzüge
fare fotografie	Aufnahmen machen
Ho fotografato un tramonto stupendo.	Ich habe einen prächtigen Sonnenuntergang aufgenommen.
una fotografia aerea della città	eine Luftaufnahme der Stadt
Questa foto è sovraesposta.	Diese Aufnahme ist überbelichtet.
fotografo [fo'tɔ:grafo]	Fotograf
fotogenico [foto'dʒɛniko]	fotogen
Marco non è molto fotogenico.	Marco ist nicht sehr fotogen.
fotografico [fotog'ra:fiko]	fotografisch; Foto-
la mia attrezzatura fotografica	meine Fotoausrüstung
scattare alcune foto [skat'ta:re al'ku:ne 'fɔ:to]	ein paar Schnappschüsse machen
copia standard / positivo	Standardvergrößerung
foto / copia su carta lucida	Hochglanzabzug
flash (m) ['flæʃ]	Blitz(licht)
Non mi piace usare il flash.	Ich blitze nicht gern.
una foto con il flash	eine Blitzlichtaufnahme
macchina fotografica ['makkina fotog'ra:fika]	Kamera; (Foto-)Apparat
una macchina automatica	eine vollautomatische Kamera
una macchina polaroid	Sofortbildkamera
obiettivo [objet'ti:vo]	Objektiv
cambiare l'obiettivo	das Objektiv auswechseln
montare / smontare l'obiettivo	das Objektiv einsetzen / abnehmen
obiettivo intercambiabile	auswechselbares Objektiv
teleobiettivo	Teleobjektiv
grandangolo	Weitwinkelobjektiv
distanza focale [di'stantsa fo'ka:le]	Brennweite
zoom (m) **(bottone** (m)**)** ['zu:m (bot'to:ne)]	Zoom(schalter)
filtro ['filtro]	Filter
caricare la pellicola [kari'ka:re la pel'li:kola]	den Film einlegen
una pellicola da 36 foto	ein Film für 36 Aufnahmen
sensibilità [sensibili'ta]	Empfindlichkeit
sensibilità della pellicola	die (Licht-)Empfindlichkeit des Films
pellicola ad alta sensibilità	ein hochempfindlicher Film
obiettivo ad alta sensibilità	ein lichtstarkes Objektiv
soggetto – motivo [sod'dʒɛtto – mo'ti:vo]	(Aufnahme-)Objekt – Motiv

mirino	Sucher
mettere a fuoco ['mettere a fu'ɔ:ko]	die Entfernung einstellen
La messa a fuoco è facile con questa macchina.	Die Schärfeeinstellung ist bei dieser Kamera einfach.
Il soggetto deve essere messo a fuoco.	Der Aufnahmegegenstand muss scharf sein.
Il primo piano non è a fuoco.	Der Vordergrund ist unscharf.
autofocus (m) [auto'fɔkus]	Autofokus
(in) **primo piano** ['pri:mo 'pja:no]	(in) Nahaufnahme; (im) Vordergrund
(tempo di) esposizione (f) [('tempo di) esposi'tsjo:ne]	Belichtung(szeit)
esposimetro	Belichtungsmesser
sovraesposizione (f)	Überbelichtung
apertura [aper'tu:ra]	Blende(nöffnung)
regolare l'apertura	die Blende einstellen
regolare l'apertura a 8	die Blende auf 8 stellen
profondità del campo [profondi'ta del 'kampo]	Schärfentiefe
Sorridere, prego! [sor'ri:dere 'prɛ:go]	Bitte recht freundlich!
riavvolgere la pellicola [riav'vɔldʒere la pel'li:kola]	den Film zurückspulen
sviluppare la pellicola [zvilup'pa:re la pel'li:kola]	den Film entwickeln
sviluppo in 1 ora	Entwickeln und Vergrößern in einer Stunde
negativo [nega'ti:vo]	Negativ
ingrandimento [ingrandi'mento]	Vergrößerung
Foto su carta **lucida o opaca?** ['fɔ:to su 'karta 'lu:tʃida o o'pa:ka]	Glänzend oder matt?
diapositiva a colori [diapozi'ti:va a ko'lo:ri]	Farbdia
mettere una batteria nuova ['mettere 'u:na batte'ri:a nu'ɔ:va]	eine neue Batterie einsetzen
accessori (mpl) [attʃes'sɔ:ri]	Zubehör

Musica e ballo
Musik und Tanz

Tutta la musica, in quanto arte magica di origine magica, ha sempre una relazione con l'arte. (*Giovanni Papini, scrittore, 1881–1956*)

musica ['mu:zika]	Musik
musica classica / leggera	klassische / leichte Musik
Metto un po' di musica?	Soll ich ein bisschen Musik auflegen?
un brano musicale	ein Musikstück
Sai leggere la musica?	Kannst du Noten lesen?
musicale [muzi'ka:le]	musikalisch; Musik-
musical (m)	Musical
strumento musicale	Musikinstrument
cantare [kan'ta:re]	singen
Gigi canta sempre sotto la doccia.	Gigi singt immer unter der Dusche.
Mi dispiace ma non canto bene.	Leider kann ich nicht gut singen.
cantante (m+f)	Sänger(in)
canto	Singen; Gesang
il bel canto	Belcanto
Luca prende lezioni di canto.	Lukas nimmt Gesangstunden.
canzone (f) [kan'tso:ne]	Lied; Song; Chanson
coro ['kɔ:ro]	(*Oper, Oratorium*) Chor; Refrain
soprano – contralto [sop'ra:no – kon'tralto]	Sopran – Alt
tenore – basso [te'no:re – 'basso]	Tenor – Bass
melodia [melo'di:a]	Melodie
essere intonato / stonato ['ɛssere into'na:to / sto'na:to]	richtig / falsch singen
Francesca è molto intonata.	Francesca ist sehr musikalisch.
Il pianoforte è stonato.	Das Klavier ist verstimmt.
suonare [suɔ'na:re]	(ein Musikinstrument) spielen
Mi ha suonato quel brano al pianoforte.	Er spielte mir das Stück auf dem Klavier vor.
accompagnare [akkompa'ɲa:re]	(instrumental) begleiten
Lui la accompagnava al piano.	Er begleitete sie auf dem Klavier.
compositore(-trice) [komposi'to:re(-'tri:tʃe)]	Komponist(in)
composizione (f) [komposi'tsjo:ne]	Komposition; (das) Komponieren
arrangiamento [arrandʒa'mento]	Arrangement; Bearbeitung
spartito [spar'ti:to]	Klavierauszug; Partitur
orchestra [or'kɛstra]	Orchester
orchestra da camera	Kammerorchester
banda ['banda]	Kapelle; Band
banda di ottoni	Blaskapelle
direttore della banda	Bandleader
direttore(-trice) [diret'to:re(-'tri:tʃe)]	Dirigent(in)
concerto [kon'tʃɛrto]	Konzert (= *Veranstaltung + Komposition*)

Siamo andati ad un concerto.	Wir waren in einem Konzert.
concerto per violini di Beethoven	Violinkonzert von Beethoven
sonata [so'na:ta]	Sonate
quartetto d'archi [kuar'tetto d'arki]	Streichquartett
ouverture (f) [uvɛr'tyr]	Ouvertüre

***I valori temporali delle note* (= Notenwerte)**
breve (Doppelganze) • *semibreve* (= ganze Note) • *minima* (= halbe Note) • *semiminima* (= Viertelnote) • *croma* (= Achtelnote) • *semicroma* (= Sechzehntelnote) • *biscroma* (= Zweiunddreißigstelnote) • *semibiscroma* (= Vierundsechzigstelnote)

tono ['tɔ:no]	Tonhöhe / -lage; Stimmlage
accordo [ak'kɔrdo]	Akkord
armonia [armo'ni:a]	Harmonie
contrappunto [kontrap'punto]	Kontrapunkt

Takt als „Einheit" ist *battuta*: *Suonò solo le prime cinque battute.* (= Er spielte nur die ersten fünf Takte.) Als rhythmisches Element ist Takt *tempo* oder *misura* (= Taktschlag): *tempo di tre quarti* (= im Dreivierteltakt), *stare a tempo* (= im Takt bleiben), *essere fuori tempo* (= aus dem Takt kommen), *battere il tempo* (= den Takt schlagen). **Rhythmus** ist *ritmo.*

scala ['ska:la]	Tonleiter
la scala di do maggiore	die C-Dur-Tonleiter
maggiore – minore [mad'dʒo:re – mi'no:re]	Dur – Moll
in una tonalità maggiore / minore	in einer Dur- / Molltonart

***I suoni naturali* (= Stammtöne)**
do (c), *re* (d), *mi* (e), *fa* (f), *sol* (g), *la* (a), *si* (h), *do* (c)

***Chiavi* (= Tonarten)**
do maggiore (= C-Dur) • *do minore* (= c-Moll) • *do diesis minore* (= cis-Moll) • *Mi bemolle maggiore* (= Es-Dur) • *Fa diesis minore* (= fis-Moll) • *Si bemolle maggiore* (= Bb-Dur). Dis / dis wäre entsprechend *Re diesis*; Des / des dagegen *Re bemolle.*

ballare [bal'la:re]	tanzen
pista da ballo	Tanzfläche
scuola di ballo	Tanzschule
corpo di ballo	Balletttruppe
ballerino(-a) [balle'ri:no]	Tänzer(in)
Per anni è stata la prima ballerina della Scala.	Jahrelang war sie die Primaballerina an der Scala.
balletto [bal'letto]	(das) Ballett

L'abbigliamento della ballerina
calzamaglia / tutù (= Tutu) • *scaldamuscoli / scarpini da ballo* (= Ballettschuhe) • *scarpette (punta / mezzapunta)* (= Spitzenschuhe)

Teatro e cinema
Theater und Film

Cinema: arte figurativa in movimento. (*Federico Fellini, regista, 1920–1995*)

teatro [te'a:tro]	Theater
Dai, andiamo a teatro!	Gehen wir doch ins Theater!
cinema (m) ['tʃi:nema]	Kino
cinema d'essai	Programmkino
una stella del cinema	(Film-)Star
l'industria cinematografica	die Filmindustrie
film (m) ['film]	(Kino-)Film
Danno ancora quel film all'Odeon.	Im Odeon läuft der Film noch.
Siamo andati al cinema.	Wir sind ins Kino gegangen.
lungometraggio [lungome'traddʒo]	Spielfilm
schermo ['skermo]	Leinwand; Film; Kino
adattare un romanzo per lo schermo	einen Roman für den Film bearbeiten
il grande schermo	Kino
il piccolo schermo	Fernseher
sceneggiatura [ʃeneddʒa'tu:ra]	(*Film*) Drehbuch
doppiare un film [dop'pja:re un 'film]	einen Film synchronisieren
Preferisco vedere un film con i sottotitoli che non uno sincronizzato / doppiato.	Ich sehe mir lieber einen Film mit Untertiteln an als einen, der synchronisiert ist.
prima visione (f) ['pri:ma vi'zjo:ne]	die Uraufführung
la prima [la 'pri:ma]	Premiere; Ur- / Erstaufführung
La prima è stata un fiasco.	Die Uraufführung war ein Reinfall.
matinée (m) [mati'ne:]	Matinee; Frühvorstellung
Abbiamo biglietti per il matinée.	Wir haben Karten für die Frühvorstellung.

Alcune epressioni del cinema
Ciak, si gira! (= Klappe! Film läuft!) • *Buona la prima!* (= Gleich die erste ist im Kasten!) • *Riproviamo daccapo!* (= Probieren wir's nochmal!)

cassa ['kassa]	(Theater- / Kino-)Kasse
posto (a sedere) ['pɔsto (a se'de:re)]	(Sitz-)Platz
Non ci sono più posti a sedere.	Die Sitzplätze sind leider ausverkauft.
fila ['fi:la]	Reihe
In quale fila siamo?	In welcher Reihe sitzen wir?
programma (m) [prog'ramma]	Programm
il cartellone	Programm
Cosa c'è in cartellone la prossima stagione?	Was steht für nächste Saison auf dem Programm?
regista (m+f) [re'dʒista]	(Film- / Theater-)Regisseur(in)
la sedia del regista	der Regiestuhl
regia di Federico Fellini	Regie Federico Fellini
palcoscenico [palko'ʃɛ:niko]	die Bühne
Lei salì sul palcoscenico.	Sie betrat die Bühne.

scenario [ʃe'naːrjo]	die Bühnendekoration / Kulissen
Lo scenario si limitava ad un paio di arredi.	Das Bühnenbild beschränkte sich auf ein paar Requisiten.
costume (m) [ko'stuːme]	Kostüm
recitare [retʃi'taːre]	spielen
Questa sera si recita a soggetto.	Heute abend wird auf der Bühne improvisiert / aus dem Stegreif gespielt (Stegreifkomödie).
il **pezzo** [il 'pɛttso]	das Stück
Il pezzo ha luogo nella Roma del dopoguerra.	Das Stück spielt im Rom der Nachkriegszeit.
Di che cosa parla il pezzo?	Wovon handelt das Stück?
commedia – tragedia [kom'mɛdja – tra'dʒɛdja]	Komödie – Tragödie
drammaturgo(-a) – commediografo(-a)	Dramatiker(in) – Stückeschreiber(in)
thriller (m) ['trillɛr]	(*Buch / Film*) Thriller; Krimi; Reißer
giallo	Krimi
1° atto, 3ª scena ['priːmo 'atto, 'tɛrtsa 'ʃeːna]	1. Akt, 3. Szene / Auftritt
trama ['traːma]	Handlung
La trama è la seguente: …	Die Handlung ist folgende: …
azione (f) [a'tsjoːne]	Handlung; Action
In quel pezzo non c'è molta azione.	In dem Stück passiert nicht viel.
carattere (m) [ka'rattere]	(handelnde) Person (*in einem Stück*)
caratterista (m+f)	Charakterdarsteller(in)
eroe / eroina [e'rɔːe / ero'iːna]	Held(in)
L'eroe della commedia è …	Der Held des Stücks ist …
dialogo [di'aːlogo]	Dialog
monologo [mo'nɔːlogo]	Monolog
il famoso monologo di Amleto	Hamlets berühmter Monolog
attore(-trice) [at'toːre(-'triːtʃe)]	Schauspieler(in)
il cast [il 'kaːst]	die Besetzung / Mitwirkenden
Chi c'è nel cast?	Wer spielt mit?
parte (f) ['parte]	Rolle
recitare la parte del cattivo	die Rolle des Schurken spielen
fare la parte di	(*eine Rolle*) spielen; schauspielern
una **interpretazione** eccellente ['uːna interpreta'tsjoːne ettʃel'lɛnte]	eine exzellente schauspielerische Leistung
il pubblico ['pubbliko]	das Publikum; die Zuschauer
Il pubblico era entusiasta.	Das Publikum war begeistert.
applauso [app'lauzo]	Applaus; Beifall; Klatschen
critico ['kriːtiko]	(Theater- / Film-)Kritiker(in); kritisch
recensione (f) [retʃen'sjoːne]	Kritik; Besprechung
successo – fiasco [sut'tʃɛsso – 'fjasko]	Erfolg – Reinfall
un successo strepitoso – un fiasco totale	ein Riesenerfolg – ein totaler Reinfall
un Oscar [un 'ɔskar]	ein Oscar (*Filmpreis*)
Ha ricevuto l'Oscar per …	Er bekam / erhielt einen Oscar für …

Architettura
Architektur

L'architettura non è altro che l'ordine, la disposizione, la bella apparenza, la proporzione delle parti tra loro, la convenienza e la distribuzione.
(*Michelangelo Buonarrotti, scultore, pittore e architetto, 1475–1564*)

architettura [arkitet'tu:ra]	(die) Architektur
architetto(-a)	Architekt(in)
architettonico	architektonisch
stile architettonico	Baustil

Stili architettonici **(= Baustile)**
romanico (= romanisch) • *gotico* (= gotisch) • *neogotico* (= neugotisch) • *barocco* (= Barock) • *neoclassico* (= klassizistisch) • *art deco* (= Art Deco) • *stile liberty o floreale o art nouveau* (= Jugendstil) • *Bauhaus* • *razionalismo* (= Rationalismus) • *modernismo* (= Modernismus) • *funzionalismo* (= Funktionalismus) • *postmoderno* (= spätes 20. Jahrhundert)

progetto [pro'dʒɛtto]	Entwurf; Gestaltung
il progetto di un nuovo edificio	die Entwürfe für das neue Gebäude
progetto di massima	Grundriss
progettare	entwerfen
vincere un **concorso** ['vintʃere un kon'korso]	einen Wettbewerb gewinnen
bando di concorso	Ausschreibung
appalto [ap'palto]	(öffentliche) Ausschreibung
appaltatore (m)	Auftraggeber; Auftragnehmer
subappaltatore (m)	Subunternehmer
progettazione (f) [prodʒetta'tsjo:ne]	(die) Planung
studio di progettazione	Planungsbüro
licenza di costruzione [li'tʃɛntsa di kostru'tsjo:ne]	(die) Baugenehmigung
Fu concessa la licenza di costruzione.	Die Baugenehmigung wurde erteilt.
abusivismo [abuzi'vizmo]	das Bauen ohne Baugenehmigung
case abusive	ohne Genehmigung errichtete Häuser

costruire [kostru'i:re]	bauen
costruzione (f) [kostru'tsjo:ne]	Gebäude; Bau; (das) Bauen
materiale (m) da costruzione	Baumaterialien / -stoffe
terreno da costruzione	Baugrundstück; Bauland
edilizia [edi'li:tsja]	Bauwesen
edilizia popolare	sozialer Wohnungsbau
speculazione edilizia	Bauspekulation
cantiere edile (m)	Baustelle

Chi lavora in un cantiere edile?
L'architetto, l'ingegnere edile, il geometra, il capomastro, il muratore, il manovale, il pavimentatore, il piastrellista, l'elettricista.

casa ['ka:za]	Haus
facciata [fat'tʃa:ta]	Fassade
muro ['mu:ro]	Mauer
parete (f) [pa're:te]	Wand
finestra [fi'nɛstra]	Fenster
muratura [mura'tu:ra]	Mauerwerk
mattone (m) [mat'to:ne]	Ziegelstein; Backstein
pietra – stucco – vetro ['pjɛ:tra – 'stukko – 've:tro]	Stein – Stuck – Glas
malta ['malta]	Mörtel
cemento (armato) [tʃe'mento (ar'ma:to)]	(Stahl-)Beton
prefabbricato [prefabbri'ka:to]	in Fertigbauweise errichtet; Fertighaus
torre (f) ['torre]	Turm
arco (di trionfo) ['a:rko (di 'trjonfo)]	(Triumph-)Bogen
colonna (corinzia / dorica) [ko'lɔnna (ko'rintsja / 'dɔ:rika)]	(korinthische / dorische) Säule
pilone (m) [pi'lo:ne]	Pfeiler; Stütze

***Elementi archtettonici all'interno di una chiesa* (= Kirchenarchitektur)**
navata centrale / trasversale / laterale (= Haupt- / Mittel- / Längsschiff) • *transetto* (= Querschiff) • *navata laterale* (= Seitenschiff) • *coro* (= Altarraum / Chor) • *cupola* (= Kuppel) • *abside* (= Apsis) • *cappella* (= Kapelle)

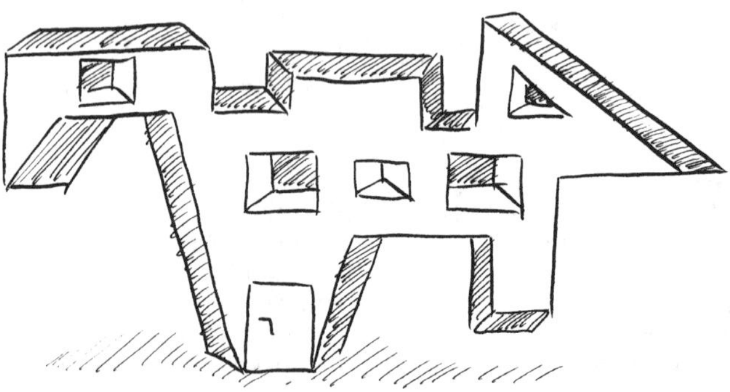

Stile architettonico postmoderno

Letteratura
Literatur

La letteratura non è a senso unico, c'è interazione e influenza tra futuro e passato: la direzione della letteratura è segnata da una freccia a due punte. Noi esistiamo perché abbiamo letto le opere del passato, ma esse esistono perché noi le abbiamo lette. (*Antonio Tabucchi, scrittore, *1943*)

letteratura [lettera'tu:ra]	(die) Literatur
storia della letteratura	Literaturgeschichte
genere letterario	Literaturgattung
critica letteraria	Literaturkritik
salotto letterario	literarischer Zirkel; Literaturzirkel
narrativa [narra'ti:va]	erzählende Literatur
narrativa per ragazzi	Jugendliteratur
l'io narrante (m+f)	Ich-Erzähler(in)

***Generi di narrativa* (= Arten von Erzählliteratur)**
romanzo (= Roman) • *romanzo storico* (= historischer Roman) • *romanzo biografico* (= biographischer Roman) • *romanzo gotico* (= Schauerroman) • *romanzo giallo* (= Kriminalroman) • *romanzo poliziesco* (= Detektivgeschichte) • *giallo* (= Krimi) • *novella* (= Novelle) • *romanzo rosa* (= Liebesroman) • *bozzetto* (= Anekdote) • *romanzo dozzinale* (= Trivialliteratur) • *fantascienza* (= wissenschaftlich-utopische Literatur) • *romanzetto* (= Groschenheft) • *romanzo d'appendice* (= Roman unter dem Strich) • *fotoromanzo* (= Fotoroman)

favola ['fa:vola]	Märchen
le favole della nonna	aus Omas Märchenstube
leggenda [led'dʒɛnda]	Legende; Sage
biografia [biogra'fi:a]	Biografie; Lebensbeschreibung
autobiografia	Autobiografie
biografo(-a)	Biograf(in)
(auto)biografico	(auto)biografisch
diario [di'a:rjo]	Tagebuch
saggio ['saddʒo]	Essay
i Saggi di Montaigne	Montaignes Essays
dramma (m) ['dramma]	(das) Drama
il dramma moderno	das moderne Drama
commedia – tragedia [kom'mɛ:dja – tra'dʒɛ:dja]	Komödie – Tragödie
tragicommedia	Tragikomödie
comico – tragico	komisch – tragisch
satira – satirico ['sa:tira – sa'ti:riko]	Satire – satirisch
parodia [paro'di:a]	Parodie
prosa ['prɔ:za]	(die) Prosa
lirica ['li:rika]	(die) Lyrik
epica ['ɛ:pika]	Epik
poesia epica	(die) Epik; epische Dichtung

epos (m)	Epos
epico	episch
poesia [poe'zi:a]	(die) Lyrik; (Vers-)Dichtung
poeta / poetessa	Dichter(in)
poetico	dichterisch; poetisch
licenza poetica	dichterische Freiheit

***Generi di poesia* (= Arten von Lyrik)**
poesia (= Gedicht) • *ballata* (= Ballade) • *sonetto* (= Sonett) • *madrigale* (= Madrigal)

ritornello [ritor'nɛllo]	Refrain
verso ['vɛrso]	Vers; Strophe
scritto in versi	in Versform
stanza ['stantsa]	Strophe
rima ['ri:ma]	Reim
"Cuore" fa rima con "dolore".	„Herz" reimt sich auf „Schmerz".
metro ['mɛ:tro]	Metrum; Versmaß
schema metrico	Reimschema
scrittore(-trice) [skrit'to:re(-'tri:tʃe)]	Schriftsteller(in)
autore(-trice) [au'to:re(-'tri:tʃe)]	Autor(in); Verfasser(in)
romanziere(-a) [roman'dzjɛ:re]	Romanautor(in)
interpretazione (f) [interpreta'tsjo:ne]	Interpretation; Auslegung
interpretare un testo	einen Text interpretieren
contenuto e forma [konte'nu:to e 'forma]	Inhalt und Form
trama ['tra:ma]	Handlung
atmosfera [atmos'fɛ:ra]	Atmosphäre
colorito locale [kolo'ri:to lo'ka:le]	Lokalkolorit
scena retrospettiva ['ʃe:na retrospet'tiva]	Rückblende
finale (m) **a sorpresa** [fi'na:le a sorp're:sa]	überraschender Schluss
mezzo retorico ['mɛddzo re'tɔ:riko]	ein rhetorisches Mittel
metafora [me'ta:fora]	Metapher
usare una parola in senso metaforico	ein Wort metaphorisch gebrauchen
ironia [iro'ni:a]	(die) Ironie
gioco di parole ['dʒɔ:ko di pa'rɔ:le]	(ein) Wortspiel
espurgare un libro [espur'ga:re un 'li:bro]	ein Buch von (angeblich) anstößigen Stellen säubern
plagiare – plagio [pla'dʒa:re – 'pla:dʒo]	plagiieren – Plagiat
Lo hanno accusato di plagio.	Man hat ihn des Plagiats beschuldigt.
romantico(-a) [ro'mantiko]	romantisch; Romantiker(in)

***Ismi letterari* (= literarische „Ismen")**
romanticismo (= Romantik) • *realismo* (= Realismus) • *naturalismo* (= *Naturalismus*) • *espressionismo* (= Expressionismus) • *verismo* (= Verismus)

Tempo libero e ricreazione
Freizeit und Erholung

12

1

Giorni di festa e di vacanza
Feiertage und Urlaub

Oggi primo giorno di scuola. Passarono come un sogno quei tre mesi di vacanza in campagna. (*E. De Amicis, scrittore, 1846–1908*)

vacanza [va'kantsa]	Urlaub
le vacanze di Natale	Weihnachtsferien
vacanza intelligente	Bildungs- / Kulturreise
Normalmente trascorro le vacanze al mare.	Normalerweise verbringe ich den Urlaub am Meer.
Lei è qui per lavoro? – No, in vacanza.	Sind Sie beruflich hier? – Nein, auf Urlaub.
Il 25 aprile è vacanza in tutte le scuole e gli uffici rimangono chiusi.	Am 25. April (*italienischer Nationalfeiertag*) bleiben sämtliche Schulen und Büros geschlossen.
ferie (fpl) ['fɛ:rje]	Ferien
Ho chiesto due giorni di ferie.	Ich habe zwei Tage Urlaub beantragt / eingereicht.
Cosa fai durante le ferie?	Was machst du in den Ferien?
Chiuso per ferie.	Wegen Urlaub geschlossen.

In Italia le ferie non sono distribuite, scaglionate (= aufgeteilt) *durante l'anno, ma concentrate nel mese di agosto. Per questa ragione si parla spesso del grande esodo* (= große Aufbruchswelle) *delle vacanze che si mette in moto verso la fine di luglio e del grande rientro* (= große Rückkehrwelle) *a fine agosto. Radio e TV pubblicizzano ogni anno le cosiddette partenze intelligenti* (= zeitversetzte Abreise).
Le vacanze scolastiche durano da circa metà giugno a circa metà settembre, a seconda delle regioni.

giorno **festivo** ['dʒorno fe'sti:vo]	Feiertag
giorno **feriale** ['dʒorno fe'rja:le]	Arbeitstag
pausa ['pa:uza]	Pause; Unterbrechung
Penso che dovremmo proprio fare una pausa.	Ich meine, wir sollten mal Pause machen.
fare il ponte ['fa:re il 'ponte]	ein langes Wochenende machen
la settimana bianca [la setti'ma:na 'bjanka]	Skiurlaubswoche
Marco ha fatto la settimana bianca a Cortina.	Marco ist eine Woche zum Skifahren in Cortina gewesen.
prendersi un giorno libero ['prendersi un 'dʒorno 'li:bero]	einen Tag frei nehmen
Perché non si prende un giorno libero?	Warum nehmen Sie sich nicht einen Tag frei?
finesettimana (m+f) / **week-end** (m) ['fi:nesetti'ma:na / 'wi:kend]	Wochenende
Di solito ci vediamo il finesettimana.	Meist sehen wir uns am Wochenende.

Durante il finesettimana siamo via. Wir sind übers Wochenende weg / verreist.

Festività civili in Italia
Anniversario della Liberazione (25 aprile) (= Befreiungstag)
Festa del Lavoro (*Primo maggio*) (= Maifeiertag / 1. Mai / „Tag der Arbeit")
Festa della Repubblica (2 giugno) (= Tag der Republik)
Giorno dell'unità nazionale (*4 novembre*) (= Tag der Nationalen Einheit)
Carnevale (= Fasching) *con giovedì grasso* (= Altweiberfastnacht),
Lunedì grasso e martedì grasso (= Rosenmontag und Faschingsdienstag)
Festa della mamma (seconda domenica di maggio) (= Muttertag)
Festa del papà / San Giuseppe (19 marzo) (= Vatertag)
Festa della donna (8 marzo) (= Frauentag)
Festa degli innamorati / San Valentino (14 febbraio) (= Valentinstag)

Festività religiose in Italia
Capodanno (= Silvester)
Epifania (= Heilige Drei Könige)
Pasqua (= Ostern), *Lunedì dell'Angelo* (= Ostermontag)
Ferragosto / Assunzione di Maria Vergine (15 agosto) (= Mariä Himmelfahrt)
Ognissanti (1° novembre) (= Allerheiligen)
Festa dell' Immacolata (8 dicembre) (= Unbefleckte Empfängnis)
Natale (25 dicembre) (= Weihnachten)
Santo Stefano (26 dicembre) (= 2. Weihnachtsfeiertag)

Natale con i tuoi, Pasqua con chi vuoi. (*Proverbio italiano*)

"Siamo sicuri di aver preso la direzione giusta per l'Italia?"

Occasioni di festa
Festliche Anlässe

Passata la festa, gabbato lo santo. (*Proverbio italiano*) (= Undank ist der Welten Lohn.)

celebrazione (f) [tʃelebra'tsjo:ne]	Feier; Feierlichkeit
la celebrazione delle nozze	Hochzeitsfeier
celebrare [tʃeleb'ra:re]	feiern; (feierlich) begehen; abhalten
celebrare un battesimo	eine Taufe feiern
celebrare la messa	den Gottesdienst abhalten
celebrare un processo	einen Prozess führen
cerimonia [tʃeri'mɔ:nja]	Zeremonie; Feier
la cerimonia di apertura	die Eröffnungsfeier
la cerimonia nuziale	die feierliche Trauung / Trauungszeremonie
festa ['fɛsta]	Feier; Feiertag
Domani è la mia festa.	Morgen habe ich Geburtstag.
la festa della mamma / del papà	Mutter- / Vatertag

Alcuni modi di dire con festa
Lo hanno conciato per le ***feste***. (= Sie haben ihm das Fell gegerbt.)
Maria si è agghindata a ***festa***. (= Maria hat sich aufgetakelt.)
*Giorgio è il solito guasta****feste***. (= Georg ist der übliche Spielverderber.)
Al suo ritorno tutti gli hanno fatto ***festa***. (= Bei seiner Rückkehr wurde er von allen herzlich empfangen / begrüßt.)
Ci ha guastato la ***festa***. (= Er hat uns die Suppe versalzen.)

festività [festivi'ta]	Feier(lichkeit); Fest
la festività del Santo Natale	das Heilige Weihnachtsfest
festival (m) ['fɛstival]	Fest(ival); Festspiele; Festwoche(n)
il festival di Sanremo	alljährlicher Schlagerwettbewerb in San Remo
il festival del cinema di Venezia	Filmfestspiele in Venedig
carnevale (m) [karne'va:le]	Fasching; Karneval
il costume di carnevale	(das) Karnevalskostüm
coriandoli (mpl)	Konfetti
il corteo dei carri allegorici	Karnevalsumzug mit Wagen
la maschera ['maskera]	Maske
vestirsi in maschera	sich verkleiden

Alcune delle maschere di Carnevale più famose:
Arlecchino, Colombina, Pantalone, Pulcinella, Balanzone, Meneghino

A Carnevale ogni scherzo vale.	Im Karneval ist jeder Scherz erlaubt.
parata [pa'ra:ta]	Parade; Umzug
parata militare	Militärparade

compleanno [komple'anno]	Geburtstag
Ieri era il compleanno di Marco.	Gestern hatte Marco Geburtstag.
Cosa gli regali per il compleanno?	Was schenkst du ihm zum Geburtstag?
Tanti auguri di buon compleanno!	Herzlichen Glückwunsch zum Geburtstag!
anniversario [anniver'saːrjo]	Jahrestag; Jubiläum
Celebriamo il 50° anniversario della ditta.	Wir feiern unser fünfzigjähriges Jubiläum / Bestehen.
per il loro decimo anniversario di matrimonio	an / zu ihrem zehnten Hochzeitstag
il decimo anniversario della sua morte	ihr zehnter Todestag
giubileo [dʒubi'lɛːo]	Jubiläum / Jubeljahr
Nel 2000 la chiesa cattolica festeggia il giubileo, anno santo.	Im Jahr 2000 feiert die katholische Kirche mit dem Heiligen Jahr ein Jubeljahr.
nozze (fpl) **d'argento / d'oro** ['nɔttse dar'dʒɛnto / 'dɔːro]	Silber- / Goldhochzeit
Hanno appena festeggiato le nozze d'oro.	Sie haben gerade ihre goldene Hochzeit gefeiert.

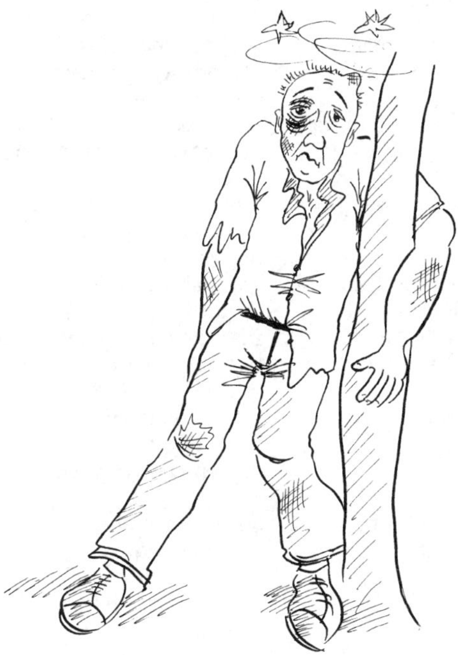

"Mi hanno proprio conciato per le feste!"

I rapporti sociali
Gesellschaftlicher Umgang

In seno all'io c'è un noi che è la comunità alla quale apparteniamo.
(*Giovanni Gentile, filosofo, 1875–1944*)

compagnia [kompa'ɲi:a]	Gesellschaft; Umgang
Sua nipote le fa compagnia.	Ihre Nichte leistet ihr Gesellschaft.
dama di compagnia	Gesellschaftsdame
Desiderava la compagnia di persone della sua età.	Er suchte Umgang mit Leuten seines Alters.
Fammi compagnia, mangia un boccone con me.	Leiste mir Gesellschaft, iss ein Häppchen mit mir.
Riccardo non è di grande compagnia.	Riccardo ist nicht sehr gesellig.
una allegra compagnia di amici	eine lustige Gesellschaft von Freunden
frequentare cattive compagnie	schlechten Umgang haben
Alla festa c'erano Gigi, Rosa, Bice e compagnia bella.	Auf dem Fest waren Gigi, Rosa, Bice und so weiter / und all die anderen.
visita ['vi:zita]	Besuch; Untersuchung; Visite
Pensavamo di farti una visita.	Wir hatten vor, dich zu besuchen.
una visita di dovere	Pflichtbesuch
Ho preso un appuntamento per una visita dall'oculista.	Ich habe mir einen Termin für eine Untersuchung beim Augenarzt geben lassen.
andare a trovare [an'da:re a tro'va:re]	besuchen
visitare [vizi'ta:re]	besichtigen; untersuchen (*Arzt*); besuchen
Ieri abbiamo visitato la Cappella Sistina.	Gestern haben wir die Sixtinische Kapelle besichtigt.
farsi vivo ['farsi 'vi:vo]	sich melden; sich sehen lassen
Cosa ne dici se mi faccio vivo domani?	Was hältst du davon, wenn ich mich morgen melde?
incontrarsi [inkont'rarsi]	zusammenkommen; sich treffen
Ci incontravamo sempre dopo la scuola.	Wir trafen uns immer nach der Schule.
Quando possiamo incontrarci per fare due chiacchiere?	Wann können wir uns auf ein Schwätzchen sehen?
uscire con qualcuno [u'ʃi:re 'kon kual'ku:no]	mit jemandem (aus)gehen
Prima usciva con lei.	Sie war mal seine Freundin.
appuntamento [appunta'mento]	Verabredung
Ho un appuntamento con Rosa.	Ich bin mit Rosa verabredet.
Ho fissato l'appuntamento per giovedì.	Ich habe das Treffen für Donnerstag vereinbart.
festa ['fɛsta]	Party
dare / fare una festa	eine Party geben / feiern
Hanno organizzato una grande festa per la vittoria.	Sie feierten den Sieg mit einer großen Party.

C'eri alla festa di San Silvestro di Bice?	Warst du auf Bices Silvesterparty?
festa danzante	Tanzveranstaltung / -abend / -party
riunione (f) [riu'njo:ne]	Treffen; Zusammenkunft
riunione di classe / famiglia	Klassen- / Familientreffen
ballo ['ballo]	Ball; Tanz
Mi concede questo ballo?	Gewähren Sie mir diesen Tanz?
Stasera andiamo ad un ballo.	Wir gehen heute Abend auf einen Ball.
il ballo delle debuttanti	der Ball der Debütantinnen
ballo di beneficienza	Wohltätigkeitsball
essere in ballo	im Spiel sein; auf dem Spiel stehen
Qui ci sono in ballo interessi diversi.	Hier sind verschiedene Interessen im Spiel.
È in ballo il tuo avvenire.	Deine Zukunft steht auf dem Spiel.
tirare in ballo qualcosa	die Sprache auf etwas bringen
Dopo il terzo quarto di rosso ha tirato in ballo anche l'ingiustizia della sorte.	Nach dem dritten Viertel Rotwein hat er auch noch die Ungerechtigkeit des Schicksals angesprochen.
ricevimento [ritʃevi'mento]	Empfang
un ricevimento in onore del Presidente	ein Empfang zu Ehren des Präsidenten
ospite (m+f) ['ɔspite]	Gastgeber(in); Gast
L'ospite d'onore è servito per primo.	Der Ehrengast wird zuerst bedient.
Nell'antichità classica l'ospite era sacro.	In der klassischen Antike war der Gast heilig.
Marco è un ospite molto generoso.	Mario ist ein großzügiger Gastgeber.
Abbiamo spesso ospiti a cena.	Wir haben oft Gäste zum Abendessen.

Un proverbio scherzoso dice: *L'ospite è come il pesce, dopo tre giorni puzza.* (= Der Gast ist wie der Fisch, er bleibt nicht lange frisch.)

ospitalità [ospitali'ta]	Gastfreundschaft
Troverete sempre ospitalità in casa mia.	In meinem Hause werdet ihr stets Gastfreundschaft genießen.
brindisi (m) ['brindizi]	Toast; Trinkspruch
Fecero un brindisi agli sposi.	Man stieß auf das Brautpaar an.
brindare con lo spumante	mit Schaumwein anstoßen
Brindiamo alla nostra amicizia!	Trinken wir auf unsere Freundschaft!

***Tipici brindisi* (= Gebräuchliche Trinksprüche)**
Alla Vostra / tua salute! (= Auf Ihr / dein Wohl!)
Cin, cin! (= Prost! / Prosit! / Zum Wohl!)
Prosit! (= Auf dein Wohl!)

Divertimenti
Vergnügungen

→ 11.5 Teatro e cinema

La via dell'inferno è lastricata di buone intenzioni. (*Proverbio*)

circo ['tʃirko]	Zirkus
banda (musicale) ['banda (muzi'ka:le)]	Kapelle; Band
Mario suona nella banda municipale.	Mario spielt in der Stadtkapelle.
discoteca [disko'tɛ:ka]	Diskothek
Andiamo spesso in discoteca.	Wir gehen oft in die Disko.
night-club (m) ['naitklʌb]	Nachtlokal; Nachtklub
casinò [kazi'nɔ]	(Spiel-)Kasino; Spielbank
Ha puntato tutti i suoi averi al casinò.	Er hat in der Spielbank sein gesamtes Vermögen gesetzt.
gara ['ga:ra]	(Wett-)Kampf; Wettbewerb
gara di bellezza	Schönheitswettbewerb
fiera ['fjɛ:ra]	(Jahr-)Markt; Volksfest; Messe
Tutti gli anni andiamo alla fiera degli oh-bei, oh-bei.	Jedes Jahr besuchen wir das Volksfest der oh-bei, oh-bei (in Mailand).
Esponiamo alla Fiera del Libro di Francoforte.	Wir stellen auf der Frankfurter Buchmesse aus.
sagra ['sa:gra]	(Kirchweih-)Fest; (Jahr-)Markt
sagra dell'uva	Weinfest
luna park (m) ['lu:na 'park]	Rummelplatz
Mi piace andare sull'otto volante.	Ich fahre gern Achterbahn.
giostra ['dʒɔstra]	Karussell
Sono stati sulle giostre.	Sie sind Karussell gefahren.

Le attrazioni del luna park **(= Rummelplatzattraktionen)**
autoscontro / autopista (= Autoscooter) • *otto volante / montagne russe* (= Achterbahn) • *tiro a segno* (= Schießstand / Schießbude) • *toboga* (= Toboggan) • *labirinto degli specchi* (= Spiegelkabinett) • *castello degli orrori* (= Geisterbahn) • *ruota panoramica* (= Riesenrad)

parco dei divertimenti ['parko dej diverti'menti]	Freizeitpark; Vergnügungspark
sfilata [sfi'la:ta]	Schau
la sfilata dei carri carnascialeschi di Viareggio	der Faschingszug der Wagen in Viareggio
teatro dei burattini [te'a:tro dej burat'ti:ni]	Puppenspiel; Marionettenspiel
museo delle cere [mu'zɛ:o 'delle tʃe:re]	Wachsfigurenkabinett
corsa dei cavalli ['korsa dej ka'valli]	Pferderennen
ippodromo	Pferderennbahn
zoo ['dzɔo]	Tiergarten; Zoo

Viaggi e turismo
Reisen und Tourismus

→ 19 Mezzi di trasporto

Dove andrò? Non so ... Viaggio, viaggio per fuggire ad altro viaggio.
(*Guido Gozzano, poeta, 1883–1916*)

viaggiare [vjad'dʒa:re]	reisen
Preferisco viaggiare in treno.	Ich reise lieber mit dem Zug.
andare all'agenzia di viaggi	zum Reisebüro gehen
viaggio d'affari / di piacere	Geschäfts- / Vergnügungsreise
Buon viaggio! Fai buon viaggio!	Gute Reise! Gute Fahrt!
turismo [tu'rizmo]	Tourismus
turismo di massa	Massentourismus
L'isola vive di turismo.	Die Insel lebt vom Tourismus.
Ufficio informazioni turistiche	Verkehrsamt
il turismo della terza età	der Senioren-Tourismus
stazioni (fpl) balneari affollate di turisti	von Touristen überfüllte Badeorte
Si prevede un eccezionale afflusso di turisti sulle spiagge italiane.	Es wird mit einem außergewöhnlichen Touristenzustrom zu den italienischen Stränden gerechnet.
agriturismo	Urlaub auf dem Bauernhof
crociera [kro'tʃɛ:ra]	Kreuzfahrt
prenotare [preno'ta:re]	buchen; reservieren
prenotare una camera / un volo	ein Zimmer / einen Flug reservieren
prenotare un viaggio tutto compreso	eine Pauschalreise buchen
stornare [stor'na:re]	streichen; rückgängig machen
Abbiamo stornato la prenotazione.	Wir haben die Reservierung rückgängig gemacht.
giro ['dʒi:ro]	Tour; (Rund-)Fahrt; (Rund-)Reise
il giro del mondo	Weltreise
fare un giro della Sardegna	eine Sardinien(rund)reise machen
il giro della città	Stadttour
il tour operator	der Reiseveranstalter
escursione (f) [eskur'sjo:ne]	Ausflug
fare un'escursione	einen Ausflug machen
camminata [kammi'na:ta]	Wanderung
fare una camminata	eine Wanderung machen
visitare [vizi'ta:re]	besuchen; besichtigen
Abbiamo visitato il duomo.	Wir haben den Dom besichtigt.
visita guidata del palazzo	Palastbesichtigung mit Führung
soggiorno [sod'dʒorno]	Aufenthalt
soggiorno all'estero	Auslandsaufenthalt
azienda autonoma di soggiorno	Fremdenverkehrsamt
itinerario [itine'ra:rjo]	Reiseplan / -route; Tour
Per domani abbiamo in programma un bell'itinerario.	Für morgen planen wir eine schöne Tour.
destinazione (f) [destina'tsjo:ne]	Reiseziel; Zielbahnhof; Zielflughafen

Bice ha lasciato il paese per destinazione sconosciuta.	Bice hat das Land mit unbekanntem Ziel verlassen.
località di villeggiatura [lokali'ta di villeddʒa'tu:ra]	Urlaubsort
Cortina è una nota località di villeggiatura.	Cortina ist ein bekannter Urlaubsort.
stazione (f) balneare	Badeort
bellezze artistiche / naturali [bel'lettse ar'tistike / natu'ra:li]	Sehenswürdigkeiten
guida [gu'i:da]	Fremdenführer; Reiseleiter(in)
una guida di Roma	ein Romführer *(Buch)*
La nostra guida parla anche tedesco.	Unser(e) Reiseleiter(in) spricht auch Deutsch.
orario di apertura [o'ra:rjo di aper'tu:ra]	Öffnungszeiten
A che ora apre?	Wann wird hier geöffnet?
mancia ['mantʃa]	Trinkgeld
Quanto gli hai lasciato di mancia?	Wieviel Trinkgeld hast du ihm gegeben?
arrivo [ar'ri:vo]	Ankunft
il tabellone degli arrivi	die Ankunftstafel / -anzeige
partenza [par'tɛntsa]	Abreise; Abfahrt; Abflug
il tabellone delle partenze	die Abfahrtstafel / -anzeige
ritardo [ri'tardo]	Verspätung; Verzögerung
Lo sciopero ha provocato enormi ritardi.	Der Streik führte zu enormen Verspätungen.
autostop (m) [auto'stɔp]	Autostopp; Trampen
fare l'autostop	Autostopp machen; trampen
viaggiare in autostop	per Anhalter fahren
autostoppista (m+f)	Anhalter(in); Tramper(in)
dogana [do'ga:na]	Zoll
Abbiamo passato la dogana senza problemi.	Wir sind problemlos durch den Zoll gekommen.
disbrigo delle formalità doganali	Zollabfertigung
Ha qualcosa da dichiarare?	Haben Sie etwas zu verzollen?
duty-free (m) ['diu:tifri]	Ladengeschäft mit zollfreien Waren
Gigi acquista profumi e sigarette al duty-free.	Gigi kauft Parfums und Zigaretten im Duty Free-Shop.
consolato (generale) [konso'la:to (dʒene'ra:le)]	(General-)Konsulat
Il passaporto si può rinnovare al consolato.	Man kann sich seinen Pass auf dem Konsulat verlängern lassen.
ambasciata [amba'ʃa:ta]	Botschaft
l'ambasciata italiana a Bonn	die italienische Botschaft in Bonn
richiedere un visto [ri'kjɛ:dere 'un 'visto]	ein Visum beantragen
richiesta di un visto [ri'kjɛsta di 'un 'visto]	Antrag auf ein Visum
passaporto [passa'pɔrto]	(Reise-)Pass
Il mio passaporto è scaduto.	Mein (Reise-)Pass ist abgelaufen.
Passaporti, prego!	Passkontrolle, bitte!

visto ['visto]	Visum; Sichtvermerk
concedere il visto	ein Visum ausstellen
valido ['va:lido]	gültig
Questo visto è valido 90 giorni.	Dieses Visum ist 90 Tage gültig.
carta d'indentità ['karta didenti'ta]	Personalausweis
vaccinazione (f) [vattʃina'tsjo:ne]	(Schutz-)Impfung
vaccinazione contro la malaria	Malariaschutzimpfung
certificato di vaccinazione	Impfzeugnis
assicurazione (f) [assikura'tsjo:ne]	Versicherung
assicurazione contro la perdita di …	Versicherung gegen den Verlust von …
cambiare [kam'bja:re]	wechseln; umtauschen
cambiare marchi in lire	Mark in Lire umtauschen
cambio ['kambjo]	Umtausch (*Geld*)
(tasso di) cambio	Wechselkurs
traveller's chèque (m) (assegno turistico) [trɛvlɛr'ʃek]	Reisescheck
Desidero riscuotere un traveller's chèque.	Ich möchte einen Reisescheck einlösen.
bagagli (mpl) [ba'ga:ʎi]	Gepäck
bagaglio a mano	Handgepäck
deposito bagagli	Gepäckaufbewahrung
valigia [va'li:dʒa]	Koffer
fare / disfare le valigie	die Koffer packen / auspacken
È possibile che debba avere sempre tutte queste valigie?	Musst du eigentlich immer all diese Koffer mitnehmen?
zaino ['dza:ino]	Rucksack
sacco a pelo ['sakko a 'pe:lo]	Schlafsack
saccopelista (m+f)	Rucksacktourist(in)

"Veramente io, la Torre Eiffel, me la immaginavo completamente diversa!"

Alloggio
Unterkunft

Il luogo bello della vita è la strada, non la mia stanza. (*Aldo Busi, scrittore, *1948*)

alloggio [al'lɔddʒo]	Unterkunft; (Nacht-)Quartier
vitto e alloggio	Unterkunft und Verpflegung
hotel (m) [o'tɛl]	Hotel
abitare in un hotel	in einem Hotel wohnen
catena di hotel	Hotelkette (*Kempinsky, Hilton etc.*)
pensione (f) [pen'sjo:ne]	(Fremden-)Pension
Alcune pensioni offrono solo pernottamento e colazione.	Manche Pensionen bieten nur Übernachtung und Frühstück.
mezza pensione	Halbpension
pensione completa	Vollpension
motel (m) [mo'tɛl]	Motel
ostello della gioventù [o'stɛllo 'della dʒoven'tu]	Jugendherberge
camere libere ['ka:mere 'li:bere]	freie Zimmer
Mi dispiace ma per il momento non abbiamo camere libere.	Leider haben wir zur Zeit keine Zimmer frei.
prenotazione (f) [prenota'tsjo:ne]	(Zimmer-)Reservierung
fare una prenotazione	ein Zimmer bestellen
prenotare [preno'ta:re]	buchen; reservieren
Abbiamo prenotato una camera al Prince Hotel.	Wir haben ein Zimmer im Prince Hotel gebucht / reservieren lassen.
Mi dispiace, tutte le camere sono prenotate.	Leider sind wir vollkommen ausgebucht.
caparra [ka'parra]	Anzahlung
Alcuni hotel chiedono una caparra sulla prenotazione.	Manche Hotels verlangen bei der Zimmerbestellung eine Anzahlung.
supplemento [supple'mento]	Aufschlag; Aufpreis
Per le camere con vista sul lago c'è un supplemento.	Für Zimmer mit Seeblick wird ein Aufpreis erhoben.
supplemento camera singola	Einzelzimmeraufschlag
singolo ['singolo]	Einzel-
camera singola con bagno	ein Einzelzimmer mit Bad
doppio ['doppjo]	Doppel-
Desidera una camera matrimoniale o doppia?	Möchten Sie ein Zimmer mit Doppelbett oder ein Zweibettzimmer?
recezione (f) [retʃe'tsjo:ne]	Empfang
Lo lasci detto alla recezione se …	Sagen Sie am Empfang Bescheid, wenn …
portiere(-a) [por'tjɛ:re]	(Hotel-)Portier / Empfangsdame
Lasci le chiavi al portiere.	Hinterlassen Sie Ihre Schlüssel beim Portier.
cassiere(-a) [kas'sjɛ:re]	Kassierer(in)

Alla cassa c'era una lunga fila.	An der Kasse war eine lange Schlange.
hall (f) ['ɔ:l]	(Hotel-)Halle
I drink vengono serviti al bar dell'hall.	Drinks werden in der Halle serviert.
atrio ['a:trjo]	Foyer (*Hotel*)
colazione (f) [kola'tsjo:ne]	Frühstück
La colazione viene servita dalle 7.00 alle 9.00.	Frühstück gibt es von 7.00 bis 9.00 Uhr.
bed and breakfast	Übernachtung mit Frühstück
Eravamo in un hotel garnì.	Wir wohnten in einem Hotel garni.
servizio in camera [ser'vi:tsjo in 'ka:mera]	Zimmerservice
disturbare [distur'ba:re]	stören
Non disturbare.	Bitte nicht stören.

"Ah, sarebbe questo il romantico hotel ..."

Acquisti
Einkaufen

I prodotti in sé hanno perso funzione per il consumatore. Non li acquista per quel che sono, ma per quello che rappresentano. (*G.P. Ceserani)*

Frasi utili	**(= Nützliche Redensarten)**
Cerco … ['tʃerko]	Ich suche …
Avete / Ha …? [a've:te / a]	Haben / Führen Sie …?
Dove trovo …? ['do:ve 'trɔ:vo]	Wo finde ich …?
Quanto costa …? ['kuanto 'kosta]	Was kostet …?
spesa ['spe:sa]	Einkauf
Di solito faccio la spesa sabato mattina.	Für gewöhnlich kaufe ich samstags vormittags ein.
borsa della spesa	Einkaufstasche
Ho dimenticato la lista della spesa.	Ich habe den Einkaufszettel vergessen.
carrello per la spesa	Einkaufswagen
fare la spesa	einkaufen
fare spesa	Shopping machen; shoppen
centro commerciale ['tʃentro kommer'tʃa:le]	Einkaufszentrum
negozio [ne'gɔ:tsjo]	Laden
andare per negozi	einen Einkaufsbummel machen

Le parti del negozio
insegna (= Ladenschild) • *serranda* (= Rolladen) • *vetrina* (= Schaufenster) • *banco* (= Theke) • *bancone* (= Ladentisch) • *scaffale* (= Regal*)* • *espositore a colonna / a scansia* (= Säulen- / Regalsystem-Display) • *il retrobottega* (= Hinterraum des Ladens)

grande magazzino ['grande magad'dzi:no]	Kaufhaus; Warenhaus
grandi magazzini come La Rinascente	große Kaufhäuser wie La Rinascente
casa di vendita per corrispondenza ['ka:za di 'vendita per korrispon'dɛntsa]	Versandhaus
catalogo di vendita per corrispondenza	Versandhauskatalog
ordinare per corrispondenza	etwas bei einem Versandhaus kaufen
bazar (m) [ba'dza:r]	(Wohltätigkeits-)Basar
cliente (m+f) [kli'ɛnte]	Kunde / Kundin
servizio clienti	Kundendienst
Per l'assistenza clienti chiamate …	Unsere Kundenbetreuung erreichen Sie unter der Nummer …
Il nostro servizio clienti è insuperabile.	Unser Kundendienst ist unübertroffen.
commesso(-a) [kom'messo]	Verkäufer(in) (*in Laden, Kaufhaus etc.*)
offerta speciale [of'fɛrta spe'tʃa:le]	günstiges Angebot; Sonderangebot

Le offerte speciali di questo negozio sono un vero affarone. — Die Sonderangebote dieses Geschäfts sind regelrechte „Schnäppchen".

risparmiare [rispar'mja:re] — sparen
Potete risparmiare fino al 40 per cento. — Sie können bis zu 40 Prozent sparen.

sconto ['skonto] — Preisnachlass
25% di sconto sul prezzo al dettaglio — 25% unter dem Einzelhandelspreis
2 per cento di sconto con pagamento in contanti — 2 Prozent Skonto bei Barzahlung

fattura / ricevuta [fat'tu:ra / ritʃe'vu:ta] — Rechnung
una fattura di 150.000 lire — eine Rechnung über 150.000 Lire

acconto [ak'konto] — Anzahlung
pagare un acconto — eine Anzahlung leisten

rata ['ra:ta] — Rate
pagamento a rate — Ratenzahlung
Abbiamo comprato la TV a rate. — Wir haben den Fernseher auf Raten gekauft.

svendita ['svendita] — (Aus- / Schluss-)Verkauf
Sono iniziate le svendite di fine stagione. — Der Schlussverkauf hat begonnen.
L'ho comprato in svendita. — Das habe ich im Ausverkauf erstanden.

marca ['marka] — Marke
Sara compra solo vestiti di marca. — Sarah kauft nur Markenkleidung.
prodotti pirata – contraffatti — Piratenprodukte – gefälschte Ware

Tipi di negozi e negozianti
cartoleria (= Schreibwarengeschäft) – ***cartolaio*** (= Schreibwarenhändler)
merceria (= Kurzwarengeschäft) – ***merciaio*** (= Kurzwarenhändler)
tabaccheria (= Tabakwarengeschäft) – ***tabaccaio*** (= Tabakwarenhändler)
panetteria (= Bäckerei) – ***panettiere*** (= Bäcker)
drogheria (= Drogerie) – ***droghiere*** (= Drogist)
macelleria (= Metzgerei) – ***macellaio*** (= Metzger)
salumeria (= Wurstwarengeschäft) – ***salumaio*** (= Wurstwarenhändler)
pescheria (= Fischgeschäft) – ***pescivendolo*** (= Fischhändler)
polleria (= Geflügelgeschäft) – ***pollivendolo*** (= Geflügelhändler)
edicola (= Zeitungsgeschäft) – ***edicolante / giornalaio*** (= Zeitungshändler)
farmacia (= Apotheke) – ***farmacista*** (= Apotheker / -in)
oreficeria (= Goldschmiede) – ***orefice*** (= Goldschmied)
gioielleria (= Juweliergeschäft) – ***gioielliere*** (= Juwelier)
orologeria (= Uhrenfachgeschäft) – ***orologiaio*** (= Uhrmacher)

12 8

Sport
Sportarten

→ 4.7 Vivere in modo sano, 12.9 Hobby

Sogno che un giorno nessuno farà più gol in tutto il mondo.
(*Eugenio Montale, poeta, 1896–1985*)

sport (m) ['spɔrt]	Sport; Sportart
Che sport pratichi?	Welche Sportart betreibst du?
Ogni tanto faccio dello sport.	Hin und wieder mache ich Sport.
partita [par'ti:ta]	(Wett-)Spiel; Partie; Match
Facciamo una partita a scacchi?	Wollen wir eine Partie Schach spielen?
partita di tennis / di calcio	ein Tennismatch / ein Fußballspiel
fare una partitella	ein Spielchen machen; eine Runde spielen
gara ['ga:ra]	Wettbewerb
torneo [tor'nɛ:o]	Turnier
allenamento [allena'mento]	Training
Sergio allena ogni mattina i suoi addominali con venti flessioni.	Sergio trainiert jeden Morgen seine Bauchmuskeln mit zwanzig Liegestützen.
sfidare [sfi'da:re]	herausfordern
la sfida del secolo	die Herausforderung des Jahrhunderts
sfidante (m+f)	Herausforderer / Herausforderin
vincere (– vinsi – vinto) ['vintʃere]	gewinnen
perdere (– persi – perso) ['pɛrdere]	verlieren

***Luoghi di attività sportive* (= Orte sportlichen Geschehens)**
impianto sportivo (= Sportanlage) • *autodromo* (= Autorennbahn) • *stadio* (= Stadion) • *ippodromo* (= Pferderennbahn) • *campo da calcio* (= Fußballplatz) • *velodromo* (= Radrennbahn) • *poligono* (= Schießstand) • *campo da tennis* (= Tennisplatz) • *campo da golf* (= Golfplatz) • *pista* (= Laufbahn) • *palestra* (= Turnhalle / Fitness-Center)

campione(-ssa) (mondiale) [kam'pjo:ne(-'nessa) (mon'dja:le)]	(Welt-)Meister(in)
i campionati europei di calcio	Fußball-Europameisterschaft
record (mondiale) (m) ['rɛkɔrd (mon'dja:le)]	(Welt-)Rekord
stabilire / battere / detenere un record	einen Rekord aufstellen / brechen / halten
favorito(-a) [favo'ri:to]	Favorit(in)
amatore (m) – **professionista** (m+f) [ama'to:re – professjo'nista]	Amateur(-) – Profi(-)
sportivo(-a) [spor'ti:vo]	Sportler(in); sportlich
comportamento sportivo	sportliches / faires Verhalten; Fairness
corsa ['korsa]	Rennen; (Wett-)Lauf; Rennsport

corsa a staffetta	Staffellauf
pista / percorso ['pista / per'korso]	(Renn-)Bahn; Rennstrecke; Piste
corsa automobilistica ['korsa automobi'listika]	Autorennsport
macchina da corsa	Rennwagen
corridore (m) automobilista / pilota (m+f)	Rennfahrer
pattinaggio [patti'naddʒo]	Schlittschuh- / Rollschuhlauf(en)
pattinaggio su ghiaccio	Schlittschuhlauf(en)
pattinaggio a rotelle	Rollschuhlauf(en)
pattinaggio artistico su ghiaccio	Eiskunstlauf
pattini in linea	Inline-Skates; Inliner
sciare ['ʃiaːre]	Ski laufen; Ski fahren
sci alpino	Alpinski
sci alpinismo	Skiwandern
sci di fondo	Skilanglauf
carving (m)	Carving
fare vela ['faːre 'veːla]	segeln
velista (m+f)	Segler(in)
nuoto – immersione (f) [nu'ɔːto – immer'sjoːne]	Schwimmen – Tauchen
sport subacquei ['spɔrt su'baːkuei]	Tauchsportarten
box (f) **– lotta** ['bɔx – 'lɔtta]	Boxen – Ringen
calcio ['kaltʃo]	Fußball

Alcuni termini calcistici	**(= Einige Fußballausdrücke)**
attaccante (m) [attak'kante]	Stürmer
centravanti (m) [tʃentra'vanti]	Mittelstürmer
centrocampista (m) [tʃentrokam'pista]	Mittelfeldspieler
difensore (m) **– difesa** [difen'soːre – di'feːsa]	Verteidiger – Verteidigung
portiere (m) [porti'ɛːre]	Torwart
capitano [kapi'taːno]	(Mannschafts-)Kapitän
l'**allenatore** (m) della nazionale [lallena'toːre 'della natsjo'naːle]	der Nationaltrainer
il commissario tecnico	der Nationaltrainer
il mister	Trainer einer Fußballmannschaft
una forte **squadra azzurra / nazionale** ['uːna 'fɔrte sku'aːdra ad'dzurra / natsjo'naːle]	eine starke italienische Mannschaft
un'**amichevole** contro la Juventus [unami'keːvole]	ein Freundschaftsspiel gegen Juventus
una **partita in casa** ['uːna par'tiːta in 'kaːsa]	ein Heimspiel
una **partita fuori casa**	ein Auswärtsspiel
una **vittoria in trasferta** ['uːna vit'tɔːrja in tras'fɛrta]	ein Auswärtssieg
durante il **primo / secondo tempo** [du'rante il 'priːmo / se'kondo 'tempo]	in der ersten / zweiten Halbzeit
effettuare un **cross** [effettu'aːre 'un 'krɔss]	eine Flanke schlagen; flanken

Ha crossato la palla da sinistra.	Er flankte von links.
Ha fatto un **traversone** da sinistra. [a 'fatto 'un traver'so:ne]	Er flankte von links.
Il suo colpo di testa ha colpito la traversa.	Sein Kopfball ging an die (Quer-)Latte.
Baggio ha portato la squadra in **pareggio**. [la sku'a:dra in pa'reddʒo]	Baggio erzielte den Ausgleichstreffer.
gol (m) **/ rete** (f) ['gɔl / 're:te]	Tor
Il centravanti ha segnato un gol / una rete.	Der Mittelstürmer hat ein Tor erzielt.
Solo all'ultimo momento gli riuscì il **gol della bandiera**.	Erst im letzten Augenblick gelang ihm der Ehrentreffer.
un autogol	ein Eigentor
area di **rigore** (m) – calcio di rigore ['a:rea di ri'go:re]	Strafraum – Strafstoß
rimessa laterale [ri'messa late'ra:le]	Einwurf
rimessa da fondo campo	Torabstoß
L'arbitro ha assegnato loro un calcio di punizione diretto / indiretto.	Der Schiedsrichter gab ihnen einen direkten / indirekten Freistoß.
È stato ammonito con il cartellino giallo per fallo su Albertini.	Er erhielt wegen eines Fouls an Albertini die gelbe Karte.
uno zero a zero ['u:no 'dzɛ:ro a 'dzɛ:ro]	ein torloses Unentschieden
totocalcio [toto'kaltʃo]	Fußballtoto
totonero [toto'ne:ro]	illegale Wetten auf die Fußballmeisterschaft

Alcuni termini del tennis	**(= Etwas Tenniswortschatz)**
campo da tennis ['kampo da tɛnnis]	Tennisplatz
match (m) ['mætʃ]	Begegnung; Match
partita [par'ti:ta]	Set
game (m) ['geim]	Spiel
giocare in **singolo / doppio** [dʒo'ka:re in 'singolo / 'doppjo]	ein Einzel / Doppel spielen
linee (fpl) **di fondo / laterali** ['lineɛ di 'fondo / late'ra:li]	Grund- / Seitenlinien
racchetta [rak'ketta]	(Tennis-)Schläger
battuta / servizio [bat'tu:ta / ser'vi:tsjo]	(Aufschlag-)As
ace (m) **/ servizio imprendibile** ['eis / ser'vi:tsjo impren'di:bile]	As
doppio fallo ['doppjo 'fallo]	Doppelfehler
diritto – rovescio [di'ritto – ro'vɛʃo]	Vorhand – Rückhand
quindici – zero ['kuinditʃi – 'dzɛ:ro]	fünfzehn – null
parità – vantaggio [pari'ta – van'taddʒo]	Einstand – Vorteil
set point – match point (m) ['sɛt 'pɔint – 'mætʃ 'pɔint]	Satzball – Matchball
Il **punteggio** è di tre a zero nel **tiebreak** / nello **spareggio**. [il pun'teddʒo ɛ di 'tre a 'dzɛ:ro / nello spa'reddʒo]	Es steht drei zu null im Tie-Break.

Hobby
Hobbys

→ 4.7 Vivere in modo sano, 12.8 Sport

Mi resi conto che il Tempo / riavvolgendosi su se stesso / ritornava, e, anzi, / non era mai passato. (*G. De Maio*)

hobby (m) ['ɔbbi]	Hobby
I miei hobby sono ...	Zu meinen Hobbys gehören ...
L'apicultura è un hobby redditizio.	Die Imkerei ist ein lohnendes / dankbares Hobby.
Il giardinaggio è un hobby cui lui si dedica con passione.	Die Gartenarbeit ist ein Hobby, dem er sich mit Leidenschaft widmet.
passatempo [passa'tempo]	Zeitvertreib; Hobby
Qual è il tuo passatempo preferito?	Was ist deine Lieblingsbeschäftigung?
Il mio passatempo preferito è l'aerobica.	Meine Lieblingsbeschäftigung ist Aerobic.
interesse (m) [inte'rɛsse]	Interesse(ngebiet)
Quali interessi ha Lei?	Was für Interessen haben Sie?
Anna è una persona dai più svariati interessi.	Anna ist eine ausgesprochen vielseitig interessierte Person.
In pensione avrò tempo per coltivare i miei interessi.	Als Rentner werde ich Zeit haben, meinen Interessen nachzugehen.
Adesso dedica la maggior parte del suo tempo a interessi letterari.	Den größten Teil ihrer Zeit widmet sie jetzt ihren literarischen Aktivitäten.
attività [attivi'ta]	Betätigung; Tätigkeit; Beschäftigung
le attività del tempo libero	Freizeitbeschäftigungen
attività artistiche e culturali	künstlerische und kulturelle Betätigungen
svago ['zva:go]	Zeitvertreib; Freizeitangebot
In questa città ci sono molti svaghi.	In dieser Stadt gibt es ein reichhaltiges Freizeitangebot.

***Manualità* (= Handarbeit, Kunsthandwerk, Basteln)**
lavori di cucito (= Nadel- / Handarbeit) • *cucire* (= nähen) • *lavorare a maglia* (= stricken) • *lavorare all'uncinetto* (= häkeln) • *tessere* (= weben) • *ricamare* (= sticken) • *fare decorazioni floreali* (= Blumen stecken) • *lavorare con la ceramica* (= töpfern) • *lavorare con il vimini* (= Korb flechten) • *lavorare il legno* (= Holzarbeiten machen)

rilassarsi [rilas'sarsi]	sich entspannen
Mi rilasso andando al cinema.	Ich entspanne mich durch Kinobesuche.
La pittura è il suo modo di rilassarsi.	Beim Malen entspannt er sich am besten.
ozio ['ɔ:tsjo]	Muße
il dolce far niente [il 'doltʃe 'far ni'ɛnte]	Muße

tempo libero ['tempo 'li:bero]	Freizeit
Cosa fai nel tuo tempo libero?	Was machst du in deiner Freizeit?
l'industria del tempo libero	Freizeitindustrie
dedicarsi a un hobby [dedi'karsi a un'ɔbbi]	sich einem Hobby widmen
Lei si dedica ad ogni sorta di lavoro volontario.	Sie widmet sich allen möglichen ehrenamtlichen Aufgaben.
darsi a un hobby ['darsi a un'ɔbbi]	sich ein Hobby zulegen
Mi sono data alla fotografia.	Ich habe angefangen zu fotografieren.
interessarsi di qualcosa [interes'sarsi di kual'kɔ:za]	sich für etwas interessieren
Lui si interessa di francobolli.	Er interessiert sich für Briefmarken.

***Cosa colleziona la gente* (= Was die Leute so sammeln)**
francobolli (= Briefmarken) • *cartoline* (= Postkarten) • *schede telefoniche* (= Telefonkarten) • *monete* (= Münzen) • *autografi* (= Autogramme) • *antichità* (= Antiquitäten) • *libri antichi* (= schöne alte Bücher) • *scatole di fiammiferi* (= Streichholzschachteln) • *farfalle* (= Schmetterlinge)

pesca ['peska]	Angeln; Fischen
Va a pesca per rilassarsi.	Zur Entspannung geht er angeln.
caccia ['kattʃa]	Jagd
fotografia [fotogra'fi:a]	Fotografie
modellismo [model'lizmo]	Modellbau
parole crociate [pa'rɔ:le kro'tʃa:te]	Kreuzworträtsel
fare le parole crociate	Kreuzworträtsel lösen
bricolage (m) [briko'la:ʒ]	Do-it-yourself; Heimwerken
giardinaggio [dʒardi'naddʒo]	Gärtnerei
mi piace fare qualcosa [mi 'pja:tʃe 'fa:re kual'kɔ:za]	ich tue etwas gern
Mi piace ascoltare la musica.	Ich höre gern Musik.
Le piace fare le parole crociate.	Sie löst gern Kreuzworträtsel.
La **lettura** è il suo svago. [la let'tu:ra ɛ il 'su:o 'zva:go]	Lesen ist ihr / sein Lieblingszeitvertreib.
Trascorriamo molto tempo **giocando a carte**. [traskor'rja:mo 'molto 'tempo dʒo'kando a 'karte]	Wir verbringen viel Zeit beim Kartenspiel.

***Attività all'aperto* (= Aktivitäten im Freien)**
giardinaggio (= Gartenarbeit) • *jogging* (= Joggen) • *escursionismo* (= Wandern) • *alpinismo* (= Bergsteigen) • *osservazione degli uccelli / bird-watching* (= Vogelbeobachtung) • *ciclismo* (= Radfahren) • *ippica* (= Reiten) • *caccia* (= Jagd) • *sci* (= Skilaufen) • *pattinaggio in linea* (= Inline-Skating) • *vela* (= Segeln) • *windsurf* (= Windsurfen) • *sci acquatico / nautico* (= Wasserskilaufen) • *subacqueo* (= Sport- / Gerätetauchen) • *paracadutismo* (= Fallschirmspringen) • *parapendio* (= Gleitschirmfliegen) • *deltaplano* (= Drachenfliegen)

Bere e fumare
Trinken und Rauchen

C'è chi ha fatto dell'essere astemi una droga pesante. (*S. Cristante, contemporaneo*)

bere (– bevvi – bevuto) ['be:re]	trinken
Lui beve come una spugna.	Er säuft wie ein Loch.
bevanda alcolica / analcolica [be'vanda al'kɔ:lika / anal'kɔ:lika]	alkoholisches / alkoholfreies Getränk
ubriacarsi [ubria'karsi]	sich betrinken
ubriaco – ubriacone / beone (m)	betrunken – Trinker
ubriaco fradicio	stockbetrunken; sturztrunken
alcolizzato(-a) [alkolid'dza:to]	Alkoholiker(in); unter Alkoholeinfluss
astemio(-a) [a'stɛ:mjo]	Antialkoholiker(in); nüchtern

Altri modi di dire per l'ubriacarsi ed i relativi risultati
alzare il gomito, sbronzarsi, inebriarsi – sbronzo, brillo, alticcio

avere **l'alito pesante** [a've:re 'la:lito pe'sante]	eine Fahne haben
far fare **la prova del palloncino** a qualcuno ['far 'fa:re la 'prɔ:va del pallon'tʃi:no a kual'ku:no]	jemanden bei einer Alkoholkontrolle „blasen lassen"
birra ['birra]	Bier
Preferisco la birra alla spina.	Ich trinke lieber Bier vom Fass.

***Tipi di birra* (= Biersorten)**
birra bionda / chiara (= helles Bier) • *birra bruna / scura* (= dunkles Bier) • *birra forte marzolina* (= Bock-/ Starkbier) • *birra di frumento* (= Weizenbier) • *birra di frumento con lievito* (= Hefeweizenbier) • *birra alla spina* (= Bier vom Fass)

vino (bianco / rosso / rosé) ['vi:no ('bjanko / 'rosso / ro'ze:)]	(Weiß- / Rot- / Rosé-)Wein
vino da tavola	Tafelwein

Il vino è una bevanda che non manca mai sulle tavole italiane!
Nach dem 1992 verabschiedeten Weingesetz unterscheidet man folgende Weinkategorien:
Denominazione di origine controllata e garantita, DOCG (Kontrollierte und garantierte Herkunftsbezeichnung, die Gebiet, Rebsorte, Erträge, Ausbau u.a. festlegt; höchste Kategorie)
Denominazione di origine controllata, DOC (Kontrollierte Herkunftsbezeichnung)
Vino da tavola con indicazione geografica (Tafelweine, die aus einem geographisch festgelegten Gebiet kommen)
Vino da tavola (unterste Kategorie italienischer Weine)

Eine Spezialität der Toskana ist der „heilige" *Vin Santo*, ein abgelagerter, süßer Dessertwein, der ursprünglich als Messwein diente.

Il vino può essere *secco* (= trocken), *brusco* (= herb), *forte/sulla vena* (= schwer), *sincero/genuino* (= naturrein), *amabile* (= lieblich), *pastoso* (= vollmundig), *vellutato* (= samten), *frizzante* (= spritzig / leicht moussierend), *fruttato* (= fruchtig), *profumato* (= blumig) *e, attenzione, alcune volte sofisticato* (= gepanscht) *o battezzato* (= gestreckt).

spumante (m) [spu'mante]	Schaumwein; Sekt
annata [an'na:ta]	Jahrgang (*Wein*)
una buona annata	ein guter Jahrgang
grappa ['grappa]	Tresterschnaps (wird aus den Pressrückständen der ausgepressten Trauben gebrannt)
un quartino [un kuar'ti:no]	0,25 Liter; ein Viertel
Un quartino di vino della casa, per favore!	Ein Viertel offenen Wein, bitte!
Vorrei un quarto di vino.	Ich möchte einen Viertelliter Wein.
barista (m+f) [ba'rista]	Barkeeper
osteria [oste'ri:a]	Gasthof
fumare [fu'ma:re]	rauchen
Non fumo.	Ich rauche nicht / bin Nichtraucher(in).
vietato fumare	Rauchen verboten
fumo passivo	Passivrauchen
(non) fumatore(-trice)	(Nicht-)raucher(in)
area per (non) fumatori	(Nicht-)Raucherbereich
scompartimento per non fumatori	Nichtraucherabteil
tosse (f) dei fumatori	Raucherhusten
fumatore(-trice) accanito	Kettenraucher(in)
fumare il calumet della pace	die Friedenspfeife rauchen
Stefano fuma come un turco.	Stefano raucht wie ein Schlot.
Fammi fare un **tiro**! ['fammi 'fa:re 'un 'ti:ro]	Lass' mich mal ziehen!
sigaretta [siga'rɛtta]	Zigarette
sigarette con filtro	Filterzigaretten
sigarette a basso / alto contenuto di catrame	Zigaretten mit hohem / niedrigem Teergehalt
un pacchetto di sigarette	eine Packung / Schachtel Zigaretten
sigarette leggere / forti	leichte / starke Zigaretten
una stecca di sigarette	eine Stange Zigaretten
portasigarette (m)	Zigarettenetui
contrabbando di sigarette	Zigarettenschmuggel
scroccare una sigaretta	eine Zigarette schnorren / abstauben
mozzicone (m) di sigaretta	(Zigaretten-)Kippe
bocchino [bok'ki:no]	Zigarettenspitze
sigaro ['si:garo]	Zigarre
una scatola di sigari	eine Zigarrenkiste

pipa ['pi:pa]	Pfeife
Come sempre fumava la sua pipa.	Wie immer rauchte er seine Pfeife.
nettapipa (m)	Pfeifenreiniger
tabacco [ta'bakko]	Tabak
tabaccheria	Tabak(waren)laden
tabaccaio	Tabak(waren)händler
tabacchiera	Schnupftabakdose
nicotina [niko'ti:na]	Nikotin
accendersi una sigaretta [at'tʃɛndersi 'u:na siga'rɛtta]	(sich) eine (Zigarette) anzünden
accendino [attʃen'di:no]	Feuerzeug
Ha per caso da accendere?	Hätten Sie vielleicht mal Feuer?
spegnere la sigaretta ['spe:ɲere]	die Zigarette ausdrücken / ausmachen
cenere (f) ['tʃe:nere]	Asche
portacenere (m)	Aschenbecher

In Italia le sigarette si accendono anche con un cerino (= Wachsstreichholz), *un fiammifero* (= Streichholz) *o con un minerva™* (= Sicherheits-Flachhölzchen).

Le sigarette e gli articoli per il fumo in Italia sono monopolio di Stato (= Staatsmonopol). *Da qui anche la sigla della marca di sigarette italiana più conosciuta all'estero: MS = monopolio di Stato.*

"Io mi attaccherei alla bottiglia? Giammai!"

L'universo
Das Weltall

1 Stelle e pianeti
Sterne und Planeten

2 La ricerca spaziale
Raumforschung

Stelle e pianeti
Sterne und Planeten

Il libro dell'universo [...] è scritto in lingua matematica, e i caratteri sono triangolari, cerchi e altre figure geometriche, senza i quali è impossibile a intenderne umanamente parola. (*Galileo Galilei, fisico e astronomo, 1564–1642)*

universo [uni'vɛrso]	(das) Universum
l'origine dell'universo	die Entstehung der Welt
L'universo non ha né confini né centro.	Das Weltall hat weder Grenzen noch Mittelpunkt.
cosmo ['kɔzmo]	(der) Kosmos; (das) Weltall
spazio ['spa:tsjo]	(der) Weltraum; (das) (Welt-)All
la conquista dello spazio	die Eroberung des Weltraums
luce (f) ['lu:tʃe]	Licht
andare alla velocità della luce	sich mit Lichtgeschwindigkeit fortbewegen
anno luce (m)	Lichtjahr
una distanza di ... anni luce	eine Entfernung von ... Lichtjahren
galassia [ga'lassja]	Galaxis; Galaxie
La Via Lattea è una galassia.	Die Milchstraße ist eine Galaxie.
galattico [ga'lattiko]	galaktisch
nebulosa (galattica)	(galaktischer) Nebel
corpo celeste ['kɔrpo tʃe'lɛste]	Himmelskörper
supernova (pl: -novae) [super'nɔ:va]	(Super-)Nova
pulsar – quasar (m+f) ['pulsa:r – 'kuazar]	Pulsar – Quasar
cometa [ko'me:ta]	Komet
meteora – meteorite (m+f) [me'tɛ:ora – meteo'ri:te]	Meteor – Meteorit
stella ['stella]	Stern
stella cadente	Sternschnuppe
una notte piena di stelle	eine sternklare Nacht
guardare le stelle	die Sterne betrachten
vedere le stelle	Sternchen sehen
Le stelle brillano nel cielo.	Die Sterne leuchten am Himmel.
Quando una stella cade, bisogna esprimere un desiderio.	Wenn ein Stern vom Himmel herabfällt, muss man einen Wunsch äußern.
costellazione (f) [costella'tsjo:ne]	Sternbild; Konstellation
L'Orsa maggiore è una costellazione conosciuta.	Der Große Bär ist ein bekanntes Sternbild.

Le costellazioni principali
Orsa maggiore o Gran Carro (= Großer Bär oder Großer Wagen) • *Orsa minore o Piccolo Carro* (= Kleiner Bär oder Kleiner Wagen) • *Pleiadi* (= Plejaden / Siebengestirn) • *Orione* (= Orion) • *Aquila* (= Adler) • *Andromeda* (= Andromeda) • *Cassiopea* (= Kassiopeia) • *Ercole* (= Herkules) • *Lira*

(= Lyra / Leier) • *Gran Cane o Cane maggiore* (= Großer Hund) • *Piccolo Cane o Cane minore* (= Kleiner Hund) • *Croce del Sud* (= Kreuz des Südens)

pianeta (m) [pja'nɛ:ta]	Planet
La terra è il terzo pianeta partendo dal sole.	Die Erde ist von der Sonne aus der dritte Planet.

***I nove pianeti nel sistema solare* (= Die neun Planeten im Sonnensystem)**
Mercurio (= Merkur) • *Venere* (= Venus) • *Terra* (= Erde) • *Marte* (= Mars) • *Giove* (= Jupiter) • *Saturno* (= Saturn) • *Urano* (= Uran) • *Nettuno* (= Neptun) • *Plutone* (= Pluto)

orbita – orbitare ['ɔrbita – orbi'ta:re]	(Umlauf-)Bahn – (um)kreisen
un'orbita circolare / ellittica	eine kreisförmige / elliptische Bahn
entrare in orbita	in die Umlaufbahn eintreten
ruotare intorno all'asse [ruo'ta:re in'torno al'lasse]	sich um die Achse drehen
ruotare / girare intorno al sole	um die Sonne kreisen
La terra gira intorno al sole.	Die Erde umkreist die Sonne.
satellite (m) [sa'tɛllite]	Satellit; Trabant
La luna è il satellite naturale della terra.	Der Mond ist der Trabant der Erde.
il **sole** – la **luna** ['so:le – 'lu:na]	die Sonne – der Mond
luna crescente / calante	zunehmender / abnehmender Mond
il sole / la luna sorge / tramonta	die Sonne / der Mond geht auf / geht unter
eclissi (f) solare / lunare [ek'lissi so'la:re / lu'na:re]	Sonnen- / Mondfinsternis
eclissi di sole / di luna	Sonnen- / Mondfinsternis
eclissi totale / parziale	vollständige / teilweise Sonnen- / Mondfinsternis
siderale [side'ra:le]	Stern- ; siderisch
rivoluzione (f) / mese (m) siderale	Mondumlauf
luce siderale (f)	Sternlicht

Idiomatische Wendungen rund um den Mond
chiari di luna (= schwere Zeiten) • *luna di miele* (= Flitterwochen) • *andare secondo la luna* (= launisch sein) • *avere la luna di traverso* (= schlecht gelaunt sein)

cratere (m) [kra'tɛ:re]	Krater
cratere lunare	Mondkrater
atmosfera [atmos'fɛ:ra]	Atmosphäre
campo magnetico ['kampo ma'ɲɛ:tiko]	Magnetfeld
forza di gravità ['fɔrtsa di gravi'ta]	Gravitation; Schwerkraft
La forza di gravità all'Equatore è minore che non ai poli.	Die Schwerkraft ist am Äquator geringer als an den Polen.
la teoria della gravità di Newton	Newtons Gravitationstheorie
la forza di gravità della terra	die Anziehungskraft der Erde

osservatorio astronomico [osserva'tɔrjo astro'nɔ:miko]	Observatorium; Sternwarte
astronomia [astrono'mi:a]	(die) Astronomie
cosmologia [kozmolo'dʒi:a]	(die) Kosmologie
genesi (f) ['dʒɛnesi]	die Schöpfungsgeschichte in der Bibel
la teoria del **big bang** [la teo'ri:a del big'bɛng]	die Urknalltheorie
buco nero ['bu:ko 'ne:ro]	ein schwarzes Loch
la relatività di Galileo [la relativi'ta di gali'lɛ:o]	Galileos Relativitätstheorie
la relatività di Einstein [la relativi'ta di 'ainstain]	Einsteins Relativitätstheorie

Gli aggettivi astronomico, galattico, cosmico, spaziale, siderale vengono spesso usati nel linguaggio giovanile e giornalistico con il significato di esageratamente grande, sensazionale, grandioso, eccezionale. P.e.: Quella moto costa una cifra astronomica. È stata una vacanza galattica. Alcuni studenti impiegano tempi siderali per ultimare gli studi.

"Certo che stasera l'Orsa maggiore e l'Orsa minore si riescono a distinguere proprio bene!"

La ricerca spaziale
Raumforschung

Un corpo aereo, etereo, spirituale, liquido, capace loco di moto e di quiete, sino [seno] immenso e infinito. (*Bruno Giordano, filosofo e scrittore, 1548–1600*)

spazio – **spaziale** ['spa:tsjo – spa'tsja:le]	(der) (Welt-)Raum / (das) (Welt-)All – Raum-
l'era spaziale	das Zeitalter der Raumfahrt
programma (m) spaziale	Raumfahrtprogramm
missione (f) / volo spaziale	(Welt-)Raumflug
tuta spaziale	Raumanzug
veicolo spaziale	Raumfahrzeug
capsula spaziale	Raumkapsel
navicella spaziale	Raumfähre
sonda spaziale	Raumsonde
stazione (f) spaziale	(Welt-)Raumstation
rifiuti (mpl) spaziali	Weltraummüll
medicina spaziale	Raumfahrtmedizin
missile (m) spaziale	Weltraumrakete
dotato di equipaggio – senza equipaggio [do'ta:to di ekui'paddʒo – 'sɛntsa ekui'paddʒo]	bemannt – unbemannt
astronautica / cosmonautica [astro'nautika / kozmo'nautika]	(Welt-)Raumfahrt
astronauta (m+f)	Astronaut(in)
cosmonauta (m+f)	Kosmonaut(in)
astronave (f) [astro'na:ve]	Raumschiff
campo sperimentale ['kampo sperimen'ta:le]	Versuchsgelände
base (f) **di lancio** (dei missili) ['ba:ze di 'lantʃo (dej 'missili)]	(Raketen-)Abschussbasis
rampa di lancio / di decollo	Start- / Abschussrampe
lanciare un missile	eine Rakete starten
razzo vettore ['raddzo vet'to:re]	Trägerrakete
retrorazzo	Bremsrakete
razzo ausiliario di decollo	Booster; Startrakete
missile (m) ['missile]	Rakete
missile a più stati	Mehrstufenrakete

„Rakete" ist in der Raumfahrt meistens *razzo,* aber auch *missile;* als militärische Waffe eher *missile.*

conto alla rovescia / count-down (m) ['konto 'alla ro'vɛʃa / 'kaunt 'daun]	Countdown
decollo – decollare [de'kɔllo – dekol'la:re]	(das) Abheben / (der) Start – abheben / starten
Decollo compiuto.	Der Start ist erfolgt.
traiettoria [trajɛt'tɔ:rja]	Flugbahn

La navicella spaziale è uscita dalla sua traiettoria.	Die Raumfähre hat ihre Flugbahn verlassen.
rendez-vous (m) [rãde'vu]	Rendezvous
manovra di agganciamento [ma'nɔːvra di aggantʃa'mento]	Kopplungsmanöver
orbita – orbitare ['ɔrbita – orbi'taːre]	Umlaufbahn – (um)kreisen
orbitare la luna / la terra	den Mond / die Erde umkreisen
missione fly-by (f) [mis'sjoːne fl'aːi 'baːi]	Vorbeiflug
allunaggio [allu'naddʒo]	Mondlandung
effettuare un allunaggio morbido	weich auf dem Mond landen
atterraggio [atter'raddʒo]	Landung
veicolo d'atterraggio	Landefahrzeug / -fähre
campo d'atterraggio	Landezone
modulo per l'escursione lunare / LEM ['mɔːdulo per leskur'sjoːne lu'naːre]	Mond(lande)fähre
raccogliere **campioni minerali** [rak'kɔːʎere kam'pjoːni mine'raːli]	Gesteinsproben aufsammeln
sospendere una missione / un volo [so'speːndere 'uːna mis'sjoːne]	einen Flug abbrechen
Un guasto al propulsore di correzione ha portato alla sospensione del volo.	Ein Fehler am Korrekturtriebwerk führte zum Abbruch des Fluges.
rientro (nell'atmosfera terrestre) [ri'entro nellatmos'fɛːra ter'rɛstre]	Wiedereintritt (in die Erdatmosphäre)
stazione (f) **terrestre** [sta'tsjoːne ter'rɛstre]	Bodenstation
centro di controllo ['tʃentro di kont'rɔllo]	(das) Kontrollzentrum
propulsore (m) [propul'soːre]	(Raketen-)Triebwerk
sistema di propulsione	Antriebssystem
carburante (m) **/ propellente** (m) [karbu'rante / propel'lente]	Treibstoff
idrogeno [id'rɔːdʒeno]	Wasserstoff
spinta ['spinta]	Schub
modulo di comando ['mɔːdulo di ko'mando]	Kommandokapsel
modulo di servizio ['mɔːdulo di ser'viːtsjo]	Versorgungsteil
il sistema di sopravvivenza [il si'stɛːma di sopravvi'vɛntsa]	Lebenserhaltungssystem
carico pagante ['kariko pa'gante]	Nutzlast
satellite (m) [sa'tɛllite]	Satellit
satellite artificiale	(künstlicher) Satellit
satellite per telecomunicazioni	Nachrichtensatellit
satellite meteorologico	Wettersatellit
collocare su un'orbita un satellite	einen Satelliten in eine Umlaufbahn bringen
imponderabilità [imponderabili'ta]	Schwerelosigkeit
radiazione (f) [radja'tsjoːne]	Strahlung

La terra
Die Erde

Geologia
Geologie

Ci sono più soli che nuotano all'interno della nostra modesta galassia di quanti siano gli uomini che hanno mai vissuto sulla Terra [...] il numero di atomi in una goccia d'acqua si avvicina al numero delle stelle dell'universo.
(*C. Rubbia, *1934, premio Nobel per la fisica 1984*)

geologia [dʒeolo'dʒi:a]	Geologie
geologia strutturale / tettonica	Geotektonik
geologia marina	Meeresgeologie
geologia storica	historische Geologie
processi (mpl) geologici	geologische Vorgänge
formazione geologica	geologische Formation
carta geologica	geologische Karte
rilevamenti (mpl) geologici	geologische Aufnahmen
geologo(-a)	Geologe / Geologin
geografia [dʒeogra'fi:a]	Geographie

Beachten Sie die Betonung bei -*ografia* und -*ologia*:
geografia (= Geographie) • *geocronologia* (= Geochronologie) • *glaciologia* (= Glaziologie) • *mineralogia* (= Mineralogie) • *paleontologia* (= Versteinerungskunde) • *petrologia* (= Petrologie) • *sismologia* (= Erdbebenkunde) • *vulcanologia* (= Vulkanologie)

terra – terrestre ['tɛrra – ter'rɛstre]	Erde; irdisch
(la) storia della terra	(die) Erdgeschichte
l'evoluzione (f) della terra	die Entwicklung der Erde
nucleo terrestre	(der) Erdkern
crosta terrestre	(die) Erdkruste; (die) Erdrinde
dislocamento continentale [disloka'mento kontinen'ta:le]	Kontinentalverschiebung / -drift
tettonica [tet'tɔ:nika] a placche	Plattentektonik
allargamento degli oceani [allarga'mento 'de:ʎi o'tʃɛ:ani]	Erweiterung der Ozeane
strato ['stra:to]	Schicht; Stratum
faglia ['fa:ʎa]	Verwerfung; (Schichten-)Bruch
roccia ['rɔttʃa]	Gestein(e)
minerale (m) [mine'ra:le]	Mineral
risorse **minerarie** [ri'sorse mine'ra:rje]	Bodenschätze
composizione (f) [komposi'tsjo:ne]	Zusammensetzung
formazione (f) **dei cristalli** [forma'tsjo:ne d'ei kri'stalli]	die Bildung von Kristallen
sedimentazione (f) **– sedimento** [sedimenta'tsjo:ne – sedi'mento]	Sedimentation – Sedimente
isola di sedimentazione	Ablagerinsel
giacimento [dʒatʃi'mento]	Lagerstätte; Ablagerung
giacimenti di petrolio / greggio e gas naturali	Öl- / Erdgasvorkommen

erosione (f) [ero'zjo:ne]	Abtragung; Erosion
disgregazione (f) [dizgrega'tsjo:ne]	Verwitterung
fossile (m) ['fɔssile]	Fossil; Versteinerung
fossile caratteristico / guida	Leitfossil
fossilizzazione (f)	Versteinerung
fossilizzare	versteinern
la datazione dell'età [la data'tsjo:ne delle'ta]	Altersbestimmung
era ['ɛ:ra]	Ära; (Erd-)Zeitalter
era glaciale	Eiszeit
periodo [pe'ri:odo]	Periode
epoca ['ɛpoka]	Epoche
ghiacciaio [gjat'tʃa:jo]	Gletscher
acqua di fusione ['akkua di fu'zjo:ne]	Schmelzwasser
morena terminale [mo're:na]	(End-)Moräne
anfiteatro morenico	Moränenkessel
terremoto – sisma (m) [terre'mɔ:to – 'sizma]	Erdbeben
scala Richter / Mercalli	Richter- / Mercalli-Skala
terremotato(-a)	Erdbebenopfer
vulcano [vul'ka:no]	Vulkan
vulcano a strati	Schichtvulkan
L'Etna è un vulcano ancora in attività.	Der Ätna ist ein noch tätiger Vulkan.
Lo Stromboli è un vulcano spento.	Der Stromboli ist ein erloschener Vulkan.
I vulcani eruttano lava, lapilli e ceneri.	Vulkane speien Lava, Lapilli und Asche.
vulcanologo(-a)	Vulkanologe / Vulkanologin
attività vulcanica	vulkanische Tätigkeit
eruzione vulcanica	Vulkanausbruch
cratere (m) [kra'tɛ:re]	Krater
cratere a cono vulcanico	Vulkankrater
lago craterico	Kratersee; Maar
lago **carsico** ['la:go 'karsiko]	Karstsee
topografia [topogra'fi:a]	Topographie
duna costiera ['du:na kos'tjɛ:ra]	Küstendüne
meandro [me'andro]	Mäander
fiordo [fi'ɔrdo]	Fjord
barena [ba're:na]	Untiefe
calanco [ka'lanko]	Falte
pozzo artesiano ['pottso arte'zja:no]	artesischer Brunnen
terrazzo marino / fluviale [ter'rattso ma'ri:no / flu'vja:le]	Brandungsplatte / Küstenterrasse; Schotterterrasse
atollo [a'tɔllo]	Atoll
falda di ricoprimento ['falda di rikopri'mento]	Faltenüberschiebung
ria ['ri:a]	Rias
delta lacustre (m) ['dɛlta la'kustre]	Seedelta
serbatoio magmatico [serba'to:jo mag'ma:tiko]	magmatogene Lagerstätte

Metalli e pietre preziose
Metalle und Schmucksteine

Anch'io ti parlo come sfoga il vento / come sassi modellano segnali / gli astri, le gemme, parla la rugiada. (*M. Grasso, contemporaneo*)

metallo [me'tallo]	Metall
metalli nobili / preziosi	Edelmetalle
metalli pesanti / leggeri	Schwer- / Leichtmetalle
oro – d'oro ['ɔ:ro – 'dɔ:ro]	Gold – golden
un orologio d'oro	eine goldene Uhr
una medaglia d'oro	eine Goldmedaille
nozze (fpl) d'oro	goldene Hochzeit
oro nero	Erdöl

Attenzione: d'oro (= golden / aus Gold), *dorato* (= vergoldet).

argento – d'argento [ar'dʒɛnto – dar'dʒɛnto]	Silber – silbern
mercurio / argento vivo [mer'ku:rjo / ar'dʒɛnto 'vi:vo]	Quecksilber
avere l'argento vivo addosso	Hummeln im Hintern haben
ferro ['fɛrro]	Eisen
minerale di ferro	Eisenerz
rame (m) **– di rame** ['ra:me – di 'ra:me]	Kupfer – kupfern
zinco – stagno ['tsinko – 'sta:ɲo]	Zink – Zinn
piombo ['pjombo]	Blei
senza piombo	bleifrei; unverbleit
alluminio [allu'mi:njo]	Aluminium
lega – legare ['le:ga – le'ga:re]	Legierung – legieren
acciaio (legato) [at'tʃa:jo]	(Edel-)Stahl
forno ['forno]	Ofen
altoforno	Hochofen
bronzo – di bronzo ['brondzo – di 'brondzo]	Bronze – bronzen
l'età del bronzo	die Bronzezeit
ottone (m) [ot'to:ne]	Messing
gemma / pietra preziosa ['dʒɛmma / pj'ɛ:tra pre'tsjo:sa]	Schmuckstein; Edelstein
Il taglio delle pietre preziose è un'arte.	Das Schleifen von Edelsteinen ist eine Kunst.
gemme imitate / false	unechter Schmuck
pietre sintetiche	künstliche Edelsteine
pietra semipreziosa	Halbedelstein
diamante (m) [dia'mante]	Diamant
diamante grezzo / tagliato	Rohdiamant / geschliffener Diamant
gioiello [dʒo'jɛllo]	Juwel; Edelstein
i gioielli della corona britannica	die britischen Kronjuwelen

(Lei) ha dovuto vendere i suoi gioielli.	Sie musste ihren Schmuck verkaufen.
smeraldo [sme'raldo]	Smaragd
rubino [ru'bi:no]	Rubin
zaffiro [dzaf'fi:ro]	Saphir
perla ['pɛrla]	Perle
una collana di perle	eine Perlenkette
ambra ['ambra]	Bernstein
tesoro [te'zɔ:ro]	Schatz

Idiomatische Wendungen

(Lui) ha un gioiello di moglie / figlia. (= Er hat eine Perle von Frau / Tochter.)
(Lei) ha un cuor d'oro. (= Sie hat ein goldenes Herz.)
Non è tutto oro quello che riluce. (= Es ist nicht alles Gold, was glänzt.)

"Questa volta ho voluto regalarti qualcosa di veramente speciale."

Divisioni geografiche
Geographische Einteilungen

Il vento soffia e nevica la frasca, / e tu non torni ancora al tuo paese! / Quando partisti, come son rimasta! / Come l'aratro in mezzo alla maggese. (*Giovanni Pascoli, poeta, 1855–1912*)

longitudine (f) [londʒi'tu:dine]	(geographische) Länge
5 gradi longitudinali a est	5 Grad östlicher Länge
latitudine (f) [lati'tu:dine]	(geographische) Breite
emisfero [emis'fɛ:ro]	Halbkugel; Hemisphäre
fuso orario ['fu:so o'ra:rjo]	Zeitzone
i tropici ['trɔ:pitʃi]	die Tropen
tropico del Cancro	Wendekreis des Krebses
tropico del Capricorno	Wendekreis des Steinbocks
il mondo antico / nuovo mondo [il 'mondo an'ti:ko / nu'ɔ:vo 'mondo]	die Alte / Neue Welt
il terzo mondo	die dritte Welt
(Ant-)artide (f) [an'tartide]	(Ant-)Arktis
(all') **Equatore** (m) [ekua'to:re]	(am) Äquator
continente (m) [konti'nɛnte]	Kontinent; Erdteil
sul (Vecchio) Continente	auf dem Kontinent (in Europa)
subcontinente	Subkontinent
continentale	kontinental
clima continentale	Kontinentalklima
Europa – europeo [eu'rɔ:pa – euro'pɛ:o]	Europa – europäisch
l'Europa occidentale – dell'Europa occidentale	Westeuropa – westeuropäisch
America – americano [a'mɛ:rika – ameri'ka:no]	Amerika – amerikanisch
le tre Americhe	Nord-, Süd- und Mittelamerika
l'America settentrionale / meridionale	Nord- / Südamerika
l'America latina / il Sudamerica	Lateinamerika
Australia – australiano [aust'ra:lja – austra'lja:no]	Australien – australisch
Africa – africano ['a:frika – afri'ka:no]	Afrika – afrikanisch
Asia – asiatico ['a:zja – a'zja:tiko]	Asien – asiatisch
occidente (m) [ottʃi'dɛnte]	Westen; West-
occidentale	westlich; West-
il mondo occidentale	die westliche Welt
oriente / levante (m) **/ est** (m) **– orientale** [o'rjɛnte / le'vante / 'ɛst / orjen'ta:le]	Osten / Ost- – östlich / Ost-
il Vicino Oriente / il Medio Oriente / l'Estremo Oriente	der Nahe / Mittlere / Ferne Osten
le nazioni del Vicino Oriente	die Staaten des Nahen Ostens

Il Vicino Oriente è quella regione in cui s'incontrano l'Asia, l'Africa e l'Europa.	Der Nahe Osten ist das Gebiet, wo Asien, Afrika und Europa sich berühren.
la costa orientale	die Ostküste
i paesi dell'Asia occidentale	die westasiatischen Länder
il Mediterraneo orientale	das östliche Mittelmeer
Europa orientale – dell'Europa orientale	Osteuropa – osteuropäisch
settentrione / nord (m) [setten'trjo:ne / 'nɔrd]	Norden; Nord-
il divario nord-sud	das Nord-Süd-Gefälle
il Polo Nord / Sud	der Nord- / Südpol
(Loro) si sono trasferiti nel nord.	Sie sind nach Norden gezogen.
settentrionale / del nord [settentrjo'na:le / del 'nɔrd]	nördlich; Nord-
l'Italia settentrionale – dell'Italia settentrionale	Norditalien – norditalienisch
meridione / sud (m) [meri'djo:ne / 'sud]	Süden; Süd-
a sud del fiume	südlich des Flusses
meridionale / del sud [meridjo'na:le / del 'sud]	südlich; Süd-
l'Italia settentrionale / centrale / meridionale	Nord- / Mittel- / Süditalien

Mit ***Mezzogiorno*** (= wörtlich: Mittag) bezeichnet man das südliche – wirtschaftlich, sozial, kulturell und politisch – unterentwickelte Italien. Zum *Mezzogiorno* gehören die Regionen Abruzzen, Molise, Kampanien, Apulien, Basilikata, Kalabrien, Sizilien und Sardinien.

Beachten Sie den Unterschied: *Sudafrica* (= Südafrika), *l'Africa del sud* (= das südliche Afrika).

regione (f) [re'dʒo:ne]	Gebiet; Gegend; Fläche; Region
La regione del Mar Morto è tra le più calde del mondo.	Das Gebiet um das Tote Meer ist eine der heißesten Gegenden der Welt.
una regione montuosa	eine bergige / gebirgige Gegend
L'Italia ha 20 regioni.	Italien besteht aus 20 Regionen.
territorio [terri'tɔ:rjo]	Gebiet; Territorium
i territori occupati	die besetzten Gebiete
su territorio italiano	auf italienischem Staats- / Hoheitsgebiet
oltre le acque territoriali	außerhalb der Hoheitsgewässer
terreno [ter're:no]	Gelände; Terrain
terreno accidentato	unebenes Gelände
su terreni montuosi	in bergigem Gelände / Terrain

14
4

Mari, laghi, fiumi
Meere, Seen, Flüsse

Un raggio, avanguardia del giorno ancora incerto / sfrecciò sui flutti dello Ionio; palpita / sulle onde tremule la luce e scherzano / fiammelle sull'azzurro. (*C. Claudiano, poeta, morto ca. 404*)

mare (m) ['ma:re]	(die) See; (das) Meer
Mar(e) Mediterraneo	(das) Mittelmeer
Mar(e) Baltico	(die) Ostsee
mare interno	Binnenmeer
Oggi il mare è calmo / mosso.	Heute ist das Meer ruhig / bewegt.
andare al mare	ans Meer gehen / fahren
fondo marino	(der) Meeresboden
oceano [o'tʃɛ:ano]	Ozean; Meer
Oceano Atlantico / Pacifico	(der) Atlantische / Pazifische Ozean
una folla oceanica	Menschenströme
stretto ['stretto]	Meeresenge; Straße
lo Stretto di Messina	die Straße von Messina
golfo ['golfo]	Golf; Meerbusen
il Golfo Persico	der Persische Golf
baia ['ba:ja]	Bucht
capo ['ka:po]	Kap
il capo di Buona Speranza	das Kap der Guten Hoffnung
costa ['kɔsta]	Küste
situato sulla costa meridionale	an der Südküste gelegen
fascia costiera	Küstenstreifen
costa frastagliata	zerklüftete Küste
(in / sulla) **spiaggia** [in / 'sulla 'spjaddʒa]	(am) Strand
lago ['la:go]	(der) See
il Lago di Garda	der Gardasee
lago artificiale	Stausee
stagno ['sta:ɲo]	Teich; Weiher
peschiera / vivaio [pes'kjɛ:ra / vi'va:jo]	Fischteich
piscina [pi'ʃi:na]	Schwimmbecken; Schwimmbad
fiume (m) ['fju:me]	Fluss; Strom
il fiume Po / il Po	der Fluss Po / der Po
Il fiume scorre attraverso una pianura.	Der Fluss fließt durch eine Ebene.
Il Po sfocia nell'Adriatico.	Der Po mündet in die Adria.
fiume in piena / in magra	Fluss, der Hochwasser / Niedrigwasser führt
Il Tevere nasce sul Monte Aniello.	Der Tiber entspringt am Monte Aniello.

Nomi di alcuni fiumi in italiano

l'Arno (= Arno) • *il Po* (= Po) • *il Tevere* (= Tiber) • *l'Adige* (= Etsch) •

il Danubio (= Donau) • *il Reno* (= Rhein) • *la Mosella* (= Mosel) • *la Sprea* (= Spree)

sponda ['sponda]	Ufer
la sponda erbosa del fiume	die Au
la riva [la 'ri:va]	das Ufer
in riva al fiume	am Fluss
sulle rive del Reno	an den Ufern des Rheins
a due miglia dalla riva	zwei Meilen vom Ufer entfernt / vor der Küste
Roma si estende sulle rive del Tevere.	Rom erstreckt sich entlang den Ufern des Tibers.
affluente (m) [afflu'ɛnte]	Nebenfluss
La Mosella è un affluente del Reno.	Die Mosel ist ein Nebenfluss des Rheins.
foce (f) / **estuario** ['fo:tʃe / estu'a:rjo]	Mündung *(Fluss)*
canale (m) [ka'na:le]	Fahrrinne; (Fluss-)Bett; Kanal
il Canale di Suez	der Suezkanal
I Navigli sono canali navigabili.	Die Navigli (in der Lombardei) sind schiffbare Kanäle.
cascata [kas'ka:ta]	Wasserfall
ruscello [ru'ʃɛllo]	Bach
torrente (m) [tor'rɛnte]	Wildbach
sorgente (f) (termale) [sor'dʒɛnte (ter'ma:le)]	(Thermal-)Quelle
corrente (f) [kor'rɛnte]	Strömung
andare / nuotare contro corrente	gegen den Strom schwimmen
maree (fpl) [ma'rɛɛ]	(die) Gezeiten
bassa / alta marea	Ebbe / Flut
Ogni anno a Venezia si verifica il fenomeno dell'acqua alta.	Jedes Jahr herrscht in Venedig Hochwasser.
iceberg (m) [ais'bɛrg]	Eisberg
isola ['i:zola]	Insel
l'isola di Capri	die Insel Capri
Le isole maggiori dell'Italia sono la Sicilia e la Sardegna.	Die Hauptinseln Italiens sind Sizilien und Sardinien.
Più isole formano un arcipelago.	Mehrere Inseln bilden einen Archipelag.
Gli isolani vivono del turismo estivo.	Die Inselbewohner leben vom Sommertourismus.
penisola [pe'niz:ola]	Halbinsel
L'Italia è una penisola di 301.000 chilometri quadrati.	Italien ist eine Halbinsel, die eine Fläche von 301.000 Quadratkilometern umfasst.
porto / città portuale ['pɔrto / tʃit'ta portu'a:le]	Hafen(stadt)
La nave era ancorata nel porto.	Das Schiff war im Hafen verankert.
La nave entra nel porto / lascia il porto.	Das Schiff läuft in den Hafen ein / aus dem Hafen aus.
impianti (mpl) portuali	(die) Hafenanlagen

14

5

Il paesaggio
Die Landschaft

Eran templi d'erba e d'ellera / gallerie di clematiti, / foschi siti; / trasparenze glauche ed umide, / d'ombre tremule rabeschi, / toni freschi – e toni d'or.
(*Emilio Praga, scrittore, 1839–1875*)

la campagna [la kam'paːɲa]	Land(schaft)
casa di campagna	Landhaus
il topo di campagna e il topo di città	die Feldmaus und die Stadtmaus
Vivo in campagna.	Ich lebe auf dem Land.
andare a passeggio per la campagna	einen Spaziergang auf dem Land machen
paesaggio [pae'zaddʒo]	Landschaft
(Lei) adora il paesaggio toscano.	Sie liebt die Landschaft der Toskana.
un paesaggio collinoso / ondulato	eine hügelige / wellige Landschaft
panorama (m) [pano'raːma]	Panorama; landschaftliche Schönheit
regioni panoramiche	landschaftlich schöne Gegenden
il meraviglioso panorama della Costiera Amalfitana	die landschaftliche Schönheit der Amalfiküste
monte (m) ['monte]	(hoher) Berg
monti e valli (fpl)	Berge und Täler
montagna [mon'taːɲa]	Berg
in montagna	im Gebirge
andare in montagna	in die Berge gehen
montagne frastagliate	zerklüftete Berge
una catena montuosa	ein Gebirgszug
vetta / cima ['vetta / 'tʃiːma]	(Berg-)Gipfel
altopiano – bassopiano [alto'pjaːno – basso'pjaːno]	Hochland – Tiefland
scoglio – scogliera / parete (f) **rocciosa** ['skɔːʎo – sko'ʎɛːra / pa'reːte rot'tʃoːsa]	(Steil-)Klippe – Felswand
le scogliere di Dover	die Kreidefelsen von Dover
le **Alpi** [le 'alpi]	die Alpen
forra / gola ['forra / 'goːla]	Schlucht
grotta ['grɔtta]	Höhle; Grotte
le grotte di Castellana	die Höhlen von Castellana
pianura [pja'nuːra]	Ebene; Flachland
pascolo ['paskolo]	Grasland; Weideland
prateria [prate'riːa]	Prärie
regione brulla [re'dʒoːne 'brulla]	Ödland
steppa ['steppa]	Steppe
deserto [de'zɛrto]	Wüste
il deserto del Sahara nell'Africa del nord	die Wüste Sahara im nördlichen Afrika
duna ['duːna]	Düne
dune di sabbia	(Sand-)Dünen
spiaggia ['spjaddʒa]	Strand

una spiaggia sabbiosa / arenile (m)	ein Sandstrand
acquitrino [akkui'tri:no]	Moor; Sumpf
palude (f) [pa'lu:de]	Sumpf
maremma [ma'remma]	Seemarsch; Maremmen (in Italien)
brughiera [bru'gjɛ:ra]	Heide
la brughiera di Luneburgo	Lüneburger Heide
cespugli (mpl) – **boscaglia** [tʃes'pu:ʎi – bos'ka:ʎa]	Sträucher – Gebüsch
Una regione priva di alberi in cui crescono cespugli ed erica.	Eine baumlose Gegend, in der niedrige Sträucher und Heidekraut wachsen.
macchia ['makkja]	Dickicht; Büsche; Gebüsch
la macchia mediterranea	Macchia (des Mittelmeeres)
una macchia di fichidindia	eine von Feigenkakteen bestandene Fläche (typisch für Süditalien)
foresta / selva [fo'rɛsta / 'selva]	(größerer) Wald, Forst
una foresta folta	ein dichter Wald
grandi regioni forestali (fpl)	große Waldgebiete
una foresta di pini	ein Kiefernwald
la Foresta Nera	der Schwarzwald
foresta tropicale	Regenwald
una selva di castagni	ein Kastanienwald
foresta vergine	Urwald
bosco ['bɔsko]	(kleinerer) Wald
un bosco di querce	ein Eichenwald
Siamo andati a fare una passeggiata nel bosco.	Wir gingen im Wald spazieren.
Hansel e Gretel furono abbandonati nel bosco.	Hänsel und Gretel wurden im Wald ausgesetzt.
boschetto	Wäldchen; Hain
radura [ra'du:ra]	Lichtung
una radura ai margini del bosco	eine Lichtung am Waldesrand
giungla ['dʒungla]	Dschungel; Urwald
regioni (f) **rurali** [re'dʒo:ni ru'ra:li]	ländliche Gegenden
terreno fertile [ter're:no 'fɛrtile]	fruchtbares Ackerland
campo ['kampo]	Feld; Acker
I contadini lavorano nei campi.	Die Bauern arbeiten auf den Feldern.
pascolo ['paskolo]	Weide
I pastori portano il loro gregge di pecore al pascolo.	Die Hirten führen ihre Schafherde auf die Weide.
malga ['malga]	Alm
giardino [dʒar'di:no]	Garten
il giardino davanti alla / dietro la casa	der Garten vor / hinter dem Haus
orto / orticello ['ɔrto / orti'tʃɛllo]	Gemüsegarten
frutteto [frut'te:to]	Obstgarten
vigneto [vi'ɲe:to]	Weinberg
siepe (f) ['sjɛ:pe]	Hecke
parco ['parko]	Park
parco nazionale	(geschützter) Nationalpark; Naturschutzgebiet

14
6

Il mondo dell'agricoltura
Die Welt der Landwirtschaft

→ 15.1 Animali, 15.2 Piante

Questa nostra madre Terra, che nel suo dorso ne alimenta e ne nutrisce, dopo averne prodotti dal suo grembo, al quale di nuovo sempre ne raccoglie.
(*Bruno Giordano, filosofo e scrittore, 1540–1600*)

agricoltura [agrikol'tu:ra]	Landwirtschaft
azienda agricola	landwirtschaftlicher Betrieb
prodotti (mpl) agricoli	landwirtschaftliche Erzeugnisse
macchine agricole	Landmaschinen
agricoltore(-trice) – lavoratore(-trice) agricolo	Landwirt(in) – Landarbeiter(in)
fattoria / casa colonica [fatto'ri:a / 'ka:za ko'lɔ:nika]	Bauernhaus; Gutshaus
fattore(-ssa)	Bauer / Bäuerin; Gutsverwalter(-in)
podere (m) / tenuta	Gut
allevamento – allevare [alleva'mento – alle'va:re]	Zucht – züchten
allevamento di bestiame (m) da latte	(die) Milchviehhaltung
allevamento di massa	(die) Massentierhaltung
allevare polli / maiali	Hühner / Schweine züchten
piscicoltura [piʃikol'tu:ra]	(die) Fischzucht
contadino(-a) / coltivatore(-trice) [konta'di:no / koltiva'to:re(-'tri:tʃe)]	Landwirt(in); Bauer / Bäuerin

Unter der Bezeichnung ***Coltivatori diretti*** versteht man in der Agrarwirtschaft Italiens einen Landwirt, der selbständig einen Hof führt, d.h. die Entscheidungen trifft, die Arbeit unter ständiger Mithilfe der Familienangehörigen ausführt, das Agrarkapital einsetzt und das Betriebsrisiko trägt. Falls die Bewirtschaftung des Landgutes Hilfskräfte erfordert, dürfen diese zwei Drittel der gesamten Arbeitskraft nicht übersteigen. Sie werden vom *Codice Civile* (= Italienisches Bürgerliches Gesetzbuch) als Kleinbauer betrachtet. Die *Cd* bewirtschaften ca. 74% der landwirtschaftlichen Nutzfläche Italiens. Mit 96% sind Familienbetriebe die meistverbreitete landwirtschaftliche Betriebsform Italiens.

piantagione (f) [pjanta'dʒo:ne]	Pflanzung; Plantage
una piantagione di caffè / tabacco	eine Kaffee- / Tabakplantage
suolo [su'ɔ:lo]	Erde; Boden
suolo fertile / sterile	fruchtbarer / karger Boden
terreno [ter're:no]	Acker
terreno arativo	Ackerland
campo ['kampo]	Feld; Acker; Weide; Wiese
mettere a maggese un campo	ein Feld brachliegen / unbestellt lassen
pascolo ['paskolo]	Weide(land)

buoi (mpl) che pascolano su verdi pascoli	Rinder, die auf grünen Weiden grasen
irrigare – irrigazione (f) [irri'ga:re – irriga'tsjo:ne]	bewässern – Bewässerung
letame (m) [le'ta:me]	Mist; Dung; (natürlicher) Dünger
fertilizzare – fertilizzazione (f) [fertilid'dza:re – fertiliddza'tsjo:ne]	düngen – Düngung
concimare – concimazione (f) [kontʃi'ma:re – kontʃima'tsjo:ne]	düngen – Düngung
concimi (mpl) / fertilizzanti artificiali (mpl)	Kunstdünger
pesticida (m) – **insetticida** (m) [pesti'tʃi:da – insetti'tʃi:da]	Pestizid – Insektizid
erbicida (m) [erbi'tʃi:da]	Unkrautbekämpfungsmittel
coltivare [kolti'va:re]	kultivieren; bestellen; anbauen
Qui si coltiva molto l'asparago.	Hier wird viel Spargel angebaut.
crescere ['kre:ʃere]	wachsen; anbauen; anpflanzen
Qui il riso non cresce.	Reis gedeiht hier nicht.
seme (m) – **seminare** ['se:me – semi'na:re]	Samen – säen
seminare il grano	Getreide anbauen / säen
semenza	Saat(gut)
cereali (mpl) [tʃere'a:li]	Getreide
raccolto [rak'kɔlto]	Ernte
raccolto scarso / magro	Missernte
L'uso di pesticidi ha aumentato il raccolto.	Der Einsatz von Pestiziden hat die Ernteerträge erhöht.
raccolta	Ernte
la raccolta delle olive	Olivenernte
raccogliere	ernten
Le bietole da zucchero si raccolgono 20/30 settimane dopo la semina.	Zuckerrüben werden 20 bis 30 Wochen nach der Saat geerntet.
rotazione agraria / coltura alternata [rota'tsjo:ne ag'ra:rja / kol'tu:ra alter'na:ta]	Fruchtfolge; Fruchtwechsel
bestiame (m) [bes'tja:me]	Vieh; Viehbestand
allevamento del bestiame	Viehzucht
Molte aziende agricole praticano l'allevamento del bestiame.	Viele landwirtschaftliche Betriebe betreiben Viehzucht.
bestiame da latte	Milchvieh
Il bestiame pascola sui prati.	Auf den Wiesen weidet das Vieh.
bovini (mpl) [bo'vi:ni]	(Rind-)Vieh; Rinder
Qui si ingrassano i bovini.	Hier werden Rinder gemästet.
bue (m) (pl: **buoi**) – **mucca / vacca** ['bu:e (bu'ɔ:i) – 'mukka / 'vakka]	Ochse – Kuh
mungere una mucca	eine Kuh melken
la malattia della mucca pazza	Rinderwahnsinn
toro ['tɔ:ro]	Stier
mandria ['mandrja]	Herde
una mandria di buoi	eine Rinderherde
gregge (m) ['greddʒe]	Herde

un gregge di pecore	eine Schafherde
pastore (m) [pa'sto:re]	Schafhirte / -hirtin; Schäfer(in)
maiale (m) / **porco** [ma'ja:le / 'pɔrko]	Schwein
porcile (m) [por'tʃi:le]	Schweinestall
cavallo [ka'vallo]	Pferd
capra ['ka:pra]	Ziege
stalla ['stalla]	Stall
pollame (m) [pol'la:me]	Geflügel
pollaio [pol'la:jo]	Hühnerstall; Geflügelkäfig
galline allevate all'aperto [gal'li:ne alle'va:te alla'pɛrto]	frei laufende Hühner
uova (fpl) di galline allevate all'aperto	Eier von frei laufenden Hühnern
mangime (m) / **foraggio** [man'dʒi:me / fo'raddʒo]	Viehfutter
fieno ['fjɛno]	Heu
un mucchio di fieno	Heuhaufen
fienile (m)	Heuschober
paglia ['pa:ʎa]	Stroh
pagliaio [pa'ʎa:jo]	Strohschober / -haufen
granaio [gra'na:jo]	Scheune; Kornkammer
mangiatoia / greppia [mandʒa'to:ja / 'greppja]	Futtertrog; Krippe (*Bibel*)
serra ['sɛrra]	Gewächshaus
silo – silaggio ['si:lo – si'laddʒo]	Silo – Silage
mietere – mietitrice (f) ['mjɛ:tere – mjeti'tri:tʃe]	mähen – Mähmaschine
Il grano si miete a giugno.	Die Kornernte ist im Juni.
aratro [a'ra:tro]	Pflug
trattore (m) [trat'to:re]	Traktor
trebbiare – trebbiatrice (f) [treb'bja:re – trebbja'tri:tʃe]	dreschen – Dreschmaschine
mietitrebbiatrice (f)	Mähdrescher
ingegneria genetica [indʒeɲe'ri:a dʒe'nɛ:tika]	(die) Gentechnik

Idiomatische Wendungen

Meglio un uovo oggi che una gallina domani. (= Lieber ein Spatz in der Hand als eine Taube auf dem Dach.)
Mettere il carro innanzi ai buoi. (= Das Pferd beim Schwanz aufzäumen.)
Lui è la pecora nera della famiglia. (= Er ist das schwarze Schaf der Familie.)
È come cercare un ago in un pagliaio. (= Es ist, wie wenn man eine Stecknadel im Heuhaufen sucht.)
Tu fai ridere i polli. (= Da lachen ja die Hühner.)
Il bue dice cornuto all'asino. (= Ein Esel schilt den anderen Langohr.)
Chiudere la stalla quando i buoi sono scappati. (= Den Brunnen erst zudecken, wenn das Kind hineingefallen ist.)
Stalle d'Augia (= Augiasstall)

La città
Die Stadt

→ 5.1 Appartamenti e case, 6.1 Comunità, 7.1 Emergenza casa, 19.5 Trasporti pubblici

La città, disprezzando il notturno spavento / che da lungi saliva all'assalto / delle luci, aderse a un tratto / con la mano rutilante il fascio / sonoro de' suoi campanili, su, su verso il cielo. / E i campanili, branditi come lance nere, / ferirono la carne stanca e augusta della sera. (*F.T. Marinetti, scrittore, fondatore del futurismo, 1876–1944*)

città [tʃit'ta]	(größere) Stadt
la città ed i suoi abitanti	die Stadt und ihre Bewohner
andare in città	in die Stadt fahren
città di provincia	Provinzstadt / Stadt in der Provinz
città industriale	Industriestadt
città satellite	Trabantenstadt
la mia città nativa	meine Geburtsstadt
il centro città	das Stadtzentrum
Stai andando in città?	Fährst / Gehst du in die (Innen-) Stadt?
nel centro della città	in der Innenstadt
il centro di Milano	die Innenstadt Mailands
entro i confini / le mura della città	innerhalb der Stadtgrenzen
dieci chilometri oltre le mura della città	10 Kilometer jenseits der Stadtgrenze
fuori città	außerhalb
La gente di città è diversa.	Leute aus der Stadt sind anders.
urbano [ur'ba:no]	Stadt-; städtisch
agglomerato urbano	städtisches Siedlungsgebiet
vigile urbano (m)	städtischer Verkehrspolizist
nettezza urbana	Stadtreinigung
modi urbani	(groß-)städtisches Benehmen
urbanistico [urba'nistiko]	Stadt-; städtisch
pianificazione urbanistica	(die) Stadtplanung
comune (m)	Gemeinde; Rathaus
l'amministrazione (f) comunale	die Stadtverwaltung
elezioni (fpl) comunali	Gemeinderats- / Stadtratswahlen
stadio comunale	städtisches Stadion / Gemeindestadion
abitante (m+f) [abi'tante]	Stadtbewohner(in)
abitante dello slum / del ghetto	Slum- / Gettobewohner(in)
cittadino [tʃitta'di:no]	Städter; Bürger
Tutti i cittadini sono invitati all'assemblea.	Alle Bürger sind zur Versammlung geladen.
Cari concittadini, ...	Liebe Mitbürger, ...
metropoli (f) [met'rɔ:poli]	Metropole
Milano è la seconda metropoli d'Italia.	Mailand ist die zweitgrößte Metropole Italiens.

pianta ['pjanta]	Karte / Plan
una pianta del centro di Roma	eine Karte / ein Plan der Innenstadt Roms
sobborgo [sob'borgo]	der Vorort; die Vorstadt
periferia [perife'ri:a]	Stadtrand
nella periferia di Bologna	am Stadtrand von Bologna
stabilirsi in periferia	sich am Stadtrand niederlassen

„Städtisch" im Sinne von „zu einer bestimmten Stadt gehörend" ist *comunale,* im Sinne von „mit Städten allgemein zusammenhängend" dagegen *civico* oder *urbano.*
ospedali / teatri / musei civici / biblioteca civica (= die städtischen Krankenhäuser / Theater / Museen / Bibliothek) • *l'amministrazione comunale* (= die Stadtverwaltung) • *elezioni comunali* (= Kommunalwahlen) • *vita urbana* (= das Leben in der Stadt) • *popolazione urbana* (= die Stadtbevölkerung) • *pianificazione urbanistica* (= Stadtplanung) • *sviluppo urbano* (= Stadtentwicklung) • *rinnovamento urbano* (= Stadterneuerung)

istituto [isti'tu:to]	Institut; Einrichtung
istituti d'istruzione / di ricerche	Bildungs- / Forschungseinrichtungen
istituti di cultura / di medicina	kulturelle / medizinische Einrichtungen
ente (m) ['ɛnte]	Anstalt; Behörde; Amt
ente morale	Anstalt des öffentlichen Rechts; juristische Person
ente pubblico	öffentliche Einrichtung; Amt
quartiere (m) [kuar'tjɛ:re]	Stadtviertel
un quartiere desolato / malandato	eine heruntergekommene Gegend
Questo è un quartiere bene della città.	Das ist ein elegantes Viertel.
abitare nei quartieri alti della città	im wohlhabenden Teil der Stadt wohnen
Per protesta l'intero quartiere è sceso in piazza.	Aus Protest ging das ganze Viertel auf die Straße.
rione (m) ['rio:ne]	Stadtteil
stabilirsi in un rione centrale	sich in einem zentralen Stadtteil niederlassen
demolire case / edifici vecchi / fatiscenti [demo'li:re 'ka:se / edi'fi:tʃi 'vɛkki / fati'ʃɛnti]	alte Häuser / Altbauten abreißen
migliorare le **condizioni di vita** nelle città [miʎo'ra:re le kondi'tsjo:ni di 'vi:ta 'nelle tʃit'ta]	die Lebensbedingungen in den Städten verbessern
strada ['stra:da]	Straße
Quella strada porta in centro.	Diese Straße führt ins Zentrum.
Tutte le strade portano a Roma.	Alle Straßen führen nach Rom.
strada asfaltata	asphaltierte Straße
strada senza uscita	Straße ohne Ausfahrt
la strada maestra	Hauptstraße
via ['vi:a]	Straße (in der Stadt)

Abito in via Cristoforo Colombo, 1.	Ich wohne in der Cristoforo Colombo-Straße 1.
via privata	Privatstraße
vicolo ['vi:kolo]	Gasse
i vicoli della città vecchia	die Altstadtgassen
vicolo cieco	Sackgasse
cacciarsi in un vicolo cieco	in eine Sackgasse geraten; sich in etwas verrennen
viale (m) ['via:le]	Allee
un lungo viale alberato	eine lange, baumbestandene Allee
passeggiare lungo i viali	die Alleen entlangspazieren
un attore sul viale del tramonto	ein Schauspieler, der seinen Zenith überschritten hat
pista ciclabile ['pista tʃik'la:bile]	Radweg

Unterschied zwischen *strada* und *via*
Strada ist ein allgemeiner Begriff um einen Verkehrsweg zu bezeichnen, im Unterschied zu *via*, der bei bewohnten Gegenden benutzt wird *(Via Ventitre Settembre / Via Roma / Via Cavour)* oder um große Verkehrswege zu bezeichen. *Via* kann ferner auch für einen Pfad oder Gehweg (*via boschiva / via campestre*) stehen.

"Abito un po' fuori città."

L'ambiente
Die Umwelt

Come nasce l'amore per un giardino? Ci piacciono i luoghi dove stiamo bene, così come succede con le persone. Se stare nella natura produce armonia, questo è il primo passo per entrare in un giardino. È una necessità quel primo passo: un bisogno di verde, di contatto con la natura che si armonizza in mille modi, coltivare, passeggiare in un parco pubblico, camminare in un bosco. (*M. Agnelli, contemporanea*)

ambiente (m) [am'bjɛnte]	Umwelt
tutela / protezione / difesa / salvaguardia dell'ambiente	Umweltschutz
tutelare / proteggere / difendere / salvaguardare l'ambiente	die Umwelt schützen; Umweltschutz betreiben
Rispettate l'ambiente!	Schont die Umwelt!
L'ambiente è tuo, difendilo!	Es ist deine Umwelt, schütze sie!
Ognuno dovrebbe contribuire alla tutela dell'ambiente.	Jeder sollte zum Umweltschutz beitragen.
organizzazioni per la tutela dell'ambiente	Umweltschutzorganisationen
ambientale	Umwelt-
problemi / disastri / catastrofi ambientali	Umweltprobleme / -katastrophen
impatto / compatibilità ambientale	Umweltverträglichkeit
turismo ad alto / basso impatto ambientale	umweltverträglicher / umweltschädlicher Tourismus
inquinamento [inkuina'mento]	Umweltverschmutzung
inquinamento dell'atmosfera / dell'acqua / del suolo	Luft- / Wasser- / Bodenverschmutzung
inquinamento atmosferico / idrico	Luft- / Wasserverschmutzung
inquinamento acustico	Lärmbelästigung
controllo dell'inquinamento ambientale	Vermeidung von Umweltbelastungen
ecologia [ekolo'dʒi:a]	Ökologie
ecologico	umweltfreundlich; ökologisch; Umwelt-
coscienza ecologica	Umweltbewusstsein
pelliccia ecologica	Webpelz
detersivi ecologici	umweltverträgliche Waschmittel
ecologista (m+f)	umweltbewusster Mensch
i Verdi [i 'verdi]	die Grünen (*Partei*)
La politica dei Verdi verte su questioni ambientali.	Die Politik der Grünen konzentriert sich auf Umweltthemen.
benzina verde / senza piombo	bleifreies Benzin
foresta [fo'rɛsta]	Wald
Le foreste tropicali vengono distrutte.	Die Tropenwälder werden vernichtet.
disboscamento [dizboska'mento]	Entwaldung
deserto [de'zɛrto]	Wüste
I deserti si allargano / estendono.	Die Wüsten breiten sich aus.

ozono [o'dzɔ:no]	Ozon
ozonosfera / strato dell'ozono	Ozonschicht
il buco dell'ozono	das Ozonloch
I gas CFC distruggono l'ozonosfera.	FCKW-Stoffe zerstören die Ozonschicht.
effetto serra [ef'fɛtto 'sɛrra]	der Treibhauseffekt
contaminazione (f) [kontamina'tsjo:ne]	Verschmutzung; Verseuchung
contaminazione radioattiva	radioaktive Verseuchung; Strahlenverseuchung
sostanze nocive [so'stantse no'tʃi:ve]	Schadstoffe
nocivo alla salute	gesundheitsschädlich
rifiuti (mpl) **/ immondizie** (fpl) [ri'fju:ti / immon'di:tsje]	Abfall / Abfälle; Müll

Müll ist umgangssprachlich *immondezza,* in der Behördensprache allgemein *immondizie.* Abfall / Abfälle heißt in theoretischen Zusammenhängen – etwa in der Ökologie – häufig *rifiuti.*
La combustione dei rifiuti avviene a temperature molto elevate. (= Abfälle werden / Müll wird bei sehr hohen Temperaturen verbrannt.)
smaltimento dei rifiuti (= Abfallbeseitigung / Abfallentsorgung) • *discarica delle immondizie* (= Mülldeponie) • *residui domestici* (= Hausmüll) • *rifiuti industriali* (= Gewerbeabfälle) • *rifiuti speciali / nocivi / radioattivi* (= Sonder- / Gift- / Atommüll) • *combustione dei rifiuti* (= Müllverbrennung) • *discarica pubblica* (= Müllkippe)
Lo spazio per le discariche di rifiuti va sempre più diminuendo. (= Der Platz für Müllkippen wird knapp.)

scaricare le immondizie	Müll abladen / abkippen
deposito di immondizie	Müllkippe; Müllabladeplatz
vietato depositare immondizie	Müllabladen verboten
imbrattamento da petrolio [imbratta'mento da pe'trɔ:ljo]	Ölpest; Verseuchung durch ausgelaufenes Öl
uso eccessivo di fertilizzanti ['u:zo ettʃes'si:vo di fertilid'dzanti]	Überdüngung
anidride carbonica [ani'dri:de kar'bɔ:nika]	Kohlendioxid
Dobbiamo ridurre l'emissione di anidride carbonica.	Wir müssen den Kohlendioxidausstoß verringern.
mutamenti climatici [muta'menti kli'ma:titʃi]	Klimaveränderungen
aumento della temperatura terrestre [au'mento 'della tempera'tu:ra ter'rɛstre]	Temperaturanstieg auf der Erde
biotopo [bi'ɔtopo]	Biotop
gas (mpl) **di scarico** ['gas di 'ska:riko]	Abgase
I gas di scarico contribuiscono al riscaldamento dell'atmosfera terrestre.	Auspuffgase tragen zur Erwärmung der Erdatmosphäre bei.
depuratore (m) [depura'to:re]	Filter
impianto di depurazione	Filteranlage

piogge acide [pi'ɔddʒe 'a:tʃide]	saurer Regen
sviluppo costante [svi'luppo ko'stante]	nachhaltige Entwicklung
risorse naturali [ri'sorse natu'ra:li]	natürliche Ressourcen
specie (f) ['spetʃe]	Art
una specie in via d'estinzione	eine vom Aussterben bedrohte Art
la protezione delle specie	der Artenschutz
combustibili fossili (mpl) [kombu'sti:bili 'fɔssili]	fossile Brennstoffe / Energieträger
riciclare – riciclaggio [ritʃik'la:re – ritʃik'laddʒo]	wieder verwerten / wieder verarbeiten / recyceln – Recycling
Molti rifiuti sono riciclabili.	Viele Abfallstoffe lassen sich wieder verwerten.
Il riciclaggio riduce lo spreco di materie prime.	Recycling bremst die Verschwendung von Rohstoffen.
carta riciclata	Recyclingpapier
Per questo prodotto è stata usata carta riciclata al 100%.	Dieses Produkt besteht aus 100% Altpapier.
prodotto riciclabile	wieder verwertbares Produkt
raccolta [rak'kɔlta]	Sammlung
la raccolta del vetro / della carta	Altglas- / Altpapiersammlung
raccolta differenziata	Abfalltrennung
fare la raccolta differenziata	Abfalltrennung betreiben
composto [kom'posto]	Kompost
compostaggio	Kompostieren
a rendere [a 'rendere]	Mehrweg-
bottiglie a rendere	Mehrwegflaschen
vuoto a rendere	Pfand
a perdere [a 'pɛrdere]	Einweg-
bottiglie a perdere	Einwegflaschen
imballaggio [imbal'laddʒo]	Verpackung
Le ditte sono obbligate a prendere indietro l'imballaggio.	Die Firmen sind zur Rücknahme der Verpackung verpflichtet.

Tempo e clima
Wetter und Klima

La sfera del sole pallida ... pioveva un calore morto e pesante. (*A. Manzoni, scrittore, 1785–1873*)

tempo ['tempo]	Wetter
Com'è il tempo / che tempo fa?	Wie ist denn das Wetter?
bel / brutto tempo	schönes / schlechtes Wetter
bel / cattivo tempo	schönes / furchtbares Wetter
Fa / c'è bel / brutto tempo.	Es ist schön / schlecht.
Il tempo è bello / brutto.	Das Wetter ist schön / schlecht.
col tempo sereno	bei heiterem Wetter
se lo permette il tempo / tempo permettendo	wenn die Witterung es zulässt; bei entsprechendem Wetter
giornata [dʒor'na:ta]	Tag (*fig.* auf das Wetter bezogen)
una bella giornata	ein schöner Tag
una giornata fredda / nebbiosa	ein kalter / nebliger Tag

Beachten Sie den Unterschied zwischen 1) ***mattina / giorno / sera / notte*** und 2) ***mattinata / giornata / serata / nottata:*** 1) bezieht sich auf den Zeitpunkt, 2) bezieht sich auf die Dauer und auf die Wetterbedingungen.
verrò da te in mattinata (= ich werde im Laufe des Vormittags zu dir kommen) • *una giornata uggiosa* (= ein unfreundlicher / langweiliger Tag) • *una giornata faticosa* (= ein anstrengender Tag) • *è stata una magnifica serata* (= es war ein wunderschöner Abend) • *una nottata fredda* (= eine kalte Nacht)

sole (m) ['so:le]	Sonne
Speriamo che esca il sole.	Hoffentlich kommt die Sonne raus.
luce (f) **del sole / splendore** (m) **del sole** ['lu:tʃe del 'so:le / splen'do:re del 'so:le]	Sonnenschein
C'è stato sempre il sole.	Wir hatten immer Sonne.
rasserenamenti a tratti [rasserena'menti a 'tratti]	sonnige Abschnitte; Aufheiterungen
caldo – freddo ['kaldo – 'freddo]	heiß / Hitze – kalt / Kälte
fa caldo / freddo	es ist heiß / kalt
un'ondata di caldo	eine Hitzewelle
avere / sentire freddo	frieren
un fronte d'aria fredda / calda	eine Kaltluft- / Warmluftfront
Fa un freddo cane.	Es ist eiskalt.
freddo pungente	schneidende / eisige Kälte
alquanto caldo per questa stagione	recht warm für die Jahreszeit
Sembra che cominci a far più caldo.	Es scheint wärmer zu werden.
caldo e umido – caldo umido	warm und feucht – feuchtwarm
umidità [umidi'ta]	(Luft-)Feuchtigkeit
afoso – afa [a'fo:so – 'a:fa]	schwül – Schwüle

Oggi è una giornata alquanto afosa.	Es ist heute ziemlich drückend.
fresco ['fresko]	kühl; frisch
È diventato più fresco / fa più fresco.	Es ist kühler geworden.
un tempo inclemente	ein unfreundliches Wetter
Le serate sono gradevolmente fresche.	Die Abende sind angenehm kühl.
Oggi fa abbastanza fresco.	Es ist heute recht kühl / frisch.
ghiaccio – ghiacciare ['gjattʃo – gja'tʃa:re]	Eis – vereisen
strade ghiacciate	vereiste Straßen
avere le mani / i piedi ghiacciati	eiskalte Hände / Füße haben
gelo – gelare ['dʒɛ:lo – dʒe'la:re]	Frost – frieren
La brina ha gelato gli alberi.	Der Reif hat die Bäume erfrieren lassen.
un inverno mite / rigido	ein milder / strenger Winter
Probabilmente gelerà.	Es gibt wahrscheinlich Frost.
meteorologico [meteoro'lɔ:dʒiko]	Wetter-
stazione meteorologica	(das) Wetteramt
carta meteorologica	(die) Wetterkarte
bollettino meteorologico	Wetterbericht
previsioni (fpl) **del tempo** [previ'zjo:ni del 'tempo]	Wettervorhersage
le previsioni per domani	die Vorhersage für morgen
condizioni (fpl) **atmosferiche** [kondi'tsjo:ni atmos'fɛ:rike]	Wetterbedingungen
termometro [ter'mɔ:metro]	Thermometer
temperatura [tempera'tu:ra]	Temperatur
temperature medie	Durchschnittstemperaturen
sopra / sotto zero ['so:pra / 'sotto 'dzɛ:ro]	über / unter Null
temperature sotto zero	Temperaturen unter Null
grado centigrado ['gra:do tʃen'ti:grado]	Grad Celsius
Fuori ci sono due gradi centigradi.	Draußen hat es zwei Grad Celsius.
grado Fahrenheit ['gra:do faren'ait]	Grad Fahrenheit

Celsius / Fahrenheit: In Italien wird bei Temperaturangaben ausschließlich *Celsius / centigrado* gebraucht.

Entsprechungen:

Fahrenheit	0	10	20	30	40	50	60	70	80	90	100
Celsius	-18	-12	-7	-1	4	10	16	21	27	32	38

nuvola / nube (f) ['nu:vola / 'nu:be]	Wolke
Oggi pomeriggio annuvolerà.	Am Nachmittag wird es sich bewölken.
nuvoloso [nuvo'lo:so]	bewölkt; bedeckt; wolkig
Rimarrà in prevalenza nuvoloso.	Es bleibt überwiegend bewölkt.
cielo ['tʃɛ:lo]	Himmel
un cielo sereno	ein wolkenloser Himmel
un cielo terso	ein strahlend blauer Himmel
coperto [ko'pɛrto]	bedeckt; bewölkt

cielo coperto	bedeckt
asciutto – bagnato [a'ʃutto – ba'ɲa:to]	trocken – nass
pioggia [pi'ɔddʒa]	Regen
Verrà da piovere.	Es wird wohl Regen geben.
pioggia leggera / torrenziale	leichter / wolkenbruchartiger Regen
rovesci / scrosci di pioggia (sparsi)	(vereinzelte) Schauer
Piove a catinelle.	Es gießt in Strömen.
Piove forte.	Es regnet stark.
tempo piovoso	regnerisches Wetter / Regenwetter
giornata piovosa / di pioggia	ein verregneter Tag / Regentag
prima offuscato e piovoso, più tardi sereno	zunächst trübe und regnerisch, später aufheiternd
pioggerellina	Nieselregen; Sprühregen
nubifragio [nubi'fra:dʒo]	(Regen-)Guss; Wolkenbruch
neve (f) **– nevicare** ['ne:ve – nevi'ka:re]	Schnee – schneien
precipitazione (f) [pretʃipita'tsjo:ne]	Niederschlag
foschía – fosco [fos'ki:a – 'fɔsko]	Dunst – diesig
bruma / nebbiolina ['bru:ma / nebbjo'li:na]	(leichter) Nebel; Dunst
nebbia – nebbioso ['nebbja – neb'bjo:so]	Nebel – neb(e)lig
smog (m) ['smɔg]	Smog
rugiada [ru'dʒa:da]	Tau
brezza ['breddza]	Brise
una brezza leggera / fresca	eine leichte / frische Brise
brezza di mare / di terra	See- / Landwind
vento – ventoso ['vɛnto – ven'to:so]	Wind – windig
vento meridionale; di levante / dell'est	Süd- / Ostwind
vento del nord / da ovest	Nord- / Westwind
tempesta [tem'pɛsta]	Unwetter; Gewitter; Sturm
avviso di tempesta	Sturmwarnung
temporale (m) [tempo'ra:le]	Gewitter
lampo / fulmine (m) **/ baleno** ['lampo / 'fulmine / ba'le:no]	Blitz
tuono [tu'ɔ:no]	Donner
Lampeggiava e tuonava.	Es blitzte und donnerte.
In lontananza si udiva il sordo rombo del tuono.	In der Ferne hörte man dumpfes Donnergrollen.
bufera [bu'fɛ:ra]	Sturm
bufera di neve	Schneesturm
clima (m) ['kli:ma]	Klima
clima temperato / moderato	gemäßigtes Klima
clima mite	mildes / angenehmes Klima
clima marittimo	Seeklima; Meeresklima
clima continentale / mediterraneo	Kontinental-; Land-; Binnenklima / Mittelmeerklima
Un cambiamento di clima Le farebbe bene.	Ein Klimawechsel würde Ihnen gut tun.

14
10

Catastrofi naturali
Naturkatastrophen

La nostra crisi deriva da tanti interventi arroganti sulla natura: dovevamo aiutarla a essere, non a cambiare. Capisco il trattore, capisco gli strumenti che l'intelligenza ha messo a servizio di chi lavora i campi. Ma che senso c'è nell'aver distrutto i gelsi per averne le fibre artificiali?
(*Alberico Sala, poeta e critico d'arte, *1923*)

catastrofe (f) [ka'tastrofe]	Katastrophe
le vittime delle catastrofi naturali	die Opfer von Naturkatastrophen
calamità [kalami'ta]	Unglück; Heimsuchung
Le continue precipitazioni sono una calamità per il raccolto.	Die ständigen Regenfälle sind eine Heimsuchung für die Ernte.
zona sinistrata ['dzɔ:na sinist'ra:ta]	Katastrophengebiet
scossa tellurica / terremoto / sisma (m) ['skɔssa tel'lu:rika / terre'mɔ:to / 'sizma]	(Erd-)Beben
una leggera / pesante scossa di terremoto	ein kleineres / größeres Erdbeben
il terremoto del Friuli	das Erdbeben in Friaul
La scossa ha causato una frana / uno smottamento.	Das Beben verursachte einen Erdrutsch.
le repliche / scosse (fpl) **di replica** [le 're:plike / 'skɔsse di 're:plika]	Nachbeben
epicentro [epi'tʃentro]	Epizentrum
vulcano [vul'ka:no]	Vulkan
eruzione (f) [eru'tsjo:ne]	Ausbruch
una violenta eruzione del Vesuvio	ein gewaltiger Ausbruch des Vesuvs
lava ['la:va]	Lava
La città fu sepolta sotto un grosso strato di lava e cenere.	Die Stadt wurde unter einer dicken Lava- und Ascheschicht begraben.
valanga [va'langa]	Lawine
valanga di neve	Schneelawine
tromba d'aria ['tromba 'da:rja]	Windhose
vortice (m) **di vento** ['vɔrtitʃe di 'vɛnto]	Wirbelwind; Wirbelsturm
ciclone (m) [tʃik'lo:ne]	Wirbelsturm
un violento ciclone	ein heftiger Wirbelsturm
tornado [tor'na:do]	Tornado; Wirbelsturm
uragano [ura'ga:no]	Hurrikan; Orkan
L'uragano ha causato 500 vittime.	Der Hurrikan forderte 500 Todesopfer.
tifone (m) [ti'fo:ne]	Taifun
inondazione (f) [inonda'tsjo:ne]	Flut; Überschwemmung
avviso di inondazione	Hochwasser- / Flutwarnung
protezione (f) da inondazioni	(der) Hochwasserschutz
regioni (fpl) a rischio di inondazione	hochwassergefährdete Gebiete
inondare / allagare [inon'da:re / alla'ga:re]	überfluten; überschwemmen

È stata allagata una grande regione.	Ein großes Gebiet wurde überflutet / überschwemmt.
Il fiume ha inondato una vastissima zona.	Der Fluss überflutete ein riesiges Gebiet.
diluvio [di'lu:vjo]	Sintflut
onda di alta marea / ondata ['onda di 'alta ma'rɛ:a / on'da:ta]	Flutwelle
siccità [sittʃi'ta]	Dürre(periode)
un periodo di siccità devastante	eine verheerende Dürreperiode
fuoco – incendio [fu'ɔ:ko – in'tʃendjo]	Feuer – Brand
un incendio disastroso	eine Brandkatastrophe
Gli incendi di boschi sono causati spesso da fulmini.	Waldbrände werden oft durch Blitzschlag verursacht.
flagello delle cavallette [fla'dʒɛllo 'delle kaval'lette]	Heuschreckenplage
devastazione (f) **– devastare** [devasta'tsjo:ne – deva'sta:re]	Verwüstung – verwüsten
La città è stata devastata dal terremoto.	Die Stadt wurde durch ein Erdbeben verwüstet.
La città ha subito un devastante sisma.	Die Stadt wurde von einem verheerenden Erdbeben heimgesucht.
causare grandi devastazioni	große Verwüstungen anrichten
conseguenza [konsegu'ɛntsa]	Nachwirkung
le conseguenze della catastrofe	die Nachwirkungen der Katastrophe
vittima – morto ['vittima – 'mɔrto]	Opfer – Tote
Con 34 vittime la città X è stata maggiormente colpita.	Die Stadt X war mit 34 Todesopfern am stärksten betroffen.
Il numero delle vittime è salito a 68.	Die Zahl der Todesopfer hat sich auf 68 erhöht.
squadra di salvataggio [sku'a:dra di salva'taddʒo]	Rettungsmannschaft; Bergungskommando
lavori / opera di recupero [la'vo:ri / 'ɔ:pera di re'ku:pero]	Bergungsarbeiten
I lavori di recupero stanno continuando.	Die Bergungsarbeiten dauern noch an.
Sono usciti illesi dalla catastrofe.	Sie überlebten die Katastrophe unversehrt.
danno ['danno]	Sachschaden
Il danno è stato stimato 2 miliardi di lire.	Der Sachschaden wird auf 2 Milliarden Lire geschätzt.
la Croce Rossa ['kro:tʃe 'rossa]	das Rote Kreuz

15

Esseri viventi
Lebewesen

Animali
Tiere

→ 3.1 Alimenti, 14.6 Il mondo dell'agricoltura

Se per San Francesco comunicare con gli animali era un sentimento gioioso, per noi è diverso: è diventato una speranza, una possibilità di salvarci dalla solitudine. (*L. Lombardi Satriani, sociologo e scrittore, *1936*)

animale (m) [ani'ma:le]	Tier
animali mansueti / selvatici	zahme / wilde Tiere
animali da laboratorio	Versuchstiere
animali da cortile	Kleinvieh
animali da macello	Schlachtvieh
animale domestico	Haustier
Spesso i topi bianchi sono considerati animali domestici.	Weiße Mäuse werden oft als Haustiere gehalten.
crudeltà verso gli animali	Tierquälerei
associazione (f) per la protezione degli animali	Tierschutzverein
protezione (f) degli animali	Tierschutz
protettori (mpl) degli animali	Tierschützer(innen)
il regno degli animali	das Tierreich
Il leone è chiamato il re degli animali.	Den Löwen nennt man den König der Tiere.
allevare gli animali	Tierzucht betreiben
addomesticare gli animali	Tiere zähmen
bestia ['bestja]	Tier; Bestie
l'uomo e la bestia	Mensch und Tier
la bella e la bestia	die Schöne und das Tier
bestia da soma	Lasttier
trattare una persona come una bestia	jemanden wie ein Tier behandeln
pelle (f) ['pɛlle]	Fell
Molti animali vengono cacciati per la loro pelle.	Viele Tiere werden wegen ihres Fells gejagt.
pelliccia	Pelz; Fell
mammifero [mam'mi:fero]	Säugetier
cane (m) ['ka:ne]	Hund
cagna ['ka:ɲa]	Hündin
cagnolino / cucciolo	Welpe; junger Hund
cane di razza – bastardo	Rassenhund – Bastard / Promenadenmischung
Attenti al cane!	Vorsicht, bissiger Hund!
Cani al guinzaglio!	Hunde sind an der Leine zu führen!
A cuccia!	Platz!
Quando i cani vedono arrivare il loro padrone, scodinzolano.	Beim Anblick ihres Herrchens wedeln Hunde mit dem Schwanz.
I cani poliziotto e antidroga sono molto utili.	Polizei- und Rauschgiftspürhunde sind sehr nützlich.

I cani da tartufo hanno un fiuto finissimo.	Trüffelhunde haben einen ausgeprägten Spürsinn.

Alcune razze canine
Cani da caccia: spinone, bracco, griffone.
Cani da cerca e da riporto: cirneco, cocker spaniel, labrador.
Cani da seguito: segugio.
Cani da tana: bassotto.
Cani da corsa: levriero.
Cani da compagnia: pechinese, barbone, carlino.
Cani da guardia e da difesa: pastore tedesco o cane lupo, mastino napoletano, alano.
Cani da soccorso: San Bernardo, terranova.
Cani da pastore: collie, pastore bergamasco.

gatto ['gatto]	Katze; Kater
gatta ['gatta]	Katze
gattino / micio	(Katzen-)Junges; Kätzchen
Il gatto faceva le fusa vicino al caminetto.	Die Katze schnurrte am Kamin.
Il mio gatto rimane acciambellato per ore sul sofà.	Meine Katze rollt sich stundenlang auf dem Sofa zusammen.
asino / somaro ['a:zino / so'ma:ro]	Esel
Mi sono comportato da somaro.	Ich habe mich blamiert.
selvaggina (grossa / minuta) [selvad'dʒi:na ('grɔssa / mi'nu:ta)]	(Groß- / Nieder-)Wild
riserva di caccia [ri'sɛrva di 'kattʃa]	Wildreservat
cervo – capriolo ['tʃɛrvo – kapri'ɔ:lo]	Hirsch – Reh
cinghiale (m) [tʃin'gja:le]	Wildschwein
volpe (f) ['volpe]	Fuchs
lupo ['lu:po]	Wolf
mettere il lupo nell'ovile	den Bock zum Gärtner machen
Il lupo perde il pelo ma non il vizio.	Die Katze lässt das Mausen nicht.
scimmia ['ʃimmja]	Affe
L'uomo discende dalle scimmie.	Der Mensch stammt vom Affen ab.
scimpanzé (m) [ʃimpan'tsɛ]	Schimpanse
elefante (m) [ele'fante]	Elefant
leone (m) **– tigre** (f) [le'o:ne – 'ti:gre]	Löwe – Tiger
orso (bruno / polare) ['orso]	(Braun- / Eis-)Bär
topo ['tɔ:po]	Maus
ratto ['ratto]	Ratte
criceto [kri'tʃɛ:to]	Hamster
porcellino d'India [portʃel'li:no 'dindja]	Meerschweinchen
cavia ['ka:vja]	Versuchskaninchen
fare da cavia	als Versuchskaninchen fungieren
scoiattolo [sko'jattolo]	Eichhörnchen
balena [ba'le:na]	Wal(fisch)
uccello [ut'tʃɛllo]	Vogel
uccello migratore / canoro	Zug- / Singvogel

uccello rapace / predatore	Raub- / Greifvogel
nido di uccello	Vogelnest
Non fare l'uccello del malaugurio!	Mal den Teufel nicht an die Wand!
a volo d'uccello	von oben / aus der Luft
penna ['penna]	Feder
I gufi hanno zampe forti, artigli aguzzi e penne morbide.	Eulen haben kräftige Beine, scharfe Krallen und weiche Federn.
lasciarci le penne	Federn lassen
passero ['passero]	Sperling; Spatz
cinciarella [tʃintʃa'rɛlla]	(Blau- / Kohl-)Meise
rondine (f) **– tordo** ['rondine – 'tordo]	Schwalbe – Drossel
usignolo [uzi'ɲɔ:lo]	Nachtigall
picchio ['pikkjo]	Specht
cornacchia [kor'nakkja]	Krähe
gufo – civetta ['gu:fo – tʃi'vetta]	Eule – Käuzchen
colombo / piccione (m) [ko'lombo / pit'tʃo:ne]	Taube
anatra ['a:natra]	Ente
oca ['ɔ:ka]	Gans
cigno ['tʃi:ɲo]	Schwan
cicogna [tʃi'kɔ:ɲa]	Storch
pappagallo – canarino [pappa'gallo – kana'ri:no]	Papagei – Kanarienvogel
pappagallino ondulato	Wellensittich
pinguino [pin'gui:no]	Pinguin
pesce (m) ['peʃe]	Fisch
Qui ci sono molti pesci.	Fische sind hier reichlich vorhanden.
Alcuni pesci non hanno spine.	Manche Fische (= *Fischarten*) haben keine Gräten.
pesciolino rosso	Goldfisch
squalo / pescecane (m)	Hai(fisch)
delfino [del'fi:no]	Delphin
foca ['fɔ:ka]	Seehund
rettile (m) ['rɛttile]	Reptil; Kriechtier
testuggine (f) **– tartaruga terrestre / marina** [te'studdʒine – tarta'ru:ga ter'rɛstre / ma'ri:na]	Landschildkröte – Wasserschildkröte
coccodrillo [kokkod'rillo]	Krokodil
serpente (m) [ser'pɛnte]	Schlange
lumaca [lu'ma:ka]	Schnecke
rospo – rana ['rɔspo – 'ra:na]	Kröte – Frosch
ragno ['ra:ɲo]	Spinne
ragnatela	Spinnennetz
insetto [in'sɛtto]	Insekt
insetto nocivo	Schädling / Ungeziefer
formica [for'mi:ka]	Ameise
ape (f) **– vespa** ['a:pe – 'vɛspa]	Biene – Wespe
l'ape laboriosa	die fleißige Biene
farfalla [far'falla]	Schmetterling
farfalla notturna – falena	Nachtfalter
mosca ['moska]	Fliege

una mosca fastidiosa	eine lästige Fliege
mantide (f) ['mantide]	Fangheuschrecke
zanzara [dzan'dza:ra]	Mücke
puntura di zanzara	Mückenstich
(puntura di) **pulce** (f) [pun'tu:ra di 'pultʃe]	Floh(biss / -stich)
il mercatino delle pulci	Flohmarkt
pidocchio [pi'dɔkkjo]	Laus
scarafaggio [skara'faddʒo]	(Küchen-)Schabe; Kakerlake
coleottero / scarabeo [kole'ɔttero / skara'bɛ:o]	Käfer
dorifora della patata [do'ri:fora 'della pa'ta:ta]	(Kartoffel-)Käfer
coccinella [kottʃi'nɛlla]	Marienkäfer
maggiolino [maddʒo'li:no]	Maikäfer
cimice (f) ['tʃi:mitʃe]	Wanze
zecca ['tsekka]	Zecke
parassita (m) [paras'si:ta]	Schmarotzer; Parasit
veterinario(-a) [veteri'na:rjo]	Tierarzt / Tierärztin
zoo / **giardino zoologico** ['dzɔo / dʒar'di:no dzoolɔ:dʒiko]	Zoo / zoologischer Garten
gabbia ['gabbja]	Käfig; (Vogel-)Bauer

I versi degli animali

abbaiare (= bellen) • *barrire* (= trompeten) • *belare* (= blöken / meckern) • *cinguettare* (= zwitschern) • *frinire* (= zirpen) • *gracidare* (= quaken) • *grugnire* (= grunzen) • *miagolare* (= maunzen / miauen) • *muggire* (= muhen) • *pigolare* (= piepen) • *ragliare* (= iahen / schreien) • *ronzare* (= summen / brummen) • *ruggire* (= brüllen, für Löwen) • *sibilare* (= zischen) • *squittire* (= pfeifen, für Mäuse usw.) • *tubare* (= gurren / turteln) • *ululare* (= heulen, für Hunde und Wölfe)

Alcuni gruppi italiani attivi nella protezione degli animali

ENPA: Ente Nazionale Protezione Animali
LAN: Lega Antivivisezionista Italiana
LIPU: Lega Italiana Protezione Uccelli
WWF

Piante
Pflanzen

→ 3.1 Alimenti, 14.5 Il paesaggio, 14.6 Il mondo dell'agricoltura

Un albero del bosco / chiamò gli uccelli e fece testamento: / lascio le foglie al vento, / i frutti al sole e poi / tutti i semetti a voi / perché mi cantavate la canzone / nella bella stagione. (*Trilussa, poeta, 1871–1950*)

pianta – piantare ['pjanta – pjan'ta:re]	Pflanze – (an)pflanzen
piante ornamentali	Zierpflanzen
piante aromatiche	Gewürzpflanzen
piante officinali	Heilpflanzen
piante grasse	Fettpflanzen; Sukkulenten
piante rampicanti	Kletterpflanzen
piante parassite e infestanti	Schmarotzerpflanzen und Unkraut
piante carnivore o insettivore	fleisch- und insektenfressende Pflanzen
pianta da giardino / da vaso	Garten- / Topfpflanze
pianta coltivata	Kulturpflanze
pianta selvatica – fiore selvatico	Wildpflanze – Wildblume
pianta resistente al freddo	winterharte Pflanze
Abbiamo piantato in giardino dei nuovi virgulti.	Wir haben neue Pflänzchen im Garten gepflanzt.
Il giardiniere ha trapiantato le piantine nell'aiuola.	Der Gärtner hat die Pflänzchen ins Beet umgepflanzt.
regno vegetale / flora ['re:ɲo vedʒe'ta:le / 'flɔ:ra]	(das) Pflanzenreich
albero ['albero]	Baum
In primavera si potano gli alberi.	Im Frühjahr beschneidet man die Bäume.
I nuovi alberi hanno attecchito bene.	Die neuen Bäume sind gut angewachsen.
In primavera gli alberi mettono le foglie ed in autunno le perdono.	Im Frühjahr treiben die Bäume Blätter und im Herbst werfen sie sie ab.

Insiemi di alberi
bosco (= Wald) • *boschetto* (= Hain) • *filare* (= Reihe) • *foresta* (= Forst) • *frutteto* (= Obstgarten) • *fustaia* (= Hochwald) • *giardino* (= Garten) • *pergola* (= Laube) • *selva* (= Waldung) • *viale* (= Allee)

frassino ['frassino]	Esche
faggio ['faddʒo]	Buche
betulla [be'tulla]	Birke
castagno [ka'sta:ɲo]	Edelkastanie (*Früchte essbar*)
togliere le castagne dal fuoco	die Kastanien aus dem Feuer holen
ippocastano	Rosskastanie
tiglio ['ti:ʎo]	Linde
acero ['a:tʃero]	Ahorn

gelso ['dʒelso]	Maulbeerbaum
quercia – ghianda [ku'ɛrtʃa – 'gjanda]	Eiche – Eichel
quercia sughera	Korkeiche
palma ['palma]	Palme
pioppo ['pjɔppo]	Pappel
salice (m) (piangente) ['sa:litʃe (pjan'dʒɛnte)]	(Trauer-)Weide
tasso ['tasso]	Eibe
pino silvestre ['pi:no sil'vɛstre]	Kiefer
abete bianco – abete rosso [a'be:te 'bjanko – 'rosso]	Tanne – Fichte
Pini e abeti sono conifere.	Kiefern und Tannen sind Nadelbäume.
cono (d'abete)	(Tannen-)Zapfen
pigna	(Kiefern-)Zapfen
pinoli (mpl)	Pinienkerne
bosco di conifere – conifera ['bɔsko di ko'ni:fere – ko'ni:fera]	Nadelwald – Nadelbaum
bosco di latifoglie – latifoglia ['bɔsko di lati'fɔ:ʎe – lati'fɔ:ʎa]	Laubwald – Laubbaum
fiore (m) **– fiorire** ['fjo:re – fjo'ri:re]	Blume (*auch:* Blüte = *Gegenstand*) – blühen
fiori recisi	Schnittblumen
Le rose cominciano a fiorire.	Die Rosen beginnen zu blühen.
annaffiare i fiori	die Blumen gießen
fiordaliso	Kornblume
fioritura	Blüte (= *Vorgang*)
Gli alberi sono in piena fioritura.	Die Bäume stehen in voller Blüte.
I nontiscordardimé fioriscono da maggio a giugno.	Das Vergissmeinnicht blüht von Mai bis Juni.
I mandorli sono in fiore.	Die Mandelbäume stehen in voller Blüte.
girasole (m) [dʒira'so:le]	Sonnenblume
ranuncolo [ra'nunkolo]	Butterblume
narciso [nar'tʃi:zo]	Osterglocke; (gelbe) Narzisse
margherita [marge'ri:ta]	Margerite
margheritina / pratolina	Gänseblümchen
dente (m) **di leone / soffione** (m) ['dɛnte di le'o:ne / sof'fjo:ne]	Löwenzahn; Pusteblume
giglio ['dʒi:ʎo]	Lilie
giglio delle convalli / mughetto	Maiglöckchen
bucaneve (m) [buka'ne:ve]	Schneeglöckchen
cardo ['kardo]	Distel
papavero [pa'pa:vero]	Mohn(blume)
garofano [ga'rɔ:fano]	Nelke
tulipano [tuli'pa:no]	Tulpe
fucsia ['fuksja]	Fuchsie
rosa ['rɔ:za]	Rose
orchidea [orki'dɛ:a]	Orchidee
cactus (m) ['kaktus]	Kaktus

erba – erbe ['ɛrba – 'ɛrbe]	Gras – Gräser / Kraut / Kräuter
erbe officinali	Heilpflanzen
erbacce / malerbe (fpl)	Unkraut
Devo sarchiare le erbacce in giardino.	Ich muss im Garten Unkraut jäten.
erborista (m+f)	Heilpflanzenkundige(r) / -verkäufer(in)
muschio ['muskjo]	Moos
trifoglio [tri'fɔ:ʎo]	Klee
quadrifoglio	vierblättriges Kleeblatt
felce (f) ['feltʃe]	Farn(kraut)
vite (f) – **viticcio** ['vi:te – vi'tittʃo]	Wein(rebe) – Ranke
fungo ['fungo]	Pilz
fungo mangereccio / commestibile	(Speise- / essbarer) Pilz
fungo velenoso / non commestibile	Giftpilz / ungenießbarer Pilz
andare a raccogliere i funghi	Pilze sammeln gehen

Alcuni funghi commestibili
porcino (= Steinpilz) • *finferlo* / *gallinaccio* (= Pfifferling) • *ovolo* (= Bovist) • *mazza di tamburo* (= Schirmpilz) • *tartufo bianco* / *nero* (= weißer / schwarzer Trüffel)

sempreverde (m) [sempre'verde]	immergrüne Pflanze
radice (f) [ra'di:tʃe]	Wurzel
stelo ['ste:lo]	Stiel (*Blume, manchmal Baum*)
tronco / fusto ['tronko / 'fusto]	(Baum-)Stamm
ramo ['ra:mo]	Ast; (dickerer) Zweig
ramoscello [ramo'ʃɛllo]	(kleiner / dünner) Zweig
corteccia [kor'tettʃa]	Borke; Rinde
foglia – fogliame (m) ['fɔ:ʎa – fo'ʎa:me]	Blatt – Laub
Gli alberi perdono le foglie.	Die Bäume werfen ihre Blätter ab.
gemma / bocciolo ['dʒɛmma / bot'tʃɔ:lo]	Knospe
In primavera sbocciano le gemme.	Im Frühjahr schlagen die Bäume aus.
botanica [bo'ta:nika]	Botanik; Pflanzenkunde
giardino botanico	botanischer Garten
fitoterapia [fitotera'pi:a]	Phytotherapie; Pflanzenheilkunde

Forme di vita semplici
Einfachere Lebensformen

I componimenti chimici di base della balena, del gelsomino o del gabbiano sono esattamente gli stessi: soltanto sono ricombinati in modi diversi, così come le note di base usate per la "Marcia Turca" di Mozart o per "O' Marì" sono sempre le stesse. (*Piero Angela, giornalista e saggista, *1928*)

organismo [orga'nizmo]	Organismus
microrganismo	Mikroorganismus; Kleinstlebewesen
gene (m) ['dʒɛ:ne]	Gen; Erbfaktor
codice genetico	der genetische Code
DNA (acido desossiribonucleico)	DNS
proteina [prote'i:na]	Protein; Eiweiß(körper)
aminoacido [amino'a:tʃido]	Aminosäure
enzima (m) [en'dzi:ma]	Enzym
cellula ['tʃɛllula]	Zelle
scissione della cellula	Zellteilung
il nucleo della cellula	Zellkern
unicellulare – pluricellulare	einzellig – mehrzellig
alghe ['alge]	Algen
protozoi (mpl) [proto'dzɔ:i]	Protozoen
ameba [a'mɛ:ba]	Amöbe
fungo ['fungo]	Pilz
fermento – fermentare [fer'mento – fermen'ta:re]	Gärungspilz – gären / fermentieren
aspergillo [asper'dʒillo]	Schimmel(pilz)
lichene (m) [li'kɛ:ne]	Flechte
spugna ['spu:ɲa]	Schwamm
microbo ['mi:krobo]	Mikrobe
batteri (mpl) [bat'tɛ:ri]	Bakterien; Spaltpilze
coltivare i batteri	Bakterienkulturen anlegen
batterio patogeno – non patogeno	krankheitserregende / nicht krankheitserregende Bakterie
coltura batterica	Bakterienkultur
bacillo [ba'tʃillo]	Bazillus; (Stäbchen-)Bakterie
cocco ['kɔkko]	Kokke; Sporenmutterzelle
virus (m) ['vi:rus]	Virus
micete (m) [mi'tʃɛ:te]	Pilz
coltura [kol'tu:ra]	Kultur
coltura in vitro	Reagenzglaskultur
microbiologia [mikrobiolo'dʒi:a]	Mikrobiologie

Le discipline della microbiologia
battereologia (= Bakteriologie) • *virologia* (= Virologie) • *micologia* (= Mykologie / Pilzkunde) • *protistologia* (= Protistologie / Kunde von den Einzellern)

16

Scienza
Wissenschaft

1 Fisica
Physik

2 Chimica
Chemie

3 Medicina
Medizin

4 Matematica
Mathematik

5 I numeri
Zahlen

6 Misure e pesi
Maße und Gewichte

Fisica
Physik

→ 16.2 Chimica, 17.3 Elettricità ed elettronica, 18.7 Il computer

Un grano di sale nel centro della cupola di San Pietro e granelli di polvere che gli turbinano intorno nell'enorme vastità della cupola: in questo modo possiamo raffigurarci il nucleo e gli elettroni di un atomo. (*F. Capra, fisico, *1939*)

fisica ['fi:zika]	(die) Physik
fisica teorica	(die) theoretische Physik
fisica molecolare	(die) Elementarteilchenphysik
fisica dei corpi solidi	(die) Festkörperphysik
fisica atomica	(die) Atomphysik
fisica nucleare	(die) Kernphysik
fisico(-a)	Physiker(in) – physikalisch
leggi (fpl) fisiche	physikalische Gesetze
ricerca di base [ri'tʃerka di 'ba:ze]	(die) Grundlagenforschung
meccanica [mek'ka:nika]	(die) Mechanik
statica e dinamica ['sta:tika e di'na:mika]	Statik und Dynamik
un corpo statico	ein ruhender Körper
termodinamica	(die) Thermodynamik
ottica ['ɔttika]	(die) Optik
acustica [a'kustika]	(die) Akustik
L'acustica è una scienza.	Die Akustik ist eine Wissenschaft.
L'acustica (= le proprietà acustiche) di questa sala è (sono) eccellente(i).	Die Akustik (= akustischen Eigenschaften) dieses Saales ist (sind) ausgezeichnet.

> Bezeichnungen für die **Wissenschaften** enden meistens auf *-a* und sind weiblich:
> *fisica / meccanica / statica / termodinamica / elettronica / ottica* (= Physik / Mechanik / Statik / Thermodynamik / Elektronik / Optik)

teoria [teo'ri:a]	Theorie
la teoria della relatività di Einstein	Einsteins Relativitätstheorie
teorico	Theoretiker(in) – theoretisch
esperimento [esperi'mento]	Experiment; Versuch
condurre / effettuare un esperimento	einen Versuch ausführen / machen
i risultati dell'esperimento	Versuchsergebnisse
verificare qualcosa su base sperimentale	etwas experimentell beweisen
essere in fase di esperimento	sich im Versuchsstadium befinden; erprobt werden
sperimentale	experimentell; Experimental-
Il progetto è ancora in fase sperimentale.	Das Projekt befindet sich noch in der Erprobungsphase.

atomo – atomico ['a:tomo – a'tɔ:miko]	Atom – Atom-
classificazione (f) degli atomi	(die) Anordnung der Atome
peso atomico	Atomgewicht
numero atomico	Kernladungszahl; Ordnungszahl
nucleo atomico	Atomkern
le proprietà del nucleo atomico	die Eigenschaften des Atomkerns
esperimento atomico	Atomversuch
materia ed energia [ma'tɛ:rja ed ener'dʒi:a]	Materie und Energie
antimateria	Antimaterie
elettricità – elettrico [elettritʃi'ta – e'lɛttriko]	(die) Elektrizität – elektrisch
una corrente elettrica	ein elektrischer Strom
una carica elettrica	eine elektrische Ladung
caricato elettricamente	elektrisch geladen
conduttore (m) [kondut'to:re]	Leiter
semiconduttore (m)	Halbleiter
superconduttore (m)	Supraleiter
magnetismo – magnetico [maɲe'tizmo – ma'ɲɛ:tiko]	Magnetismus – Magnet- / magnetisch
un campo magnetico	ein Magnetfeld
onde elettromagnetiche	elektromagnetische Wellen
calore (m) [ka'lo:re]	Wärme
emettere / assorbire calore	Wärme abgeben / aufnehmen
convertire il calore in lavoro	Wärme in Arbeit umwandeln
movimento [movi'mento]	Bewegung
la teoria del movimento di Newton	Newtons Bewegungsgesetze
inerzia [i'nɛrtsja]	Trägheit
momento d'inerzia	das Trägheitsmoment
forza d'inerzia	Schwungkraft
fare qualcosa per inerzia / per forza d'inerzia	etwas aus Beharrlichkeit tun
accelerazione (f) – **decelerazione** (f) [attʃelera'tsjo:ne – detʃelera'tsjo:ne]	Beschleunigung – Verlangsamung
velocità [velotʃi'ta]	Geschwindigkeit
la velocità della luce	die Lichtgeschwindigkeit
forza ['fɔrtsa]	Kraft
la forza esercitata su un oggetto	die auf einen Körper (ein)wirkende Kraft
forza centrifuga – forza centripeta	Zentrifugalkraft – Zentripetalkraft
massa ['massa]	Masse
la massa di un corpo	die Masse eines Körpers
solido ['sɔ:lido]	fest; Festkörper; fester Körper
liquido ['li:kuido]	flüssig; Flüssigkeit
una sostanza solida / liquida	ein fester / flüssiger Stoff
Sia i liquidi che i gas sono fluidi.	Flüssigkeiten und Gase sind Fluide.
gas (m) ['gas]	Gas
sostanza gassosa	eine gasförmige Substanz
vapore (m) [va'po:re]	Dampf
trasformare qualcosa in vapore	etwas in Dampf umwandeln

fluido ['flu:ido]	fließend; Fluid
fluidodinamica	Strömungslehre
volume (m) [vo'lu:me]	Volumen; (Raum-)Inhalt
particella (elementare) [parti'tʃɛlla (elemen'ta:re)]	(Elementar-)Teilchen
elettrone (m) [elett'ro:ne]	Elektron
la struttura degli elettroni di un atomo	die Elektronenstruktur eines Atoms
elettronico	elektronisch; Elektronen-
elettronica	(die) Elektronik
protone (m) **– neutrone** (m) [pro'to:ne – neut'ro:ne]	Proton – Neutron
fotone (m) [fo'to:ne]	Photon
quark (m) [ku'ark]	Quark (= hypothetisches Elementarteilchen)
quanto (m) [ku'anto]	Quant
meccanica quantistica / teoria dei quanti	Quantenmechanik / -theorie
salto quantistico; salto quantico	Quantensprung
vuoto ['vuɔ:to]	Vakuum
onda ['onda]	Welle
onde longitudinali – onde trasversali	Longitudinalwellen – Transversalwellen
microonde	Mikrowellen
lunghezza d'onda	Wellenlänge
frequenza [freku'ɛntsa]	Frequenz
spettro ['spɛttro]	Spektrum
misura [mi'zu:ra]	Maß
misurare una corrente	einen Strom messen
densità [densi'ta]	Dichte
peso ['pe:zo]	Gewicht
peso specifico	spezifisches Gewicht
gravità [gravi'ta]	Schwerkraft
centro di gravità	der Schwerpunkt
equilibrio [ekui'li:brjo]	Gleichgewicht
equilibrio stabile / instabile	stabiles / labiles Gleichgewicht

Chimica
Chemie

→ 16.1 Fisica

Qualunque pezzo del mondo diventa un laboratorio dove c'è un cervello che pende per ipotesi e una mano che modifica qualcosa per vedere se succede o no qualcosa d'altro. (*P. Bozzi, contemporaneo*)

chimica ['ki:mika]	(die) Chemie
chimica organica / inorganica	(die) organische / anorganische Chemie
chimica analitica	(die) analytische Chemie
chimica fisica	(die) physikalische Chemie
biochimica	(die) Biochemie
radiochimica	(die) Radio- / Strahlenchemie
chimico(-a)	Chemiker(in); chemisch
chimico(-a) industriale	Chemieingenieur(in); Chemotechniker(in)
chimico(-a) farmaceutico	Arzneimittelchemiker(in)
le proprietà chimiche del carbone	die chemischen Eigenschaften des Kohlenstoffs
una reazione chimica	eine chemische Reaktion
processi chimici	chemische Prozesse / Vorgänge
laboratorio chimico	ein chemisches Labor(atorium)
ricerca chimica	(die) chemische Forschung
legame (m) chimico	chemische Bindung
l'industria chimica	die chemische Industrie
ingegneria chimica	Chemietechnik; Chemieingenieurwesen
l'uso di prodotti chimici tossici	der Einsatz giftiger Chemikalien
farmacia – farmaceutico [farma'tʃi:a – farma'tʃɛ:utiko]	Pharmazie – pharmazeutisch / Pharma-
industria farmaceutica	pharmazeutische Industrie / Pharmaindustrie
scienza – scientifico ['ʃɛntsa – ʃen'ti:fiko]	Wissenschaft – wissenschaftlich
una scienza esatta	eine exakte Wissenschaft
strumenti scientifici	wissenschaftliche Instrumente
laboratorio [labora'tɔ:rjo]	Laboratorium; Labor
assistente (m+f) di laboratorio	Laborant(in)
microscopio (elettronico) – **microscopico** [mikros'kɔ:pjo (elet'trɔ:niko) – mikros'kɔ:piko]	(Elektronen-)Mikroskop – mikroskopisch (klein)
pipetta – buretta [pi'petta – bu'retta]	Pipette – Bürette
osservazione (f) [osserva'tsjo:ne]	Beobachtung
analisi (f) – **analizzare** [a'na:lizi – analid'dza:re]	Analyse / Untersuchung – untersuchen
analizzare un campione	eine Probe untersuchen
composizione (f) [kompozi'tsjo:ne]	Zusammensetzung

la composizione di una sostanza	die Zusammensetzung eines Stoffes
sostanza [so'stantsa]	Substanz; Stoff
sostanze cancerogene	krebserzeugende Stoffe
proprietà [proprjɛ'ta]	Eigenschaft
le proprietà chimiche di un elemento	die chemischen Eigenschaften eines Elements
composto [kom'posto]	Verbindung
composto chimico	chemische Verbindung
miscela [mi'ʃe:la]	Gemenge; Gemisch
soluzione (f) [solu'tsjo:ne]	Lösung
soluzione diluita	eine verdünnte Lösung
(idro)solubile [idroso'lu:bile]	(wasser)löslich
dissolvere [dis'sɔlvere]	(sich) auflösen; (sich) zersetzen
cristalli dissolti nell'acqua	in Wasser aufgelöste Kristalle
solvente (m) – **solubile** [sol'vɛnte – so'lu:bile]	Lösungsmittel – löslich / Lösungs-
L'acetone viene usato come solvente.	Aceton wird als Lösungsmittel verwendet.
componente (m) [kompo'nɛnte]	Bestandteil
derivato [deri'va:to]	Derivat
derivati idrocarburi [deri'va:ti idrokar'bu:ri]	(Kohlenwasserstoff-)Derivate
formula ['formula]	Formel
simbolo ['simbolo]	Symbol
O è il simbolo dell'ossigeno.	O ist das Symbol für Sauerstoff.
classificazione (f) [klassifika'tsjo:ne]	Anordnung
classificazione degli elementi	Anordnung der Elemente
sistema periodico (m) [si'stɛma perj'ɔ:diko]	Periodensystem

Substantive griechischer Herkunft, die auf *-ma* enden, sind männlich und bilden den Plural auf *-mi*:
il diploma – i diplomi (= das Diplom) • *il pigiama – i pigiami* (= der Schlafanzug) • *il poema – i poemi* (= das Gedicht) • *il problema – i problemi* (= das Problem) • *il programma – i programmi* (= das Programm) • *il sistema – i sistemi* (= das System)

acidi (mpl) **e basi** (fpl) ['a:tʃidi e 'ba:zi]	Säuren und Laugen
molecola [mo'le:kola]	Molekül
la struttura molecolare	die Molekularstruktur
isotopo [i'zɔ:topo]	Isotop
isotopi radioattivi	radioaktive Isotope
idrogeno [id'rɔ:dʒeno]	Wasserstoff
idrocarburi (mpl) [idrokar'bu:ri]	Kohlenwasserstoffe
idrati (mpl) **di carbonio** [id'ra:ti di kar'bɔ:njo]	Kohle(n)hydrate
alcol (m) ['alkol]	Alkohol
combustione (f) [kombus'tjo:ne]	Verbrennung
combustibile (m)	Brennstoff; brennbar

corrosione (f) – **corrodere** [korro'zjo:ne – kor'ro:dere]	Korrosion – korrodieren
ossidazione e **riduzione** (f) [ossida'tsjo:ne e ridu'tsjo:ne]	Oxidation und Reduktion
punto di ebollizione ['punto di ebolli'tsjo:ne]	Siedepunkt; Kochpunkt
L'ossigeno bolle a 183°C.	Die Siedetemperatur des Sauerstoffs liegt bei 183°C.
catalizzatore (m) [kataliddza'to:re]	Katalysator
fungere da catalizzatore	als Katalysator wirken
sintesi (f) ['sintezi]	Synthese

Substantive griechischer Herkunft, die auf *-i* enden, sind weiblich und unveränderlich:
l'analisi (= die Analyse) • *la crisi* (= die Krise) • *l'estasi* (= die Extase) • *la paralisi* (= die Lähmung) • *la sintesi* (= die Synthese) • *la tesi* (= die These)

sintetizzare – sintetico [sintetid'dza:re – sin'tɛ:tiko]	synthetisch herstellen – synthetisch
sintetizzare componenti organiche	organische Verbindungen synthetisch herstellen
fibre sintetiche	Chemiefasern
elettrolisi (f) [elet'trɔ:lizi]	Elektrolyse
elettrodo [e'lɛttrɔdo]	Elektrode
tubo elettronico ['tu:bo elet'trɔ:niko]	Elektronenröhre
anodo – catodo ['a:nodo – 'ka:todo]	Anode – Kathode
ione (m) ['jo:ne]	Ion

Laboratorio chimico

Medicina
Medizin

→ 1.2 Parti del corpo, 4 Igiene

Una sorta di ideologia penitenziale aveva diffuso la convinzione che una medicina, per essere efficace, doveva essere disgustosa.
(*Cesare Marchi, saggista, *1923*)

medicina [medi'tʃi:na]	Medizin
medicina interna	(die) innere Medizin
medicina del lavoro / industriale	(die) Arbeitsmedizin
medicina legale	(die) Rechtsmedizin
internista (m+f) [inter'nista]	Facharzt / Fachärztin für innere Medizin
medico empirico ['mɛ:diko em'pi:riko]	Allgemeinmediziner
professioni (fpl) **mediche** [profes'sjo:ni' mɛ:dike]	(die) Heilberufe
cardiologia [kardjolo'dʒi:a]	(die) Kardiologie
dermatologia [dermatolo'dʒi:a]	(die) Dermatologie
ginecologia [dʒinekolo'dʒi:a]	(die) Gynäkologie; Frauenheilkunde
immunologia – immunitario [immunolo'dʒi:a – immuni'ta:rjo]	(die) Immunologie – Immun-
il sistema immunitario	das Immunsystem
debolezza immunitaria	Immunschwäche
neurologia [neurolo'dʒi:a]	(die) Neurologie
oftalmologia [oftalmolo'dʒi:a]	(die) Ophthalmologie; Augenheilkunde
patologia [patolo'dʒi:a]	Pathologie
radiologia – radiologico [radjolo'dʒi:a – radjo'lɔ:dʒiko]	(die) Radiologie/ Strahlenkunde – radiologisch
reumatologia [reumatolo'dʒi:a]	(die) Rheumatologie
urologia [urolo'dʒi:a]	Urologie

Die oben genannten Begriffe auf *-ologia* werden jeweils auf dem letzten *-i-* betont: *cardiologia*, *neurologia* etc. Die Berufsbezeichnungen der betreffenden Fachärzte (= *specialisti*) lauten jeweils auf *-ologo* aus: *urologo*(-a) (= Urologe / Urologin) etc.

ostetricia – ostetrico [ostetri:'tʃa – o'stɛ:triko]	Geburtshilfe – Entbindungs-
reparto ostetrico	Entbindungsstation
ostetrica / levatrice (f) [o'stɛ:trika / leva'tri:tʃe]	Hebamme
pediatria [pedja'tri:a]	(die) Pädiatrie; Kinderheilkunde
reparto pediatrico – chirugia pediatrica	Kinderstation – Kinderchirurgie
ortopedia [ortope'di:a]	(die) Orthopädie

endoscopia – endoscopico [endosko'pi:a – endos'kɔ:piko]	Endoskopie – endoskopisch
assistenza / cura [assis'tɛntsa / 'ku:ra]	(die) Krankenpflege
policlinico – clinica [polik'li:niko – 'kli:nika]	(Poli-)Klinik – Klinikum
clinico ['kli:niko]	klinisch
i risultati delle analisi cliniche	die Ergebnisse der klinischen Untersuchungen
diagnosi (f) **– diagnosticare** ['dia:ɲozi – diaɲosti'ka:re]	Diagnose – diagnostizieren
diagnosticare una malattia	eine Krankheit diagnostizieren
Le è stato diagnosticato un cancro al seno.	Bei ihr wurde Brustkrebs festgestellt.
diagnostico [dia'ɲɔstiko]	diagnostisch
gli strumenti diagnostici più moderni	die neuesten Diagnosegeräte
sangue (m) – **sanguigno** ['sangue – san'gui:ɲo]	Blut – Blut-
vaso sanguigno – embolo sanguigno	Blutgefäß – Blutgerinnsel
banca del sangue	Blutbank
prelievo del sangue [pre'ljɛ:vo del 'sangue]	Blutprobe
analisi (f) del sangue [a'na:lizi del 'sangue]	Blutuntersuchung
tomografia computerizzata [tomogra'fi:a kompjuterid'dza:ta]	Computertomographie
torace (m) [to'ra:tʃe]	Thorax; Brustkorb / -kasten
gastrite (f) – **gastrico** [gas'tri:te – 'gastriko]	Gastritis – gastrisch / Magen-
gastropatia [gastropa'ti:a]	Magenleiden / -krankheit
acido gastrico	Magensäure
apparato digerente [appa'ra:to didʒe'rɛnte]	der Magen-Darm-Trakt / -Kanal
pancreas (m) ['pankreas]	Pankreas; Bauchspeicheldrüse
intestino – intestinale [intes'ti:no – intesti'na:le]	Darm – Darm-
intestino crasso / tenue	(der) Dick- / Dünndarm
colon (m) ['kɔ:lon]	Colon; Grimmdarm
retto / intestino retto ['rɛtto / inte'sti:no 'rɛtto]	Rektum; Mastdarm
vie urinarie ['vi:e uri'na:rje]	(die) Harnwege
midollo [mi'dollo]	Knochenmark
spina dorsale ['spi:na dor'sa:le]	(die) Wirbelsäule
sistema nervoso centrale [si'stɛ:ma ner'vo:so tʃent'ra:le]	(das) Zentralnervensystem
fluido – tessuto ['flu:ido – tes'su:to]	(Körper-)Flüssigkeit – Gewebe
ghiandola – ghiandolare ['gjandola – gjando'la:re]	Drüse – Drüsen-
linfonodo / nodo linfatico [linfo'nɔ:do / 'nɔ:do lin'fa:tiko]	Lymphknoten
reumatico [reu'ma:tiko]	rheumatisch
reumatismo articolare	(der) Gelenkrheumatismus

artrite (f) [ar'tri:te]	Arthritis; Gelenkentzündung
asma (m+f) ['azma]	Asthma
asmatico(-a)	asthmatisch; Asthmatiker(in)
malattia professionale [malat'ti:a professjo'na:le]	Berufskrankheit
malattie polmonari [malat'ti:e polmo'na:ri]	Lungenkrankheiten
embolia [embo'li:a]	Embolie
(Lui) morì a causa di un'embolia polmonare.	Er starb an einer Lungenembolie.
nefropatia [nefropa'ti:a]	Nierenerkrankung; -leiden
(Lei) morì di nefropatia.	Sie starb an Nierenversagen.
dialisi (f) / lavaggio del sangue ['dia:lizi / la'vaddʒo del 'sangue]	Dialyse; Blutwäsche
trapianto [tra'pjanto]	Verpflanzung
trapianto di organi / fegato / reni	Organ- / Leber- / Nierenverpflanzung / -transplantation
effettuare un trapianto	eine Transplantation vornehmen
donatore(-trice) – ricevente [dona'to:re(-'tri:tʃe) – ritʃe'vɛnte]	Organspender(in) – Organempfänger(in)
pelle (f) – **cutaneo** ['pɛlle – ku'ta:neo]	Haut – Haut-
trapianto cutaneo	Hauttransplantation / -übertragung
radioterapia [radjotera'pi:a]	(die) Strahlentherapie
chirurgia plastica generale [kirur'dʒi:a 'plastika dʒene'ra:le]	(die) allgemeine plastische Chirurgie
chirurgia a cuore aperto	(die) Offenherzchirurgie
igiene (f) – **igienico** [i'dʒɛ:ne – i'dʒɛ:niko]	(die) Hygiene – hygienisch
medico sanitario ['mɛ:diko sani'ta:rjo]	Amtsarzt / Amtsärztin
ufficio della sanità [uf'fi:tʃo 'della sani'ta]	Gesundheitsamt

Matematica
Mathematik

→ 9.2 Materie di studio e capacità, 16.5 I numeri

Nessuna umana investigazione si può dimandare vera scienza s'essa non passa per le matematiche dimostrazioni. (*Leonardo da Vinci, artista e scrittore, 1452–1519*)

matematica [mete'ma:tika]	(die) Mathematik
se la matematica non è un'opinione …	nach Adam Riese …
frequentare un corso di matematica	einen Mathematikkurs besuchen
fare un compito in classe di matematica	eine Mathearbeit schreiben
aritmetica [arit'mɛ:tika]	(die) Arithmetik; (das) Rechnen
aritmetico	arithmetisch
progressione aritmetica	arithmetische Progression
un'operazione aritmetica	eine Rechenoperation
risolvere un problema aritmetico	eine Rechenaufgabe lösen
geometria [dʒeome'tri:a]	(die) Geometrie
geometrico	geometrisch
una figura geometrica	eine geometrische Figur
progressione geometrica	geometrische Progression
trigonometria [trigonome'tri:a]	(die) Trigonometrie
algebra ['aldʒebra]	(die) Algebra
calcolo ['kalkolo]	(Be-)Rechnung
calcolo differenziale / integrale	Differential- / Integralrechnung
calcolo della probabilità	Wahrscheinlichkeitsrechnung
fare dei calcoli	(Be-)Rechnungen durchführen
se i miei calcoli risultano giusti	wenn meine Berechnungen stimmen
(Lui) (non) sa fare bene i calcoli.	Er kann (nicht) gut rechnen.
Hai fatto bene i calcoli.	Du hast alles richtig gerechnet.
calcolare [kalko'la:re]	(aus)rechnen
Fammi calcolare prima queste cifre.	Lass mich mal diese Zahlen zusammenrechnen.
calcolare l'area di un quadrato	die Fläche eines Quadrats berechnen
calcolare la radice quadrata di un numero	die Quadratwurzel einer Zahl errechnen
calcolo approssimato al centesimo	Rechnung auf zwei Stellen nach dem Komma
teoria degli insiemi [teo'ri:a 'de:ʎi in'sjɛ:mi]	(die) Mengenlehre
contare [kon'ta:re]	zählen
Il bambino ora sa contare fino a 8.	Das Kind kann jetzt bis 8 zählen.
operazione (f) [opera'tsjo:ne]	Rechenart
operazione aritmetica	Rechenaufgabe
operazioni (aritmetiche) fondamentali	die Grundrechenarten
problema (m) [pro'blɛ:ma]	Textaufgabe
fare / risolvere problemi	Textaufgaben bearbeiten / lösen
computare [kompu'ta:re]	berechnen

computare una distanza	eine Entfernung berechnen
computazione (f)	Berechnung / Rechnung
forme / metodi di computazione	Rechenarten / -methoden
addizionare – sottrarre [additsjo'na:re – sot'trarre]	addieren – subtrahieren
addizionare dei numeri / delle cifre	Zahlen / Ziffern aufaddieren / zusammenrechnen
addizione (f) – sottrazione (f)	Addition – Subtraktion
moltiplicare – dividere [moltipli'ka:re – di'vi:dere]	multiplizieren – dividieren
moltiplicazione (f) – divisione (f)	Multiplikation – Division
tavola pitagorica ['ta:vola pita'gɔ:rika]	Einmaleins
memorizzare la tavola pitagorica	das Einmaleins auswendig lernen

55 + 44 = 99: 55 più 44 fa / è uguale a 99; 55 e 44 fa 99; addizionando 55 e 44, si ha 99.
99 – 44 = 55: 99 meno 44 fa 55; 44 da 99 è 55; sottraendo 44 da 99, si ha 55.
11 × 6 = 66: 11 per 6 fa 66; moltiplicando 11 per 6, si ha 66.
66 ÷ 11 = 6: 66 diviso 11 fa 6; dividendo 66 per 11, si ha 6.

una **funzione** (f) ['u:na fun'tsjo:ne]	eine (mathematische) Funktion
una **quantità** ['u:na kuanti'ta]	eine (mathematische) Größe
finito – infinito [fi'ni:to – infi'ni:to]	endlich – unendlich
costante (f) – **variabile** (f) [ko'stante – va'rja:bile]	Konstante – Variable
numero primo ['nu:mero 'pri:mo]	Primzahl
numeri primi inferiori o uguali a 101	Primzahlen kleiner als oder gleich 101
numero intero	ganze Zahl
quadrato [kua'dra:to]	Quadrat; quadratisch; Quadrat-
due metri quadrati	zwei Quadratmeter
144 è il quadrato di 12	144 ist das Quadrat von 12
12^2 (= 12 al quadrato) fa 144	12 hoch 2 ist 144
cubo ['ku:bo]	dritte Potenz
2^3 (= 2 al cubo / alla terza potenza)	2 hoch 3; die 3. Potenz von 2
potenza [po'tɛntsa]	Potenz
2 alla quarta potenza fa 16	2 hoch 4 ist 16
radice (f) (quadrata) [ra'di:tʃe (kua'dra:ta)]	(Quadrat-)Wurzel
logaritmo [loga'ritmo]	Logarithmus
frazione (f) (decimale / comune) [fra'tsjo:ne (detʃi'ma:le)]	Dezimal- / gemeiner Bruch
quoziente (m) [kuo'tsjɛnte]	Quotient
numeratore – denominatore (m) [numera'to:re – denomina'to:re]	Zähler – Nenner
cercare un denominatore comune	einen gemeinsamen Nenner suchen
uguale [u'gua:le]	gleich

equazione (f) [ekua'tsjo:ne]	Gleichung
un'equazione a due incognite	eine Gleichung mit zwei Unbekannten
cerchio ['tʃerkjo]	Kreis
il centro di un cerchio	der Mittelpunkt eines Kreises
circolare	kreisförmig; Kreis-
diametro [di'a:metro]	Durchmesser
circonferenza [tʃirkonfe'rɛntsa]	(Kreis-)Umfang
la proporzione di una circonferenza rispetto al diametro	das Verhältnis des Umfangs zum Durchmesser
tangente (f) [tan'dʒɛnte]	Tangente; Tangens
rettangolo – rettangolare [ret'tangolo – rettango'la:re]	Rechteck – rechteckig
triangolo – triangolare [tri'angolo – triango'la:re]	Dreieck – dreieckig
una piramide a base triangolare	eine dreiseitige Pyramide
angolo ['angolo]	Winkel
un angolo di 90 gradi	ein Winkel von 90 Grad
base (f) ['ba:ze]	Grundfläche
la base di una piramide	die Grundfläche einer Pyramide

***Per risolvere un problema** abbiamo bisogno di dati, poi bisogna fare un'ipotesi, ordinare i dati a disposizione, formulare una tesi ed ottenere il risultato.*

"2 + 3? Un momento, per favore!"

I numeri
Zahlen

Io confesso di non aver trovato briga maggiore né difficoltà più frequente, che nel dover ogni giorno rispondere all'interrogazione fattami: a che servono queste matematiche? (*Torricelli Evangelista, matematico, 1606–1647*)

numero ['nu:mero] — Zahl; Nummer
numeri pari / dispari ['nu:meri 'pa:ri / 'dispari] — gerade / ungerade Zahlen
zero ['dzɛ:ro] — null
Il termometro segna dieci gradi sotto zero. — Das Thermometer zeigt minus 10 Grad an.
Siamo ridotti a zero. — Wir sitzen auf dem Trocknen.
Questo scrittore vale uno zero. — Dieser Schriftsteller ist eine Null.
zero via zero fa zero — von nichts kommt nichts

***Numeri cardinali* (= Grundzahlen)**
0 = *zero,* 1 = *uno,* 2 = *due,* 3 = *tre,* 4 = *quattro,* 5 = *cinque,* 6 = *sei,* 7 = *sette,* 8 = *otto,* 9 = *nove,*
10 = *dieci,* 11 = *undici,* 12 = *dodici,* 13 = *tredici,* 14 *quattordici,* 15 = *quindici,* 16 = *sedici,* 17 = *diciassette,* 18 = *diciotto,* 19 = *diciannove,*
20 = *venti,* 21 = *ventuno,* 22 *ventidue,* 23 = *ventitre, ...*
30 = *trenta,* 31 = *trentuno,* 32 = *trentadue, ...*
40 = *quaranta,* 41 = *quarantuno,* 42 = *quarantadue, ...*
50 = *cinquanta,* 51 = *cinquantuno,* 52 = *cinquantadue, ...*
60 = *sessanta,* 61 = *sessantuno,* 62 = *sessantadue, ...*
70 = *settanta,* 71 = *settantuno,* 72 = *settantadue, ...*
80 = *ottanta,* 81 = *ottantuno,* 82 = *ottantadue, ...*
90 = *novanta,* 91 = *novantuno,* 92 = *novantadue, ...*
100 = *cento,* 101 = *cento e uno / centouno,* 102 = *centodue,* 108 = *centootto,* 111 = *centoundici, ...*
200 = *duecento,* 288 = *duecentoottantotto, ...*
300 = *trecento,* 400 = *quattrocento,* 500 = *cinquecento,* 600 = *seicento,* 700 = *settecento,* 800 = *ottocento,* 900 = *novecento,*
1000 = *mille,* 1001 = *mille e uno / milleuno,* 1050 = *millecinquanta,* 1100 = *millecento, ...*
2000 = *duemila, ...*
10.000 = *diecimila, ...*
100.000 = *centomila, ...*
1.000.000 = *un milione,* 1.200.000 = *un milione e duecentomila, ...*
5.000.000 = *cinque milioni, ...*
1.000.000.000 = *un miliardo*

Ausspracheh inweise
Bei den Zahlen *undici* bis *sedici* muss die erste Silbe deutlich betont gesprochen werden (Ausnahme: *quattordici*). Von *diciassette* bis *diciannove* muss die zweite Silbe betont werden.

Bei den Ordnungzahlen wird (von 11° bis 100°) die auf das Zahlwort folgende Silbe betont: *undicesimo*.

Numeri ordinali (= Ordnungszahlen)

1° *primo*, 2° *secondo*, 3° *terzo*, 4° *quarto*, 5° *quinto*, 6° *sesto*, 7° *settimo*, 8° *ottavo*, 9° *nono*, 10° *decimo*, 11° *undicesimo*, 12° *dodicesimo*, 13° *tredicesimo*, 14° *quattordicesimo*, 15° *quindicesimo*, 16° *sedicesimo*, 17° *diciassettesimo*, 18° *diciottesimo*, 19° *diciannovesimo*, 20° *ventesimo*, 21° *ventunesimo*, 22° *ventiduesimo*, ...
100° *centesimo*, 101° *centesimoprimo / centunesimo*, 102° *centesimosecondo*, ...
1000° *millesimo*, 1001° *millesimoprimo*, 1002° *millesimosecondo*, ...
10.000° *d(i)ecimillesimo*, ...
100.000° *centomillesimo*, ...
1.000.000° *milionesimo*

la quarta fila	die vierte Reihe
il quinto anniversario	der fünfte Jahrestag
Paolo VI (sesto)	Paul VI.
Questa è l'ottava volta.	Dies ist das achte Mal.
essere al nono mese	im neunten Monat sein
l'undicesimo giorno	der elfte Tag
il suo settantesimo compleanno	ihr siebzigster Geburtstag

Numeri frazionari, le frazioni (= Brüche)

$\frac{1}{2}$ = *un mezzo / una metà* • $\frac{3}{2}$ = *tre mezzi* • $1\frac{1}{2}$ = *uno e mezzo*
$\frac{1}{3}$ = *un terzo* • $\frac{2}{3}$ = *due terzi* • $2\frac{1}{3}$ = *due e un terzo*
$\frac{1}{4}$ = *un quarto* • $\frac{3}{4}$ = *tre quarti*
$\frac{4}{5}$ = *quattro quinti* • $3\frac{3}{5}$ = *tre e tre quinti* • $\frac{145}{360}$ *centoquarantacinque trecentosessantesimi*

Numeri decimali (= Dezimalzahlen)

2,684 = due virgola seicentoottantaquattro
0,259 = zero virgola duecentocinquantanove

Jahreszahlen

1900 = *millenovecento*
1991 = *millenovecentonovantuno*
1905 = *millenovecento e cinque*
2005 = *duemila e cinque*

Misure e pesi
Maße und Gewichte

Un tale voleva vendere […] la formula di un sistema per poter parlare, per via di una certa simpatia di aghi calamitati, a uno che fosse distante 2 o 3 miglia. (*Galileo Galilei, fisico e astronomo, 1564–1642*)

misura [mi'zu:ra]	Maß
valutare la misura	das Maß schätzen
misurare la distanza	die Entfernung messen
Abbiamo tutte le misure.	Wir haben alle Maße.
Il sarto deve prenderti le misure.	Der Schneider muss an dir Maß nehmen.
Si confezionano capi su misura.	Es werden Maßteile hergestellt.
Nelle cose ci vuole misura.	Bei allen Dingen ist das rechte Maß wichtig.
mangiare e bere con misura	maßvoll essen und trinken
misure di sicurezza	Sicherheitsmaßnahmen
nella misura in cui	in dem Maße, wie
città a misura d'uomo	menschengerechte Stadt
lunghezza [lun'gettsa]	Länge
larghezza [lar'gettsa]	Breite
altezza [al'tettsa]	Höhe
profondità [profondi'ta]	Tiefe
misure di lunghezza [mi'zu:re di lun'gettsa]	Längenmaße
millimetro (*mm*) [mil'li:metro]	Millimeter
centimetro (*cm*) [tʃen'ti:metro]	Zentimeter
una cicatrice di 3 centimetri	eine 3 Zentimeter lange Narbe
decimetro (*dm*) [de'tʃi:metro]	Dezimeter
metro (*m*) ['mɛtro]	Meter
un metro di stoffa	ein Meter Stoff
(Lui) è alto due metri.	Er ist zwei Meter groß.
decametro (*dam*) [de'ka:metro]	Dekameter
ettometro (*hm*) [et'tɔ:metro]	Hektometer
chilometro (*km*) [ki'lɔ:metro]	Kilometer
Sull'autostrada c'erano 10 chilometri di coda.	Auf der Autobahn war ein 10 km langer Stau.
miglio (nautico) (*M*) ['mi:ʎo 'nautiko]	Seemeile
misure di superficie [mi'zu:re di super'fi:tʃe]	Flächenmaße
millimetro quadrato (*mm²*) [mil'li:metro kua'dra:to]	Quadratmillimeter
centimetro quadrato (*cm²*) [tʃen'ti:metro kua'dra:to]	Quadratzentimeter
decimetro quadrato (*dm²*) [de'tʃi:metro kua'dra:to]	Quadratdezimeter

metro quadrato (*m²*) ['mɛtro kua'dra:to]	Quadratmeter
una stanza di 30 metri quadrati	ein 30 Quadratmeter großes Zimmer
decametro quadrato (*dam²*) [de'ka:metro kua'dra:to]	Quadratdekameter
ettometro quadrato (*hm²*) [et'tɔ:metro kua'dra:to]	Quadrathektometer
chilometro quadrato (*km²*) [ki'lɔ:metro kua'dra:to]	Quadratkilometer
misure di volume [mi'zu:re di vo'lu:me]	Kubikmaße
millimetro cubo (*mm³*) [mil'li:metro 'ku:bo]	Kubikmillimeter
centimetro cubo (*cm³*) [tʃen'ti:metro 'ku:bo]	Kubikzentimeter
decimetro cubo (*dm³*) [de'tʃi:metro 'ku:bo]	Kubikdezimeter
metro cubo (*m³*) ['mɛtro 'ku:bo]	Kubikmeter; Raummeter; Festmeter
tonnellata di stazza (*TS*) [tonnel'la:ta di 'stattsa]	Registertonne
misure di capacità [mi'zu:re di kapatʃi'ta]	Hohlmaße
millilitro (*ml*) [mil'li:litro]	Milliliter
centilitro (*cl*) [tʃen'ti:litro]	Zentiliter
una bottiglia da 75 centilitri / 75 cl	eine 75-Zentiliter-Flasche
decilitro (*dl*) [de'tʃi:litro]	Deziliter
litro (*l*) ['li:tro]	Liter
un litro di latte	ein Liter Milch
dieci litri di benzina	zehn Liter Benzin
un bicchiere da 0,5 l	ein 0,5-Liter-Glas
decalitro (*dal*) [de'ka:litro]	Dekaliter
ettolitro (*hl*) [et'tɔ:litro]	Hektoliter
una botte da un ettolitro / 1 hl	ein 100-Liter-Fass
peso ['pe:zo]	Gewicht; Last
peso netto / lordo	Netto- / Bruttogewicht
Paolo è proprio un peso morto.	Paolo ist wirklich wie ein Klotz am Bein.
Quel negoziante ruba sul peso.	Der Händler betrügt beim Abwiegen.
Ho pagato queste mele a peso d'oro.	Ich habe für diese Äpfel ein Vermögen bezahlt.
Dopo pranzo ho sempre un peso allo stomaco / alla testa.	Nach dem Mittagessen habe ich stets einen Druck auf dem Magen / einen schweren Kopf.
Il peso delle sue parole è notevole.	Seine Worte haben ein beachtliches Gewicht.
Sono tutte cose di nessun peso / di gran peso.	Das sind alles Dinge, die nicht ins Gewicht fallen / wichtige Dinge.
Non bisogna dargli peso.	Man darf ihn nicht zu wichtig nehmen.

il peso degli anni	die Last der Jahre
Il ladro aveva un peso sulla coscienza.	Dem Dieb lastete etwas auf dem Gewissen.
Mi sono liberata di un bel peso.	Ich bin eine schwere Last losgeworden.
Non vuole esser di peso ai figli.	Er möchte den Kindern nicht zur Last fallen.
fare pesi	Kraftsport betreiben
pesante [pe'zante]	schwer
pesante come il piombo – leggero come una piuma	bleischwer – federleicht
pesi ['pe:zi]	Gewichte
milligrammo (*mg*) [milli'grammo]	Milligramm
centigrammo (*cg*) [tʃenti'grammo]	Zentigramm
decigrammo (*dg*) [detʃi'grammo]	Dezigramm
grammo (*g*) ['grammo]	Gramm
decagrammo (*dag*) [deka'grammo]	Dekagramm
etto(grammo) (*hg*) [etto'grammo]	Hektogramm; 100 Gramm
due etti di mortadella	200 Gramm Mortadella
mezzo chilo ['mɛddzo 'ki:lo]	Pfund
chilo(grammo) (*kg*) ['ki:lo / kilo'grammo]	Kilogramm
tre chili di albicocche	drei Kilo Aprikosen
I pomodori costano 2.000 Lire al chilo.	Die Tomaten kosten 2.000 Lire das Kilo.
mezzo quintale (m) ['mɛddzo kuin'ta:le]	Zentner
quintale (*q*) [kuin'ta:le]	Doppelzentner
un quintale di grano	ein Doppelzentner Getreide
tonnellata (*t*) [tonnel'la:ta]	Tonne
una tonnellata di carbone	eine Tonne Kohle
misure agrarie di superficie [mi'zu:re a'gra:rje di super'fi:tʃe]	landwirtschaftliche Flächenmaße
ara (*a*) (100^2) ['a:ra]	Ar
ettaro (*ha*) ['ɛttaro]	Hektar

Beachten Sie, dass bei den zusammengesetzen Substantiven (*millimetro / centimetro, millilitro / centilitro* usw.) die Betonung stets auf dem ersten Wortglied liegt (*millìmetro / centìmetro / chilòmetro* usw.).
Beim Gewicht dagegen liegt die Betonung auf dem zweiten Wortglied (*milligràmmo / etto[gràmmo]* usw.).

Pollice (= Zoll), *piede* (= Fuß), *iarda* (= Yard), *miglio* (= Meile) sind angelsächsische Maßeinheiten. Sie werden in Italien nur selten verwendet.

17

Tecnica
Technik

17
1

Materiali, attrezzi, macchine
Werkstoffe, Werkzeuge, Maschinen

Un bello e orribile / mostro si sferra, / corre gli oceani, / corre la terra: / corrusco e fumido / come i vulcani, / i monti supera / divora i piani.
(*G. Carducci, poeta, 1835–1907*)

tecnologia [teknolo'dʒi:a]	(die) Technik / Technologie
scienza e tecnologia	Wissenschaft und Technik
i vantaggi della tecnologia laser	die Vorteile der Lasertechnik
scienza / tecnologia dei materiali	(die) Werkstoffkunde
alta tecnologia / high tech	(die) Spitzen- / Hochtechnologie
tecnologia all'avanguardia	Spitzen- / Hochtechnologie
Disponiamo di un'apparecchiatura ad alta tecnologia.	Wir haben eine High-Tech-Ausstattung.
tecnico – tecnologico	technisch – technologisch
innovazioni tecnologiche	technische Neuerungen
ingegneria [indʒeɲe'ri:a]	(angewandte) Technik; Ingenieurwesen
materiale (m) [mate'rja:le]	Material; Werkstoff
proprietà dei materiali	Materialeigenschaften
lavorare un materiale	ein Material bearbeiten
Questo materiale è di facile lavorazione.	Dieses Material lässt sich leicht (maschinell) bearbeiten.
metallo [me'tallo]	Metall
Il crollo del ponte era dovuto all'affaticamento del metallo.	Der Einsturz der Brücke war auf Metallermüdung zurückzuführen.
lega ['le:ga]	Legierung
gli elementi di una lega	die Bestandteile einer Legierung
acciaio [at'tʃa:jo]	Stahl
acciaio rapido	(Schnellarbeits-)Stahl
lamiera di acciaio	Stahlblech
legno / legname (m) ['le:ɲo / le'ɲa:me]	Holz
legno duro – legno morbido	Hartholz – Weichholz
legno compensato / compensato (m)	Sperrholz
legname da costruzione	(Nutz-)Holz; Bauholz
legno ricostituito	Spanplatte
porte in legno ricostituito	aus Spanplatten gefertigte Türen
legna	Brennholz
vetro ['ve:tro]	Glas
ceramica – di / in ceramica [tʃe'ra:mika]	Keramik – keramisch
plastica – di / in plastica ['plastika]	Plastik / Kunststoff – aus Plastik / Kunststoff-
gomma – di / in gomma ['gomma]	Gummi / Kautschuk – aus Gummi / Gummi-
La gomma è un materiale estremamente elastico.	Gummi ist ein äußerst elastisches Material.

fatto di ['fatto di]	(gemacht / hergestellt) aus
È fatto di vetro / plastica / acciaio.	Es ist aus Glas / Kunststoff / Stahl.
elasticità [elastitʃi'ta]	Elastizität
resistenza (alla rottura) [rezis'tɛntsa]	(Bruch-)Festigkeit
resistenza al calore / alla corrosione	Hitze- / Korrosionsbeständigkeit
duttilità [duttili'ta]	Dehnbarkeit; Duktilität
conduttività [konduttivi'ta]	Leitfähigkeit / -vermögen
fragile ['fra:dʒile]	spröde
Questo materiale è estremamente fragile.	Dieses Material ist äußerst brüchig / spröde.
attrezzo [att'rettso]	Werkzeug
i miei attrezzi	meine Werkzeuge
martello e scalpello [mar'tɛllo e skal'pɛllo]	Hammer und Meißel
chiodo [kj'ɔ:do]	Nagel
vite (f) [vi:te]	Schraube
morsa a vite	Schraubstock
cacciavite (m)	Schraubenzieher
filettatura [filetta'tu:ra]	(Schrauben-)Gewinde
dado e bullone (m) ['da:do e bul'lo:ne]	Mutter und Bolzen / Schraube
chiave (f) per dadi	Schraubenschlüssel
leva ['lɛ:va]	Hebel
lima – limare ['li:ma – li'ma:re]	Feile – feilen
punta del trapano – trapano – trapanare ['punta del 'tra:pano – trapa'na:re]	Bohreraufsatz – Bohrmaschine – bohren
perforatore pneumatico [perfora'to:re pneu'ma:tiko]	Pressluftbohrer
le **forbici** – la **pinza** / le **pinze** ['fɔrbitʃi – 'pintsa]	Schere – Zange
Dove sono le mie forbici?	Wo ist meine Schere?
tenaglia (*meist* le tenaglie) [te'na:ʎa]	Kneif- / Beißzange
Hai preso tu le mie tenaglie?	Hast du meine Kneifzange?
sega – segare ['se:ga – se'ga:re]	Säge – sägen
sega circolare	Kreissäge
segaccio – seghetto a mano	Fuchsschwanz – Bügelsäge
pialla ['pjalla]	Hobel
piallatrice (f) / pialla	Hobelmaschine
rettificatrice (f) [rettifika'tri:tʃe]	Schleifmaschine
lucidatrice (f) [lutʃida'tri:tʃe]	Poliermaschine
macchina ['makkina]	Maschine
macchina per la lavorazione del metallo	Metallbearbeitungsmaschine
macchina per la lavorazione del legno	Holzbearbeitungsmaschine
macchina per cucire	Nähmaschine
macchina da stampa	Druckmaschine
elemento / pezzo di macchina	Maschinenteil
macchina utensile	Werkzeugmaschine
macchine utensili a controllo numerico / CNC	CNC-Werkzeugmaschinen

17

1

Alcune macchine utensili
molatrice (= Schleifbock) • *affilatrice* (= Werkzeugschleifmaschine) • *rettificatrice* (= Schleifmaschine) • *levigatrice* (= Honmaschine) • *lappatrice* (= Läppmaschine) • *fresatrice* (= Fräsmaschine) • *tornio, tornitrice* (= Drehmaschine)

macchinari [makki'na:ri]	Maschinen
macchinari per il movimento di terra	Erdbewegungsmaschinen
attrezzatura [attrettsa'tu:ra]	Ausrüstung; Anlage
la costruzione di macchinari ed attrezzature	der Bau von Maschinen und Anlagen
dispositivo [disposi'ti:vo]	Vorrichtung; Gerät
La manovella è un dispositivo per la trasmissione del movimento.	Die Kurbel ist eine der Bewegungsübertragung dienende Vorrichtung.
meccanismo [mekka'nizmo]	Mechanismus
motore (m) [mo'to:re]	Motor
motore elettrico	Elektromotor
motore a combustione interna	Verbrennungsmotor
motore a quattro tempi	Viertaktmotor
motore a vapore	Dampfmaschine
carburatore (m) [karbura'to:re]	Vergaser
cilindro [tʃi'lindro]	Zylinder
pistone (m) [pis'to:ne]	Kolben
ingranaggio – meccanismo [ingra'naddʒo – mekka'nizmo]	Zahnrad – Getriebe
(scatola del) **cambio** [('ska:tola del) 'kambjo]	Getriebe(gehäuse)
fresatrice (f) **per ingranaggi** [freza'tri:tʃe per ingra'naddʒi]	Zahnradfräsmaschine
albero (di trasmissione) ['albero (di trazmis'sjo:ne)]	(Antriebs-)Welle
albero a gomiti – albero a camme	Kurbelwelle – Nockenwelle
biella ['bjɛlla]	Pleuelstange
volano [vo'la:no]	Schwungrad
momento torcente [mo'mento tor'tʃɛnte]	Drehmoment
cuscinetto [kuʃi'netto]	Lager
cuscinetto a sfere	Kugellager
molla ['mɔlla]	Feder
valvola (di sicurezza) ['valvola (di siku'rettsa)]	(Sicherheits-)Ventil
rosetta [ro'zetta]	Unterleg- / Dichtungsscheibe
freno – frenare ['fre:no – fre'na:re]	Bremse – bremsen
azionare il freno	die Bremse betätigen
Ho dovuto frenare bruscamente.	Ich musste scharf bremsen.
frizione (f) [fri'tsjo:ne]	Kupplung (*bei Kraftfahrzeugen*)
pedale (m) della frizione / del freno	Kupplungs- / Bremspedal
brevetto [bre'vetto]	Patent
depositare una domanda di brevetto	zum Patent anmelden

La produzione in fabbrica
Fabrikproduktion

Può un'industria darsi dei fini? Si trovano questi fini semplicemente nell'indice dei profitti? O non vi è al di là del ritmo apparente, qualcosa di più affascinante, una trama ideale, una destinazione, una vocazione anche nella vita di una fabbrica? (*A. Olivetti, industriale, 1901–1960*)

produzione (f) – **produrre** [produ'tsjo:ne – pro'durre]	Herstellung / Produktion – herstellen / fertigen / produzieren
la produzione dell'abbigliamento per bambini	die Fabrikation von Kinderkleidung
la produzione della seta / del tabacco	die Herstellung von Seide / Tabak
produzione in serie	Serienproduktion
produzione semiautomatizzata / automatizzata	halbautomatische / vollautomatische Produktion
produzione continua	Produktion ohne Ausfallzeiten
impianti di produzione	Fertigungs- / Produktionsanlagen
la produzione di beni di consumo	die Herstellung von Konsumgütern
metodi (mpl) di produzione	Fabrikationsmethode / -weise
programmare i processi di produzione	Herstellungsprozesse / -abläufe planen
produzione di massa	Massenherstellung / -fertigung
linea di produzione	Fertigungsstraße
in fase di produzione	im Betrieb; in der Produktion
prodotto / manufatto [pro'dotto / manu'fatto]	Produkt; Erzeugnis
produrre una molteplicità di manufatti	eine Vielzahl von Produkten herstellen
prodotti manufatti	Industrieerzeugnisse
acciaio prodotto in Italia	in Italien hergestellter Stahl
prodotti finiti	Fertigerzeugnisse
articolo [ar'ti:kolo]	Artikel; Produkt
articoli di massa	Massenartikel
fabbricazione (f) [fabbrika'tsjo:ne]	Herstellung
il legno impiegato nella fabbricazione dei mobili	Holz, das bei der Möbelherstellung Verwendung findet
produttore(-trice) [produt'to:re(-'tri:tʃe)]	Hersteller(in)
La FIAT è il produttore leader di automobili italiano.	Der führende italienische Automobilhersteller ist FIAT.
rispedire qualcosa al produttore	etwas an die Herstellerfirma zurückschicken
fabbricare [fabbri'ka:re]	herstellen
Una volta le parti di legno venivano fabbricate una per una.	Die Holzteile wurden früher einzeln hergestellt.

Manufatto / manifattura können *prodotto / produzione* ersetzen, sie kommen aber im allgemeinen weniger häufig vor.

fare – produrre ['fa:re – pro'durre]	machen – erzeugen / herstellen
Noi facciamo / produciamo giocattoli.	Wir stellen Spielwaren her.
made in Germany / prodotto in Germania	in Deutschland hergestellt
lavorazione (f) [lavora'tsjo:ne]	Be- / Verarbeitung; Veredelung
un'azienda per la lavorazione della carta	ein Papierverarbeitungsbetrieb
montare [mon'ta:re]	montieren
(officina di) montaggio	Montage(werk)
capannone (m) di montaggio	Montagehalle
catena di montaggio	Montageband; Fliessband
montaggio computerizzato / automatico	computergesteuerte Montage
manutenzione (f) (ordinaria) [manuten'tsjo:ne (ordi'na:rja)]	Wartung
manutenzione straordinaria	Instandsetzung
fabbrica ['fabbrika]	Fabrik
operaio(-a) [ope'ra:jo]	Fabrikarbeiter(in)
gli operai	die einfachen Arbeiter
stabilimento [stabili'mento]	Werk; Betrieb
gli stabilimenti della FIAT a Torino	die FIAT-Werke in Turin
impianti [im'pjanti]	Anlagen
vecchi impianti	veraltete Anlagen
investire ingenti somme in impianti	hohe Geldbeträge in Maschinen / Betriebsanlagen investieren
azienda [a'dzjɛnda]	Betrieb
dirigere un'azienda	ein Werk / einen Betrieb leiten
direttore(-trice) d'azienda	Betriebsleiter(in)
azienda per costruzione di macchine	Maschinenbaubetrieb
cementificio [tʃementi'fi:tʃo]	Zementwerk
officina meccanica / officina riparazioni [offi'tʃi:na mek'ka:nika / offi'tʃi:na ripara'tsjo:ni]	Reparaturwerkstatt
industria [in'dustrja]	Industrie
l'industria dell'automobile	die Automobilindustrie
l'industria manifatturiera	die verarbeitende Industrie
robot (mpl) industriali	Industrieroboter
impresa [im'pre:za]	Unternehmen
rendimento [rendi'mento]	(Produktions-)Leistung; Leistung (*Maschine*)
rendimento per ora di lavoro	Ausstoss pro Arbeitsstunde
rendimento termico	Wärmewirkungsgrad
aumentare la produzione del 5 per cento	die Produktionsleistung um 5 Prozent steigern
efficienza [effi'tʃɛntsa]	Leistung(sfähigkeit); Wirkungsgrad
produttività [produttivi'ta]	Produktivität
produttività aumentata	erhöhte Produktivität
meccanizzazione (f) [mekkaniddza'tsjo:ne]	Mechanisierung
automazione (f) [automa'tsjo:ne]	Automatisierung; Automation

un processo di produzione automatizzato	ein automatisierter Produktionsablauf
regolazione (automatica) (f) [regola'tsjo:ne auto'ma:tika]	automatische Regelung / Einstellung
effettuare automaticamente un processo di lavoro	einen Arbeitsgang automatisch ausführen
computerizzare – automatizzare [kompjuterid'dza:re – automatid'dza:re]	computerisieren – automatisieren
computerizzare un processo di lavoro	einen Arbeitsablauf computerisieren
comando di processo [ko'mando di pro'tʃɛsso]	Prozesssteuerung
costi (mpl) ['kɔsti]	Kosten
ridurre i costi salariali	die Lohnkosten senken
ridurre i costi per unità	die Stückkosten senken
nastro trasportatore ['nastro trasporta'to:re]	Förderband
pezzi intercambiabili / sostituibili ['pettsi interkam'bja:bili / sostitu'i:bili]	(untereinander) auswechselbare Teile
meccanico(-a) [mek'ka:niko]	Mechaniker(in); mechanisch
meccanico(-a) aggiustatore [mek'ka:niko addʒusta'to:re]	Monteur(in); (Maschinen-)Schlosser(in)
operatore (macchina) (m) [opera'to:re 'makkina]	(Maschinen-)Bediener; Operator

Als ***Triangolo industriale*** bezeichnet man den hochindustrialisierten Nordwesten Italiens, der die großstädtischen Ballungsräume mit höchster Bevölkerungsdichte um Turin und Mailand umfasst und gegen Süden hin über Alessandria zum Hafen Genua, als seiner am Meer gelegenen Spitze, ausläuft. Mit der Gründung großer Aktiengesellschaften in den 70er Jahren des 19. Jahrhunderts zeichnete sich dieses Dreieck bereits ab. Es wurde begünstigt durch die Nutzung der Wasserkräfte der Alpen und den Eisenbahnbau und bestimmt durch Textil-, Zucker- und Lebensmittelindustrie, brachte allmählich auch eine Eisen- und Maschinenbauindustrie hervor, zunächst jedoch noch keine Schwerindustrie. Im ***T*** werden die Spitzeneinkommen von Italien erwirtschaftet, hier findet sich die größte Dichte von in bedeutenden Mittel- und Großbetrieben Beschäftigten.

Elettricità ed elettronica
Elektrizität und Elektronik

→ 16.1 Fisica, 18.7 Il computer

[...] e ti offro l'intelligenza degli elettricisti, così almeno un po' di luce avrai ... (*Paolo Conte, cantautore, *1937*)

elettricità [elettritʃi'ta]	Elektrizität; (elektrischer) Strom
impresa di elettricità	Elektrizitätsgesellschaft
contatore (m) [konta'to:re]	(Strom-)Zähler
elettrico [e'lɛttriko]	elektrisch
circuito elettrico	elektrischer Stromkreis
lo schema elettrico	Schaltplan
una scossa elettrica	ein elektrischer Schlag / Stromschlag
(Lui) subì una scossa elettrica mortale.	Er erlitt einen tödlichen Stromschlag.
centrale elettrica	Kraftwerk; Elektrizitätswerk
elettricista (m+f)	Elektriker(in)
elettronica [elett'rɔ:nika]	Elektronik
ingegnere elettronico	Elektronikingenieur(in)
perito(-a) elettronico	Elektroniktechniker(in)
generare [dʒene'ra:re]	erzeugen
generare elettricità	Elektrizität / Strom erzeugen
generatore (m)	Generator
dinamo (f) ['di:namo]	Dynamo
batteria [batte'ri:a]	Batterie
accumulatore (m) [akkumula'to:re]	Akku(mulator)
condensatore (m) [kondensa'to:re]	Kondensator
scintilla [ʃin'tilla]	Funke
candela [kan'de:la]	Zündkerze
carica – caricare ['ka:rika – kari'ka:re]	Aufladung – aufladen
una carica elettrostatica	eine elektrostatische Aufladung
(ri)caricare una batteria	eine Batterie (wieder)aufladen
scarica – scaricare – scaricarsi	Entladung – entladen – sich entladen
corrente (f) [kor'rɛnte]	Strom
corrente continua / CC	Gleichstrom
corrente alternata / CA	Wechselstrom
la corrente che circola attraverso un apparecchio	der durch ein Gerät fließende Strom
corrente trifase	Dreiphasenstrom; Drehstrom
presa di corrente	Steckdose; (Strom-)Verbrauchsstelle
alternatore (m) [alterna'to:re]	Wechselstromgenerator
220 **volt** (m) ['vɔlt]	220 Volt
voltaggio [vol'taddʒo]	(Volt- / Netz-)Spannung
alta tensione (f) ['alta ten'sjo:ne]	Hochspannung
linea di alta tensione	Hochspannungsleitung
ampere (m) [ã:'pɛr]	Ampere
amperaggio [ampe'raddʒo]	Stromstärke
fusibile (m) **– valvola** [fu'zi:bile – 'valvola]	Schmelzsicherung – Sicherung

un fusibile da 30 ampere	eine 30-Ampere-Sicherung
È saltata / saltato la valvola / il fusibile.	Die Sicherung ist raus / hat ausgelöst.
valvoliera [valvo'ljɛːra]	Sicherungskasten
convertitore (m) [konverti'toːre]	Umformer
trasformatore (m) [trasforma'toːre]	Transformator
bobina [bo'biːna]	Spule
carico massimo ['kaːriko 'massimo]	die Spitzenlast
rete elettrica (f) ['reːte e'lɛttrika]	Stromnetz
interruttore (m) [interrut'toːre]	Schalter
staccare l'interruttore centrale	den Strom am Hauptschalter abschalten
cavo ['kaːvo]	Kabel; Leitung
cavo coassiale	Koaxialkabel
cavo di allacciamento ['kaːvo di allattʃa'mento]	(Anschluss-)Kabel
cordone (m) [kor'doːne]	Verlängerungsschnur
filo conduttore ['fiːlo kondut'toːre]	die stromführende Ader; die Phase
(impianto di) **messa a terra** [(im'pjanto di) 'messa a 'tɛrra]	Erdung(sanlage)
L'apparecchio non era collegato correttamente a terra.	Das Gerät war nicht richtig geerdet.
circuito [tʃir'kuːito]	Stromkreis; Schaltkreis
circuito integrato	integrierte(r) Schaltkreis / Schaltung
corto circuito	Kurzschluss
spina ['spiːna]	Stecker
introdurre la spina nella presa	den Stecker in die Steckdose stecken
Dove si introduce la spina degli altoparlanti?	Wo schliesst man die Lautsprecher an?
allacciare [allat'tʃaːre]	anschließen
Non può funzionare, non è allacciato.	Es kann nicht funktionieren, es ist ja gar nicht angeschlossen / in der Steckdose.
staccare [stak'kaːre]	abschalten; abklemmen
staccare la corrente	den Strom abschalten
staccare la spina della TV	den Stecker des Fernsehers herausziehen
adattatore (m) [adatta'toːre]	Adapter; Zwischenstecker
un adattatore quadruplo	eine Vierfachsteckdose
accendere – spegnere [at'tʃendere – 'speːɲere]	ein- / ausschalten – einen Schalter an- / ausknipsen
accendere / spegnere la TV	den Fernseher ein- / ausschalten
accendere / spegnere la luce	das Licht an- / ausmachen
acceso – spento	(*an elektrischen Geräten*) an – aus
lampadina [lampa'diːna]	Glühbirne
lampadina ad incandescenza	Glühlampe
lampadina / tubo fluorescente	Leuchtstofflampe / -röhre
una lampadina da 100 watt	eine 100-Watt-Birne
isolare – isolamento [izo'laːre – izola'mento]	isolieren – Isolierung
nastro isolante	Isolierband

elaboration elettronica dei dati / EDP [elabora'tsjoːne elett'rɔːnika dej 'daːti]	elektronische Datenverarbeitung / EDV
computer ed altri apparecchi elettronici	Computer und andere elektronische Geräte
microelettronica [mikroelett'rɔːnika]	(die) Mikroelektronik
microchip (m) [mikro'tʃip]	(Mikro-)Chip
microprocessore (m) [mikroprotʃes'soːre]	Mikroprozessor
transistor(e) (m) [tran'sistɔr / transi'stoːre]	Transistor; Transistorradio
amplificare – amplificatore (m) [amplifi'kaːre – amplifika'toːre]	verstärken – Verstärker
digitale – numerico [didʒi'taːle – nu'mɛːriko]	digital / Digital- – nummerisch
digitalizzare – digitalizzazione (f)	digitalisieren – Digitalisierung
semiconduttore (m) [semikondut'toːre]	Halbleiter
(chip di) **silicio** (m) [('tʃip di) si'litʃo]	Silicium(chip)

"Noi l'energia elettrica ce la produciamo in casa."

Contenitori
Behälter

container (m) [kən'teinə]	Container
Il container contiene pezzi di ricambio.	Die Kiste enthält Ersatzteile.
contenitore (m) [konteni'to:re]	Behälter; Gefäß
imballare / impacchettare [imbal'la:re / impakket'ta:re]	(ver- / ein)packen
imballare la merce	die Ware verpacken
materiale da imballaggio	Verpackung(smaterial)
incartare [inkar'ta:re]	verpacken
incartare un regalo	ein Geschenk (in Papier) einpacken
cartone (m) [kar'to:ne]	Pappkarton
Mettilo in un cartone!	Pack's in einen Pappkarton!
scatola ['ska:tola]	Schachtel
la scatola per le scarpe	Schuhschachtel
pacco ['pakko]	Packung; Paket
un pacco di biscotti	eine Packung Kekse
pacchetto [pak'ketto]	Päckchen; Schachtel
un pacchetto di sigarette	eine Schachtel Zigaretten
recipiente (m) [retʃi'pjɛnte]	Behälter; Gefäß (*bes. für Flüssigkeit*)
busta ['busta]	Tüte
una busta di latte	eine Tüte Milch
busta (da lettere)	(Brief-)Umschlag
vaso ['va:zo]	Vase; Topf
un vaso da fiori	Blumentopf / -vase
vasetto [va'zetto]	Becher
un vasetto di yogurt	ein Becher Joghurt
cassa ['kassa]	(große Holz-)Kiste; Truhe
una cassa di vino	eine Kiste Wein
una cassa di birra	ein Kasten Bier
boccale (m) [bok'ka:le]	Maß; Krug
un boccale di birra	eine Maß Bier
cartoccio [kar'tɔttʃo]	Schälchen
un cartoccio di ciliegie	ein Schälchen Kirschen
sacco ['sakko]	Sack
un sacco di patate	ein Sack Kartoffeln
sacchetto [sak'ketto]	Tüte; Sack
sacchetto per il pane	Brotsack
il sacchetto di plastica	Plastiktüte
zaino ['dzaino]	Rucksack
borsetta [bor'setta]	Handtasche
borsa ['borsa]	Tragetasche
borsa diplomatica (la ventiquattrore)	Aktentasche
valigia [va'li:dʒa]	Koffer
valigetta diplomatica	Diplomatenkoffer
raccoglitore (m) [rak'koʎito:re]	Aktenordner
un raccoglitore pieno zeppo	ein randvoller Ordner

cartella [kar'tɛlla]	Aktendeckel; Schulranzen
una cartella di cuoio	ein Schulranzen aus Leder
caffettiera – teiera [kaffet'tjɛ:ra – te'jɛ:ra]	Kaffeekanne – Teekanne
thermos (m) ['tɛrmos]	Thermosflasche
un thermos di caffè	eine Thermoskanne mit Kaffee
pentola ['pentola]	(Koch-)Topf
La pentola era piena fino all'orlo.	Der Topf war randvoll.
secchio ['sekkjo]	Eimer
un secchio di vernice	ein Eimer Farbe
versare il liquido in un secchio	die Flüssigkeit in einen Eimer gießen
lattina [lat'ti:na]	Büchse; Dose (*für Getränke*)
una lattina di coca-cola	eine Cola-Dose
scatola – barattolo ['ska:tola – ba'rattolo]	Büchse – Dose (*für Essbares*)
una scatola di fagioli	eine Büchse / Dose Bohnen
un barattolo di conserva	eine Konservenbüchse
tanica ['ta:nika]	Kanister
una tanica di benzina	Benzinkanister
latta d'olio ['latta 'dɔ:ljo]	Ölkanne
serbatoio (della benzina) [serba'to:jo ('della ben'dzi:na)]	Treibstoff- / Benzintank
riempire il serbatoio / fare il pieno	den Tank voll machen
un **bidone** d'olio ['un bi'do:ne 'dɔ:ljo]	ein Ölfass
barile (m) [ba'ri:le]	Fass; Tonne
un barile di petrolio / di acciughe	ein Barrel / Fass Sardellen
botte (f) ['botte]	Fass
una botte di vino	ein Fass Wein
spillare una botte	ein Fass anzapfen
Lo Sherry viene conservato in botti di quercia.	Sherry wird in Eichenfässern gelagert.
bottiglia [bot'ti:ʎa]	Flasche
una bottiglia di quello buono	eine Flasche von dem Guten
un bottiglione di vino rosso	eine große Flasche Roten
fiasco ['fjasko]	Stroh- / Korbflasche
un fiasco di Barbera	eine Korbflasche Barbera

Informazione e comunicazione
Information und Kommunikation

1 Opere di consultazione
Nachschlagemöglichkeiten

2 Libri ed editoria
Bücher und Verlagswesen

3 La stampa
Die Presse

4 Radio e televisione
Rundfunk und Fernsehen

5 Il servizio postale
Der Postdienst

6 Telefono e telefax
Telefon und Fax

7 Il computer
Computer

18
1

Opere di consultazione
Nachschlagewerke

→ 18.7 Il computer

Una civiltà democratica si salverà solo se farà del linguaggio delle immagini una provocazione alla riflessione critica, non un invito alla ipnosi.
(*Umberto Eco, semiologo, *1932*)

consultare (un libro) [konsul'ta:re un 'li:bro]	in einem Buch nachschlagen
libro di consultazione (f)	Nachschlagebuch
opera di consultazione	Nachschlagewerk
dizionario [ditsjo'na:rjo]	Wörterbuch
dizionario italiano – tedesco	italienisch – deutsches Wörterbuch
dizionario geografico	alphabetisches Ortsverzeichnis
dizionario tecnico	technisches Wörterbuch
dizionario dei sinonimi	Thesaurus; Wörterbuch sinnverwandter Wörter
Guarderò sul dizionario.	Ich werde im Wörterbuch nachschlagen.
cercare un termine sul dizionario	einen Begriff im Wörterbuch suchen
enciclopedia [entʃiklope'di:a]	Enzyklopädie; (Konversations-) Lexikon
enciclopedia della letteratura	Literaturlexikon
enciclopedia dell'economia	Wirtschaftslexikon
una voce nell'enciclopedia	ein Eintrag im Lexikon
(Lui) è un'enciclopedia ambulante.	Er ist ein wandelndes Lexikon.
supplemento [supple'mento]	(*Lexikon*) Nachtragsband
indice (m) ['inditʃe]	Register; Index; Inhaltsverzeichnis
almanacco [alma'nakko]	Almanach
annuario [annu'a:rjo]	Jahrbuch
manuale (m) [manu'a:le]	Handbuch
consultare il manuale	im Handbuch nachsehen
manuale di economia	Wirtschaftslehrbuch
catalogo [ka'ta:logo]	Katalog
catalogo dei libri	Bücherkatalog
catalogo delle edizioni	Verlagskatalog
catalogo degli autori	Verfasserkatalog
atlante (m) [a'tlante]	Atlas
bibliografia [bibljogra'fi:a]	Bibliographie; Schriftenverzeichnis
elenco [e'lɛnko]	Liste; -buch
elenco degli indirizzi	Adressbuch
elenco telefonico	Telefonbuch
libreria [libre'ri:a]	Buchhandlung; Bücherschrank
biblioteca [bibljo'te:ka]	Bibliothek; Bücherei
prendere in prestito un libro dalla biblioteca	ein Buch aus der Bibliothek entleihen
biblioteca pubblica	öffentliche Bibliothek
biblioteca di consultazione	Präsenzbibliothek

bibliotecario(-a) [bibljote'ka:rjo]	Bibliothekar(in)
medioteca [medjo'te:ka]	Mediothek
microfilm (m) [mikro'film]	Mikrofilm
microfiche (f) [mikro'fiʃ]	Mikrofiche
fotocopiare [fotoko'pja:re]	fotokopieren
fare una fotocopia	eine Fotokopie machen
studiare [stu'dja:re]	studieren; lernen
studiare la letteratura specializzata	die Fachliteratur studieren
sfogliare [sfo'ʎa:re]	blättern
sfogliare un libro / un giornale	in einem Buch / einer Zeitung blättern
dare una **scorsa** (a un articolo) ['da:re 'u:na 'sko:rsa (a un ar'ti:kolo)]	(einen Artikel) überfliegen
registrare qualcosa [redʒist'ra:re kual'kɔ:sa]	etwas (schriftlich oder auf Datenträger) aufzeichnen / festhalten

"Questi microfilm sono veramente difficili da leggere!"

Libri ed editoria
Bücher und Verlagswesen

→ 11.7 Letteratura

Ho passeggiato a lungo lungo la riviera [...] Migliaia e migliaia di individui: nessuno con un giornale o un libro in mano. La maggioranza dei bestioni aveva l'orecchio attaccato alle radioline. (*Eugenio Montale, poeta, 1896–1981*)

libro ['li:bro]	Buch
libri di divulgazione	Sachbücher
libri di seconda mano / di antiquariato	antiquarische Bücher
libro tascabile / tascabile (m)	Taschenbuch
club (m) del libro	Buchklub; Buchgemeinschaft
la fiera del libro di Francoforte	die Frankfurter Buchmesse
libraio(-a) [li'bra:jo]	Buchhändler(in)
bancarella [banka'rɛlla]	Bücherstand
antiquariato [antikua'rja:to]	Antiquariat

Ein *libro di antiquariato* ist kostbarer als ein *libro di seconda mano*, und ein *antiquariato* ist teurer als eine *edicola di libri di seconda mano.*

copertina (di un libro) [koper'ti:na (di un 'li:bro)]	Umschlag
copertina salvalibri	Schutzumschlag
rilegatura [rilega'tu:ra]	Einband
rilegatura solida (di un libro)	fester Einband (eines Buches)
rilegatura in tela	Leinenbindung
edizione (f) [edi'tsjo:ne]	Ausgabe
l'edizione rilegata	die gebundene Ausgabe
un'edizione tascabile	eine Taschenbuchausgabe
la prima edizione di 5000 copie	die erste Auflage von 5000 Exemplaren
editore(-trice) [edi'to:re(-'tri:tʃe)]	Herausgeber(in); Verleger(in)
presentazione (f) dell'editore	Vorwort des Verlegers
casa editrice	Verlag
una delle principali case editrici di testi scolastici	einer der führenden Schulbuchverlage
editoriale [edito'rja:le]	Lektorats-; Redaktions-
redazione editoriale	Lektorat
soffietto editoriale	Klappentext; „Waschzettel"
(articolo) editoriale	Leitartikel
osservazione preliminare (f) [osserva'tsjo:ne prelimi'na:re]	Vorbemerkung
frontespizio [fronte'spi:tsjo]	Titelseite
prefazione (f) [prefa'tsjo:ne]	Vorwort
premessa [pre'messa]	Vorwort
introduzione (f) [introdu'tsjo:ne]	Einleitung

pagina ['pa:dʒina]	(Buch-)Seite
Aprite il libro a pagina 18.	Schagen Sie das Buch auf Seite 18 auf.
nota in calce ['nɔ:ta in 'kaltʃe]	Fußnote
appendice (f) [appen'di:tʃe]	Anhang
le liste nell'appendice	die Listen im Anhang
epilogo [e'pi:logo]	Epilog; Nachwort
glossario [glos'sa:rjo]	Glossar; Wörterverzeichnis
autore(-trice) [au'to:re(-'tri:tʃe)]	Autor(in)
diritto d'autore	Copyright; Urheberrecht
onorario dovuto all'autore	Autorenhonorar
lettore(-trice) [let'to:re(-'tri:tʃe)]	Leser(in); Lektor(in)
pseudonimo [pseu'dɔ:nimo]	Schriftstellername; Pseudonym
tradurre – traduzione (f) [tra'durre – tradu'tsjo:ne]	übersetzen / übertragen – Übersetzung
traduzione di Massimo Mila	übersetzt von Massimo Mila
una traduzione verso l'italiano	eine Übersetzung ins Italienische
una traduzione dall'italiano	eine Übersetzung aus dem Italienischen
traduttore(-trice) [tradut'to:re(-'tri:tʃe)]	Übersetzer(in)

ISBN (= International Standard Book Number): International eingeführtes Identifikationsmerkmal für jedes Buch. Beispiel: In 88-7045-081-3 steht 88 für Italien, 7045 für Casa Editrice Felice Le Monnier S.p.A., 081 für den Titel „Nuovo Vocabolario Illustrato Della Lingua Italiana" und 3 als Prüfziffer.

adattare – adattamento [adat'ta:re – adatta'mento]	bearbeiten – Bearbeitung
l'adattamento televisivo di un romanzo	die Fernsehbearbeitung eines Romans
abbreviare – abbreviazione (f) [abbre'vja:re – abbrevja'tsjo:ne]	kürzen – Kürzung
una versione abbreviata	eine gekürzte Ausgabe / Fassung
versione **integrale** (f) [ver'sjo:ne inte'gra:le]	vollständige Ausgabe / Fassung
pubblicare [pubbli'ka:re]	veröffentlichen; publizieren; verlegen

Il libro è stato pubblicato lo scorso maggio. (= Das Buch ist im vergangenen Mai erschienen.) • *pubblicare un libro* (= ein Buch herausbringen) • *lanciare un libro sul mercato* (= ein Buch auf den Markt bringen)

desktop publishing (m) ['desktɔp 'pʌblɪʃɪŋ]	Desktop-Publishing
manoscritto – dattiloscritto [mano'skritto – dattilo'skritto]	Manuskript – Typoskript
dattiloscritto	maschinengeschrieben
rivedere / correggere [rive'de:re / kor'reddʒere]	lektorieren; redigieren

revisione (f) / **correzione** (f) [revi'zjo:ne / korre'tsjo:ne]	Korrektur
revisione di un manoscritto	die Korrektur / das Lektorieren eines Manuskripts
correzione d'autore	Autorkorrektur
correttore(-trice) [korret'to:re(-'tri:tʃe)]	Korrektor(in)
comporre (un libro) [kom'porre (un 'li:bro)]	ein Buch setzen
compositore(-trice) [kompozi'to:re(-'tri:tʃe)]	Setzer(in)
bozza ['bɔttsa]	Abzug
correggere le bozze	Korrektur lesen
bozza (di stampa)	die (Druck-)Fahne
bozza in colonna	Fahne
bozza impaginata	umbrochener Abzug
prima bozza	erster Abzug
impaginazione (f) [impadʒina'tsjo:ne]	(Seiten-)Umbruch
copie cianografiche ['kɔ:pje tʃanog'ra:fike]	(die) Blaupausen
errore (m) [er'ro:re]	Fehler
errore di stampa / refuso	Satzfehler
errore tipografico	Druckfehler
stampare – stampa [stam'pa:re – 'stampa]	drucken – Druck
stampato su carta priva di acidi	auf säurefreiem Papier gedruckt
stampa a caratteri grandi / stampa chiara	großer / deutlicher Druck
data di stampa	Erscheinungstermin
libri disponibili	lieferbare Bücher
esaurito [ezau'ri:to]	vergriffen
Il libro è esaurito.	Das Buch ist vergriffen.
tipografia [tipogra'fi:a]	(die) Druckerei
Il libro è in tipografia.	Das Buch ist in Druck gegangen.
copia ['kɔ:pja]	Exemplar
cinque copie del libro	fünf Exemplare des Buches
copia anticipata	Vorausexemplar
esemplare (m) [ezem'pla:re]	Exemplar
Finora ne abbiamo venduti solo pochi esemplari.	Bisher habe wir nur wenige Exemplare verkauft.
resa ['re:za]	Remittende
bestseller (m) [best'selə]	Bestseller
un autore di bestseller	ein Bestsellerautor
romanzo [ro'mantso]	Roman

Ein sehr spannendes Buch ist *un libro avvincente.*

La stampa
Die Presse

Leggere un giornale della propria opinione, se non vi si cercano informazioni, ma soltanto l'eco della propria collera, è un piacere da portinaia [...] Per molti la politica è un piacere di questo genere. (*"Corriere della Sera", 1989*)

stampa ['stampa]	Presse
stampa regionale	Regionalpresse
stampa nazionale	Nationalpresse
stampa quotidiana	Tagespresse
stampa femminile	Frauenpresse
stampa sportiva	Sportpresse
stampa cattolica	katholische Presse
stampa rosa / scandalistica	Regenbogenpresse; Klatschpresse
libertà di stampa	Pressefreiheit
censura di stampa	Pressezensur
agenzia di stampa	Nachrichtenagentur
tenere una conferenza stampa	eine Pressekonferenz abhalten
secondo notizie di stampa	Presseberichten zufolge
disciplina giuridica della stampa	Presserecht

Zur ***Stampa cattolica*** zählen in Italien v.a. die beiden Tageszeitungen *L'Avvenire* und *L'Osservatore Romano*. Erstere wird von der Bischofskonferenz herausgegeben, letztere vom Vatikan. Die katholische Presse wird vom Staat bezuschusst. *L'Avvenire* ging 1968 auf Betreiben von Papst Paul VI., der als Sohn eines Journalisten den Massenmedien große Aufmerksamkeit entgegenbrachte, aus der Fusion einer Mailänder und einer Bologneser katholischen Tageszeitung hervor. Mit einer Beilage zum Scheidungsreferendum (*referendum sul divorzio*) erreichte *L'Avvenire* 1974 einen in Italien einmaligen Absatzrekord von vier Millionen Exemplaren. Die Verlagslinie von *L'Avvenire* war bis 1990 ein treues Abbild der weltanschaulichen Richtlinien des Vatikans. Mit der Ernennung von Lino Rizzi zum Chefredakteur lockerte sich die vatikantreue Ausrichtung. *L'Avvenire* versteht sich seitdem als Forum aller politischen und geistigen Richtungen des katholischen Lagers.

i (mass) **media** sono ... [i 'mæs 'miːdjə 'soːno]	die (Massen-)Medien sind ...
un evento per i mass media	ein Medienereignis
giornalismo – giornalista (m+f) [dʒorna'lizmo – dʒorna'lista]	Journalismus – Journalist(in)
giornale (m) [dʒor'naːle]	Zeitung
giornale nazionale	eine überregionale Zeitung
giornale locale	eine Lokalzeitung
giornale del mattino / della sera	Morgen- / Abendzeitung
la testata	Blatt
Il "Corriere della Sera" è una testata molto conosciuta.	Der „Corriere de la Sera" ist ein sehr bekanntes Blatt.

giornalaio(-a) [dʒorna'la:jo]	Zeitungshändler(in)
cronista (m+f) [kro'nista]	Reporter(in)
cronaca ['krɔ:naka]	Bericht; Nachrichtenteil
cronaca rosa	Nachrichtenteil über Eheschließung und Geburten
cronaca nera	Nachrichtenteil über Verbrechen und Unfälle
cronaca scandalosa	Klatschseite; -spalte
fatto di cronaca	Tagesereignis
testata [te'sta:ta]	Titel
testata d'articolo	Artikelüberschrift
manchette (f) [må'ʃɛt]	Kopf
titolo ['ti:tolo]	Titel
titolo di fondo	Leittitel
titolo di spalla	Titel des Artikels in der rechten oberen Ecke der ersten Seite
titolo di taglio	Artikel auf der Seitenhälfte
sottotitolo	Untertitel
titolo cubitale	Schlagzeile
La notizia è apparsa a caratteri cubitali su tutti i giornali.	Die Nachricht wurde von allen Zeitungen groß rausgebracht.
articolo [ar'ti:kolo]	Artikel
articolo di fondo	Leitartikel
articolo di spalla	Artikel in der rechten oberen Ecke der ersten Seite
il reporter / giornalista che scrisse l'articolo	der Reporter, der den Artikel schrieb
articolista (m+f); **columnist** (m+f) [artiko'lista - 'kɔləmnist]	Kolumnist(in)
sommarino [somma'ri:no]	Zusammenfassung
edicola [e'di:kola]	Zeitungskiosk; Zeitungsstand
quotidiano [kuoti'dja:no]	Tageszeitung
settimanale (m) [settima'na:le]	Wochenzeitung / -zeitschrift
periodico [pe'rjɔ:diko]	Zeitschrift
periodico mensile / satirico	eine Monats- / satirische Zeitschrift
rivista [ri'vista]	Magazin; Zeitschrift
rivista femminile	Frauenzeitschrift
rivista specializzata	eine Fachzeitschrift
Questa è una rivista specializzata in vela.	Dies ist eine Segelzeitschrift.
rivista illustrata	Illustrierte
rivista di attualità / di informazioni	Nachrichtenmagazin

In Italien gibt es im Grunde nur eine einzige **Tageszeitung** mit nationaler Verbreitung: *La Repubblica*. Die Tageszeitungen *Corriere della Sera, La Stampa, Il Giornale* und *Il Giorno*, die unter der Kategorie *quotidiani nazionali* (überregionale Tagespresse) geführt werden, setzen den Hauptteil ihrer Auflage in einer Region (oder Stadt) ab.

rapporto [rap'pɔrto]	Bericht; Meldung; Story
annuncio [an'nuntʃo]	Bekanntgabe; Verlautbarung; Annonce
mettere un annuncio sul giornale	eine Annonce in die Zeitung setzen
i piccoli annunci	Kleinanzeigen
comunicare [komuni'ka:re]	berichten; melden; ankündigen
comunicare una notizia	eine Meldung bringen
segnalare [seɲa'la:re]	berichten; melden; ankündigen
Da XYZ sono stati segnalati gravi episodi di battaglia.	Aus XYZ werden schwere Kämpfe gemeldet.
annunciare [annun'tʃa:re]	ankündigen
(Lui) ha annunciato le sue dimissioni.	Er kündigte seinen Rücktritt an.
montare [mon'ta:re]	groß herausstellen (*jounalistisch*)
montare un evento / fatto	eine Story groß herausstellen
reportage (m) [rəpɔr'ta:dʒ]	Reportage
un reportage sulla prostituzione minorile	eine Reportage über Kinderprostitution
riportare [ripor'ta:re]	berichten
riportare un avvenimento	über ein Ereignis berichten
corredare [korre'da:re]	versehen; ausstatten
corredare un articolo di bibliografia	einen Artikel mit einer Bibliographie versehen
servizio [ser'vi:tsjo]	Bericht; Reportage
servizio documentario	Reportage; Dokumentation
un servizio documentario sulla mafia	ein Dokumentarbericht über die Mafia
bollettino [bollet'ti:no]	Meldung; Nachricht; Bulletin
bollettino meteorologico	Wetterbericht
notizia [no'ti:tsja]	Nachricht
dare / divulgare una notizia	eine Nachricht bringen / verbreiten
Il divorzio è stata una notizia di prima pagina.	Die Scheidung machte Schlagzeilen.
copertina / prima pagina [koper'ti:na / 'pri:ma 'pa:dʒina]	(*Magazin*) Titelseite
articolo di prima pagina / dossier (m)	Titelgeschichte
rubrica [ru'bri:ka]	Spalte; Teil
rubrica sportiva / economica	Sport- / Wirtschaftsteil
supplemento [supple'mento]	Beilage
supplemento della domenica	Sonntagsbeilage
edizione (f) [edi'tsjo:ne]	Ausgabe
edizione internazionale	internationale Ausgabe
editore(-trice) [edi'to:re(-'tri:tʃe)]	Herausgeber(in)
redattore(-trice) [redat'to:re(-'tri:tʃe)]	Redakteur(in)
redattore(-trice) locale	Lokalredakteur(in)
redattore(-trice) economico	Wirtschaftsredakteur(in)
redattore(-trice) capo	Chefredakteur(in)
redazionale [redatsjo'na:le]	Redaktions-
ufficio redazionale	Redaktion
redazione (f) [reda'tsjo:ne]	Redaktion
la redazione di un giornale	die Redaktion einer Zeitung

posta dei lettori ['pɔsta dej let'to:ri]	Leserbriefe
l'angolo dei lettori	hier hat der Leser das Wort
colonna [ko'lonna]	(*Zeitung*) Spalte; Kolumne
collaboratore(-trice) [kollabora'to:re(-'tri:tʃe)]	Mitarbeiter(in)
un collaboratore del "Corriere della Sera"	ein „Corriere della Sera"-Mitarbeiter
corrispondente (m+f) [korrispon'dɛnte]	Korrespondent(in)
dal nostro corrispondente	eigener Bericht
portavoce (m+f) [porta'vo:tʃe]	(Presse-)Sprecher(in)
pagina ['pa:dʒina]	Seite
prima pagina	erste Seite
andare in prima pagina	Schlagzeilen machen
la terza pagina	Feuilleton
quarta pagina	Anzeigenteil
a pagina tre	auf Seite drei
voltar pagina	Thema wechseln
didascalia [dida'ska:lja]	Bildunterschrift
seguiva la didascalia: …	die Bildunterschrift lautete: …
termine (di scadenza) (m) ['tɛrmine (di ska'dɛntsa)]	(letzter) Termin (*Manuskriptabgabe*)
tiratura [tira'tu:ra]	Auflage
una tiratura di 3 milioni di copie	eine Auflage von 3 Millionen Exemplaren
abbonarsi – abbonato(-a) – abbonamento [abbo'narsi – abbo'na:to – abbona'mento]	abonnieren – Abonnent(in) – Abonnement
essere abbonato a un giornale	eine Zeitung im Abonnement beziehen
abbonarsi a un giornale	eine Zeitung abonnieren
fare l'abbonamento al „Messaggero"	den „Messaggero" abonnieren

"A che punto è giunta la Sua campagna per una maggiore libertà di stampa?"

Radio e televisione
Rundfunk und Fernsehen

→ 11.5 Teatro e cinema, 18.3 La stampa

Si ha un bel cambiare canale, ma il programma è sempre lo stesso o è come se lo fosse, sia film o notiziario o pubblicità che venga trasmesso, il messaggio è uno solo da tutte le stazioni perché tutto e tutti facciamo parte di un sistema [...] Anche fuori dal video il sistema invade tutto e non lascia spazio che a cambiamenti di apparenza; dunque, che io mi agiti tanto con la mia tastiera o che me ne stia a mani in tasca fa proprio lo stesso perché dal sistema non riuscirò mai a scappare. (*Italo Calvino, scrittore, 1923–1985*)

radio (f) – **radiofonico** ['ra:djo – radjo'fɔ:niko]	Rundfunk / Hörfunk – Radio-
ascoltare la radio	Radio hören
L'ho sentito alla radio.	Das habe ich im Radio gehört.
radio (f) / apparecchio radio	Rundfunk- / Radiogerät
ente radiofonico (m)	Rundfunkanstalt
giornale radio (m)	Nachrichtensendung im Radio
radioascoltarore(-trice)	Rundfunkhörer(in)
televisione / TV (f) – **televisivo / tele-** [televi'zjo:ne / ti'vu – televi'zi:vo / tele]	(das) Fernsehen – Fernseh-
Cosa c'è in televisione stasera?	Was gibt's heute Abend im Fernsehen?
guardare la televisione / la TV (tivù)	fernsehen
televisione via cavo	Kabelfernsehen
televisione / rete (f) privata	Privatfernsehen
telefilm (m)	Fernsehspiel
dibattito televisivo / tavola rotonda	Talk-Show
telegiornale (m)	Fernsehnachrichten; Tagesschau
telequiz (m)	Quizsendung
telecamera	Kamera
telecamera nascosta	versteckte Kamera
telespettatore(-trice)	Fernsehzuschauer(in)
telereporter (m)	Fernsehreporter
teledidattica	Unterricht durch Fernsehen
teletrasmettere	im Fernsehen senden / übertragen
la teletrasmissione del concerto	die (Fernseh-)Übertragung des Konzerts
stazione radiotelevisiva	(*Rundfunk / Fernsehen*) Sender
mandare in onda [man'da:re in 'onda]	senden; übertragen; ausstrahlen
trasmettere [traz'mettere]	senden; übertragen; ausstrahlen
trasmettere una partita di calcio	ein Fußballspiel (im Fernsehen / Rundfunk) übertragen
La cerimonia è stata trasmessa in diretta.	Die Feier wurde direkt übertragen.

Il programma è stato trasmesso lunedì scorso.	Das Programm wurde vorigen Montag gesendet / ausgestrahlt.
Lo spettacolo è stato trasmesso da 50 stazioni televisive.	Die Show wurde von 50 Fernsehsendern übertragen.
trasmissione (f) [trazmis'sjo:ne]	Sendung
trasmissione in diretta	Direktübertragung; Live-Sendung
cominciare / terminare la trasmissione	die Sendung beginnen / beenden
molte ore di trasmissione	viele Stunden Sendezeit
poco prima della trasmissione	kurz vor der Sendung
canale (m) [ka'na:le]	(Fernseh-)Kanal
cambiare continuamente canale	zwischen den Programmen hin und her schalten
fare lo zapping ['fa:re lo 'zæpiŋ]	zappen
sintonizzare [sintonid'dza:re]	einstellen; syntonisieren
sintonizzare la radio / TV su un canale straniero	einen ausländischen Sender einstellen
programma (m) [pro'gramma]	Sendung
programma radiofonico / televisivo	Rundfunk- / Fernsehsendung
programma sportivo	Sportsendung
programma per i bambini	Kindersendung
programma culturale / di attualità	(Unterhaltung, die bildet bzw. informiert)
programma con telefonate del pubblico in diretta	Anruf-Sendung
documentario [dokumen'ta:rjo]	Dokumentarfilm
cronaca filmata ['krɔ:naka fil'ma:ta]	Dokumentarspiel
spot pubblicitario (m) [spɔt pubblitʃi'ta:rjo]	Werbespot
serial (m) ['siəriəl]	Fernsehserie
un serial televisivo popolare	eine beliebte Fernsehserie
presentatore(-trice) [prezenta'to:re(-'tri:tʃe)]	Showmaster(in)
annunciatore(-trice) [annuntʃa'to:re(-'tri:tʃe)]	Ansager(in); Sprecher(in)
annunciatore del telegiornale	Nachrichtensprecher
moderatore(-trice) – moderare [modera'to:re(-'tri:tʃe) – mode'ra:re]	Moderator(in) – moderieren
una trasmissione moderata da Maurizio Costanzo	eine von Maurizio Costanzo moderierte Sendung
intervista – intervistatore(-trice) [inter'vista – intervista'to:re (-'tri:tʃe)]	Interview – Interviewer(in)
episodio / puntata [epi'zɔ:djo / pun'ta:ta]	Folge (einer Fernsehserie)
La prossima puntata andrà in onda fra sette giorni.	Die nächste Folge wird in einer Woche ausgestrahlt.
un film a più puntate	ein Film in mehreren Folgen
un film in / di sei puntate	ein Film in sechs Folgen

Bei Zahlenangaben stehen die Präpositionen *in / di*.

ripetizione (f) [ripeti'tsjo:ne]	Wiederholung
commentatore(-trice) [kommenta'to:re(-'tri:tʃe)]	Kommentator(in)
commentatore(-trice) sportivo(-a)	(*Sportübertragung*) Sportreporter(in)
disc jockey (m) ['disk 'dʒɔki]	Diskjockey
produttore(-trice) [produt'to:re (-'tri:tʃe)]	Produzent(in)
sponsor (m+f) ['spɔnsə]	Sponsor(in)
ascolto [as'kolto]	Zuhören
Grazie dell'ascolto.	Danke fürs Zuhören.
ora principale dell'indice d'ascolto	Haupteinschaltzeit
alto / basso indice d'ascolto	hohe / niedrige Einschaltquoten
Il serial ha un buon indice di ascolto.	Die Serie hat gute Einschaltquoten.
radiosveglia [radjoz've:ʎa]	Radiowecker
registratore (m) **a nastro** [redʒistra'to:re a 'nastro]	Tonbandgerät
registratore / mangianastri (m) [redʒistra'to:re / mandʒa'nastri]	Kassettenrekorder
video – video- (m) ['vi:deo]	Videorekorder – Video-
videocassetta	Videokassette
videoregistratore (m)	Videorekorder
microfono [mi'krɔ:fono]	Mikrofon
ricezione (f) [ritʃe'tsjo:ne]	Empfang
ricezione buona / cattiva	guter / schlechter Empfang

"Finalmente non dobbiamo fare più lo zapping."

Il servizio postale
Der Postdienst

Una volta al mattino, ricevendo la posta, si aprivano le buste chiuse e si buttavano via quelle aperte. Ora le organizzazioni che inviavano buste aperte, le inviano chiuse e magari espresso. Uno si affanna ad aprire il plico e vi trova un invito assolutamente irrilevante. (*Umberto Eco, semiologo, *1932*)

posta ['pɔsta]	Post
portare una lettera alla posta	einen Brief auf die Post bringen
Lo mandiamo per posta.	Wir schicken es mit der Post.
È già arrivata la posta?	Ist die Post schon da?
con la stessa posta	mit gleicher Post
posta nazionale (per l'interno)	Inlandspost
posta via terra / mare	auf dem Land- / Seeweg beförderte Post
posta aerea	Luftpost
a stretto giro di posta	postwendend
Il pacco lo abbiamo spedito ieri per posta.	Wir haben das Paket gestern abgeschickt.
fermoposta	postlagernd
le poste [le 'pɔste]	die Post (*als Einrichtung*)
impiegato(-a) delle poste	Postbeschäftigte(r) / -mitarbeiter(in)
ministero delle poste (e telecomunicazioni)	Postministerium
postale [po'sta:le]	Post-
casella postale	Postfach
codice (m) postale	(die) Postleitzahl
tassa postale / porto	Postgebühren; Porto
data del timbro postale	Datum des Poststempels
ufficio postale	Post(filiale / -amt)
vaglia (m) postale	Postanweisung
treno postale	Postzug
cartolina postale	Postkarte
lettera ['lettera]	Brief
impostare una lettera	einen Brief auf die Post bringen
imbucare una lettera	einen Brief einwerfen
buca / cassetta delle lettere	Briefkasten
aerogramma (m) [aero'gramma]	Aerogramm (= Luftpostleichtbrief)
telegramma (m) [tele'gramma]	Telegramm
pacco ['pakko]	Paket
pacchetto [pak'ketto]	Päckchen
stampe (fpl) ['stampe]	Drucksachen
uno stampato	eine Drucksache
recapitare – recapito [rekapi'ta:re – re'ka:pito]	zustellen – Zustellung
milioni di spedizioni postali non recapitate	Millionen nicht zugestellter Postsendungen

In caso di mancato recapito ritornare al mittente.	Falls unzustellbar, bitte an Absender zurück.
consegna rapida [kon'se:ɲa 'ra:pida]	Eilzustellung
contrassegno [kontras'seɲo]	per Nachnahme
spedire qualcosa in contrassegno	etwas per Nachnahme schicken
raccomandata [rakkoman'da:ta]	Einschreiben
spedire una lettera raccomandata	einen Brief per Einschreiben (*unversichert*) schicken
raccomandata con ricevuta di ritorno	per Einschreiben mit Rückschein (*versichert*)
tassa ['tassa]	Gebühr
tassa a carico del destinatario	Gebühr zahlt Empfänger
buono di risposta internazionale [bu'ɔ:no di ris'posta internatsjo'na:le]	internationaler Antwortschein
mittente (m+f) [mit'tɛnte]	Absender(in)
destinatario [destina'ta:rjo]	Empfänger
indirizzo [indi'rittso]	Adresse
indirizzo per inoltro	Nachsendeanschrift
elenco degli indirizzi	Adressenliste
pregasi far **proseguire** ['pregasi far prosegu'i:re]	bitte nachsenden
timbro – timbrare ['timbro – tim'bra:re]	Stempel – stempeln
La lettera è stata timbrata a Milano.	Der Brief wurde in Mailand abgestempelt.
affrancatura / porto [affranka'tu:ra / 'pɔrto]	Porto
Quanto costa l'affrancatura di questa lettera?	Was kostet dieser Brief an Porto?
francobollo [franko'bollo]	Briefmarke
dieci francobolli da 500 lire	zehn Briefmarken zu 500 Lire

Für Postzusteller(in) / Briefträger(in) / Postfrau etc. gibt es mehrere Entsprechungen: *il postino / la postina, il / la portalettere.*

Telefono e telefax
Telefon und Fax

Preso atto che il fuoristrada è appannaggio anche del fruttivendolo danaroso, che il telefonino cellulare ormai lo usano i capi cantiere di piccole imprese ... a che santo devono votarsi? (*A. Mussalano, "Amica" 4-3-91, in un articolo a proposito dei giovani rampanti*)

telefono – telefonico [te'lɛ:fono – tele'fɔ:niko]	Telefon – Fernsprech- / Telefon-
Il nostro telefono è guasto.	Unser Telefon ist gestört.
La desiderano al telefono.	Sie werden am Telefon verlangt.
rispondere al telefono	ans Telefon / an den Apparat gehen
bolletta telefonica	Telefonrechnung
telefono senza filo (il cordless)	schnurloses Telefon
telefono cellulare / cellulare (m)	Funk- / Mobiltelefon; Handy
telefono cellulare veicolare	Autotelefon
telefono a gettoni / a carta telefonica	Münz- / Kartentelefon
durante un colloquio telefonico	während eines Telefongesprächs
allacciamento telefonico	Telefonanschluss
far installare un nuovo allacciamento telefonico	einen neuen Anschluss einrichten lassen
tariffe (fpl) telefoniche	Telefongebühren
scheda / carta telefonica	Telefonkarte
cabina telefonica	Telefonzelle
linea telefonica	Telefonleitung
elenco telefonico	Telefonbuch
segreteria telefonica	Anrufbeantworter
centrale (f) telefonica	(Telefon-)Zentrale; Vermittlung
servizio informazione telefonica	(die) Telefonauskunft
servizio telefonico di consulenza	Servicetelefon; telefonischer Beratungsdienst
telefonare – telefonata [telefo'na:re – telefo'na:ta]	anrufen – Anruf
Telefonammo al medico.	Wir riefen den Arzt an.
Ti telefono stasera.	Ich rufe dich heute Abend an.
fare una telefonata	ein Telefongespräch führen
Abbiamo ricevuto un paio di telefonate.	Wir bekamen / hatten ein paar Anrufe.
chiamare – chiamata / (dare un) colpo di telefono [kja'ma:re – kja'ma:ta]	anrufen – Anruf / Telefonat
L'ho chiamata in ufficio.	Ich habe sie im Büro angerufen.
Posso richiamarLa?	Kann ich Sie zurückrufen?
Grazie della chiamata.	Vielen Dank für den Anruf.
chiamata urbana	Ortsgespräch
chiamata interurbana	Ferngespräch
Ti chiamo stasera.	Ich rufe dich heute Abend an.
L'ho chiamata a Bologna.	Ich habe sie in Bologna angerufen.

Chiamami! / Dammi un colpo di telefono!	Ruf mich doch mal an!
Dammi un colpo di telefono quando torni.	Ruf mich an, wenn du zurück bist.
trasferimento di chiamata	Anrufweiterschaltung
numero di telefono / telefonico ['nu:mero di te'lɛ:fono / tele'fɔ:niko]	Telefonnummer
Può chiamarmi a questo numero.	Sie können mich unter dieser Nummer anrufen.
Ha sbagliato numero.	Sie sind falsch verbunden.
fare un numero	eine Nummer wählen
numero verde	gebührenfrei anrufbare Nummer
numero non elencato	eine Nummer, die nicht im Telefonbuch steht
le pagine gialle [le 'pa:dʒine 'dʒalle]	die Gelben Seiten

***Come dire un numero telefonico* (= Wie man Telefonnummern spricht)**

Dalla Germania il prefisso per l'Italia è 0039 (zero zero trentanove).
Il prefisso per Roma è 06 (zero sei).
Il nostro numero è 06 / 82 57 071 (zero sei, ottantadue, cinquantasette, zero settantuno).
Il mio numero di fax è 561 790 53 (cinquecentosessantuno, settecento-novanta, cinquantatré).

prefisso [pre'fisso]	Vorwahl(nummer)
utente (m+f) (del telefono) [u'tɛnte (del te'lɛ:fono)]	(Telefon-)Kunde / Kundin
ronzare – ronzio [ron'dza:re – ron'dzi:o]	summen – Summen
segnale (m) [se'ɲa:le]	Signal; -zeichen
segnale di libero	Freizeichen; Wählton; Rufton
segnale acustico	akustisches Signal
Lasciate un messaggio dopo il segnale acustico.	Hinterlassen Sie eine Nachricht nach dem Pfeifton.
occupato [okku'pa:to]	besetzt
È occupato.	Die Nummer ist besetzt.

***Modi di dire usati al telefono* (= Redensarten, die man am Telefon benutzt)**

Pronto? (= Hallo?) • *Chi parla?* (= Wer ist da?) • *Parlo con la signora Rossi?* (= Ist da Frau Rossi?) • *Al telefono.* (= Am Apparat) • *Posso parlare con Cristina?* (= Kann ich bitte Christine sprechen?) • *Gliela passo subito / La collego subito.* (= Moment, ich verbinde Sie.) • *Attenda un momento.* (= Einen Augenblick bitte.) • *Sono Mario Bianchi* (= Hier ist / spricht Mario Bianchi.) • *Può parlare un pò più forte, per favore?* (= Können Sie bitte ein bisschen lauter sprechen?) • *È caduta la linea.* (= Die Verbindung ist unterbrochen worden.)

Für das deutsche Substantiv „der/die Anrufer(in)" gibt es im Italienischem keine genaue Entsprechung. Man würde den Anrufer mit *„colui che chiama"* übersetzen.

intercettazione (telefonica) (f) [intertʃetta'tsjo:ne (tele'fɔ:nika)]	Telefonüberwachung
intercettare una linea telefonica / un colloquio telefonico	eine Telefonleitung / ein Gespräch anzapfen / abhören
Gli hanno installato una **cimice** al telefono. ['u:na 'tʃi:mitʃe]	Sie haben ihm eine Wanze ins Telefon gesetzt.
collegamento / linea [kollega'mento / 'li:nea]	Verbindung
un cattivo collegamento	eine schlechte Verbindung / Leitung
linea collettiva	Gemeinschaftsanschluss
Resti in linea!	Bleiben Sie bitte am Apparat!
apparecchio derivato [appa'rekkjo deri'va:to]	Nebenstelle / -apparat
Sono all'apparecchio 244.	Ich habe Apparat 244.
ricevitore (m) / **cornetta** [ritʃevi'to:re / kor'netta]	(Telefon-)Hörer
attaccare il ricevitore	(den Hörer) auflegen
alzare la cornetta	den Hörer abnehmen
(ri)attaccare (la cornetta)	einhängen; auflegen
centralino ['tʃentra'li:no]	Vermittlung
una chiamata tramite centralino	ein handvermitteltes Gespräch
fax (m) – **spedire per/via fax** [faks – spe'di:re per / 'vi:a faks]	(Tele-)Fax – faxen
Non ha ricevuto il nostro fax?	Haben Sie unser Fax nicht erhalten?
Può mandarmelo per fax?	Könnten Sie es mir per Fax schicken?
Le do il numero del mio fax.	Ich gebe Ihnen meine Faxnummer.
La nostra offerta Ve la mandiamo oggi via fax.	Wir faxen Ihnen heute unser Angebot.
Glielo trasmettiamo per/via fax.	Wir faxen es Ihnen durch.
telefax (m) [tele'faks]	(Tele-)Faxgerät

Il computer
Computer

→ 16.1 Fisica, 17.3 Elettricità ed elettronica, 18.1 Opere di consultazione

[...] anche perché la casa non è più riservata al privato: il telelavoro avanza, il telefono, la televisione, il terminale, il fax ci entreranno in casa senza neanche bussare. (*L. Corva, "Grazia", 20.1.91*)

computer (m) – **calcolatore** (m) [kəm'pju:tə – kalkola'to:re]	Computer – Rechner
computer portatile / note-book (m)	Notizbuch(computer)
personal computer / PC (m)	Personalcomputer / PC
sistema multiutenza (m)	Gemeinschaftsrechnersystem
lavorare al computer	am Computer arbeiten
operatore(-trice) al computer	Computeroperator(in); Bildschirmarbeiter(in)
immettere dati (mpl) nel computer	Daten in den Computer eingeben
linguaggio del computer	Computerjargon
computerizzato [kompjuterid'dza:to]	computergestützt
sistema di lavoro computerizzato	computergestütztes Arbeitssystem
stazione fissa (f) **/ personal fisso** (m) [sta'tsjo:ne 'fissa / 'pɜ:sənl 'fisso]	Arbeitsplatz(rechner)
hardware (m) [hɑ:dweə(r)]	Hardware
software (m) ['sɒftweə(r)]	Software
pacchetto di software	Softwarepaket
software (non) compatibile	(nicht) kompatible Software
software fornito gruatuitamente	Gratissoftware
unità [uni'ta]	Einheit
unità (fpl) periferiche	Peripheriegeräte
unità centrale	Zentraleinheit
interfaccia [inter'fattʃa]	Schnittstelle
tastiera [tas'tjɛ:ra]	Tastatur
tastierino numerico [tastje'ri:no nu'mɛ:riko]	Rechenblock; numerische Tastatur
tasto ['tasto]	Taste
tasto funzione	Funktionstaste
tasto Enter	Eingabetaste
premere il tasto Enter	Eingabetaste drücken
tasto Ctrl	Steuerung / Strg
tasto cursore	Kursortaste
tasto della maiuscola	Umschalttaste
sbarra ['zbarra]	Schrägstrich / -leiste
sbarra obliqua	Backslash; negativer Schrägstrich
sbarra spaziatrice	Leertaste
sbarra degli strumenti	Symbolleiste
mouse (m) ['maʊs]	Maus
spostare e rimpiazzare tramite mouse	„Ziehen und Fallenlassen" (Transport von Text- / Bildteilen mit der Maus)

schermo / monitor (m) ['skermo / 'mɒnɪtə]	Bildschirm
lavoro / attività allo schermo	Bildschirmarbeit
modificare il testo sullo schermo	den Text am Bildschirm ändern
visualizzatore (m) **a cristalli liquidi** [vizualiddza'to:re a kri'stalli 'li:kuidi]	Flüssigkristallanzeige
stampante (f) [stam'pante]	Drucker
stampante a getto d'inchiostro / laser	(Tintenstrahl- / Laser-)Drucker
stampante termica	Thermoprinter
stampa – stampare ['stampa – stam'pa:re]	Ausdruck – drucken
stampare un testo	einen Text drucken
plotter (m) ['plɒtə(r)]	Plotter
scanner (m) ['skænə(r)]	Scanner
scanner ottico	optischer Abtaster
modem (m) ['məʊdem]	Modem
installare il modem	das Modem installieren
drive (m) ['draɪv]	Laufwerk
dischetto [dis'ketto]	Diskette
inserire il dischetto nel drive	die Diskette in das Laufwek einlegen
copiare un dischetto	eine Diskette kopieren
CD-ROM (m) / **disco ottico** [tʃidi'rɔm / 'disko 'ɔttiko]	CD-ROM
Un'enciclopedia di 24 volumi è collocabile su un unico CD-ROM.	Eine 24-bändige Enzyklopädie passt auf eine einzige CD-ROM.
programma (m) [pro'gramma]	Programm
programma di videoscrittura	Textverarbeitungsprogramm
usare un programma di videoscrittura	eine Textverarbeitung benutzen
mettere a punto un programma	ein Programm austesten / von Fehlern befreien
programma di controllo ortografico	Rechtschreibprogramm
programmare [program'ma:re]	programmieren
programmatore(-trice) [programma'to:re(-'tri:tʃe)]	Programmierer(in)
programmazione (f) [programma'tsjo:ne]	Programmieren; Programmierung
linguaggio [lingu'addʒo]	Sprache
linguaggio di programmazione	Programmiersprache
linguaggio orientato verso la macchina	maschinenorientierte Sprache
(linguaggio) comprensibile per la macchina	maschinenlesbar(e Sprache)
dati (mpl) ['da:ti]	Daten
gestione dei dati	Datenverwaltung
elaborazione (f) dati	Datenverarbeitung
scambio di dati	Datenaustausch
trasmissione (f) (di) dati	Datenübertragung / -transfer
base (f) dei dati	Datenbestand; Datenbank
banca dati	Datenbank
recupero (di) dati	Datenwiedergewinnung
file (m) ['faɪl]	Datei
creare un file	eine Datei anlegen / erstellen

aprire / chiudere un file	eine Datei öffnen / schließen
compattamento del file	Dateikomprimierung
menu (m) ['menju]	Menü
menu di controllo	Menüsteuerung
pop-up menu (m)	Pop-up-Menü; Balkenmenü
finestra [fi'nεstra]	Fenster
finestra di dialogo	Dialogfeld
indirizzario – sottoindirizzario [indirit'tsaːrjo – sottoindirit'tsaːrjo]	Verzeichnis – Unterverzeichnis
programma (m) **di foglio elettronico** [pro'gramma di 'fɔːʎo elett'rɔːniko]	Tabellenkalkulationsprogramm
cella ['tʃεlla]	Feld; Schaltfläche
digitare la cella "cercare"	auf die Schaltfläche „Suchen" klicken
ricerca [ri'tʃerka]	Suche
ricerca nel testo intero	Volltextsuche
richiamare – richiamabile [rikja'maːre – rikja'maːbile]	abrufen – abrufbar
richiamo dati	Informations- / Datenabruf
sistema operativo (m) [sis'tεːma opera'tiːvo]	Betriebssystem
default (m) [dɪ'fɒlt]	Standard(einstellung)
simbolo ['simbolo]	Symbol
attivare un simbolo con doppio clic	auf ein Bildsymbol doppelklicken
carattere (m) [ka'rattere]	Zeichen
fond (m) ['fɒnd]	Fond; Schrift
controllo ortografico [kon'trɔllo orto'graːfiko]	Rechtschreibehilfe
attivare la cella "controllo ortografico"	die Rechtschreibehilfe aktivieren
copiare – copia [ko'pjaːre – 'kɔːpja]	kopieren – Kopie
backup (m) **/ copia di sicurezza** [bækʌp / 'kɔːpja di siku'rettsa]	Sicherungskopie
fare il backup	eine Sicherungskopie (auf Diskette) ziehen
unità a nastro tipo streamer	Streamer; Bandsicherungsgerät
Devo **salvare** tutti i dati su dischetto. [sal'vaːre]	Ich muss alle Daten auf Diskette sichern / speichern.
macro (f) ['maːkro]	Macro
configurazione (f) [konfigura'tsjoːne]	Konfiguration
accesso [at'tʃεsso]	Zugang
accesso a Internet	Zugang zum Internet
accesso ai dati	Zugriff auf Daten
accedere ai dati	auf Daten zugreifen
caricare – carica [kari'kaːre – 'kaːrika]	laden – Laden
caricare un file dalla rete	eine Datei aus dem Netz herunterladen
attivare / cliccare / puntare [atti'vaːre / klik'kaːre / pun'taːre]	aktivieren; anklicken
puntare una icona	eine Ikone anklicken
cliccare una opzione	eine Option anklicken

eseguire [ezegu'i:re]	ausführen
eseguire un comando	einen Befehl ausführen
uscire [u'ʃi:re]	verlassen
uscire da un programma	ein Programm verlassen
formattare – formattazione (f) [format'ta:re – formatta'tsjo:ne]	formatieren – Format(ierung)
formattare un testo / dischetto	einen Text / Diskette formatieren
scorrimento pluridirezionale [skorri'mento pluridiretsjo'na:le]	vor- / zurückrollen
evidenziare [eviden'tsja:re]	hervorheben; markieren
elaborare [elebo'ra:re]	editieren; bearbeiten
elaborare dei dati	Daten bearbeiten
ricerca e sostituzione (f) [ri'tʃerka e sostitu'tsjo:ne]	Suchen und Ersetzen
cancella [kan'tʃɛlla]	Löschen (*Befehl*)
salvare / memorizzare [sal'va:re / memorid'dza:re]	speichern; schützen; (ab)speichern
salvare un file	eine Datei speichern
dati memorizzati sul disco fisso	auf der Festplatte gespeicherte Daten
salvataggio [salva'taddʒo]	Speicherung
salvataggio automatico	automatische Speicherung
memoria [me'mɔ:rja]	Speicher
memoria principale / di lavoro	Arbeitsspeicher (= *ASP* / *ZSP*)
espansione (f) della memoria di lavoro	Speichererweiterung
memoria fissa (= *ROM*)	Festspeicher
memoria ad accesso diretto / memoria volatile (= *RAM*)	Direktzugriffsspeicher; flüchtiger Speicher
memoria di transito / buffer	Puffer(speicher); Zwischenablage
capacità di memoria	Speicherkapazität
difetto / errore (m) [di'fɛtto / er'ro:re]	Programmfehler
correggere un errore	einen Fehler beheben
un microprocessore difettoso	ein fehlerhafter Mikroprozessor
crollare – crollo [krol'la:re – 'krɔllo]	abstürzen – Absturz
installare – installazione (f) [instal'la:re – installa'tsjo:ne]	installieren – Installation
installare un calcolatore	einen Computer installieren / einrichten
accendere – spegnere [at'tʃendere – 'spe:ɲere]	an- / einschalten – ab- / ausschalten
allacciamento / collegamento (in serie) [allattʃa'mento / kollega'mento (in 'serje)]	(serieller) Anschluss
farsi registrare ['farsi redʒis'tra:re]	sich anmelden
registrazione (f) / **abbonamento** [redʒistra'tsjo:ne / abbona'mento]	Anmeldung
disdetta dell'abbonamento	Abmeldung
immissione – emissione (f) [immis'sjo:ne – emis'sjo:ne]	Eingabe – Ausgabe
riconoscere – riconoscimento [riko'no:ʃere – rikonoʃi'mento]	erkennen / lesen – Erkennung (*bei Maschinen*)

riconoscimento ottico dei caratteri	optische Zeichenerkennung (= *OCR*)
riconoscimento della voce	Spracherkennung
codice (m) ['kɔ:ditʃe]	Code
codice riconoscimento errori	Fehlererkennungscode
codice scheda	Kartencode
codice standard	Einheitscode
codice a barre	Strichcode; Streifencode; Balkencode
codice due su cinque	zwei aus fünf Code
parola chiave [pa'rɔ:la 'kja:ve]	Code; Schlüsselwort
aggiornare [addʒor'na:re]	aktualisieren
una versione aggiornata del software	eine aktualisierte Fassung der Software
assistenza tecnica [assi'stɛntsa 'tɛknika]	technische Unterstützung; technischer Kundendienst
(la rete) **Internet** [(la 're:te) 'internet]	Internet
Sito Internet	Webseiten
L'Internet è una rete di computer globale.	Das Internet ist ein weltumspannendes Computernetz.
copiare un testo da Internet	Text aus dem Internet kopieren / herunterladen / „downloaden"
navigare in Internet	im Internet surfen
e-mail (f) **/ posta elettronica** [i'meɪl / 'posta elet'trɔ:nika]	elektronische Post
messaggio [mes'saddʒo]	Mitteilung; Meldung
un messaggio elettronico	ein elektronischer Brief
online – offline [ɒn'laɪn – 'ɒflaɪn]	angeschlossen – nicht angeschlossen
servizi online	Online–Dienste
multimedia [multi'mɛ:dja]	Multimedia
interattivo [interat'ti:vo]	interaktiv
Tv interattiva	interaktives Fernsehen
utente (m+f) [u'tɛnte]	Anwender(in); Benutzer(in)
tele- [tele]	Tele-
telelavoro	Tele(heim)arbeit
telelavoratore(-trice)	Tele(heim)arbeiter(in)
teleshopping (m)	Teleshopping
telebanking (m)	Telebanking
telematico [tele'ma:tiko]	Computer-
pirata (m) telematico / hacker (m)	Hacker
video- ['vi:deo]	Video-
videoconferenza	Videokonferenz
videogioco	Computerspiel
informatica [infor'ma:tika]	(die) Informatik
informazione (f) [informa'tsjo:ne]	Information
autostrada dell'informazione	die Datenautobahn
un sistema di informazioni computerizzato	ein computergestütztes Informationssystem
virtuale [virtu'a:le]	virtuell
realtà virtuale	virtuelle Realität
mondo virtuale	virtuelle Welt
lavoro virtuale	virtuelle Arbeit

Mezzi di trasporto
Transportmittel

19

1 Veicoli a motore e traffico stradale
Kraftfahrzeuge und Straßenverkehr

2 Trasporto su rotaia
Beförderung mit der Eisenbahn

3 Trasporti aerei
Beförderung mit dem Flugzeug

4 Trasporti marittimi
Beförderung auf dem Wasserweg

5 Trasporti pubblici
Öffentlicher Nahverkehr

19

1

Veicoli a motore e traffico stradale
Kraftfahrzeuge und Straßenverkehr

Un'automobile ruggente, che sembra correre sulla mitraglia, è più bella della Vittoria di Samotracia. (*Manifesto dei Futuristi, 1909*)

auto(mobile) (f) [auto'mo:bile]	Auto
autonoleggio	Autovermietung
auto presa a noleggio	Mietwagen
auto da corsa / da rally	Renn- / Rallyewagen
automobilista (m+f) / conduttore(-trice)	Autofahrer(in)
autista (m+f)	Chauffeur(in); Berufskraftfahrer(in)
macchina ['makkina]	Auto
macchina a due porte	zweitüriges Auto
andare in macchina	fahren (*sich mit dem Auto fortbewegen*)
In genere vado in macchina.	Meistens fahre ich mit dem Wagen.
Non vado mai con la macchina al lavoro.	Ich fahre nie mit dem Auto zur Arbeit.
È a un'ora di macchina (da qui).	Mit dem Auto ist es eine Stunde (von hier).
veicolo (a motore) [ve'i:kolo a mo'to:re]	(Kraft-)Fahrzeug
un **mezzo di trasporto** efficiente [un 'mɛddzo di tras'pɔrto effi'tʃɛnte]	ein effizientes Transport- / Verkehrsmittel

Alcuni tipi di automobili
berlina (= Limousine) • *la cabriolet* (= das Cabrio) • *la station-wagon* (= der Kombi[wagen]) • *utilitaria* (= Kleinwagen) • *il fuoristrada* (= Off-Road-Fahrzeug) • *il gippone* (= der Jeep) • *il coupé* (= das Coupé) • *la giardinetta* (= kleiner Kombi)

camion (m) ['ka:mjon]	Lastwagen; Lkw; Laster
camion con rimorchio	Lkw mit Anhänger
camionista (m+f)	Lkw-Fahrer(in); Fernfahrer(in)
furgone (m) [fur'go:ne]	Lieferwagen
(auto)furgone	(geschlossener) Lieferwagen
furgone per traslochi	Möbelwagen
motocicletta [mototʃi'kletta]	Motorrad
motociclista (m+f)	Motorradfahrer(in)
andare in motocicletta	Motorrad fahren
motorino	Moped
ciclomotore (m)	Mofa
Per andare in motocicletta o in motorino bisogna mettere il casco.	Beim Motorad- oder Mopedfahren ist ein Helm zu tragen.
guidare [gui'da:re]	fahren (*am Steuer sitzen*)
(Lei) guida molto bene.	Sie fährt sehr gut.
guidatore(-trice)	Fahrer(in)
scuola guida	Fahrschule

guida pericolosa	rücksichtsloses Fahren
guida in stato di ebbrezza	Trunkenheit am Steuer
avere una guida sicura e tranquilla	ruhig und sicher fahren
accompagnare [akkompa'ɲa:re]	jemanden (irgendwohin) fahren
Vuole che l'accompagni a casa?	Soll ich Sie nach Hause fahren?

Das Wort **„fahren"** wird auf unterschiedliche Weise übersetzt: Wenn „Auto fahren" gemeint ist, übersetzt man es mit *guidare*; im Sinne von „sich mit einem Kraftfahrzeug fortbewegen" heißt es *andare* und im Sinne von „jemanden bringen" heißt es *accompagnare.*

Abbiamo fatto buon viaggio.	Wir hatten eine angenehme Fahrt.
andare a 90 km all'ora	90 km/h schnell fahren
rallentare (la velocità)	die Geschwindigkeit verringern
pirata della strada	unfallflüchtiger Fahrer
pendolare (m+f) [pendo'la:re]	Pendler(in)
fare il pendolare	pendeln
autostop (m) [auto'stɔp]	Anhalter
fare l'autostop	per Anhalter fahren; trampen
autostoppista (m+f)	Anhalter(in); Tramper(in)
Può darmi un passaggio?	Können Sie mich mitnehmen?

Autobahnen heißen auf Italienisch *autostrade* und sind in der Regel mautpflichtig. *Il pedaggio* (= die Maut) wird *al casello* (= am Mauthäuschen) entrichtet. Kürzere Wartezeiten an den *caselli* gibt es seit einigen Jahren für alle, die mit der bei italienischen Banken erhältlichen *Viacard* (oder seit neuestem auch auf Teilstrecken mit Kreditkarten) an den gesondert ausgewiesenen, üblicherweise weniger bedrängten vollautomatischen Mauthäuschen zahlen. *Le superstrade* (= Fernstraßen) entsprechen in etwa den deutschen Schnellstraßen und sind nicht gebührenpflichtig. Bundesstraßen finden in Italien ihre Entsprechung in den *strade statali* (= Staatsstraßen, Abkürzung: *SS*), Landstraßen in den *strade provinciali* (= Provinzstraßen, Kreisstraßen, Abkürzung: *SP*).

strada ['stra:da]	Straße (als Verkehrsweg allgemein und außerhalb von Städten)
trasportare merci su strada / su gomma	Waren auf der Straße befördern
sicurezza stradale	Verkehrssicherheit
strada secondaria	Nebenstraße
strada trasversale	Seitenstraße
strada a senso unico / senso unico	Einbahnstraße
strada senza uscita / vicolo cieco	Sackgasse
cartello stradale	Verkehrsschild
segnale (m) stradale	Verkehrszeichen
le indicazioni stradali / segnaletica	Beschilderung
seguire la segnaletica	der Beschilderung folgen
polizia stradale	Straßenpolizei
vigile (m) urbano	Verkehrspolizist
strada dissestata	Fahrbahnschäden
essere sulla buona strada	auf dem rechten Weg sein

Autovelox™ (m) [auto'veːlɔks]	Radarkontrolle
strada di **transito** ['straːda di 'transito]	Durchgangs- / Durchfahrtsstraße
traffico di transito	Durchgangsverkehr
divieto di transito	Durchfahrt verboten
curva ['kurva]	Kurve
La strada fa una curva sulla destra.	Die Straße macht eine Rechtskurve.
prendere una curva stretta / larga	eine enge / weite Kurve fahren
tornante (m) [tor'nante]	Spitzkehre; Serpentine
La strada che porta da Brunico a Valdaora ha molti tornanti.	Die Straße, die von Bruneck nach Olang führt, hat viele Spitzkehren.
all'**angolo** [al'langolo]	an der Ecke
incrocio (stradale) [in'kroːtʃo (stra'daːle)]	(Straßen-)Kreuzung
fermarsi a un incrocio	an einer Kreuzung (an)halten
rondò (m) [ron'dɔ]	Kreisverkehr; Kreisel
semaforo [se'maːforo]	Verkehrsampel
fermarsi al semaforo rosso	an einer roten Ampel halten
Quando arriva al semaforo giri a destra.	Biegen Sie an der Ampel rechts ab.
fare un'**inversione** (f) **a U** ['faːre uninver'sjoːne a u]	wenden
imboccare l'autostrada [imbok'kaːre lauto'straːda]	in die Autobahn einbiegen
corsia [kor'siːa]	(Fahr-)Spur
corsia d'emergenza	Standspur
a più corsie	mehrspurig
carreggiata [karred'dʒaːta]	Fahrbahn
Dopo quella batosta Gigi è riuscito a rimettersi in carreggiata.	Nach diesem Missgeschick ist es Gigi gelungen, wieder auf die Fahrbahn zu gelangen.
guardrail (m)	Leitplanke
deviazione (f) [devja'tsjoːne]	Umleitung; Umweg
Abbiamo fatto una deviazione.	Wir haben einen Umweg gemacht.
circonvallazione (f) [tʃirkonvalla'tsjoːne]	Umgehungsstraße; Ring
tangenziale (f) [tandʒen'tsjaːle]	Umgehungstraße; Tangente
raccordo anulare [rak'kɔrdo anu'laːre]	ringförmige Verbindungsstraße (*typisch für Rom*)
marciapiede (m) [martʃa'pjɛːde]	Bürgersteig; Gehsteig
pedone (m) [pe'doːne]	Fußgänger(in)
viale riservato ai pedoni	für den Durchgangsverkehr gesperrte Allee
zona pedonale	Fußgängerzone
passaggio pedonale	Fußgängerüberweg
Attraversare sulle strisce pedonali.	Die Straße auf dem Zebrastreifen überqueren.
Prossimamente pedonalizzeranno via Roma.	Demnächst wird Via Roma Fußgängerzone.
Lavori in corso!	Achtung Baustelle!
traffico intenso ['traffiko in'tenso]	starker / dichter Verkehr
Il traffico sta aumentando di intensità.	Der Verkehr wird immer dichter.
Traffico regolare su tutte le strade.	Ruhiger Verkehr auf allen Straßen.

banchina spartitraffico	(der) Mittelstreifen
traffico congestionato	zäh fließender Verkehr
paralisi (f) del traffico	lahm gelegter Verkehr
traffico scorrevole	fließender Verkehr
traffico intenso ma scorrevole	dichter, aber fließender Verkehr
densità del traffico	Verkehrsdichte
Non risulta che ci siano problemi di traffico.	(*Radiodurchsage*) Es liegen keine Verkehrsstörungen vor.
un ostacolo al traffico	ein Verkehrshindernis
traffico dell'ora di punta	Berufsverkehr; Stoßzeitverkehr
traffico a singhiozzo	stockender Verkehr
rimanere bloccati nel traffico	im Verkehr stecken bleiben
Via Mazzini è una strada molto trafficata.	Via Mazzini ist eine vielbefahrene Straße.
ingorghi (mpl) nelle ore di punta [in'gorgi 'nelle 'o:re di 'punta]	Staus während der Hauptverkehrszeiten
code (fpl) sull'autostrada ['ko:de sullauto'stra:da]	Staus auf der Autobahn
In questo punto si formano sempre code.	Hier kommt es regelmäßig zu Staus.
Prima del casello c'era una coda lunghissima.	Vor dem Mauthäuschen war eine endlose Schlange.
caos (m) sulle strade ['ka:os 'sulle 'stra:de]	Chaos auf den Straßen
stazione (f) **di servizio** [sta'tsjo:ne di ser'vi:tsjo]	Tankstelle
area di servizio ['a:rea di ser'vi:tsjo]	(Autobahn-)Raststätte
un **guasto** (alla macchina) [un gu'asto 'alla 'makkina]	eine Panne
La mia macchina è **in officina / dal meccanico**. [in offi'tʃi:na / dal mek'ka:niko]	Mein Auto ist in der Werkstatt.
pneumatico di scorta [pneu'ma:tiko di 'skɔrta]	Ersatzreifen
controllare la pressione degli pneumatici	den Reifendruck prüfen
gomma a terra / copertone bucato	Reifenpanne; „Platter"
Ho bucato una gomma.	Ich habe einen „Platten".
cambiare uno pneumatico [kam'bja:re 'u:no pneu'ma:tiko]	einen Reifen wechseln
cambiare l'olio	das Öl wechseln
Può **ripararlo**? [pu'ɔ ripa'ra:rlo]	Können Sie es reparieren?
riparazione (f)	(die) Reparatur
revisione (f) [revi'zjo:ne]	Autoinspektion
Ho appena fatto revisionare la macchina.	Mein Auto war gerade in der Inspektion.
pezzo di ricambio ['pɛttso di ri'kambjo]	Ersatzteil
strumentazione (f) **interna** [strumenta'tsjo:ne in'tɛrna]	die Bordinstrumente eines Fahrzeugs
abitacolo	Innenraum; Führerkabine

volante (m)	Lenkrad; Steuer
cambio	(Wechsel)getriebe; Kupplung
freno (m)	Bremse
La tua macchina ha i freni consumati.	Die Bremsen deines Autos sind abgenutzt.
acceleratore (m)	Gas(pedal)
frizione (f)	Kupplung; Kupplungspedal
Quando accendo la macchina mi dimentico sempre di inserire la frizione.	Beim Anlassen vergesse ich immer, die Kupplung zu treten.
luci (fpl) / **fari** (mpl) ['lu:tʃi / fa:ri]	Licht; Scheinwerfer
luci di posizione	Standlicht
luci di arresto	Parkleuchte
luce anabbagliante	Abblendlicht
luce abbagliante	Fernlicht
freccia ['frettʃa]	Blinker; Winker
mettere la freccia	blinken; den Blinker setzen
tergicristallo [terdʒikri'stallo]	Scheibenwischer
Il tergicristallo sinistro si è rotto.	Der linke Scheibenwischer ist kaputtgegangen.
parabrezza (m) [para'breddza]	Windschutzscheibe
montare [mon'ta:re]	einbauen
Abbiamo dovuto far montare dei freni nuovi.	Wir haben neue Bremsen einbauen lassen müssen.
truccare [truk'ka:re]	frisieren; tunen
Ha truccato il motore.	Er hat den Motor frisiert.

Das Schild ***Rimozione Forzata*** (*etwa*: Ihr Auto wird kostenpflichtig entfernt.) warnt Sie in Italien, dass Ihr Fahrzeug auf Ihre Kosten abgeschleppt (= *viene portata via con il carro attrezzi*), wenn es falsch geparkt ist (= *parcheggiata in sosta vietata*). Eine andere Variante sind die Parkklauen (= *ganasce*), die kostenpflichtig auszulösen sind.

Bekannte italienische Auto- und Motorradmarken
FIAT(Fabbrica Italiana Automobili Torino) (Italienische Autofabrik Turin); *ALFA* (*Anonima Lombarda Fabbrica Automobili*) *ROMEO* (Nachname eines der Gründer, Nicola Romeo); *Lancia* (Nachname des Gründers Vincenzo Lancia). Bekannte (Nobel-)Sportwagen stammen von: *De Tommaso, Ferrari, Lamborghini, Maserati* (jeweils nach ihren Gründern). Bekannte italienische Motorradmarken sind: *MV Agusta, Aprilia, Benelli, Bimota, Ducati, Laverda, Moto Guzzi, Piaggio (z.B. Vespa).*

parcheggio [par'keddʒo]	Parkplatz
parcheggio a più piani / autosilo	Parkhaus
parcheggio sotterraneo	Tiefgarage
tagliando di parcheggio	Parkschein
parcheggio riservato ai disabili	Behindertenparkplatz
È vietato posteggiare qui.	Hier können Sie nicht parken.

trovare un buco dove poter parcheggiare	eine Parklücke finden
parchimetro	Parkuhr
parcheggiatore(-trice)	Parkplatzwächter(in)
parcheggiatore abusivo	illegaler Parkplatzwächter
disco orario	Parkscheibe
spostare il disco orario	die Parkuhr nachstellen
segnale (m) di divieto di sosta	ein Parkverbotsschild
infrazione (f) del codice stradale [infra'tsjo:ne al 'kɔditʃe stra'da:le]	Verstoß gegen die Straßenverkehrsordnung
multa ['multa]	Strafzettel; „Knöllchen"
multa per divieto di sosta	Geldbuße für Falschparken
velocità [velotʃi'ta]	Geschwindigkeit
Ho avuto una multa per eccesso di velocità.	Ich bekam einen Bußgeldbescheid wegen zu schnellen Fahrens.
limite (m) di velocità	Geschwindigkeitsbegrenzung
velocità consigliata	Richtgeschwindigkeit
Non ha rispettato lo stop.	Er überfuhr ein Stoppschild.
documenti (mpl) della macchina [doku'menti 'della 'makkina]	Auto- / Fahrzeugpapiere
patente (f)	Führerschein
libretto di circolazione	Fahrzeugschein / Kraftfahrzeugbrief
targa (automobilistica)	Kennzeichen; Kfz-Schild
incidente (m) **stradale** [intʃi'dɛnte stra'da:le]	Verkehrsunfall
tamponamento	Auffahrunfall
sbandare	schleudern
ca(p)pot(t)ar(si) / ribaltarsi	sich überschlagen; umkippen
investire	anfahren
un camion *gli* (Dat.) ha tagliato la strada	ein LKW hat *ihn* (Akk.) geschnitten
morti / vittime in un incidente stradale	Verkehrstote
La polizia fa dei controlli e sottopone l'automobilista a alcoltest, tra cui la prova del palloncino.	Die Polizei macht Verkehrskontrollen und nimmt mitunter Alkoholtests vor, bei denen sie den Fahrer blasen lässt.

***Alcuni modi di dire in senso figurato e non* (= Einige Redewendungen in übertragenem Sinne – oder auch nicht)**

partire in quarta – con il suo entusiasmo è subito partito in quarta (= bei seinem Enthusiasmus war er sofort Feuer und Flamme)

essere giù / su di giri – dopo quel colpo Gigi era un po' giù di giri (= nach diesem Schlag war Gigi ein wenig niedergeschlagen)

Marisa è sempre su di giri (= Marisa ist immer aufgedreht)

seguire a ruota – i concorrenti lo seguirono a ruota (= die Konkurrenten folgten ihm dicht auf)

Trasporto su rotaia
Beförderung mit der Eisenbahn

Il treno … Oh ve'! Sull'ala del tuo vapore / l'uom del suo globo fatto è signore.
(*E. Lombardi, contemporaneo*)

rotaia [ro'ta:ja]	Schiene; (Eisen-)Bahn; Schienen-; Bahn-
I treni corrono sulle rotaie.	Züge fahren auf Schienen.
trasporto su rotaia	Schienentransport
scartamento ridotto	Schmalspur
traversina	Schwelle
scambio	Weiche
cabina di blocco	Stellwerk
ferrovia [ferro'vi:a]	Eisenbahn
le stazioni (ferroviarie) di Milano	die Mailänder Bahnhöfe
tragitto ferroviario	(Eisen-)Bahnlinie / -strecke
ferrovieri (mpl)	(die) Eisenbahner
sciopero delle ferrovie	Eisenbahnerstreik
nazionalizzare / statalizzare le ferrovie	die Eisenbahn verstaatlichen
privatizzare le ferrovie	die Eisenbahn privatisieren
un importante nodo / svincolo ferroviario	ein wichtiger Eisenbahnknotenpunkt
incidente ferroviario	Zugunglück
deragliamento [deraʎa'mento]	Entgleisung
Il treno è deragliato in una curva.	Der Zug entgleiste in einer Kurve.
passaggio a livello [pas'saddʒo a li'vɛllo]	der Bahnübergang
passaggio a livello con sbarre	beschrankter Bahnübergang
passaggio a livello incustodito	unbeschrankter Bahnübergang

In Italia ci sono cinque tipi di collegamenti ferroviari o di treni
treno locale (ferma in tutte le stazioni)
treno espresso (ferma nelle principali stazioni)
treno diretto (tipo Intercity, ma più lento)
treno Intercity (treno ad alta velocità che collega due città importanti non molto distanti fra di loro, p.e.: Milano-Torino)
treno Pendolino (treno ad altissima velocità)

treno ['trɛ:no]	Zug
treno passeggeri	Personenzug
treno merci	Güterzug
treno direttissimo	Schnellzug
treno ad alta velocità	Hochgeschwindigkeitszug
treno rapido	durchgehender Zug
treno navetta	Pendelzug
andare in treno	mit dem Zug / der Bahn fahren
prendere il treno	einen Zug nehmen

Il treno per Bologna parte dal binario 1.	Der Zug nach Bologna fährt von Bahnsteig 1 ab.
A che ora parte il primo treno per Trento?	Wann geht der nächste Zug nach Trient?
salire sul treno	in den Zug einsteigen
scendere dal treno	aus dem Zug aussteigen
viaggio in treno	Bahnfahrt
littorina	Triebwagen
vagone (m) **ferroviario** [va'go:ne ferrovi'a:rjo]	Eisenbahnwagen
vagone letto	Schlafwagen
vagone ristorante	Speisewagen
vagone cuccette	Liegewagen
cuccetta [kut'tʃetta]	Liegewagenplatz; Liege
scompartimento di prima classe [skomparti'mento di 'pri:ma 'klasse]	Erster-Klasse-Abteil
scompartimento fumatori	Raucherabteil
collegamento ferroviario [kollega'mento ferrovi'a:rjo]	Zugverbindung
collegamento diretto	eine Direktverbindung
collegamenti Intercity per Trieste	Intercity-Verbindungen nach Triest
Non esistono collegamenti fra A e B.	Zwischen A und B verkehren keine Züge.
locomotiva [lokomo'ti:va]	Lokomotive
locomotiva elettrica	Elektrolok(omotive)
locomotiva a vapore / diesel	Dampf- / Diesellok(omotive)
macchinista (m+f) [makki'nista]	Lok(omotiv)führer(in)
prenotare un posto [preno'ta:re un 'posto]	einen Platz reservieren
Questo posto è occupato.	Dieser Platz ist besetzt.
bigliettaio / controllore (m) [biʎet'ta:jo / kontrol'lo:re]	Zugbegleiter; Schaffner
capostazione (m) (pl: capistazione) [kaposta'tsjo:ne]	Bahnhofvorsteher
stazione (f) [sta'tsjo:ne]	Bahnhof
fermarsi in una stazione	an einem Bahnhof halten
stazione d'arrivo	Zielbahnhof
binario [bi'na:rjo]	Bahnsteig
Vietato attraversare i binari!	Betreten der Gleise verboten!
binario morto	totes Gleis
essere su un binario morto	auf ein totes Gleis geraten sein
uscire dai binari	entgleisen
sala d'aspetto ['sa:la da'spɛtto]	Wartesaal
facchino(-a) [fak'ki:no]	Gepäckträger(in)
Dove posso depositare i (miei) **bagagli**? ['do:ve 'pɔsso depozi'ta:re i ('mje:i) ba'ga:ʎi]	Wo kann ich mein Gepäck aufgeben?
deposito bagagli	Gepäckaufbewahrung
deposito bagagli a cassette	Schließfächer
carrello portabagagli	Kofferkuli

ufficio oggetti smarriti [uf'fitʃo od'dʒɛtti zmar'ri:ti]	Fundbüro
biglietteria [biʎette'ri:a]	Fahrkartenschalter
distributore automatico dei biglietti	Fahrtkartenautomat
biglietto semplice / di sola andata	Hinfahrkarte
biglietto di andata e ritorno	Hin- und Rückfahrkarte
carnet (m) ferroviario per 10 viaggi	Zehner-Bahnkarte
Per favore, vorrei due biglietti di prima classe, di sola andata, per Napoli.	Bitte zweimal erste Klasse einfach nach Neapel.
aumento dei prezzi dei biglietti ferroviari	Fahrpreiserhöhung
carta verde ['karta 'verde]	Bahnkarte für Personen unter 26
carta argento	Bahnkarte für Personen über 60
abbonamento	Zeitkarte
partenza [par'tɛntsa]	Abfahrt
annunciare la partenza del treno	die Abfahrt des Zuges ansagen
arrivo [ar'ri:vo]	Ankunft
Il treno dovrebbe arrivare alle 6.35.	Der Zug dürfte um 6.35 Uhr ankommen.
viaggio [vi'addʒo]	Fahrt; Reise
viaggio di andata e ritorno	Hin- / Rückreise
durata del viaggio	Fahrzeit
un viaggio tranquillo / confortevole	eine bequeme Fahrt
viaggiare nelle ore non di punta	außerhalb der Stoßzeiten reisen
passeggero(-a) [passed'dʒɛ:ro]	Fahrgast; Reisende(r); Passagier
cambiare a Milano [kam'bja:re a mi'la:no]	in Mailand umsteigen
Dove devo cambiare per andare a Colonia?	Wo muss ich nach Köln umsteigen?
prendere / perdere la **coincidenza** ['prendere / 'pɛrdere la kointʃi'dɛntsa]	den Anschluss schaffen / verpassen
fermata intermedia a Verona [fer'ma:ta inter'mɛ:dja a ve'ro:na]	Zwischenaufenthalt in Verona
orario (ferroviario) [o'ra:rjo (ferro'vja:rjo)]	Fahrplan; Kursbuch
Il treno era in orario.	Der Zug war pünktlich.
Normalmente i treni sono in orario.	In der Regel fahren die Züge pünktlich.
Il treno è in **ritardo**. [il 'trɛ:no ɛ in ri 'tardo]	Der Zug hat Verspätung.
Oggi molti treni hanno ritardi.	Viele Züge haben heute Verspätung.
Il treno proveniente da Mantova viaggia con 20 minuti di ritardo.	Der Zug aus Mantua hat 20 Minuten Verspätung.

Trasporti aerei
Beförderung mit dem Flugzeug

A i voli troppo alti e repentini / Sogliono i precipizi esser vicini.
(*Torquato Tasso, poeta, 1544–1595*)

volare [vo'la:re]	fliegen
Ha paura di volare.	Er hat Angst vor dem Fliegen.
volo ['vo:lo]	(der) Flug
condizioni (fpl) di volo ideali	ideales Flugwetter
Il volo dura 6 ore.	Die Flugzeit beträgt sechs Stunden.
volo di linea	Linienflug
volo interno	Inlandflug
volo diretto / collegamento diretto	Direktverbindung mit Zwischenlandung
volo nonstop (senza tappe intermedie)	Flug ohne Zwischenlandung
volo charter	Charterflug
Vorrei prenotare un posto sul volo delle 9.00 diretto a Palermo.	Ich möchte einen Platz für den 9-Uhr-Flug nach Palermo buchen.
Il suo volo è alla porta d'imbarco (all'ingresso) nr. 4.	Ihr Flug geht von Flugsteig 4 (ab).
aereo [a'ɛ:reo]	Flugzeug; Flug-
aereo di linea	Verkehrsflugzeug; Linienmaschine
aereo supersonico	Überschallflugzeug
aereo a reazione; jet (m)	Düsenflugzeug
jumbo jet (m)	Boeing 747; Großraumflugzeug
aereo a reazione di linea	Düsenverkehrsflugzeug
compagnia aerea / linea aerea	Fluggesellschaft; (Flug-)Linie
viaggiare / andare con l'aereo	mit dem Flugzeug reisen / fliegen
Ha perso la vita in un incidente aereo.	Er kam bei einem Flugzeugabsturz ums Leben.
orario aereo / piano di volo	Flugplan
(nave) portaerei (f)	Flugzeugträger

> **Flugzeug** heißt auf Italienisch entweder *aer<u>e</u>o* oder *aeroplano* (ohne *e* zwischen *r* und *o*, weil alle Wörter, die mit der Vorsilbe *aer<u>e</u>o* gebildet werden, das unterstrichene *e* verlieren).

aeroporto [aero'pɔrto]	Flughafen
Vuoi che venga a prenderti all'aeroporto?	Soll ich dich am Flughafen abholen?
Milano è servita da due aeroporti.	Mailand hat zwei Flughäfen.
terminal (m) ['tɜ:mɪnl]	Abfertigungsgebäude am Flughafen
arrivo – partenza [ar'ri:vo – par'tɛntsa]	Ankunft – Abflug
settore (m) arrivi / partenze	Ankunfts- / Abflughalle
L'arrivo è previsto alle 16.05, ma il volo ha subito un ritardo.	Die fahrplanmäßige Ankunftszeit ist 16.05 Uhr, aber der Flug wird verspätet eintreffen.

cancellare / annullare [kantʃel'la:re / annul'la:re]	streichen; ausfallen lassen
Il volo 452 è stato annullato.	Flug 452 fällt aus.
annullare / disdire una prenotazione	eine Reservierung rückgängig machen
controllo di sicurezza	Sicherheitskontrolle
metal-detector (m) ['metl dɪ'tektə(r)]	Metalldetektor
tapis-roulant (m) / tappeto mobile	(Gepäck-)Ausgabeband; Förderband
elicottero [eli'kɔttero]	Hubschrauber
noleggiare un elicottero	einen Hubschrauber chartern
l'elica	der Propeller
eliporto	Hubschrauberlandeplatz

Da erfahrungsgemäß ein bestimmter Prozentsatz von Fluggästen (= *passeggeri*) mit bestätigter Reservierung (= *prenotazione confermata*) zum Abflug nicht erscheint (= *non si presenta al check-in*), überbuchen (= *fanno prenotare un numero di posti superiori a quelli disponibili*) die Fluggesellschaften (= *compagnie aeree*) routinemäßig (= *di routine, di prassi*) ihre Flüge. Finden sich wider Erwarten alle Fluggäste zum Abflug ein, so ist die *compagnia aerea* gezwungen, überzählige *passeggeri* zurückzulassen – im Jargon der *compagnie aeree*: *lasciarli a terra.*

un **biglietto aereo** al nome di ... [un bi'ʎetto a'ɛ:reo al 'nome di]	ein Flugschein auf den Namen ...
foglio d'imbarco	Bordkarte; Einsteigekarte
L'ultimo (il più recente) aumento delle tariffe aeree ha causato una notevole diminuzione del numero dei passeggeri.	Die jüngste Erhöhung der Flugtarife hat zu einem erheblichen Rückgang der Passagiere geführt.
a bordo [a 'bordo]	an Bord; Bord-
bagaglio a bordo	Bordtasche; Kabinengepäck
Può portare solo un bagaglio a bordo.	Sie können nur ein Stück Handgepäck mit an Bord nehmen.
check-in (m) ['tʃek in]	Check-in; (Fluggast-)Abfertigungsschalter
check-out (m) ['tʃek aʊt]	Check-out
A che ora dobbiamo presentarci al(lo sportello del) check-in?	Um welche Zeit müssen wir uns am Abfertigungsschalter einfinden?
un minore non accompagnato	ein unbegleitetes Kind
passeggero **in lista d'attesa** [passed'dʒɛ:ro in 'lista dat'te:sa]	Fluggast / Passagier auf Warteliste
charter (m) ['tʃɑ:tə(r)]	Chartermaschine
prendere un charter	einen Charterflug nehmen
Si prega di allacciare le **cinture di sicurezza.** [le tʃin'tu:re di siku'rettsa]	Bitte legen Sie ihre Sicherheitsgurte an.
maschera per l'ossigeno ['maskera per los'si:dʒeno]	Sauerstoffmaske
giubbotto di salvataggio [dʒub'bɔtto di salva'taddʒo]	Schwimmweste

cockpit (m) / **cabina di pilotaggio** ['kɒkpɪt / ka'bi:na di pilo'taddʒo]	Cockpit; Pilotenkabine
cloche (f)	(der) Steuerknüppel
altimetro	(der) Höhenmesser
scatola nera	(der) Flugschreiber; (die) Blackbox
Il capitano Foselli e l'**equipaggio** vi augurano buon viaggio. [lekui'paddʒo]	Flugkapitän Foselli und seine Besatzung wünschen Ihnen einen guten Flug.
pilota (m+f) [pi'lɔ:ta]	Pilot(in); Flugzeugführer(in)
pilota automatico	(der) Autopilot
il **personale** di volo [il perso'na:le di 'vo:lo]	das Flugpersonal
il personale di terra	das Bodenpersonal
decollo – atterraggio [de'kɔllo – atter'raddʒo]	Start – Landung
pista di decollo / d'atterraggio	Start- / Landebahn
poco dopo il decollo	kurz nach dem Start
atterraggio di fortuna	Notlandung
scalo intermedio ['ska:lo inter'mɛ:djo]	Zwischenlandung
ammarare	wassern
quota di volo / di crociera	Reiseflughöhe
velocità di crociera	Reisegeschwindigkeit

Beachten Sie den Unterschied zwischen *quota* und *altitudine: altitudine è l'altezza che prende come riferimento zero il livello del mare, mentre la quota prende come riferimento zero il suolo.*

Flugbegleiter(innen) (= *personale di bordo, personale di volo*) heißen auch *steward* oder *hostess* (Fremdwörter haben im Italienischen keine Pluralform).

torre (f) **di controllo** ['torre di kon'trɔllo]	Kontrollturm; Tower
controllore (m) di volo / uomo radar (m)	Fluglotse
I controllori di volo sono in sciopero. [i kontrol'lo:ri di 'vo:lo 'so:no in 'ʃɔpero]	Die Fluglotsen streiken.
dirottare un aereo [dirot'ta:re un a'ɛ:reo]	ein Flugzeug entführen
un dirottamento aereo	eine Flugzeugentführung
dirottatori (mpl)	Flugzeugentführer
pirata (m) dell'aria	Luftpirat
aereo merci [a'ɛ:reo 'mɛrtʃi]	Frachtflugzeug
aerotrasporto / merce aerotrasportata	Luftfracht
per via aerea [per 'vi:a a'ɛ:rea]	auf dem Luftweg; per Luftpost / -fracht
spedire merci (fpl) per via aerea	Waren auf dem Luftweg versenden

19
4

Trasporti marittimi
Beförderung auf dem Wasserweg

→ 14.4 Mari, laghi, fiumi

La nave non è una creatura di fantasia, una felice libellula che beva l'azzurro svolando d'isola in isola, di mare in mare: no, no: la nave è una povera mula da soma: poco posa, molto cammina, se vuol stare a galla sul glauco.
(*Carlo Emilio Gadda, scrittore italiano, 1893–1973*)

nave (f) ['na:ve]	Schiff
una flotta di 23 navi	eine Flotte von 23 Schiffen
La nostra nave parte (salpa) domani.	Unser Schiff läuft morgen aus.
una nave cisterna battente bandiera ombra	ein unter Billigflagge fahrender Tanker
navigare	zur See fahren
varare una nave [va'ra:re 'u:na 'na:ve]	ein Schiff vom Stapel lassen
mare (m) ['ma:re]	See; Meer
con mare grosso	bei schwerer See
Purtroppo soffro il mal di mare.	Leider bin ich nicht seefest.
sofferente il mal di mare	seekrank
Uomo in mare!	Mann über Bord
lupo di mare	Seebär; Wasserratte
Lisa è in un mare di guai.	Lisa steckt in einem Haufen Schwierigkeiten.
essere in alto mare	auf hoher See sein
trasporto marittimo	Transport auf dem Seeweg
in **acque** (fpl) internazionali [in 'akkue i nternatsjo'na:li]	in internationalen Gewässern
in acque territoriali tunisine	in den tunesischen Hoheitsgewässern
imbarcarsi [imbar'karsi]	sich einschiffen
imbarcare	verschiffen
sbarcare / scendere a terra [zbar'ka:re / 'ʃendere a 'tɛrra]	von Bord gehen; an Land gehen / kommen
porto ['pɔrto]	Hafen
porto marittimo / fluviale	See- / Binnenhafen
entrare nel porto	in den Hafen einlaufen
il porto dove la nave ha attraccato / è approdata	der Hafen, in dem das Schiff anlegte
uscire dal porto / salpare	aus dem Hafen auslaufen
faro ['fa:ro]	Leuchtturm
banchina	(der) Kai
boa	(die) Boje
ancora ['ankora]	Anker
essere all'ancora	vor Anker liegen
ancorare / gettare l'ancora	(ver)ankern
fare una **crociera** ['fa:re 'u:na kro'tʃɛ:ra]	eine Kreuzfahrt machen
passeggeri di classe turistica [passed'dʒɛ:ri di 'klasse tu'ristika]	Passagiere, die im Zwischendeck reisen
(passeggero) clandestino	blinder Passagier

rotta ['rotta]	Kurs; Fahrtrichtung
cambiare rotta	den Kurs ändern
essere in rotta	auf Kurs sein
aver deviato dalla rotta	vom Kurs abgekommen sein
navigazione (f) [naviga'tsjo:ne]	(die) Schifffahrt
navigazione d'alto mare – navigazione interna	die Hochseeschifffahrt – die Binnenschifffahrt
canale (m) chiuso alla navigazione	für die Schifffahrt gesperrter Kanal
È un uomo navigato.	Er ist mit allen Wassern gewaschen.
corsi / vie d'acqua **navigabili** ['korsi / 'vi:e 'dakkua navi'ga:bili]	schiffbare / befahrbare Wasserstraßen
chiusa ['kju:sa]	Schleuse
incagliarsi / arenarsi [inka'ʎarsi / are'narsi]	auf Grund laufen; stranden
capovolgersi [kapo'vɔldʒersi]	kentern
affondare / colare a picco	sinken; untergehen
falla	das Leck
portare in salvo	bergen
giubbotto di salvataggio	Schwimmweste
annegare	ertrinken
naufragare [naufra'ga:re]	Schiffbruch erleiden
Sono naufragati.	Sie erlitten Schiffbruch.
naufrago(-a)	der / die Schiffbrüchige
Il Titanic entrò in collisione (urtò, andò a sbattere) contro un iceberg e affondò durante il suo viaggio inaugurale.	Die Titanic lief auf einen Eisberg auf und sank auf ihrer Jungfernfahrt.
Nessuna nave è **inaffondabile**. [nes'su:na 'na:ve ɛ inaffon'da:bile]	Kein Schiff ist unsinkbar.

> Die Namen der Schiffe können auf Italienisch sowohl männlich als auch weiblich sein: *la Michelangelo, il Titanic.*

cantiere (m) **navale** [kan'tjɛ:re na'va:le]	Werft
operaio di un cantiere navale	Werftarbeiter
oblò	Bullauge
timone (m)	Steuerruder
bussola	Kompass
prua – poppa ['pru:a – 'poppa]	Bug – Heck
a **bordo** di una nave [a 'bordo di 'u:na 'na:ve]	an Bord eines Schiffes
babordo – tribordo	Backbord – Steuerbord
Tutti gli uomini a bordo!	Alle Mann an Deck!
parapetto	Reling
ponte (m)	Deck
coperta	Oberdeck
traghetto [tra'getto]	Fähre
Il traghetto si è capovolto.	Die Fähre kenterte.

Il treno che porta al traghetto per Messina è in ritardo.	Der Zug zur Fähre nach Messina hat Verspätung.
canoa [ka'nɔ:a]	Kanu; Paddelboot
andare in canoa – pagaiare	Kanu fahren – paddeln
vela ['ve:la]	Segel
Sono andati in barca a vela.	Sie gingen segeln.
tavola da vela / windsurf (m)	(Wind-)Surfbrett
regata [re'gata]	Regatta; Bootswettkampf
regata velica	Segelregatta
partecipare a una regata	an einer Regatta teilnehmen
scuffiare [skuf'fja:re]	kentern (beim Segeln)

***Tipi di imbarcazioni* (= Arten von Wasserfahrzeugen)**
transatlantico (= Ozeandampfer) • *nave passeggeri* (= Passagierschiff) • *piroscafo / nave (battello) a vapore* (= Dampfschiff) • *vaporetto* (= Dampfer) • *nave da carico / mercantile* (= Frachtschiff / Frachter) • *traghetto* (= Fähre) • *nave mercantile* (= Handelsschiff) • *nave porta containers* (= Containerschiff) • *petroliera* (= Öltanker) • *superpetroliera* (= Supertanker) • *motopeschereccio a strascico* (= Fischkutter mit Schleppnetz) • *baleniera* (= Walfänger) • *piroscafo a ruote* (= Raddampfer) • *rimorchiatore* (= Schlepper) • *chiatta* (= Lastkahn) • *scialuppa di salvataggio* (= Rettungsboot) • *motobarca / motoscafo / barca a motore* (= Motorboot) • *yacht / panfilo* (= Jacht) • *barca a vela* (= Segelboot) • *barca a remi* (= Ruderboot) • *scialuppa* (= Beiboot) • *la canoa* (= Paddelboot) • *gommone* (= Schlauchboot) • *zattera* (= Floß)

***Alcune metafore „nautiche"* (= Einige „nautische" Metaphern)**
si è imbarcato in un'impresa pericolosa • *finché la barca va, lasciala andare* • *navigare in Internet* • *è un uomo navigato* • *con questo lavoro siamo ancora in alto mare* • *c'è maretta fra loro due* • *barcamenarsi*

armatore(-trice) [arma'to:re (-'tri:tʃe)]	Schiffseigner(in); Reeder(in)
capitano [kapi'ta:no]	Kapitän
marinaio [mari'na:jo]	Seemann; Matrose
equipaggio [ekui'paddʒo]	Mannschaft; Besatzung
tutti in coperta	alle Mann an Deck
tutti (gli uomini) a bordo	alle Mann an Bord
timoniere (m) – pilota (m)	Steuermann – Lotse
operatore radio (m)	Funker
pirateria [pirate'ri:a]	Piraterie
pirata (m)	Pirat
miglio marino ['mi:ʎo ma'ri:no]	(die) Seemeile
nodo	(der) Knoten
scia ['ʃi:a]	Kielwasser
tempesta [tem'pɛsta]	Sturm; Unwetter
bonaccia [bo'nattʃa]	Meeresstille; Windstille
Il mare è in bonaccia.	Das Meer ist ruhig.

Trasporti pubblici
Öffentlicher Nahverkehr

Al viaggiatore sprovvisto di biglietto o con biglietto non valido sarà applicata la normativa vigente sul vettore che rileva l'irregolarità. (*Dal retro di un biglietto ordinario urbano della rete di Milano*)

trasporto [tras'pɔrto]	Beförderung; Transport
mezzo di trasporto	Verkehrsmittel
trasporti pubblici	öffentliche Verkehrsbetriebe
metropolitana / metrò (m) [metropoli'ta:na / me'trɔ]	U-Bahn
stazione (f) della metropolitana	U-Bahnhof
andare in metropolitana	mit der U-Bahn fahren
Il mezzo più veloce per girare la città è la metropolitana.	Am schnellsten kommt man in der Stadt mit der U-Bahn voran.
Dov'è la stazione della metropolitana più vicina?	Wo ist der nächste U-Bahnhof?
Gli autobus vanno più lentamente della metropolitana.	Busse sind langsamer als U-Bahnen.
Ci vuole mezz'ora di viaggio in metropolitana.	Man braucht eine halbe Stunde mit der U-Bahn.
passeggeri della metropolitana [passed'dʒɛ:ri 'della metropoli'ta:na]	U-Bahnfahrgäste
metropolitana leggera / suburbana [metropoli'ta:na led'dʒɛra / subur'ba:na]	S-Bahn
un treno **diretto** a Piazza del Duomo [un 'trɛ:no di'rɛtto]	ein Zug Richtung Domplatz
La metropolitana suburbana va bene quando si devono percorrere distanze più lunghe.	Die S-Bahn empfiehlt sich, wenn man größere Entfernungen zurücklegen muss.
ferrovia sopraelevata [ferro'vi:a sopraele'va:ta]	Hochbahn
(ferrovia) monorotaia	Einschienenbahn
funicolare (f) [funiko'la:re]	Standseilbahn
cremagliera [krema'ʎɛ:ra]	Zahnstangenzug

Dem italienischen ***trasporti pubblici***, *mezzi di trasporto pubblici* entsprechen im Deutschen die Begriffe „öffentlicher (Personen-)Nahverkehr" bzw. „öffentliche Verkehrsmittel". Entsprechend: *usare mezzi di trasporto pubblici* (= öffentliche Verkehrsmittel benutzen), *un efficiente sistema di trasporti pubblici* (= ein leistungsfähiges System von öffentlichen Verkehrsmitteln).

tram (m) [tram]	Straßenbahn
autobus (m) [auto'bus]	Bus
Vado a scuola con l'autobus.	Ich fahre mit dem Bus zur Schule.
autobus a due piani	Doppeldecker(bus)

Gli autobus passano ogni cinque minuti.	Die Busse verkehren alle fünf Minuten.
l'autobus numero 6 (il 6)	die Buslinie 6 (die 6)
fermata dell'autobus [fer'ma:ta dellauto'bus]	Bushaltestelle
fermata obbligatoria	planmäßige Haltestelle
fermata a richiesta	Bedarfshaltestelle
filobus (m) [fi:lo'bus]	Oberleitungsbus; Obus
pullman (m) ['pulman]	Reisebus
pul(l)mino	Kleinbus
pullman granturismo	Fernreisebus
viaggio organizzato in pullman	Busreise
corriera [kor'rjɛ:ra]	Überlandbus
biglietto [bi'ʎetto]	Fahrkarte
biglietto per brevi distanze	Kurzstreckenkarte
A Monaco i prezzi dei biglietti sono differenziati per zone.	In München sind die Fahrpreise nach Zonen gestaffelt.
Il prezzo del biglietto dipende dalla lunghezza del percorso.	Der Preis einer Fahrkarte hängt von der Länge der Wegstrecke ab.
Il / La bigliettaio(-a) riscuote il prezzo del biglietto.	Der / Die Schaffner(in) kassiert das Fahrgeld.
I bambini fino a 4 anni di età non devono pagare il biglietto.	Kinder bis zu 4 Jahren fahren frei.
viaggiare senza biglietto; fare il portoghese	schwarzfahren
Chi viaggia senza biglietto deve pagare una multa salata.	Schwarzfahrern droht eine hohe Geldstrafe.
una **tariffa di viaggio** forfetaria ['u:na ta'riffa di via'ddʒo forfe'tarja]	Pauschalfahrpreis
un aumento delle tariffe dei trasporti	eine Fahrpreiserhöhung
taxi (m) **/ tassì** (m) ['taksi / tas'si]	Taxi
chiamare un taxi che passa / far segno ad un taxi di fermarsi	ein Taxi heran- / herbeiwinken
una corsa in taxi	eine Taxifahrt
parcheggio dei taxi	Taxistand
tassista (m+f)	Taxifahrer(in)
dare la mancia al tassista	dem Taxifahrer ein Trinkgeld geben
far partire / chiudere il **tassametro** [far par'ti:re / 'kju:dere il tas'sa:metro]	das Taxameter / die Uhr ein- / ausschalten
un **supplemento** di 2.000 Lire [un supple'mento di due'mi:la 'li:re]	ein Zuschlag / Aufschlag von 2000 Lire

Modi di dire utili	**(= Nützliche Wendungen)**
Scusi, come faccio ad arrivare a Brindisi?	Wie komme ich bitte nach Brindisi?
Da quale binario parte il treno per Bergamo?	Von welchem Bahnsteig fährt der Zug nach Bergamo ab?
Poi segua le indicazioni per Via Condotti.	Dann folgen Sie der Beschilderung zur Via Condotti.

Prenda la Linea Rossa in direzione Sesto San Giovanni. | Fahren Sie mit der Roten Linie (U-Bahn) in Richtung Sesto San Giovanni.

Questo treno va a Parma? | Fährt dieser Zug nach Parma?
Il treno passa per la Stazione di Mergellina. | Der Zug fährt über Mergellina Bahnhof.
Dove devo cambiare per andare a Como? | Wo muss ich nach Como umsteigen?
Quale autobus / treno va a Piazza San Pietro? | Welcher Bus / (U-Bahn-)Zug fährt zum Petersplatz?
Quando / Dove devo scendere? | Wann / Wo muss ich aussteigen?
Ci sono ancora cinque stazioni prima di arrivare a Castel Sant'Angelo. | Zur Engelsburg sind es noch fünf Stationen.
Ci arriva con la Linea Verde. | Da kommen Sie mit der Grünen Linie hin.

Fine della corsa. | Der Zug endet hier.
La scala mobile è fuori servizio. | Die Rolltreppe ist außer Betrieb.

"Non vedo l'ora di potermi sedere nel nostro consueto tram!"

Economia
Wirtschaft

20

20
1

Teoria e politica economica
Wirtschaftstheorie und -politik

Il benessere aumenta se una persona sta meglio e nessun'altra sta peggio. (*Vilfredo Pareto, economista e sociologo, 1848–1923*)

economia (politica) [ekono'mi:a po'li:tika]	(Volks-)Wirtschaft
economia (sociale) di mercato	(soziale) Marktwirtschaft
economia pianificata / programmata	Planwirtschaft
far economia	sparen
economico / economicamente	wirtschaftlich; ökonomisch
sistema economico	Wirtschaftssystem
politica economica	(die) Wirtschaftspolitik
aumentare la crescita economica	das Wirtschaftswachstum steigern
una ripresa economica lenta	eine langsame Erholung der Wirtschaft
dirigismo economico	Wirtschaftslenkung
Ha senso, economicamente parlando?	Ist es wirtschaftlich sinnvoll?
economista (m+f)	Volkswirt(schaftler)(in); Wirtschaftswissenschaftler(in)

Economico heißt sowohl wirtschaftlich (= mit der Wirtschaft zusammenhängend) als auch billig und sparsam. *L'economia* ist die Wirtschaft (eines Landes); *l'economicità* ist die Sparsamkeit / Wirtschaftlichkeit / Preisgünstigkeit.

bene (m) ['bɛ:ne]	Gut
beni e servizi	Waren und Dienstleistungen
scambio di beni	Warenaustausch / -verkehr
beni di investimento	Investitionsgüter
servizio [ser'vi:tsjo]	Dienstleistung
settore (m) dei servizi	Dienstleistungsbereich / -sektor
servizi avanzati	fortschrittliche Dienstleistungen
l'odierna società dei servizi	die heutige Dienstleistungsgesellschaft
la **domanda** e l'**offerta** [la do'manda e lof'fɛrta]	die Nachfrage und das Angebot
la legge dell'offerta e della domanda	das Gesetz von Angebot und Nachfrage
domanda complessiva / reddito complessivo	Gesamtnachfrage / -einkommen
mercato [mer'ka:to]	Markt
le forze di mercato	(die) Marktkräfte
nel mercato internazionale	auf dem Weltmarkt
libera **concorrenza** ['li:bera konkor'rɛntsa]	freier Wettbewerb
concorrenza sleale	unlauterer Wettbewerb

concorrenza accanita / aspra	heftige / scharfe Konkurrenz
concorrenza fino all'ultimo uomo	harter Verdrängungswettbewerb
restrizione (f) della concorrenza	Wettbewerbsbeschränkung
battere la concorrenza	die Mitbewerber schlagen
eliminare un concorrente dal mercato	einen Konkurrenten vom Markt verdrängen
regolamentazione (f) **governativa** [regolamenta'tsjo:ne governa'ti:va]	staatliche Regulierung / Kontrolle
deregolamentazione / deregulation (f)	Aufhebung staatlicher Kontrollen
produzione (f) [produ'tsjo:ne]	Produktion; Wirtschaftsleistung
costi (mpl) di produzione	(die) Produktionskosten
fattori produttivi (mpl) [fat'to:ri produt'ti:vi]	Produktionsfaktoren
produttività [produttivi'ta]	Produktivität
aumentare la produttività	die Produktivität erhöhen
prodotto nazionale lordo / PNL	Bruttosozialprodukt
proprietà privata [proprje'ta pri'va:ta]	Privateigentum
proprietà privata dei mezzi di produzione	Privateigentum an den Produktionsmitteln
impresa (statale) [imp're:za sta'ta:le]	(Staats-)Unternehmen
imprenditore(-trice) [imprendi'tore (-'tri:tʃe)]	Unternehmer(in)
profitto [pro'fitto]	Gewinn
i profitti di un'impresa	die Gewinne eines Unternehmens
i profitti e gli utili	Gewinne und Erträge
massimizzare i profitti	die Gewinne maximieren
libera **iniziativa** ['li:bera initsja'ti:va]	freies Unternehmertum
capitale (m) [kapi'ta:le]	Kapital
accumulare capitale	Kapital bilden
benessere (m) [be'nɛssere]	Wohlstand
ricchezza [rik'kettsa]	Reichtum
creare ricchezza	Vermögen bilden
patrimonio [patri'mɔ:njo]	Vermögen
patrimonio nazionale	(das) Volksvermögen
bilancia commerciale [bi'la:ntʃa kommer'tʃa:le]	Handelsbilanz
bilancia dei pagamenti	Zahlungsbilanz
un **bilancio** in pareggio [un bi'la:ntʃo in pa'reddʒo]	ein ausgeglichener (Staats-)Haushalt
deficit (m) di bilancio ['dɛfitʃit di bi'lantʃo]	Haushaltsdefizit
finanziamento del deficit	Defizitfinanzierung
debito pubblico ['de:bito 'pubbliko]	Staatsschuld
indebitamento dello Stato [indebita'mento 'dello 'sta:to]	Staatsverschuldung
misure (fpl) d'**austerità** [mi'zu:re dausteri'ta]	Sparmaßnahmen
razionamento [ratsjona'mento]	Rationierung

tagliare i **sussidi** [ta'ʎa:re i sus'si:di]	Subventionen abbauen
eliminare le **barriere commerciali** [elimi'na:re le bar'rjɛ:re kommer'tʃa:li]	Handelsschranken beseitigen
ridurre / aumentare i **tassi di interesse** [ri'durre / aumen'ta:re i 'tassi di inte'rɛsse]	die Zinsen senken / erhöhen
il **tenore di vita** [il te'no:re di 'vi:ta]	der Lebensstandard
costo della vita ['kɔsto 'della 'vi:ta]	die Lebenshaltungskosten
prezzo ['prɛttso]	Preis
prezzo di listino / di catalogo	Listen- / Katalogpreis
prezzo d'acquisto / prezzo di costo	Einkaufspreis
prezzo al dettaglio	Einzelhandels- / Ladenpreis
aumento dei prezzi	Preissteigerung
etichetta del prezzo	Preisschild
contrattare sul prezzo	einen Preis aushandeln
ridurre / abbassare i prezzi	die Preise senken
I prezzi sono stati aumentati.	Die Preise wurden erhöht.
I prezzi stanno salendo.	Die Preise steigen.
chiedere un prezzo troppo alto a qualcuno	jemandem zuviel abverlangen
Con questi aumenti dei prezzi non furono più concorrenziali.	Sie waren durch überhöhte Preise nicht mehr wettbewerbsfähig.
potere (m) **d'acquisto** [po'te:re dakku'isto]	Kaufkraft
consumo [kon'su:mo]	Verbrauch; Konsum
prezzi al consumo	Verbraucherpreise
(in)stabilità [(in)stabili'ta]	(In-)Stabilität
congiuntura [kondʒun'tu:ra]	Konjunktur
espansione (f) [espan'sjo:ne]	Aufschwung
recessione (f) [retʃes'sjo:ne]	Rezession; Konjunkturrückgang
inflazione (f) – **deflazione** (f) [infla'tsjo:ne – defla'tsjo:ne]	Inflation – Deflation
tasso di inflazione	Inflationsrate
inflazione strisciante	schleichende Inflation
inflazione galoppante	galoppierende Inflation
inflazione a due cifre	eine zweistellige Inflationsrate
inflazione a tre cifre	eine dreistellige Inflationsrate
stagflazione (f)	Stagflation
l'azienda Italia [ad'dʒjɛnda i'ta:lja]	Standort Italien
delocalizzazione (f) [delokaliddza'tsjo:ne]	Produktionsverlagerung

Il mondo degli affari
Die Geschäftswelt

→ 12.7 Acquisti, 20.3 Il sistema valutario e finanziario

Uno scambio di merci vale più di uno scambio di idee. (*Nelo Risi, poeta, *1920*)

affare (m) [af'fa:re]	Geschäft
gli affari	die Geschäfte
Gli affari vanno bene / male.	Die Geschäfte laufen gut / schlecht.
È la responsabile per la gestione dei nostri affari in Africa.	Sie ist für unser Afrikageschäft zuständig.
nel nostro settore (d'affari) / nel nostro ramo	in unserer Branche
Affare fatto!	Abgemacht!
senso degli affari	Geschäftssinn
uomo / donna d'affari	Geschäftsmann / -frau
uomo / donna in carriera	Karrieremann / -frau
lavorare [lavo'ra:re]	arbeiten
(Lei) Lavora nel settore tessile.	Sie ist in der Textilbranche.
Lavoriamo molto con loro.	Wir haben viel mit ihnen zu tun.
ditte con cui lavoriamo insieme da anni	Firmen, mit denen wir seit Jahren Geschäfte machen
(Lei) è qui per lavoro?	Sind Sie geschäftlich hier?
un appuntamento di lavoro	ein geschäftlicher Termin
commercio [kom'mɛrtʃo]	Handel(sverkehr)
Camera di Commercio (dell'Industria e dell'Artigianato)	(Industrie-, Handwerks- und) Handelskammer
Ministero del Commercio	Handelsministerium
commerciale	kaufmännisch; kommerziell; Handels-
interessi (mpl) commerciali	kommerzielle Interessen
italiano commerciale	Handelsitalienisch
commerciante (m+f)	Kaufmann / -frau
commerciante (m+f) di armi (fpl)	Waffenhändler(in)
vendere ai commercianti / dettaglianti	an Händler / Wiederverkäufer verkaufen
commerciare in qualcosa	mit etwas handeln
proprietario(-a) [proprje'ta:rjo]	Eigentümer(in)
proprietario(-a) di un negozio / negoziante (m+f)	Ladenbesitzer(in)
ditta ['ditta]	Firma
spettabile ditta XY	(in Italien höflichere Anrede für die Handelskorrespondenz mit einer Firma)
Ho rilevato una ditta di spedizioni.	Ich habe eine Speditionsfirma übernommen.
azienda [ad'dʒjɛnda]	Betrieb
un'azienda a gestione familiare	Familienbetrieb
aziende comunali (fpl) / aziende municipalizzate (fpl)	Stadtwerke

la cultura aziendale	Unternehmenskultur
scalata (acquisto di un'azienda)	Firmenkauf (durch Erwerb einer Mehrheit von Anteilen)
dirigere un'azienda	ein Unternehmen leiten
società [sotʃe'ta]	Gesellschaft
società di persone	Personen- / Personalgesellschaft
società di capitale	Kapitalgesellschaft
società incorporante	übernehmende Gesellschaft
società incorporata	eingegliederte Gesellschaft
società madre	Muttergesellschaft
società affiliata / consocietà	Tochtergesellschaft
società senza scopo di lucro	gemeinnützige Gesellschaft
socio accomandante	Kommanditist
socio accomandatario	Komplementär; Vollhafter
ragione (f) sociale	Firma (*Eintrag ins Handelsregister*)
fusione (f) [fu'zjo:ne]	Verschmelzung; Fusion
acquisizione (f) [akkuizi'tsjo:ne]	Neuerwerbung; Übernahme
gruppo multinazionale ['gruppo multinatsjo'na:le]	multinationaler Konzern
impresa [imp're:za]	Unternehmen
un'impresa in difficoltà	ein in Schwierigkeiten geratenes Unternehmen
Si tratta di un'impresa operante con notevole successo nel settore delle esportazioni.	Es handelt sich um ein florierendes Exportunternehmen.
consorzio / gruppo di imprese	Konzern; Unternehmensgruppe
la Fiat e altri grandi gruppi industriali	Fiat and andere riesige Industriekonzerne
responsabilità (il)limitata [responsabili'ta (il)limi'ta:ta]	(un)beschränkte Haftung
offerta pubblica di acquisto / OPA [of'fɛrta 'pubblika di akku'isto / 'o:pa]	Übernahme(angebot)
andare in **liquidazione** (f) [an'da:re in likuida'tsjo:ne]	in Liquidation gehen
fallimento [falli'mento]	Konkurs

SpA : Società per Azioni (= AG) • *Srl : Società a responsabilità limitata* (= GmbH) • *Snc : Società in nome collettivo* (= OHG) • *Sas : Società in accomandita semplice* (= KG) • *Saa : Società in accomandita per azioni* (= KGaA) • *Società semplice* (= Gesellschaft des Bürgerlichen Rechts [GbR]) • *Società individuale* (= Einzelgesellschaft)

industriale (m+f) [indus'trja:le]	Industrielle(r)
direttore(-trice) [diret'to:re(-'tri:tʃe)]	Direktor(in)
direttore delle vendite	Verkaufsleiter(in)
dirigente (m+f) [diri'dʒɛnte]	Leiter(in); leitende(r) Angestellte(r)
(dirigente) responsabile EDP	Leiter(in) der EDV-Abteilung

quadri intermedi (mpl) [ku'a:dri inter'mɛ:di]	mittleres Management
gestione (f) [dʒes'tjo:ne]	Geschäftsführung
uno stile di gestione dinamico	ein zupackender Führungsstil
top-manager (m+f) ['tɒp 'mænɪdʒə(r)]	Spitzenmanager(in)

Die italienische *società per azioni* (= **Aktiengesellschaft**) hat drei Organe: *assemblea generale* (= die Hauptversammlung oder HV), *collegio dei sindaci* oder auch *collegio sindacale* (= Rechnungsprüfungskollegium) sowie *consiglio d'amministrazione* (= Verwaltungsrat) mit dem *presidente del consiglio d'amministrazione* und dem *amministratore delegato* (= geschäftsführender Vorstand). Die gegenüber der deutschen AG abweichende Namensgebung liegt daran, dass Zusammensetzung und Aufgaben der Organe etwas anders geregelt sind als in Deutschland. Dem *consiglio d'amministrazione* können, anders als dem Vorstand der deutschen AG (= *consiglio direttivo*), unternehmensfremde Personen angehören, im *collegio dei sindaci* sitzen, anders als im deutschen Aufsichtsrat (= *consiglio di sorveglianza*), Rechnungsprüfer, dafür aber keine Vertreter des Betriebsrats (= *commissione interna*).

Mit **Titeln** ist man in Italien großzügig: *direttori* können je nach Größe der Gesellschaft Verwaltungsratsmitglieder, Direktoren, aber auch nicht mehr als Abteilungsleiter sein. Ein *direttore / responsabile del marketing* entspräche in etwa einem Marketingleiter, ein *direttore / responsabile delle vendite* einem Verkaufs- bzw. Vertriebsleiter und ein *direttore / responsabile del personale (delle risorse umane)* wäre ein Leiter der Personalabteilung.

È stato nominato Presidente del Consiglio d'Amministrazione. (= Er wurde zum Verwaltungsratsvorsitzenden berufen.)

fatturato [fattu'ra:to]	(der) Umsatz
avere un fatturato di un miliardo e mezzo	einen Umsatz von 1,5 Milliarden haben
Il fatturato è aumentato del 9 per cento.	Der Umsatz ist um 9 Prozent gestiegen.
Si è avuto un notevole incremento delle **entrate**. [ent'ra:te]	Die Erträge sind sprunghaft angestiegen.
conseguire dei **profitti** [konsegu'i:re dej pro'fitti]	Gewinn erzielen
margini di profitto ampi / ridotti	große / kleine Gewinnspannen
Sono aumentati gli **utili di esercizio.** ['so:no aumen'ta:ti ʎi 'u:tili di ezer'tʃitsjo]	Die Betriebsgewinne sind gestiegen.
lucrativo [lukra'ti:vo]	gewinnbringend; rentabel
redditività [redditivi'ta]	Rentabilität
in attivo / passivo [in at'ti:vo / pas'si:vo]	in den schwarzen / roten Zahlen
perdere ['pɛrdere]	verlieren
perdita	Verlust
subire delle forti perdite	hohe Verluste erleiden
Rischiano di subire delle forti perdite.	Es drohen ihnen hohe Verluste.

Hanno versato **tangenti** (fpl) **/ bustarelle** ammontanti a un valore di parecchi milioni. [tan'dʒɛnti busta'rɛlle]	Sie haben Schmiergelder / illegale Provisionen in Millionenhöhe bezahlt.
vendere ['vendere]	verkaufen
l'arte del vendere	die Kunst des Verkaufens
vendita ['vendita]	Verkauf
metodi (mpl) morbidi / aggressivi di vendita	weiche / harte Verkaufsmethoden
incrementare le vendite	die Umsätze in die Höhe treiben
le cifre più recenti riguardanti le vendite	die neuesten Verkaufs- / Umsatzzahlen
una contrazione delle vendite	ein Umsatzrückgang
una forte caduta delle vendite	ein dramatischer Umsatzrückgang
Si è verificato un calo delle vendite.	Die Umsätze sind zurückgegangen.
venditore(-trice)	Verkäufer(in)
commesso(-a)	Verkäufer(in) in einem Ladengeschäft
rappresentante (m+f) [rapprezen'tante]	Vertreter(in); Repräsentant(in)
rappresentanza esclusiva	Alleinvertretung
i nostri rappresentanti	unser Vertreterstab / Außendienst
commesso viaggiatore [kom'messo viaddʒa'to:re]	(Handels-)Vertreter(in)
una **provvigione** del 25 per cento ['u:na provvi'dʒo:ne]	eine Provision von 25 Prozent
vendita **all'ingrosso / al dettaglio** ['vendita allin'grɔsso / al det'ta:ʎo]	Groß- / Einzelhandel
grossista / commerciante (m+f) all'ingrosso	Großhändler(in)
dettagliante (m+f) / venditore(-trice) al dettaglio	Einzelhändler(in)
merce (f) ['mɛrtʃe]	Ware
consegnare le merci	Waren ausliefern
articolo [ar'ti:kolo]	Artikel
un articolo che ha avuto successo	ein erfolgreicher (Waren-)Artikel
un articolo contraffato	Plagiat; „abgekupferter" Artikel
Questo articolo si vende molto bene.	Dieser Artikel ist ein Renner.
Questi articoli sono troppo cari.	Diese Waren sind zu teuer.
un(a) cliente **potenziale** [poten'tsja:le]	ein(e) potentielle(r) Kunde / Kundin
comprare [kom'pra:re]	(an- / ein)kaufen
Vogliamo comprare una serie di nuovi PC.	Wir wollen eine Reihe neuer Pcs kaufen.
in base alle clausole del **contratto** [kon'tratto]	gemäß den Vertragsbestimmungen
offrire [of'fri:re]	anbieten
fare un'offerta per qualcosa	ein Angebot für etwas abgeben
dare un **ordine** ad una ditta ['da:re un'ordine]	einen Auftrag an eine Firma erteilen
dare esecuzione (f) ad un ordine / eseguire un ordine	einen Auftrag ausführen
l'esecuzione (f) di un ordine	die Auftragsausführung

consegnare qualcosa [konse'ɲa:re kual'kɔ:sa]	etwas (aus)liefern
Mi può consegnare questi articoli?	Können Sie diese Artikel liefern?
fornire	liefern
consegna / fornitura	Lieferung
fare una consegna direttamente dal magazzino	vom Lager (aus)liefern
la consegna della merce	die Waren(aus)lieferung
fornitore(-trice) [forni'to:re(-'tri:tʃe)]	Lieferant(in)
spedire / inviare qualcosa [spe'di:re / invi'a:re kual'kɔ:sa]	etwas versenden
spedizione (di merci) (f)	(Waren-)Sendung
documenti (mpl) di spedizione / di trasporto	Versandpapiere / -dokumente
distinta colli [di'stinta 'kɔlli]	Packliste
magazzino [magad'dzi:no]	Lager
Questo modello (non) è a magazzino.	Dieses Modell ist (nicht) vorrätig.
franco magazzino	frei Lager
magazzinaggio di una merce	Lagerung einer Ware
giacenze (fpl) di magazzino	Lager- / Warenbestand
Le nostre **scorte** si stanno esaurendo. [le 'nɔstre 'skɔrte]	Unsere Vorräte gehen langsam zur Neige.
Salvo esaurimento scorte.	Solange der Vorrat reicht.
inventario [inven'ta:rjo]	Inventur
fare l'inventario	Inventur machen
con beneficio d'inventario	mit allem Vorbehalt
garantire [garan'ti:re]	garantieren (für)
(certificato di) garanzia	Garantie(schein)
una garanzia di 2 anni	eine zweijährige Garantie
Non è coperto da garanzia.	Das fällt nicht unter die Garantie.
importazioni (fpl) **– esportazioni** (fpl) [importa'tsjo:ni – esporta'tsjo:ni]	Einfuhr – Ausfuhr
import (m) – export (m)	Import – Export
importare / esportare qualcosa	etwas importieren / exportieren
concedere una **licenza d'esercizio** [kon'tʃɛ:dere 'u:na li'tʃɛntsa dezer'tʃi:tsjo]	eine Lizenz / Konzession erteilen

Il sistema valutario e finanziario
Geld- und Finanzwesen

→ 6.8 Tasse, 20.1 Teoria e politica economica, 20.2 Il mondo degli affari

Io chiamo correre la moneta quel passare ch'ella fa d'una mano in un'altra come prezzo d'opera o di fatiche, sicché produca in colui che la dà via, acquisto o consumazione di qualche comodità. (*Ferdinando Galiani, economista, 1728–1787*)

soldi (mpl) ['sɔldi]	Geld
guadagnare (molti) soldi	(viel) Geld verdienen
Ci sono pochi soldi.	Das Geld ist knapp.
denaro [de'na:ro]	Geld
una forte / piccola somma di denaro	ein großer / kleiner Geldbetrag
Sono alquanto a corto di denaro.	Ich bin ziemlich knapp bei Kasse.
Non ho **contanti.** (mpl) [non'ɔ kon'tanti]	Ich habe kein (Bar-)Geld bei mir.
cinquemila marchi in contanti	5000 DM in bar
Paga in contanti?	Zahlen Sie bar?
pagamento in contanti	Barzahlung
guadagnare [guada'ɲa:re]	verdienen
registratore (m) **di cassa** [redʒistra'to:re di 'kassa]	(Registrier- / Laden-)Kasse
chiedere qualcosa per qualcosa [kjɛ:dere]	etwas für etwas verlangen / berechnen
Quanto ha chiesto per quel lavoro?	Wieviel hat er für die Arbeit berechnet?
addebitare su [addebi'ta:re su]	belasten; abbuchen von
Lo addebiti sul mio conto.	Belasten Sie es meinem Konto.
costare [ko'sta:re]	kosten
Costa / È costato 500 marchi.	Es kostet(e) 500 DM.
Costano / Sono costati 60 Pfennig l'uno.	Sie koste(te)n 60 Pfennig das Stück.
cambiare una banconota / un biglietto da 100 marchi [kam'bja:re]	einen Hundertmarkschein wechseln
Può cambiarmi un marco?	Können Sie mir eine Mark wechseln?
Ha diecimila lire da cambiare in spiccioli?	Können Sie mir 10000 Lire in Kleingeld wechseln?

Monete italiane **(= Italienische Münzen)**
5 Lire, 10 Lire, 20 Lire (diese drei Münzen sind kaum mehr zu finden).
50 Lire, 100 Lire, 200 Lire, 500 Lire

Banconote italiane **(= Italienische Geldscheine)**
1.000 Lire, 2.000 Lire, 5.000 Lire, 10.000 Lire, 20.000 Lire, 50.000 Lire, 100.000 Lire

pagare [pa'ga:re]	(be)zahlen
pagare la merce / il taxi	die Waren / das Taxi bezahlen
(Lei) ha pagato tutti i suoi debiti.	Sie hat alle ihre Schulden bezahlt.
pagare con un assegno / con la carta di credito	mit Scheck / Kreditkarte bezahlen
pagamento / saldo di una fattura ancora in sospeso	Bezahlung / Ausgleich einer offenen Rechnung
fattura [fat'tu:ra]	(Waren-)Rechnung; Faktura
pagare un conto / una fattura	eine Rechnung bezahlen
conto ['konto]	Rechnung
Per favore, il conto!	Die Rechnung, bitte!

Il conto ist eine Rechnung im Restaurant, *la fattura* ist eine Rechnung über Waren oder Dienstleistungen.

bolletta [bol'lɛtta]	Gebührenrechnung
scontrino [skon'tri:no]	Kassenbon
saldare un conto / una fattura [sal'da:re]	ein Konto ausgleichen / eine Rechnung begleichen
portafoglio [porta'fɔ:ʎo]	Brieftasche
spendere soldi ['spɛndere 'soldi]	Geld ausgeben
spese (fpl)	Ausgaben; Aufwendungen
prestare soldi a qualcuno [pre'sta:re]	jemandem Geld leihen
prendere in prestito soldi da qualcuno	(sich) Geld von jemandem borgen

Das deutsche „sich Geld leihen bzw. borgen" hat keine rückbezügliche Entsprechung im Italienischen! Ein mögliches *„prestarsi soldi"* würde heißen, dass man sich selbst Geld leiht. Entsprechend müssen Sie sagen: *Ho preso in prestito mezzo milione da quell'usuraio di via Merulana.* (= Ich habe mir eine halbe Million Lire bei dem Wucherer in der via Merulana geliehen.) Oder: *Mi faccio prestare soldi da mia madre.* (= Ich leihe mir Geld bei meiner Mutter.)

risparmiare soldi [rispar'mja:re soldi]	Geld sparen
incoraggiare il risparmio	zum Sparen anregen
aliquota di risparmio	die Sparquote
cassa di risparmio	Sparkasse
cassa di risparmio immobiliare	Bausparkasse
banca ['banka]	Bank
commissioni bancarie (fpl) / spese bancarie (fpl)	Bankspesen / -gebühren
codice (m) di avviamento bancario	Bankleitzahl (*in Italien noch relativ neu*)
banchiere (m) – direttore(-trice) di filiale	Bank(i)er – Zweigstellenleiter(in)
Banca Centrale	(die) Zentralbank
la Banca d'Italia	die italienische Zentralbank
aprire un **conto** presso una banca [a'pri:re un 'konto]	bei einer Bank ein Konto eröffnen
conto corrente	Girokonto

conto a (di) risparmio	Sparkonto
conto a termine / conto vincolato	Festgeldkonto
versare soldi su un conto	Geld auf ein Konto einzahlen
effettuare un **bonifico** [effettu'a:re un boni:'fiko]	Geld auf ein Konto überweisen
bancomat (m) ['bankomat]	Geldautomat
depositi bancari (mpl) [de'pɔ:ziti ban'ka:ri]	Bankeinlagen
prelevare (soldi) [prele'va:re ('soldi)]	(Geld) abheben
effettuare un prelievo	Geld abheben
mutuo (edilizio) ['mu:tuo (edi'li:tsjo)]	Baudarlehen
tesoriere (m) **/ cassiere** (m) [tezo'rjɛ:re / kas'sjɛ:re]	Schatzmeister; Kassenwart
tesoriere comunale	Stadtkämmerer
politica **finanziaria** [po'li:tika finan'tsja:rja]	(die) Finanzpolitik
valuta [va'lu:ta]	Währung
politica valutaria	Währungspolitik
valuta estera	Devisen
unione monetaria / unione valutaria	(die) Währungsunion
cambi (mpl) / le quotazioni dei cambi ['kambi / le kuota'tsjo:ni dej 'kambi]	Wechsel- / Devisenkurse
politica dei cambi	(die) Geld(markt)politik
moneta [mo'ne:ta]	Währung
Sistema Monetario Europeo / SME	(das) europäische Währungssystem
creare una moneta comune	eine gemeinsame Währung schaffen
una **svalutazione** del 10% ['u:na zvaluta'tsjo:ne del 'djɛtʃi per 'tʃɛnto]	eine zehnprozentige Abwertung
La Lira è stata **svalutata** del 15%. [la 'li:ra ɛ 'sta:ta zvalu'ta:ta 'del 'kwinditʃi per 'tʃɛnto]	Die Lira wurde um 15% abgewertet.
investire [inve'sti:re]	investieren
investire milioni in un progetto	Millionen in ein Projekt investieren
un investimento altamente redditizio	eine höchst lukrative Geldanlage
investitore(-trice)	Investor(in)
finanziare un progetto [finan'tsja:re un pro'dʒɛtto]	ein Projekt finanzieren
La nostra posizione finanziaria è soddisfacente.	Unsere finanzielle Lage ist zufriedenstellend.
se non si può ottemperare ai propri impegni finanziari	wenn man seinen finanziellen Verpflichtungen nicht nachkommen kann
la loro capacità finanziaria	ihre Finanzkraft
mercati finanziari (mpl)	die Finanzmärkte
lo scorso esercizio finanziario	das vorangegangene Geschäftsjahr
evitare lo stato di **insolvenza** [evi'ta:re lo 'sta:to di insol'vɛntsa]	Zahlungsunfähigkeit abwenden
diventare insolventi	zahlungsunfähig werden
accordare / restituire un **credito** [akkor'da:re / restitu'i:re un 'kre:dito]	einen Kredit gewähren / zurückzahlen
(Lui) ha molti crediti.	Er hat viele Forderungen.

creditore (m) / debitore (m)	Gläubiger; Schuldner
partecipazione (f) **agli utili** [partetʃipa'tsjo:ne 'a:ʎi 'u:tili]	Gewinnanteil
proventi massimi (mpl) [pro'vɛnti 'massimi]	maximale Erträge
il bilancio di fine anno [il bi'lantʃo di 'fi:ne 'anno]	die Jahresbilanz
attivo e passivo [at'ti:vo e pas'si:vo]	Aktiva und Passiva
voci all'attivo	Aktivposten
voci al passivo	Passivposten
contabilità [kontabili'ta]	die Buchführung
contabilità semplice	die einfache Buchführung
(contabilità a) partita doppia	die doppelte Buchführung
il reparto / l'ufficio contabilità / ragioneria	die Buchhaltung
contabile (m+f)	Buchhalter(in)
ragioniere(-a)	Bilanzbuchhalter(in)
pagare qualcosa a **rate** [pa'ga:re kual'kɔ:sa a 'ra:te]	etwas in Raten bezahlen
La prima rata scade a maggio.	Die erste Rate ist im Mai fällig.
prendere una macchina in **leasing** ['prendere 'u:na 'makkina in 'li:ziŋ]	einen Wagen leasen
reddito pro capite ['reddito pro 'ka:pite]	Pro-Kopf-Einkommen
reddito disponibile	verfügbares Einkommen
Borsa (Valori) ['borsa (va'lo:ri)]	die Börse
Borsa (Merci)	Warenbörse
operatore(-trice) di borsa	Makler(in); Börsianer(in)
procuratore (m) di borsa	Maklersubstitut
operazione (f) di borsa	(das) Börsengeschäft
crollo in borsa	Zusammenbruch des Aktienmarktes
speculatore(-trice) [spekula'to:re (-'tri:tʃe)]	Spekulant(in)
rialzo in Borsa [ri'altso in 'borsa]	(*Börse*) Hausse
ribasso in Borsa [ri'basso in 'borsa]	(*Börse*) Baisse
azioni (fpl) [a'tsjo:ni]	Aktien
crollo del mercato azionario	Zusammenbruch des Aktienmarktes
titoli e valori ['ti:toli e va'lo:ri]	Wertpapiere
titoli a reddito fisso	festverzinsliche Wertpapiere
obbligazione (f) [obbliga'tsjo:ne]	Obligation
fondo comune di investimento ['fondo ko'mu:ne di investi'mento]	Investmentfonds

Pubblicità
Werbung

La pubblicità ha soltanto una ragione d'essere: quella di agganciare la curiosità del pubblico con la massima originalità, la massima sintesi, il massimo dinamismo, la massima simultaneità e la massima portata mondiale.
(Filippo Tommaso Marinetti, scrittore fondatore del futurismo, 1876–1944)

pubblicità [pubblitʃi'ta]	Werbung
pubblicità aggressiva e rumorosa	(Reklame-)Rummel; Publicity
agenzia pubblicitaria	Werbeagentur
concezione (f) / formula pubblicitaria	Werbekonzeption
campagna pubblicitaria	Werbekampagne / -feldzug
lanciare una campagna pubblicitaria	eine Werbekampagne lancieren / starten
Hanno un elevato budget pubblicitario.	Sie haben einen großen Werbeetat.
slogan (m) pubblicitario	Werbeslogan
pubblicità ingannevole	irreführende Werbung
Non è una buona pubblicità per noi.	Das ist keine gute Reklame für uns.
Hanno avuto una cattiva pubblicità.	Sie kamen ins Gerede.
settore (m) pubblicitario	die Werbeindustrie / -branche
reparto / ufficio pubblicità	Werbeabteilung
direttore(-trice) dell'ufficio pubblicità	Werbeleiter(in)
mezzo pubblicitario	Werbemittel
piccola pubblicità / annunci economici	Kleinanzeige
materiale (m) pubblicitario	Werbematerial / -unterlagen
testimonial (m+f) (pubblicitario)	Werbeträger
dépliant (m) pubblicitario	Faltblatt
brochure (f) pubblicitaria	Broschüre
opuscolo pubblicitario / prospetto	Werbeschrift; Prospekt
volantino pubblicitario	Werbezettel; Prospekt
spedizione postale pubblicitaria	Infopost; Postwurfsendungen
pubblicità postale	Reklamesendungen
distribuire coupons pubblicitari	(Werbe-)Gutscheine verteilen
réclame (f) [rek'lam]	Reklame
reclamizzare un prodotto	für ein Produkt Reklame machen
target pubblicitari (mpl) [tɑ:gɪt pubblitʃi'ta:ri]	Werbeziele
target di consumatori	Zielgruppe
fascia di età	Altersgruppe
lanciare un nuovo prodotto sul mercato [lan'tʃa:re un nu'ɔ:vo pro'dotto sul mer'ka:to]	ein neues Produkt einführen
spot pubblicitari (mpl) *(alla Tv / alla Radio)* ['spɔt pubblitʃi'ta:ri ('alla ti'vu / 'alla 'ra:djo)]	*(Fernseh- / Radio-)* Werbespots

cartellone (m) / **manifesto** pubblicitario [kartel'lo:ne / mani'fɛsto pubblitʃi'ta:rjo]	Reklame- / Plakatwand
inserzione (f) pubblicitaria [inser'tsjo:ne pubblitʃi'ta:rja]	(Werbe-)Anzeige; Reklame
mettere un'inserzione	eine Anzeige schalten
prezzi (mpl) / tariffe (fpl) delle inserzioni	Anzeigentarif(e) / -preise
inserzionista (m+f)	Inserent(in)
regalo promozionale [re'ga:lo promotsjo'na:le]	Werbegeschenk
azione promozionale (f) "compri 3 paghi 2"	Werbeaktion: „Kaufen Sie 3 zum Preis von 2"
promozione (f)	Verkaufsförderung
promuovere un prodotto	für ein Produkt Werbung machen
riscontro [ri'skontro]	Rücklauf
eco (f) positiva / negativa ['ɛ:ko pozi'ti:va / nega'ti:va]	positives / negatives Echo
(conto) preventivo ['konto preven'ti:vo]	Kosten(vor)anschlag
art director (m+f) ['ɑ:t daɪ'rektə(r)]	künstlerische(r) Leiter(in) einer Werbeagentur
copywriter (m+f) ['kɒpɪraɪtə(r)]	(Werbe-)Texter(in)
testo pubblicitario ['tɛsto pubblitʃi'ta:rjo]	Werbetext
creativo [krea'ti:vo]	kreativ; schöpferisch; gestaltend
marketing (m) ['mɑ:kɪtɪŋ]	Marketing
marketing diretto	Direktmarketing; Direktwerbung
telemarketing (m)	Verkauf / Werbung per Telefon
orientato verso il mercato [orjen'ta:to 'vɛrso il mer'ka:to]	marktorientiert
ricerca di mercato [ri'tʃerka di mer'ka:to]	(die) Marktforschung
Le **pubbliche relazioni** sono molto importanti. [le 'pubblike rela'tsjo:ni]	(Die) Öffentlichkeitsarbeit ist sehr wichtig.
Hanno chiamato un esperto di public relation (PR) per ridare smalto alla loro **immagine** (f). [im'ma:dʒine]	Sie holten sich einen PR-Fachmann, der ihr Image aufpolieren sollte.
la nostra immagine aziendale	unser Firmen-Image
la nostra **identità aziendale** [identi'ta adzjen'dale]	die Identity unseres Unternehmens
avviamento [avvia'mento]	Goodwill; ideeller Firmenwert
fedeltà del consumatore [fedel'ta del konsuma'to:re]	Markentreue (des Verbrauchers)
logo(tipo) [logo'ti:po]	(Firmen-)Signet / Logo

Assicurazioni
Versicherungen

I caratteri tipografici più piccoli in assoluto sono quelli delle polizze di assicurazione. Si riesce a leggerli solo con un visus di undici decimi. (*Giulio Andreotti, uomo politico, *1920*)

assicurazione (f) [assikura'tsjo:ne]	Versicherung
stipulare un'assicurazione	eine Versicherung abschließen
Sono assicurato privatamente.	Ich bin privat versichert.

Eine **Versicherung** ist je nach Bedeutung *una polizza assicurativa / una polizza* oder aber *una impresa di assicurazioni.*

assicurazione obbligatoria	Pflicht- / Zwangsversicherung
assicurazione privata	Privatversicherung
assicurazione sulla vita	Lebensversicherung
assicurazione contro gli infortuni	Unfallversicherung
assicurazione contro l'invalidità	Invaliditätsversicherung
assicurazione contro l'invalidità permanente	Pflegeversicherung
assicurazione contro gli incendi	Feuerversicherung
assicurazione automobilistica	Kfz-Versicherung
assicurazione della responsabilità civile autoveicoli	Kfz-Haftpflichtversicherung
assicurazione mobiliare	Hausratversicherung
assicurazione contro tutti i rischi	Vollkaskoversicherung
assicurazione parziale contro tutti i rischi	Teilkaskoversicherung
assicurazione per responsabilità contro terzi	(*Kfz*) Haftpflichtversicherung
assicurazione sulla responsabilità civile contro terzi	Haftpflichtversicherung
polizza di assicurazione	Versicherungspolice / -schein
agente (m+f) di assicurazione	Versicherungsvertreter(in)
tariffe assicurative (fpl) [ta'riffe assikura'ti:ve]	(die) Versicherungstarife
assicurarsi contro un rischio [assiku'rarsi 'kontro un 'riskjo]	sich gegen ein Risiko versichern
Siamo assicurati contro i furti?	Sind wir gegen Diebstahl versichert?
stipulare un'assicurazione [stipu'la:re unassikura'tsjo:ne]	eine Versicherung abschließen
rischio assicurato ['riskjo assiku'ra:to]	versichertes Risiko
sopportare un rischio	eine Gefahr tragen
a proprio rischio e pericolo	auf eigene Gefahr
contro tutti i rischi	gegen alle Risiken
contraente (m+f) **dell'assicurazione** [kontra'ɛnte dellassikura'tsjo:ne]	Versicherungsnehmer(in)
persona assicurata	die versicherte Person

assicuratore(-trice) [assikura'to:re (-'tri:tʃe)]	Versicherer(in)
copertura assicurativa [koper'tu:ra assikura'ti:va]	Versicherungsschutz
Siamo sufficientemente coperti dall'assicurazione?	Sind wir ausreichend versichert?
procurare una copertura assicurativa	Versicherungsschutz gewähren
lettera di copertura / impegno di copertura	Deckungskarte / -zusage
compilare un **modulo** [kompi'la:re un 'mɔ:dulo]	ein Formular ausfüllen
in base alle clausole della polizza	gemäß den Versicherungsbedingungen
premio annuale ['prɛ:mjo annu'a:le]	Jahresprämie; jährlicher Beitrag
danno ['danno]	Schaden
liquidare un danno	einen Schaden / Anspruch regulieren
liquidazione di un danno	Regulierung eines Schadens
rimborsare i danni a qualcuno	jemandem einen Schaden ersetzen
risarcire i danni	entschädigen
dichiarare un danno	einen Schaden anzeigen / melden
danni provocati da cause di forza maggiore	durch höhere Gewalt verursachte Schäden
sinistro [si'nistro]	Schaden
caso di sinistro	Schaden(s)fall
indennizzo [inden'nittso]	Entschädigung
indennizzare	Schadenersatz leisten
leggere attentamente la clausole vessatorie	das Kleingedruckte sorgfältig lesen

"Hai provveduto ad assicurare l'auto contro tutti i rischi?"

Beni immobili
Immobilien

La roba. Vuol stare con chi sa tenerla, e non la sciupa. (*Giovanni Verga, scrittore, 1840–1922*)

(beni) **immobili** (mpl) [im'mɔ:bili]	Immobilien
investire in beni immobili	Geld in Immobilien anlegen
mercato immobiliare [mer'ka:to immobi'lja:re]	der Immobilien- / Grundstücksmarkt
(Lui) lavora nel settore (m) immobiliare	Er ist im Immobiliengeschäft.
agente (m+f) **immobiliare** [a'dʒɛnte immobi'lja:re]	Immobilien- / Grundstücksmakler(in)
prezzi degli immobili	(die) Grundstücks- / Immobilienpreise
speculatore(-trice) immobiliare	Grundstücksspekulant(in)
amministrazione (f) immobiliare	Grundstücksverwaltung
catasto / registro immobiliare	Grundbuch
(lotto di) terreno ['lɔtto di ter're:no]	Grundstück; Gelände
Proprietà privata. Vietato l'ingresso.	Privatgrundstück. Betreten verboten.
proprietario(-a) terriero(-a)	Grundstückseigentümer(in)
una parcella di terreno	eine Parzelle
Questo (lotto di) terreno / Questa parcella è in vendita.	Dieses Grundstück / Diese Parzelle ist zu verkaufen.
un lotto di terreno non edificato	ein unbebautes Grundstück
edificabile [edifi'ka:bile]	bebaubar; Bau-
area edificabile	Baugrundstück
geometra (m+f) [dʒe'ɔ:metra]	Landvermesser(in); Geometer
direttore dei lavori	Bauleiter
regolamento edilizio [regola'mento edi'li:tsjo]	Bauordnung
licenza edilizia	Baugenehmigung
avere un terreno in **locazione** (f) [a've:re un ter're:no in loka'tsjo:ne]	ein Grundstück in Pacht haben
affittare una casa a qualcuno [affit'ta:re 'u:na 'ka:sa a kual'ku:no]	jemandem ein Haus vermieten
prendere una casa in affitto da qualcuno	von jemandem ein Haus mieten
casa in affitto	Haus zu vermieten
notaio [no'ta:jo]	Notar(in)
certificato di proprietà [tʃertifi'ka:to di proprje'ta]	Eigentumsnachweis
scrittura di proprietà [skrit'tu:ra di proprje'ta]	Eigentumsurkunde
ipoteca [ipo'tɛka]	Hypothek
contrarre un'ipoteca	eine Hypothek aufnehmen
interessi (mpl) su prestito ipotecario alti	hohe Hypothekenzinsen
ipotecare una casa	ein Haus mit einer Hypothek belasten

Professioni e mestieri
Berufe und Gewerbe

Hier nicht aufgeführte Berufe sind in den betreffenden Sachkapiteln zu finden.

Non c'è mestiere più bello che fare lo zio d'America. (*Emilio De Marchi, scrittore, 1851–1901*)

vocazione (f) [voka'tsjo:ne]	Berufung
La sua vera vocazione non era diventare direttore d'orchestra, ma compositore.	Seine eigentliche Berufung war das Komponieren, nicht das Dirigieren.
esercitare una **professione** (f) [ezertʃi'ta:re 'u:na profes'sjo:ne]	einem Beruf nachgehen
(Lui) non esercita nessuna professione.	Er übt keinen Beruf aus.
lavoro [la'vo:ro]	Arbeit
famiglia, casa e lavoro	Familie, Haushalt und Beruf

Stichwort: **„Beruf"**
Che mestiere fa? (= Was macht sie beruflich? / Was ist sie von Beruf?) • *Fa il macellaio.* (= Er ist Fleischer von Beruf.) • *professione: casalingo* (= Beruf: Hausmann).
I professionisti sind Angehörige der freien bzw. hochqualifizierter oder besonders hoch angesehener Berufe, also etwa der *professioni legali, mediche o di insegnamento,* wie *avvocati* (= Rechtsanwälte), *medici* (= Ärzte) oder *professori universitari* (= Professoren).

libero professionista (m+f) ['li:bero professjo'nista]	Freiberufler(in)
fotografo(-a) **free lance** [un fo'tɔ:grafo 'fri: 'lɑ:ns]	ein(e) selbstständige(r) Fotograf(in)
lavoratori autonomi (mpl) [lavora'to:ri au'tɔnomi]	Selbstständige
capo ['ka:po]	Chef
Chi è qui il capo?	Wer hat hier das Sagen?
capo della polizia	Polizeichef(in) / -präsident(in)
presidente (m) [presi'dɛnte]	Vorsitzender
presidentessa	(die) Vorsitzende
È la presidentessa del comitato.	Sie ist Vorsitzende des Ausschusses.
(dirigente) **responsabile** (m+f) (di un reparto) [(diri'dʒɛnte) respon'sa:bile (di un re'parto)]	(die) Leiter(in) (einer Abteilung)
funzionario(-a) (del partito) [funtsjo'na:rjo (del par'ti:to)]	(Partei-)Funktionär(in)
direttore (didattico) di scuola elementare [diret'to:re (di'dattiko)]	Volksschulleiter / -direktor
preside (m+f) ['prɛ:side]	Direktor(in); Schulleiter(in)
rettore(-trice) [ret'to:re(-'tri:tʃe)]	Rektor(in)

Insegnante ist das allgemeine Wort für Lehrer. Grundschullehrer / -innen heißen ***maestro(-a),*** die der übrigen Schulen ***professore / professoressa***. Außerhalb der Schule ist die Rede von ***istruttore***:
istruttore di scuola guida (= Fahrlehrer / -in) • *istruttore di equitazione* (= Reitlehrer / -in) • *istruttore di nuoto* (= Schwimmlehrer / -in) • *istruttore* (oder *maestro) di sci* (= Skilehrer / -in) • *istruttore di volo* (= Fluglehrer / -in)

operaio(-a) [ope'ra:jo]	Arbeiter(in)
operaio non specializzato	ungelernter Arbeiter
operaio semispecializzato	angelernter Arbeiter
operaio specializzato	Facharbeiter
manovale (m+f) [mano'va:le]	(Hilfs-)Arbeiter(in)
apprendista (m+f) [appren'dista]	Lehrling; Auszubildende(r)
impiegato(-a) [impje'ga:to]	Angestellte(r)
impiegato(-a) d'ufficio	Büroangestellte(r)
impiegato(-a) di banca	Bankangestellte(r)
commesso(-a) [kom'messo]	Verkäufer(in) (*in Laden, Kaufhaus etc.*)
venditore(-trice) (ambulante) [vendi'to:re(-'tri:tʃe) (ambu'lante)]	(Straßen-)Verkäufer(in)
gelataio(-a) [dʒela'ta:jo]	Eisverkäufer(in)
assistente sociale (m+f) [assi'stɛnte so'tʃa:le]	Sozialarbeiter(in)

Artikelgebrauch
Berufe mit nicht einmaliger Funktion stehen mit dem unbestimmten Artikel *un:*
È un professore di sociologia all'Università Cattolica. (Die Università Cattolica hat mehr als einen Lehrstuhl für Soziologie.)
Funktionen, die es nur einmal gibt, stehen ohne Artikel:
È professore di sociologia all'Università di Napoli. (Die Universität von Neapel hat nur einen Lehrstuhl für Soziologie.)

portinaio(-a) [porti'na:jo]	Hausmeister(in)
minatore (m) [mina'to:re]	Bergmann
scaricatore (lavoratore) portuale [skarika'to:re (lavora'to:re) portu'a:le]	Hafen- / Dockarbeiter; Schauermann
pescatore(-trice) [peska'to:re (-'tri:tʃe)]	Fischer(in); Angler(in)
cacciatore(-trice) [kattʃa'to:re (-'tri:tʃe)]	Jäger(in)
guardia forestale (*immer* f) [gu'ardja fore'sta:le]	Förster(in)
artigiano [arti'dʒa:no]	Handwerker

Traditionelle Handwerksberufe
panettiere (= Bäcker) • *calzolaio* (= Schuhmacher) • *muratore* (= Maurer) • *macellaio* (= Fleischer / Metzger) • *ebanista* (= Kunst- / Möbeltischler) • *carpentiere* (= Zimmermann / Bautischler) • *spazzacamino* (= Schornsteinfeger) • *orologiaio* (= Uhrmacher) • *falegname* (= Schreiner / Tischler) • *imbianchino e tappezziere* (= Maler und Tapezierer) • *sarto per donne*

(= Damenschneider) • *sarto per uomini* (= Herrenschneider) • *lattoniere – elettricista – idraulico* (= Klempner – Elektroinstallateur – Wasserleitungsinstallateur)

ragioniere(-a) [radʒo'njɛ:re]	Bilanzbuchhalter(in)
revisore(-a) (f *selten*) dei conti [revi'zo:re dej 'konti]	Wirtschaftsprüfer(in)
cassiere(-a) (di banca) [kas'sjɛ:re (di 'banka)]	(*Bank*) Kassierer(in)

***Consulente* (m+f) ist die Berufsbezeichnung eines Beraters / einer Beraterin für ein spezielles Fachgebiet:**
consulente aziendale (= Unternehmensberater / -in) • *consulente politico* (= politische / -r Berater / -in) • *consulente tecnico* (= technische / -r Berater / -in) • *consulente pensionistico* (= Rentenberater / -in)

segretario(-a) [segre'ta:rjo]	Sekretär(in)
ragazza tuttofare [ra'gattsa tutto'fa:re]	„Mädchen für alles" (*im Büro*)
centralinista (m+f) [tʃentrali'nista]	Telefonist(in)

***Impiegato*(-a) (= Angestellte / -r)**
impiegato di banca (= Bankangestellter) • *funzionario pubblico* (= Angestellter im öffentlichen Dienst) • *un dipendente / un collaboratore* (= ein Mitarbeiter) • *una dipendente / una collaboratrice* (= eine Mitarbeiterin) • *un(') ex dipendente* (= ein / -e frühere / -r Mitarbeiter / -in)

pubblico ufficiale / funzionario statale ['pubbliko uffi'tʃa:le / funtsjo'na:rjo sta'ta:le]	(*etwa*) Beamte(r)
ingegnere edile (m+f) [indʒe'ɲɛ:re e'di:le]	Bauingenieur(in)
inventore(-trice) [inven'to:re(-'tri:tʃe)]	Erfinder(in)

bagnino(-a) (= Bademeister / -in) • *parcheggiatore / guardiano del parcheggio* (= Parkwächter) • *addetto(-a) ai gabinetti / alla pulizia dei gabinetti* (= Toilettenmann / -frau) • *guardiano(-a) del museo* (= Museumswärter / -in)

casalinga [kasa'linga]	Hausfrau
casalingo	Hausmann
uomo / donna delle pulizie [u'ɔ:mo / 'dɔnna 'delle puli'tsi:e]	Raumpfleger(in); Reinigungskraft
donna di servizio ['dɔnna di ser'vi:tsjo]	Dienstmädchen
lavorare come ragazza **alla pari** [lavo'ra:re 'ko:me ra'gattsa alla 'pa:ri]	als Au-pair-Mädchen arbeiten
lavapiatti (m+f) **/ sguattero(-a)** [lava'pjatti / zgu'attero]	*(herabsetzend)* Geschirrspüler(in); Tellerwäscher(in)

In ufficio
Im Büro

Il carrierista. Non arriverà in cima: è troppo occupato a non far salire chi sta sotto. (*Dino Basili, giornalista, *1934*)

ufficio [uf'fi:tʃo]	Büro
capufficio (m+f) / principale (m+f)	Bürovorsteher(in) / -leiter(in)
orario d'ufficio	Büro-/Geschäftszeiten; Publikumsverkehr
lavoro d'ufficio	Bürotätigkeit
dopo l'orario d'ufficio	nach Dienstschluss
superiore (m+f) [supe'rjo:re]	Vorgesetzte(r)
i miei **colleghi** / le mie **colleghe** [i 'mjɛ:i kol'le:gi / le 'mi:ɛ kol'le:ge]	meine Kolleg(inn)en
i suoi **subalterni** [i su'ɔi subal'tɛrni]	seine Untergebenen
collaboratore(-trice) [kollabora'to:re(-'tri:tʃe)]	Mitarbeiter(in)
receptionist (f) [rɪ'sepʃənɪst]	Sekretärin am Empfang / Empfangsdame
studio (*avvocato / commercialista*) ['stu:djo (avvo'ka:to / kommertʃa'lista)]	(*Anwalt / Steuerberater*) Kanzlei
studio (medico)	(Arzt-) Praxis
studio di traduzioni	Übersetzungsbüro
sala riunioni ['sa:la riu'njo:ni]	Sitzungszimmer
sala delle conferenze	Konferenzzimmer
fissare un **appuntamento** [fis'sa:re unappunta'mento]	einen Termin vereinbaren
Ho un appuntamento con il Dott. Villa.	Ich bin mit Dott. Villa verabredet.
avere un **colloquio** con qualcuno [a've:re un kol'lɔ:kuijo kon kual'ku:no]	mit jemandem eine Unterredung haben
essere in **riunione** (f) ['ɛssere in riu'njo:ne]	eine Sitzung / Besprechung abhalten
(Lei) sta andando ad una riunione.	Sie ist auf dem Weg zu einer Besprechung.
(Lei) è ancora in riunione.	Sie ist noch in einer Besprechung.
biglietto da visita [bi'ʎetto da 'vi:zita]	Visiten- / Geschäftskarte
pranzo di lavoro ['prandzo di la'vo:ro]	Arbeitsessen
mensa ['mɛnsa]	Kantine
buoni (mpl) mensa	Essen(s)marken
scrivania [skriva'ni:a]	Schreibtisch
lampada da scrivania	Schreibtischlampe
brutta copia di una lettera ['brutta 'kɔ:pja di 'u:na 'lettera]	Briefentwurf
scrivere ['skri:vere]	schreiben
macchina da scrivere	Schreibmaschine

carta per macchina da scrivere	Schreibmaschinenpapier
scrivere a macchina una lettera	einen Brief auf der Maschine schreiben
una lettera scritta a macchina	ein maschine(n)geschriebener Brief
Può scriverlo immediatamente?	Können Sie dies gleich schreiben?
Non c'è bisogno che Lei lo riscriva.	Sie brauchen es nicht noch einmal zu schreiben.
Quanto tempo ci vuole per scrivere (a macchina) il contratto?	Wie lange wird es dauern, den Vertrag (auf der Maschine) zu schreiben?
scrivere al computer il verbale della riunione	das Sitzungsprotokoll in den Computer eingeben
errore (m) **di battitura** [er'ro:re di batti'tu:ra]	Tippfehler
dettare delle lettere ad una segretaria [det'ta:re 'delle 'lettere ad 'u:na segre'ta:rja]	einer Sekretärin Briefe diktieren
dittafono	Diktiergerät; Diktafon
un dettato	ein Diktat
farsi dettare qualcosa	ein Diktat aufnehmen
stenografare qualcosa [stenogra'fa:re kual'kɔ:sa]	etwas stenografieren
Mi dia la **pratica** Zappa, per favore. [mi 'di:a la 'pra:tika 'tsappa per fa'vore]	Bringen Sie mir bitte die Akte Zappa.
Questi **documenti** si possono archiviare. [ku'esti doku'menti si 'pɔssono arki'vja:re]	Diese Dokumente können in die Ablage.
fotocopia – fotocopiare [foto'kɔ:pja – fotoko'pja:re]	Fotokopie – fotokopieren
(macchina) fotocopiatrice	Fotokopierer
Devo fare ancora alcune fotocopie.	Ich muss noch einiges fotokopieren.
una fotocopia del documento	eine Fotokopie des Dokuments
accollarsi dell'altro lavoro [akkol'larsi del'laltro la'vo:ro]	zusätzliche Arbeit übernehmen
Purtroppo ho da fare adesso.	Im Moment bin ich leider beschäftigt.
(materiale di) **cancelleria** [(mate'ria:le di) kantʃelle'ri:a]	Büromaterial; Bürobedarf
clip (f) / **fermaglio** [klip / fer'ma:ʎo]	Büroklammer
graffetta (metallica) – pinzatrice (f) [graf'fetta (me'tallika) – pintsa'tri:tʃe]	Heftklammer – Heftmaschine
pinzare dei fogli	Blätter zusammenheften
perforatrice (f) [perfora'tri:tʃe]	Locher
blocco per gli appunti ['blɔkko per ʎi ap'punti]	Notizblock; Notizbuch
libro ad anelli ['li:bro ad a'nɛlli]	Ringbuch
raccoglitore (m) [rakkoʎi'to:re]	Ordner
schedario [ske'da:rjo]	Kartei
bacheca degli avvisi [ba'ke:ka 'de:ʎi av'vi:zi]	Anschlagtafel; schwarzes Brett

puntina da disegno [pun'ti:na da di'se:ɲo]	Reißzwecke; Reißnagel
matita [ma'ti:ta]	Bleistift
temperamatite (m)	Bleistiftspitzer
penna a sfera / biro (f) ['penna a 'sfɛ:ra / 'bi:ro]	Kugelschreiber; Kuli
penna stilografica	Füll(feder)halter; Füller
pennarello	Filzstift; Filzschreiber
evidenziatore (m) [evidentsjato:re]	Markierstift; Textmarker
scritto con **l'inchiostro** ['skritto kon lin'kjɔstro]	mit Tinte geschrieben
cartuccia (dell'inchiostro) [kar'tuttʃa - dellin'kjɔstro]	(Tinten-)Patrone
gomma (per cancellare) ['gomma (per kantʃel'la:re)]	Radiergummi
nastro adesivo ['nastro ade'zi:vo]	Tesafilm™; Klebeband; Klebefilm

Etwas mit Bleistift / Kugelschreiber etc. schreiben ist *scrivere qualcosa con la matita / biro*; *appunti scritti a matita* sind mit Bleistift geschriebene Notizen.

"Spiacente, in questo momento la direttrice è in una riunione molto importante."

Sindacati
Gewerkschaften

→ 7.2 Disoccupazione

Il sindacato si trova oggi nella condizione di sorvegliato speciale: può dire come si deve cambiare il paese, ma può fare poco perché il paese cambi. (*Luciano Lama, sindacalista, 1921–1996*)

lavoro [la'vo:ro]	Arbeit
il mercato del lavoro	der Arbeitsmarkt
lavoro a orario ridotto	Kurzarbeit
Lavorano a orario ridotto.	Sie machen Kurzarbeit.
una riduzione dell'orario di lavoro	eine Verkürzung der Arbeitszeit
migliori condizioni (fpl) di lavoro	verbesserte Arbeitsbedingungen
sicurezza sul posto di lavoro	Sicherheit am Arbeitsplatz
tribunale (m) del lavoro	(*etwa*) Arbeitsgericht
Ufficio di collocamento	(*alter Begriff für*) Arbeitsamt
lavoratore(-trice) [lavora'to:re (-'tri:tʃe)]	Arbeitnehmer(in)
il 10% dei lavoratori nell'industria	10% der in der Industrie Beschäftigten
operaio(-a) [ope'ra:jo]	Arbeiter(in)
malcontento fra gli operai / i lavoratori	Unruhe in der Arbeit(nehm)erschaft
maestranze (fpl) [maes'trantse]	(die) Belegschaft

Rapporti fra le parti sociali bezeichnet die Beziehungen zwischen der Unternehmensleitung (= *direzione*) und den Mitarbeitern (= *dipendenti*), zwischen Arbeitgebern (= *padronato*) und Gewerkschaften (= *sindacati*); *la ditta stava registrando perdite e i rapporti fra la direzione e le maestranze non erano buoni.* (= Das Unternehmen machte Verlust, und die Beziehungen zwischen Betriebsleitung und Belegschaft waren nicht gut.)

sindacato – sindacati [sinda'ka:to – sinda'ka:ti]	Gewerkschaft – Gewerkschaften
sindacalista (m+f)	Gewerkschafter(in)
(con)federazione (f) sindacale	Gewerkschaftsbund
iscriversi ad un sindacato	in eine Gewerkschaft eintreten
membro del sindacato	Gewerkschaftsmitglied
dirigenti (mpl) sindacali	(die) Gewerkschaftsführung
conflitti (mpl) sindacali	Arbeitskämpfe
i rappresentanti dei sindacati	die Gewerkschaftsvertreter

Die drei wichtigsten italienischen **Gewerkschaften**:
Die ***CGIL*** (*Confederazione Generale Italiana del Lavoro*) ist linksgerichtet, die ***CISL*** (*Confederazione Italiana Sindacati Lavoratori*) katholisch und die ***UIL*** (*Unione Italiana del Lavoro*) Mitte-links orientiert.

accordo tariffario [ak'kɔrdo tarif'fa:rjo]	Tarifvertrag
stipula di un accordo salariale	Tarifabschluss
contratto di lavoro [kon'tratto di la'vo:ro]	Arbeitsvertrag
contratto collettivo di lavoro	Manteltarifvertrag
contratto di assunzione / di servizio	Arbeits- / Dienstvertrag

Kollektive Tarifverhandlungen zwischen Arbeitgeber- und Gewerkschaftsseite nennt man generell *trattative collettive.* Im konkreten Einzelfall spricht man auch von *trattative salariali.* Dem deutschen Tarifvertrag entsprechen Bezeichnungen wie *accordo collettivo di lavoro* oder *accordo tariffario.*

scioperare [ʃope'ra:re]	streiken
operai in sciopero	streikende Arbeiter
I minatori sono in sciopero.	Die Bergarbeiter streiken.
Questo sciopero ha paralizzato i trasporti pubblici.	Dieser Streik hat den öffentlichen Nahverkehr lahmgelegt.
In questa azienda si sciopera.	Dieser Betrieb wird bestreikt.
uno sciopero nel settore pubblico	ein Streik im öffentlichen Dienst
uno sciopero selvaggio	ein wilder Streik
uno sciopero di solidarietà	ein Sympathiestreik
uno sciopero a singhiozzo	ein Bummelstreik
indire uno sciopero (generale)	einen (General-)Streik ausrufen
revocare / porre fine a uno sciopero	einen Streik abblasen / beenden
evitare uno sciopero	einen Streik abwenden
comporre uno sciopero	einen Streik beilegen
crumiro(-a) [kru'mi:ro]	Streikbrecher(in)
incrociare le braccia [inkro'tʃa:re le 'brattʃa]	die Arbeit niederlegen
serrata [ser'ra:ta]	Aussperrung
effettuare la serrata contro migliaia di operai	Tausende von Arbeitern aussperren
scontro ['skontro]	Auseinandersetzung
prova di forza ['prɔ:va di 'fɔrtsa]	Kraftprobe
negoziare con i sindacati [nego'tsja:re kon i sinda'ka:ti]	mit den Gewerkschaften verhandeln
negoziare un accordo collettivo di lavoro	einen Manteltarifvertrag aushandeln
mediare [me'dja:re]	schlichten
mediare in una vertenza	in einem Streit vermitteln
mediatore(-trice)	Vermittler(in)
conciliatore(-trice) [kontʃilja'to:re (-'tri:tʃe)]	Schlichter(in)
conciliazione (f)	Schlichtung
un procedimento di conciliazione	ein Schlichtungsverfahren
comporre una vertenza [kom'porre 'u:na ver'tɛntsa]	einen Streit beilegen

Neanche una delle loro **rivendicazioni** è stata accolta. [rivendika'tsjo:ni ɛ 'sta:ta ak'kɔlta] — Sie konnten keine einzige Forderung durchsetzen.

Picchettaggio nennt man das Aufstellen von Streikposten, *un picchetto* ist ein Streikposten und *rompere il picchetto* heißt, dass man sich als Streikbrecher betätigt.

salario minimo garantito [sa'la:rjo 'mi:nimo garan'ti:to] — Mindestlohn
richiedere degli incrementi salariali — Lohnerhöhungen fordern
salario a cottimo — Stücklohn; Akkordlohn
fare gli **straordinari** ['fa:re ʎi straordi'na:ri] — Überstunden machen
retribuzione (f) degli straordinari — Überstundentarife / -lohn
retribuzione oraria più elevata [retribu'tsjo:ne o'ra:rja 'pju ele'va:ta] — ein höherer Stundenlohn
giorni (mpl) di malattia non retribuiti — Karenztage
indennità accessoria (fringe benefits) [indenni'ta attʃes'sɔ:rja (frɪndʒ'benɪfɪts)] — zusätzlich (zu Lohn / Gehalt) gewährte Leistungen
una **gratifica natalizia** ['u:na gra'ti:fika nata'li:tsja] — eine Weihnachtsgratifikation
la tredicesima [la tredi'tʃɛ:zima] — das dreizehnte Monatsgehalt
vacanze pagate (fpl) [va'kantse pa'ga:te] — bezahlter Urlaub
uguaglianza di opportunità [ugua'ʎantsa di opportuni'ta] — Chancengleichheit
promozione (f) [prono'tsjo:ne] — Beförderung
recriminazioni (mpl) **/ rimostranze** (fpl) degli operai [rekrimina'tsjo:ni / rimo'strantse 'de:ʎi ope'ra:i] — Beschwerden / Klagen der Arbeiter

Das **„Freisetzen"**, also Entlassen von Arbeitskräften (= *forza lavoro*) wird gern beschönigend umschrieben durch Ausdrucksweisen wie *mettere in aspettativa* oder *snellimento, cura dimagrante* (= Verschlanken). Direkter wären: *dimettere* (= entlassen), *licenziare* (= feuern), *sbattere fuori* (= rausschmeißen), *interrompere il rapporto di lavoro* (= jemandem kündigen). Italienische Besonderheiten sind die ***Cassa integrazione*** (= Lohnausfallkasse) für Kurzarbeiter sowie die ***liquidazione*** *(di fine rapporto),* eine Dienstaltersentschädigung, für die der Arbeitgeber monatliche Aufwendungen zu entrichten hat, und die bei Beendigung des Dienstverhältnisses fällig wird bzw. auf den künftigen Arbeitgeber übergeht. Das Arbeitslosengeld heißt in Italien ***indennità di disoccupazione***.

Register

A

Das alphabetische Register enthält alle fett gedruckten Oberbegriffe des thematischen Wortschatzes sowie alle relevanten Einträge der „Extras".

C

C

D

I

M

N

P

P

P

S

T

T

Z

Das Geschlecht der Substantive

Als Faustregel kann gelten, dass

1. Substantive, die auf *-o* enden, männlich sind und die Mehrzahl auf *-i* bilden (*il cavolo – i cavoli, l'albero – gli alberi*),
   Substantive, die auf *-è* enden, männlich und in der Mehrzahl unveränderlich sind (*il tè – i tè, il caffè – i caffè*),
   Substantive, die auf *-ò* enden, männlich und in der Mehrzahl unveränderlich sind (*il falò – i falò, il metrò – i metrò*).

2. Substantive, die auf *-a* enden, weiblich sind und die Mehrzahl auf *-e* bilden (*la donna – le donne*),
   Substantive, die auf *-à* enden, weiblich und in der Mehrzahl unveränderlich sind (*la città – le città, la novità – le novità*),
   Substantive, die auf *-i* enden (griechische Lehnwörter), weiblich und in der Mehrzahl unveränderlich sind (*crisi – crisi*),
   Substantive, die auf *-ù* enden, weiblich und in der Mehrzahl unveränderlich sind (*la tribù – le tribù, la virtù – le virtù*). Hierher gehört auch der Begriff *la gru – le gru.*

3. Substantive, die auf *-e* enden, entweder männlich oder weiblich sind und die Mehrzahl stets auf *-i* bilden (*il colore – i colori, la regione – le regioni*).

4. Substantive, die auf einen Konsonanten enden, entweder männlich oder weiblich sind und in der Mehrzahl unveränderlich (*il bar – i bar, il film – i film*, aber: *la star – le star, la t-shirt – le t-shirt*). Daraus folgt, dass englische Lehnwörter anders als im Englischen (und Deutschen) keine Mehrzahlendung erhalten!

Davon abweichend gilt zu Punkt 1

- weiblich sind *la mano – le mani, la foto – le foto, la dìnamo – le dinamo, la radio – le radio,*
- weiblich und in der Mehrzahl unveränderlich sind abgekürzte Wörter, die ursprünglich nicht auf *-o* ausgingen: *la moto – le moto* (von: *la motocicletta*), *l'auto – le auto* (von: *l'automobile*),
- ein Sonderfall ist *la eco* (= das Echo), das erst in der Mehrzahl männlich wird: *gli echi.*

Davon abweichend gilt zu Punkt 2

- männlich und in der Mehrzahl unveränderlich sind: *il boia – i boia, il vaglia – i vaglia, il sosia – i sosia, il paria – i paria, il (non)nulla – i (non)nulla,*
- männlich sind griechische Lehnwörter auf *-a*: *il tema – i temi, il Papa – i Papi, il clima – i climi,*
- männlich und in der Mehrzahl unveränderlich sind abgekürzte Wörter, die ursprünglich nicht auf *-a* ausgingen: *il cinema – i cinema* (von: *cinematògrafo*),
- männlich und in der Mehrzahl unveränderlich sind Substantive auf *-à*, wenn sie eine männliche Person bezeichnen: *il podestà – i podestà, il pascià – i pascià,*

- männlich oder weiblich sind Substantive auf *-ista* und *-cida*, die stets eine Person bezeichnen, und zwar je nachdem, ob sie für eine Frau oder einen Mann stehen: *il / la turista – i turisti / le turiste, l' (lo / la) artista – gli artisti / le artiste, il / la suicida – i suicidi / le suicide.*

Dazu ergänzend gilt zu Punkt 3

- männlich sind Substantive auf die Endungen
  -(t)ore (motore, amore)
  -one (bidone, cannone)
  -onte (ponte, fronte)
  -iere (cantiere, barbiere)
  -ame (catrame, sciame)
  -ime (concime, mangime)
  -ume (agrume, bitume)
  -ale (canale, sale)
  -ile (canile, porcile)
  -ate (frate, abate)
  -are (affare, mare)
  -ere (parere, mestiere)
  -ire (fluire, patire)
  -ine (margine, argine)
  -ice (àstice, vèrtice)*
  *-ante** (tranquillizzante, spumante)*
- weiblich sind Substantive auf die Endungen
  -trice (attrice, pittrice)
  -(s)sione (illusione, passione)
  -zione (lezione, azione)
  -à(g)gine (voragine, sfacciataggine)
  -u(g)gine (lanugine, ruggine)
  -i(g)gine (origine, fuliggine)
  -údine (solitudine, consuetudine)
  -èdine (salsedine, pinguedine)
  -ìdine (libidine)
  -orte (corte, sorte)
  -arte (controparte, parte)
  -ode (frode, lode)
  -ide (ìride, sifilide)
  -ite (parotite, polmonite)
  -ude (palude)
  -oce (voce, croce)
  -ace (pace, brace)
  -íce (matrice, cornice)*
  *-ie*** (effigie, specie)*

- männlich oder weiblich sind Substantive auf *-ione* (*il rione, la ragione*) und *-ente* (*il tenente, la patente*). Bezeichnen letztere Personen, gibt es sie männlich oder weiblich (*il / la parente, il / la gerente*).

---

* Substantive auf *-ice* mit kurzem *-i* sind männlich (*àstice*), mit langem *-í* (*matríce*) weiblich.

** Bezeichnen Substantive auf *-ante* Personen, sind sie männlich oder weiblich (*il / la cantante*).

*** Substantive auf *-ie* sind in der Mehrzahl zumeist unveränderlich. Davon weichen ab: *superficie* (*-i*), *moglie* (*-i*).

Notizen

Notizen

Notizen

80.166.157.50

Notizen

Notizen